21世纪高职高专规划教材

高等职业教育规划教材编委会专家审定



# 邮政基础管理实务

王为民　主编

北京邮电大学出版社
·北京·

## 内 容 简 介

本教材从邮政业务经营管理、邮政网络组织管理、邮政生产组织管理、邮政企业经营管理、邮政财务管理、邮政法律法规等七个方面全面系统地介绍了邮政业务的处理规则、邮政网的组织管理体制、各级邮政网的组织方法、邮政生产作业组织方法、邮政企业经营活动的分析方法、邮政企业财务分析与管理的方法、新邮政法内容以及在邮政经营中如何避免法律风险。

本教材是邮政企业基层管理和业务人员全面掌握邮政基础知识和管理方法、提高管理水平的基础性教材。既可以作为邮政院校的学生学习邮政基础知识的教材，也可以作为邮政企业基层和中层管理人员晋升考试的培训教材，还可以作为企业基层业务与管理人员自学参考书。

**图书在版编目(CIP)数据**

邮政基础管理实务/王为民主编. --北京:北京邮电大学出版社,2010.5(2011.4 重印)
ISBN 978-7-5635-1976-7

Ⅰ. ①邮…　Ⅱ. ①王…　Ⅲ. ①邮政管理—教材　Ⅳ. ①F616

中国版本图书馆 CIP 数据核字(2010)第 083319 号

**书　　名**：邮政基础管理实务
**主　　编**：王为民
**责任编辑**：刘　炀
**出版发行**：北京邮电大学出版社
**社　　址**：北京市海淀区西土城路 10 号(邮编:100876)
**发 行 部**：电话：010-62282185　传真：010-62283578
**E-mail**：publish@bupt.edu.cn
**经　　销**：各地新华书店
**印　　刷**：北京市梦宇印务有限公司
**开　　本**：787 mm×1 092 mm　1/16
**印　　张**：18.75
**字　　数**：464 千字
**印　　数**：3 001—5 000 册
**版　　次**：2010 年 5 月第 1 版　2011 年 4 月第 2 次印刷

ISBN 978-7-5635-1976-7　　定　价：35.00

# 前　　言

邮政行业是国民经济的重要组成部分，邮政网是国家重要的公共基础设施，是全社会公民享受普遍服务权利的重要保障。邮政行业的发展对于促进社会政治稳定、经济发展、文化繁荣都发挥着重要的作用。

邮政企业是邮政普遍服务的提供者，肩负着保障公民基本通信权利实现的义务。作为每一个邮政职工都要认识到自己肩负的历史使命。为了使邮政企业广大职工全面系统地了解邮政业务经营管理、生产作业管理、网络组织管理等方面的基础知识和基本理论，我们组织教师编写了本教材，以期为邮政发展尽微薄之力。

本教材从邮政业务经营管理、邮政网络组织管理、邮政生产组织管理、邮政财务管理四个方面全面系统地介绍了邮政管理基础知识与管理方法，是邮政企业基层管理和业务人员了解邮政、认识邮政、掌握邮政基层管理方法和管理技能、提高管理水平和业务素质的基础性教材。

本教材共分7章，第一章邮政业务与管理由石家庄邮电职业技术学院的张瑞风老师编写，第二章邮政网的组织管理和第三章邮政生产组织管理由石家庄邮电职业技术学院的王为民教授编写，第四章邮政企业经营管理和第五章邮政企业经营活动分析由石家庄邮电职业技术学院的周晓燕老师编写，第六章邮政企业财务管理由石家庄邮电职业技术学院的周君霞教授编写，第七章新《邮政法》及邮政经营中遇到的法律问题由石家庄邮电职业技术学院的李莉副教授编写。全书由王为民教授负责统稿。

本教材既可以作为企业基层业务与管理人员自学之用，也可以作为企业基层和中层管理人员晋升考试的培训教材，还可以作为邮政院校的学生普及邮政基础知识的教材。

在本书的写作过程中，中国邮政集团公司的薛志刚博士、石家庄邮政培训中心的杜崇东教授和石家庄邮政局相关部门提供了有价值的参考资料，在此，教材编写组全体人员向各位专家对本教材的大力支持和帮助表示衷心的感谢。

由于时间仓促，加上水平有限，教材中的不当之处，希望读者批评指正。

编　者

# 目　　录

# 第一章 邮政业务与管理

**本章摘要**：本章简要介绍了邮政企业的性质和特点，重点介绍了邮政业务体系，并详细介绍了邮务类业务、速递物流类业务和金融类业务的基本规定。

## 第一节　邮政通信与邮政企业

### 一、邮政通信的性质、特点和服务方针

#### （一）邮政通信的性质

《中华人民共和国邮政法》（以下简称《邮政法》）第八十四条规定：邮政企业是指中国邮政集团公司及其提供邮政服务的全资企业、控股企业。它是国民经济中一个独立的、以传递实物信息为主的产业部门。邮政企业向社会提供邮政通信服务，具有服务性和公用性两大性质。

**1. 服务性**

邮政通信不是生产物质产品，而是通过信息和物品的传递提供通信服务，起到空间位移和缩短时间的作用。邮政通信主要是一种以实物为载体的信息传递方式。邮政通信不生产新的实物产品，它根据用户的要求，利用邮政网把邮件由甲地运送到乙地实现邮件的空间位移，它的使用价值就是空间位移的价值。同时，在传递邮件时根据用户的不同时间需求开设了不同传递时限的业务种类，也体现了邮政通信的时间效应。它的价值就是为此而消耗的活劳动和物化劳动。因此，邮政为社会提供的是劳务或服务，其经济属性表现为服务性。

**2. 公用性**

邮政企业是由国家开办并直接管理，利用交通运输工具等手段传递以实物为载体的信息的行业，是现代社会进行政治、经济、科学、文化教育等活动和人们联系交往的公用性基础设施。因此，邮政通信具有公用性的性质，它作为社会的基础设施为全社会提供服务，是人们使用最普遍的通信手段，是发展社会主义市场经济的重要渠道和媒介。邮政的服务对象是全社会，任何人都享有邮政通信的权利，即邮政承担普遍服务。《邮政法》第二条规定：邮政企业按照国家规定承担提供邮政普遍服务的义务。邮政普遍服务是指按照国家规定的业务范围、服务标准和资费标准，为中华人民共和国境内所有用户持续提供的邮政服务。

邮政的公用性主要表现在服务范围的广泛性和服务对象的普遍性以及使用的平等性。它是社会基础设施的重要组成部分，在国民经济和人民生活中占有重要地位。世界各国都

把实现邮政的普遍服务作为邮政发展的宗旨，制定相关的法律，保障邮政通信的正常进行，对邮政的基本业务——信件业务——授予邮政部门专营权，以政策扶持邮政发展等。

### （二）邮政通信的特点

**1. 邮政通信的生产活动是通过传递附有信息的实物产生效益**

邮政通信是根据用户的要求把附有信息的实物由甲地传递到乙地，而且保持实物原样不变。由于邮政通信的生产活动是通过传递附有信息的实物产生效益。因此，邮政通信必须利用运输工具完成实物信息的传递，邮政通信对运输工具具有一定的依附性。

为实现实物信息传递，邮政部门建立了实物传递和运送网络，以从分散到集中，再从集中到分散的方式，经过收寄、分拣、封发、运输和投递等环节，完成实物和信息的传递。因此，以局所和邮路相互联结而形成的邮政通信网是实现邮政通信的物质基础。

**2. 邮政通信生产过程和消费过程的一致性**

邮政的生产始于交寄，终于投递。用户交寄邮件是用户使用邮政业务的开始，也是邮政生产过程的开始，一旦邮件投递给收件人，生产过程就结束，同时就实现了信息的空间转移，消费过程随之结束。

邮政通信生产过程和消费过程一致性的特点，要求邮政通信必须加强质量管理和质量控制，一旦出现差错会直接给用户造成损失，并且损害了邮政企业的信誉。

**3. 全程全网联合作业**

邮政通信的全部传递过程，通常由两个或两个以上的邮政企业协同作业，才能完成。邮政通信全程全网联合作业的特点，要求邮政系统内各企业、各环节密切配合。为了实现协同作业，必须制定统一的作业流程和操作规范，并且统一计划、统一指挥调度。

### （三）邮政通信的服务方针

邮政通信的服务方针是迅速、准确、安全、方便。

迅速——传递速度要快捷、及时。

准确——要求不出差错。

安全——不发生邮件丢失和损毁，万无一失。

方便——为用户使用邮政业务提供方便。

## 二、邮政企业的性质和组织机构

### （一）邮政政企分开改革

2005 年 7 月 20 日，国务院常务会议通过了我国邮政体制改革方案：重新组建国家邮政局，作为国家邮政监管机构；组建中国邮政集团公司，经营各类邮政业务；加快成立邮政储蓄银行，实现金融业务规范化经营。2006 年 8 月，国务院批复了国家邮政局提交的《中国邮政集团公司组建方案》。2007 年 1 月 29 日，新的国家邮政局和中国邮政集团公司正式挂牌成立。中国邮政集团公司公司注册资金为 800 亿元，为国务院授权投资机构，承担国有资产保值增值义务。财政部为中国邮政集团公司的国有资产管理部门，国家邮政局为中国邮政集团公司的行业监管部门。

### （二）邮政企业的性质

中国邮政集团公司是在原国家邮政局所属的经营性资产和部分企事业单位基础上，依照《中华人民共和国全民所有制工业企业法》组建的大型国有独资企业。中国邮政集团公司依法经营邮政专营业务，承担邮政普遍服务义务，受政府委托提供邮政特殊服务，对竞争性邮政业务实行商业化运营。

中国邮政集团公司在政府依法监管、企业独立自主经营的邮政新体制下，将按照建立现代企业制度的要求，逐步发展成为结构合理、技术先进、管理科学、服务优良、拥有著名品牌、主业突出、具有国际和国内竞争实力的现代化企业集团。由此可见，我国的邮政企业具有下面三个特点。

**1. 国有性**

邮政通信是关系国家主权，关系国家信息安全，关系国计民生的特殊行业，邮政早已成为国民经济中独立运行的一个重要部门。因此，邮政是国家开办并直接管理的，运用各种运输工具传递实物信息的通信行业，是现代社会推行政治、经济、科学、文化、教育等活动和人们联系交往的、国有的公用性基础设施。

**2. 公用性**

邮政是公用性企业，是社会基础设施之一，这是由邮政本身具备的基本职能所决定。邮政与一般国有企业最根本的不同在于邮政承担了国家赋予的、普通服务的义务。这是世界各国邮政共同具有的特点。在我国，公民的通信自由和通信秘密是受法律保护的，邮政承担普遍服务的目的就是保障公民通信权利落到实处，也是邮政企业公用性的具体体现。

**3. 专业性**

随着社会的进步和科学技术的迅速发展，尤其在进入信息时代后，人类传递信息的手段更加多样化，然而实践证明，众多的信息传递方式取代不了邮政通信方式。“邮政永远存在”不仅仅是一句口号，而且是邮政企业专业性的写照。根据国家法律的规定和社会的需求，邮政企业经办的业务分为三大类，即邮务类业务、速递物流类业务和金融类业务。

### （三）邮政企业的组织机构

邮政政企分开之后，逐渐形成了中国邮政集团公司—省邮政公司—地（市）邮政局—县邮政局四个层级的组织机构模式。

根据企业改革和业务发展的需要，中国邮政集团公司成立后，下设的主要机构有：办公室、市场经营部、网路运行部、财务部、企业发展与科技部、人力资源部、国际合作部、邮票发行部、审计部、纪检组监察局、党群工作部、机关事务部、邮政业务局、报刊发行局（公司）机构，同时拥有中国邮政储蓄银行、中国邮政速递物流公司、中国集邮总公司、中国邮政航空公司、中邮人寿保险股份有限公司等全资子公司及 31 个省（区、直辖市）邮政公司。

# 第二节　邮政业务体系

## 一、国内邮政业务分类

我国正处于改革与发展时代，邮政企业也正经历着变革，2007 年邮政实现了政企分开，逐渐从传统的邮政企业转变为现代邮政企业。邮政企业经办的业务种类也随着社会的变化不断调整。邮政企业除了传统的通信业务之外，业务领域不断拓宽，涉足的领域更加广泛。

我国《邮政法》第十四条规定，邮政企业经营下列业务：邮件寄递；邮政汇兑、邮政储蓄；邮票发行以及集邮票品制作、销售；国内报刊、图书等出版物发行；国家规定的其他业务。

在实践中，邮政业务的分类方法多种多样，如寄递类业务分类方法主要有：按邮件的内件性质分类、按邮件传递时限分类、按邮件运输工具分类等。随着社会经济的快速发展，产生了许多新的分类方法，如按照邮政业务不同的经营单元分类、以邮件形状为主进行分类、按照用户的构成进行分类等。许多国家邮政业务的分类方式都是混合分类，即以上述其中的某一种分类方法为主，几种分类方式并存。我国也不例外。我国主要是按邮件的内件性质，同时兼顾传递时限进行邮件的分类，在内部处理中又逐步采用以邮件形状为主进行分类的方式。下面就不同的分类方法加以简单地介绍。

### （一）邮政业务的种类

#### 1. 按照业务的性质分类

按照业务的性质邮政业务可分为函件业务、包裹业务、特快专递业务、现代物流业务、储汇业务、报刊发行业务、集邮业务、机要通信业务、信息和代理业务。

其中函件业务、包裹业务、储汇业务中的汇兑业务、报刊发行业务四类业务开办时间较早，被称为邮政的四大传统业务。

（1）函件业务是收寄和传递各类函件的业务。函件包括信函、明信片、邮简、邮送广告、印刷品和盲人读物。其中信件（信函和明信片）的寄递为邮政的专营业务。函件业务属通信性质，且数量很大，在邮政通信业务中占主要地位，是中国邮政最重要的核心业务。

（2）包裹业务是办理寄递包裹的业务。包括民用包裹业务和商品包裹业务。包裹业务是物品的运送和寄递，按其性质而言，属于运输业务。

（3）特快专递业务是邮政部门为适应社会上紧急传递信息和物品的需要开办的一项业务，该业务在现代社会发展很快，竞争也比较激烈。特快专递业务有国际特快专递业务和国内特快专递业务之分，按其性质而言，属于商业性业务。

（4）现代物流业务是近年来我国邮政根据物流行业的发展，结合自身的资源和优势，向社会提供的物流服务。邮政的现代物流业务包括一体化物流、货运代理、中邮快货和分销配送等业务。

（5）储汇业务包括储蓄业务和汇兑业务。

邮政储蓄业务包括活期储蓄、定期储蓄、定活两便、本地通兑及异地存取等。

汇兑业务就是收受寄送和兑付汇款的业务。它是依赖信息传递而存在的一项银行业务。汇兑业务的作用在于沟通异地之间的经济往来，在完成款项的收付转移中方便用户，避免现金的携带和运送。

储蓄业务和汇兑业务合称储汇业务。储汇业务属于金融业务，邮政企业也在发展其他金融业务，如金融中间业务。

（6）报刊发行业务是经营发行报刊社定期出版的报纸和杂志的业务。邮局经办发行业务，主要采取订阅和零售两种方式。而不论采取何种方式，均为商业性质。由于报刊本身含有大量的信息，又使报刊发行业务带有传播信息的通信性质。

（7）集邮业务是专门从事出售集邮邮票和集邮用品以及组织指导公众开展集邮活动的业务。它不属于通信业务范围，而具有商业性质。集邮业务是邮政增加自身积累的重要来源之一，也是丰富人民生活、陶冶情趣和建设精神文明的一个方面。

(8) 机要通信业务是专门传递党和国家的机要文件和机要刊物的业务。由于它具有机密性强和要求高的特点，此项业务由邮政部门设置专门机构和专职人员办理，并另订寄递办法，与一般邮件业务分开处理。机要通信业务是具有通信性质的一项特种业务。

(9) 信息和代理业务是邮政在新形势下适应社会信息化需要和市场需求，整合、归集自身优势资源，主动开发市场、服务社会的一种新型业务。现已形成以代理代办业务为基础，信息增值业务为重点、电子商务业务为发展方向的业务。主要包括航空机票代理业务、代收代缴业务、短信业务、“自邮一族”项目、“邮乐中国”网站等业务。

**2. 按市场竞争情况分类**

按市场竞争情况邮政业务可分为专营类业务和竞争性业务。

专营类业务是指法律上只能由邮政部门经营的业务，如信件的寄递业务属于专营类业务。

竞争性业务是指允许其他企业经营的业务，如特快专递业务、现代物流业务、金融业务等。

**3. 按邮政行业承担的社会功能分类**

按邮政行业承担的社会功能邮政业务可分为普遍服务、特殊服务和商业性服务。

普遍服务也称为通民类业务，主要包括信件、单件重量不超过 5 kg 的印刷品、单件重量不超过 10 kg 的包裹的寄递以及邮政汇兑。

特殊服务也称为通政类业务，主要包括机要通信、国家规定报刊的发行、义务兵平常信函、盲人读物和革命烈士遗物的免费寄递。

商业性服务也称为通商类业务，主要包括特快专递业务、现代物流业务、储蓄业务、商业信函、信息和代理业务等。

**4. 按业务板块分类**

我国邮政业务划分为三大板块业务，即邮务类业务、速递物流类业务和金融类业务。

邮务类业务主要包括函件业务、包裹业务、信息和代理业务、报刊发行业务、集邮业务、机要通信业务等。

速递物流类业务主要包括特快专递业务和现代物流业务。

金融类业务主要包括储蓄业务、汇兑业务和保险业务等。

### (二) 邮件的分类方法

**1. 按内件性质分类**

邮件按内件性质分为函件和包裹两类。

函件分为信函、明信片、邮简、印刷品、盲人读物和邮送广告等。

包裹分为普通包裹和快递包裹。

**2. 按传递时限分类**

邮件按传递时限分为普通邮件和特快专递邮件。

普通邮件是按照一般传递时限规定传递处理的邮件，包括普通函件、普通包裹。

特快专递邮件是以最快速度传递并通过专门组织的收寄、处理、运输和投递的邮件，包括特快专递函件、特快专递包裹。

**3. 按处理手续分类**

邮件按处理手续，分为平常邮件和给据邮件。

平常邮件是指收寄时不出具收据，处理时不登记，投递时不需收件人签收，不接受查询，非邮政企业故意或重大过失造成损失也不承担赔偿责任的邮件。

给据邮件是指收寄时出具收据，处理时进行登记，投递时需收件人签收，并接受寄件人查询及承担赔偿责任的邮件。

**4．按邮政企业所负的赔偿责任分类**

给据邮件按邮政企业所负的赔偿责任，分为保价邮件和非保价邮件两类。

保价邮件指交寄时报明邮件保价金额，交纳相应保价费，在邮件运递过程中发生丢失、短少、损毁时，邮政企业按保价金额承担赔偿责任的给据邮件。

非保价邮件指交寄时并不报明邮件保价金额，也不交纳保价费，在邮件运递过程中发生丢失、短少、损毁时，邮政企业只按规定的限额承担赔偿责任的给据邮件。

**5．按寄递区域分类**

函件按寄递区域分为本埠函件和外埠函件。

本埠函件的寄递区域，指地级以上城市以市属城区（不包括市辖县和飞地）为范围；县（含县级市）以县境（不含飞地）为范围。在上述各范围内互寄的函件为本埠函件。

外埠函件指寄递区域超出上述范围的函件。

另外，若县政府与地级市政府驻地同在一个城区的，在城区范围内互寄的为本埠函件，超出城区范围的为外埠函件。市县划分均以民政部行政区划简册为标准。地级以上城市市属城区以当地政府行政区划确定的该市城区范围为准。县境以该县（含县级市）所辖范围为界。飞地指在国内位于某一行政区划范围（本省[区、市]或本县）内而行政上却属于另一行政区（外省[区、市]或外县）管辖的地区。

## 二、邮务类业务

邮务类业务主要指函件业务、包裹业务、报刊发行业务、集邮业务、信息和代理业务、机要通信业务等。

### （一）函件业务

**1．函件业务的特点**

传递函件是国家设立邮政的主要目的，也是赋予邮政部门的根本任务。函件业务为用户传递书面通信、各种文件资料和书籍，成为社会经济和生活不可缺少的通信手段。世界各国邮政无论是国家行政部门，还是企业，都把函件业务作为邮政的主要业务。

函件业务中的信件业务属于邮政的专营业务。我国《邮政法》第五条规定：国务院规定范围内的信件寄递业务，由邮政企业专营。这既是国家赋予邮政部门一项特殊的经营权，又是赋予邮政部门的一项义务，邮政部门代表国家对信件业务实行专营，体现国家保护公民通信自由和通信秘密的基本权利。这一点在世界上具有普遍性。

**2．函件业务的分类**

函件业务除传统分类方法外，按用户类别又分为个人通信类函件和商业函件。

个人通信类函件是指具有个人通信性质的函件。

商业函件（简称商函），是指区别于具有个人通信性质等零散交寄的信件，面向社会各类用户的邮政大宗商务性信息服务的函件。商业函件按载体类型主要分三大类：商业信函（含邮简）、企业明信片、邮送广告。其中商业信函包括各类有名址与无名址广告信函、账单及其他商务信函；企业明信片包括各类带邮资与不带邮资的企业广告、回函卡、纪念卡等形式的明信片。

**3. 函件业务的资费政策**

由于函件业务中各项业务性质不同，相关资费政策也不同。

函件业务特别是其中的信函和明信片使用广泛，具有公用性和服务性，体现国家对公民通信自由权的维护，所以，实行低资费政策。在函件构成中数量大、体积小、重量轻的信件占多数，其成本费用中以处理消耗为主，运输费用所占比重很少，所以为了简化交寄手续，方便广大用户使用，实行均一资费政策，在全国范围内区分本埠、外埠，对同一重量采取同一资费标准计费。

印刷品的寄递，为了有利于传播知识、普及文化教育，采取低资费政策。目前，在全国范围内区分本埠、外埠，也实行均一资费制。

盲人读物的寄递，为体现国家对残疾人的照顾，按水陆路寄递的平常邮件实行免费政策。

义务兵免费信件，以现役义务兵从部队发寄私人通信内容的每件重量以不超过 20 g 的国内平常信函或明信片为限，实行免费政策。

### （二）包裹业务

**1. 包裹业务的概念和分类**

邮政包裹业务是邮政部门根据有关规则接受用户委托把适合邮寄的物品寄递到用户指定地点并投交给收件人的业务。凡适于寄递的、能装入邮政封装容器的物品，除国家法律法规禁止寄递的物品外，均可按包裹寄递。

包裹业务目前分为普通包裹和快递包裹。

**2. 包裹业务的资费政策**

因为包裹的运输费用在包裹寄递总费用中占较大比重，所以包裹资费的核定应当以包裹的运输距离和包裹重量为主要依据，而不能像函件那样实行均一资费政策。但是，包裹寄递的范围遍及全国城乡各地，每件包裹所采取的运递方式、实际运输距离、承运的工具不完全相同。如果按照每件包裹的实际距离和费用来核收包裹资费，将使包裹资费的核定和计算收取非常复杂。因此，包裹资费核定的原则，既要考虑包裹的重量和运输距离，做到基本合理；又要考虑到资费标准的核定和营业收寄时资费计算简单易行，便于掌握和应用。

普通包裹资费采用区域计费制，把全国划分为 200 多个计费区，实行一区一费制。即在每一个计费区内选定一个中心邮局作为计算与其他计费区之间的运输距离的代表，两计费区之内任意两地的寄递距离，都以两个计费区中心邮局之间的距离为标准距离，以每千克的平均费用为计算标准。这就将上千个各不相同的寄递距离，减少为有限的 200 多个标准，大大简化了包裹资费的核定及计算收取手续。

快递包裹资费实行分区计费，计费区间综合里程数以每增加 500 km 为一个计费标准。

### （三）报刊发行业务

邮政报刊发行业务，是指邮政部门利用邮政网点多、线长、面广等特点，将报刊出版单位出版的报纸、杂志，以订阅、零售等方式发送给读者的业务。

**1. 报刊发行业务的性质**

邮政部门经办的报刊发行业务与其他邮政业务相比有一定的特殊性质。

首先,具有严肃的政治性。报纸和杂志是宣传党和国家方针政策,进行思想政治教育最普及、最有效的工具。报刊发行业务是社会主义精神文明建设的重要组成部分,发展报刊发行业务对于提高全民素质具有重要意义。

其次,具有商品经营性质。报刊本身就是文化商品,是可供出售的实物商品。报刊发行不论订阅还是零售,都属于实物商品交换行为。订阅是先交钱,后交货,相当于商品交易中的预付款形式;零售是一手交钱,一手交货,是货款两清的现金交易形式。报刊发行业务属于商品流通领域。

**2. 报刊发行业务的特点**

报刊发行业务与其他业务相比,具有以下特点:

(1) 种类多,数量大,运量大。中国邮政从 20 世纪 50 年代开始承担报刊发行业务。几十年的邮发历程,使中国邮政已成为我国报刊发行的主渠道。目前,全国出版的一万多种公开发行的报刊,交邮政部门发行的有 8 000 多种,占全部出版总量的 60%以上;报刊运递量占所有邮件总运量的 70%~80%。

(2) 变动大,时限紧。报刊的名称、篇幅、刊期、出版日期、定价、增刊、合刊、停刊等时有变动,每一变更牵动全局,影响甚大。报刊具有新闻特性,延误时间就失去了新闻价值。

(3) 业务连续性强。报刊发行业务与其他邮政业务的显著区别之一就是具有较强的连续性,尤其是订阅,邮政部门与用户有长期的业务关系。

(4) 涉及面广,社会协作性强,需要各部门的密切配合。

**3. 报刊发行业务的方针**

报刊发行业务是《邮政法》规定的邮政企业经营的主要业务之一。报刊发行业务的总方针是:"积极发展、认真办好、发挥主渠道作用。"报刊发行业务方针的确定是以报刊发行业务的性质和任务为依据。

**4. 报刊发行的业务种类**

报刊发行的业务主要有报刊订阅、报刊零售、报刊批销、图书批销和音像租售业务等。本书主要介绍报刊订阅业务和报刊零售业务。

(1) 报刊订阅业务。报刊订阅业务是报刊发行业务的两个基本方式之一,特点如下。

第一,保证订户的需要。通过订阅,读者能够在其指定的单位或地址收到所订报刊,保证连续,方便阅读。

第二,有利于发行工作的组织管理和计划安排。通过预订,使订户相对稳定,便于邮政部门掌握订户分布和发行规律,有利于发行工作的组织管理;预订有利于报刊社和邮局有计划地做好报刊出版和发行准备工作。

第三,风险小,使报刊滞存损失减低到最小程度。

(2) 报刊零售业务。报刊零售业务是邮政报刊发行业务的两个基本方式之一,也是邮政办理的一项主要业务。报刊零售业务是邮局从报刊出版单位批量购进报刊,以零售的方式出售给读者,进行现金交易的一种发行方式。

报刊零售业务的特点有以下几点。

第一,现金交易,货款两清,手续简便。内部作业层次少。

第二，风险较大。如果市场估计不足，要数超过需求，或因质量不佳读者不愿选购，就会造成积压滞销。

第三，有一定区域限性。适合于在人口比较集中的地区进行报刊零售。

**（四）集邮业务**

集邮业务是邮政部门发挥邮政优势和潜力，以经营邮票为主并兼营其他集邮品、集邮用具、集邮书刊、带有精神文化特色的商品经销活动。

邮资票品的发行，是指邮政主管部门代表国家对邮票的选题、设计、审批、印刷、发行和销售使用进行管理的全过程。既属于邮政业务范畴，也包含有国家行政管理的职能。

**1. 邮资票品的概念**

邮资票品是指邮票和邮资信封、邮资明信片、邮资邮简、邮资信卡等印有邮资图案的邮政用品。

邮票是由国家（地区）邮政主管部门发行的，用于邮件纳费标志的邮资凭证（有价票证）。

邮票的基本功能是邮资凭证，此外还具有如宣传和传播知识、集邮收藏等其他功能。邮票最基本的构成要素是：邮政铭记、面值和图案。我国邮票现行的邮政铭记是“中国邮政”。邮票面值的标注单位是人民币“元”和“分”。

邮资凭证是由国家（地区）邮政主管部门发行的，作为邮件纳费标志的有价票证，包括邮票、邮资符志、邮资信封、邮资明信片、邮资邮简、邮资信卡等。

**2. 邮资票品的种类**

现行的邮资票品的主要种类如下：

邮票主要有普通邮票、纪念邮票、特种邮票、附捐邮票等。

邮资信封有普通邮资信封、礼仪邮资信封、纪念邮资信封、美术邮资信封等。

邮资明信片有普通邮资明信片、纪念邮资明信片、特种邮资明信片、风光邮资明信片、贺年（有奖）明信片等。

此外，还有邮资邮简、邮资信卡等。

邮资票品的种类因邮票发行工作、邮政业务处理、为用户服务的需要和集邮经营的需要而增减。

**3. 邮票发行和邮票发行权**

邮票发行是指邮政部门对邮票从选题、设计、评议、审批、印制到分配、出售、使用等各方面所进行的一系列活动。狭义上仅指邮政部门向社会发售邮票的行为。邮票发行的基本职能是为邮政通信企业服务，提供邮政通信需要的各种邮资凭证。

邮票发行权指发行邮票的权力。《邮政法》第四十二条规定：“普通邮票发行数量由邮政企业按照市场需要确定，报国务院邮政管理部门备案；纪念邮票和特种邮票发行计划由邮政企业根据市场需要提出，报国务院邮政管理部门审定。国务院邮政管理部门负责纪念邮票的选题和图案审查。邮政管理部门依法对邮票的印制、销售实施监督。”

**4. 集邮业务的特征**

（1）集邮是一项高尚的精神文化活动，经营集邮业务相关工作人员，应该具备比较丰富的集邮专业知识和广泛的科普知识。

（2）集邮业务属于商品经营活动，所以应该掌握商品特性和营销方法，按照商品经济规律开展营销活动。

(3) 邮票和邮品的一次性出版发行特征,形成集邮票品的特殊商品属性,其价值随着时间的推移而增值,价格随之增长。这就要求集邮业务经营者要随时掌握集邮品市场价格与销量的发展变化趋势,采取积极措施引导消费、调节供求矛盾。

(4) 集邮是一项轻型业务,劳动消耗小而社会效益和企业效益都好的业务,所以各级邮电企业都应积极办好,发挥集邮业务的优势。

### (五) 信息和代理业务

**1. 邮政信息和代理业务发展模式**

邮政信息和代理业务发展,是以信息技术的开发应用与邮政的资源紧密结合为业务创新的基础,以服务社会大众、满足客户需求为业务拓展的导向,以电子商务的运营模式引领信息和代理业务的发展,以信息流、实物流、资金流"三流"融合的经营理念打造邮政的核心竞争优势。通过信息化建设与邮政资源相结合,实现业务创新;通过技术应用与电子商务相结合,实现产品创新,着力构建邮政电子商务综合性公众服务平台。

**2. 邮政信息和代理业务种类**

(1) 航空客票代理业务。是邮政部门与航空公司或航空运输销售代理人合作,充分发挥双方资源优势,接受旅客委托,利用邮政 11185 客户服务中心、营业网点、中国邮政网站等,为旅客提供航空客票查询、预订的一项邮政增值业务,为用户提供航班查询、订票、出票"一站式"服务。

(2) 代收代缴业务。是邮政利用覆盖广泛的网点、网络资源开办的与社会大众生活紧密相关的代办性服务,是对邮政现有资源的增值,具有很好的收益。目前,全国各地不同程度地开办了多种代办业务,包括代收费、代放号、代售卡等代办电信业务,代缴水、电、燃气、有线电视等公用事业费,代办政府行政事务如代收交警罚款、代收税费等,代发工资、养老金等代付费业务,逐步构建起邮政面向社会提供全方位服务的综合性公众服务平台。

目前,为了更好地发展邮政代收代缴业务,很多地方都积极打造"缴费一站通"品牌。"缴费一站通"是依托邮政目前的网络优势,体现邮政便民服务,开发的一套用互联网接入的代收费用系统,通过社会网点加盟的形式开办代收费业务,一台上网的电脑就能代收各种电话费、水电气费等多种业务,真正实现一站式缴费服务,为用户提供了更加方便、快捷的服务,有效增强了市场竞争力,也可使企业获得可观的经济效益。

(3) 短信业务。是指利用邮政短信业务接入系统及各种网络、业务系统,依托移动、联通、电信、网通等运营商的短信平台,借助邮政内部业务资源和外部市场资源,在全国范围内开展的用户提供的一项手机短信服务业务。用户可通过手机点播、定制或网点窗口定制的方式得到邮政提供的短信服务。

邮政短信业务可以分为邮政业务短信和邮企通业务。

邮政业务短信包括储蓄、汇兑、速递、物流、集邮、报刊、函件、名址和包裹等短信业务。

邮企通业务是根据批准许可的邮政短信业务经营范围,邮政企业与其他企事业单位签订业务协议后,合作开办的短信业务。邮政企业根据协议确定的业务需求和客户群体,可开办两种类型的业务:一是利用邮政网点提供合办业务的窗口定制,利用邮政短信接入系统提供短信发送、清分结算等服务;二是利用邮政短信系统提供定向群发(或客户点播)等服务。定向群发短信内容不得违反国家法律法规和电信运营商相关规定。

(4) "自邮一族"项目。随着经济的飞速发展、社会生活节奏的不断加快,同时政府不断增强为民意识、提高办事效率,社会需求呈现高层次、多元化的发展趋势。经过充分市场调研和分析，广州局发现私家车发展很快，有车一族是一个新兴的高端客户群，数量庞大、增长快速，且消费时尚，是最有可能使用邮政电子商务并给邮政带来高回报的“钻石客户群体”。根据市场分析的结果，该局将有车一族定位为终端目标客户群，整合了车主相关业务及邮政资源，基于邮政传统业务平台，创建邮政会员服务平台，于2007年3月推出了“自邮一族”会员服务业务，开创了与政府机构、商业企业及会员的共赢局面，为邮政电子商务业务开辟出一个新的发展方向。

通过“自邮一族”会员服务，会员足不出户就能享受邮政提供的快速、便捷的服务。会员可享受代办本地交通违法处理服务，代缴车船税、年票、养路费服务，代理汽车保险服务，交通违法信息提醒服务，代理车主信息变更服务，驾驶证/行驶证年审及换证咨询服务，车辆应缴税费、行驶证/驾驶证年审到期提醒服务等九大尊贵服务，会员使用尊贵服务项目免代办服务费。同时，可通过营业网点、11185预约上门及网上自助等多种服务渠道办理业务。会员还可享受代办异地交通违法处理服务，商旅票务预订服务等特惠服务，会员使用特惠服务项目可享受一定优惠折扣。

目前，此成功的经验已经在全国进行推广，并且成为未来信息和代理业务的一个新的增长点。

(5)“邮乐中国”网站。“邮乐中国”(ulechina. tom. com)是由中国邮政集团公司和TOM集团合作开发的一个独特创新的高端线上网购和线下零售的B2C综合购物服务平台。双方于2009年年初签订战略合作协议，2009年10月30日上线运行。中国邮政广泛覆盖全国的线下网络，并且拥有完善的物流系统及代收货款一体化平台；TOM集团在电子商务领域具备丰富的经验、先进的科技及应用。双方互为裨益，将为买家和卖家提供一个不一样的安全、可靠、虚实合一的网购体验。

邮乐中国网站的宗旨是：以用户为中心，提供贴心服务；“品牌正货”的品牌承诺；便捷的售后服务；强大的物流支持；无与伦比的零售接触点和促销渠道；广泛的付款方式。

### (六) 机要通信业务

#### 1. 机要通信业务的任务和服务对象

机要通信是国家保密通信的重要组成部分，是党和国家赋予邮政部门的一项特殊任务。机要通信的主要任务是传递党和国家秘密的文件、资料和其他物品，内部业务处理统称机要邮件。其密级分为“绝密”、“机密”、“秘密”三种，各单位寄发时应当依照《保密法》的规定标明密级。

机要通信主要负责传递在《机要邮件省际寄递范围》所列党政军各机关及国民经济各部门相互之间寄发的机要邮件。

#### 2. 机要通信业务的工作方针、基本制度和处理原则

从事机要通信业务的人员应认真贯彻执行“保密、安全第一，准确、迅速传递”的工作方针和“交接验收、勾挑核对、平衡合拢、安全携带”四项基本制度，安全妥善保管邮件，确保邮件传递“万无一失”。

机要通信业务的处理原则是：严密制度、手续清楚、责任分明、收发相符、有据可查。

各级机要通信部门是机要邮件集中处理传递的保密要害部位。其工作必须由专门的组织机构和专人办理，设置与工作相适应的专门处理场地和保密、安全设备。处理和存放邮件的场所必须实行“封闭作业”。任用专(兼)职机要人员，应当按照国家保密工作人事主管部门的规定予以审查批准，只有一名专职机要人员的邮政企业应配备1～2名兼职机要人员。

附近有《机要邮件省际寄递范围》所列单位的县以下支局所，应设置兼职机要人员办理机要通信业务。

## 三、速递物流类业务

### （一）国内特快专递业务

国内特快专递业务是邮政部门采取专人、专车、专门组织处理方式，以最快速度传递处理邮件的国内邮件业务，简称“EMS”(Express Mail Service)。目前，我国邮政的EMS业务已与世界上200多个国家和地区建立了业务关系；国内已有近2 100个大、中、小城市办理EMS业务。

**1. 国内特快专递业务的特点**

(1) 速度最快，服务最好。特快专递业务是为适应商品经济需求而开办的高层次邮政业务。在经办国内特快专递业务时，应采取专人专车揽收、投递，内部处理设立专门组织实施处理，最大限度地减少内部处理环节和层次，确保以最快速度完成邮件的传递，体现“特、快、专”的服务。

(2) 并非专营，竞争激烈。用户使用特快专递业务所寄递的内容一般以物品为主，当然也可寄递信件和文件资料。按照国际上的习惯，速递业务是按照寄递时限要求而不是按寄递内容分类的，所以，其所寄递内容包括邮政专营的信件。但从业务种类上区别，速递不是专营业务，即除邮政部门外，其他部门、单位都可办速递业务。当然，也应明确，用户若使用特快寄递信件之类邮件，应该向邮政企业交寄，以维护邮政对信件寄递的专营权。

由于速递业务利润丰厚，激烈的市场竞争不可避免。20世纪90年代，全球最大的四家速递公司DHL、TNT、UPS、FEDEX都在我国设立了分公司，与中国邮政EMS展开了激烈的竞争。近十年来，民营快递企业发展最快。民营快递依靠人力、机制、业务覆盖范围等方面的低成本运作，在我国快递市场上，特别是快递同城业务、区域范围业务或特定的跨区域的业务上占据一席之地，同时也加剧了快递市场的竞争。

(3) 发展快，效益较好。我国邮政特快专递业务开办以来，发展十分迅速，既表明该项业务适应社会需求的趋势，也体现了此项业务正处在上升发展时期。据统计资料显示我国GDP每增长1%，快递业务需求增长2.93%。快递业是邮政业务中增长最快的一个板块。2008年全国快递业务收入408.4亿元，已经占到邮政业务总收入的42.5%。

由以上分析可知，邮政特快专递业务是一项高效益、适合邮政经营的业务，具有很好的发展前景。为了办好邮政速递业务，发挥这项业务的特殊功能和效用，应该坚持“优质服务、确保时限、开拓市场、特快特办”的业务指导方针，并且进一步“提高竞争意识，增强竞争能力，在竞争中求发展”。通过改善经营、加强管理，发挥邮政优势，办出邮政特色，让邮政特快专递占有更广阔的市场，发挥更出色的作用。

**2. 国内特快专递邮件的分类**

国内特快专递邮件一律按给据邮件处理。

按内件性质分为特快专递函件和特快专递包裹。

按赔偿责任分为保价邮件和非保价邮件。

**3. 国内特快专递业务的资费政策**

国内特快专递邮件采用首重均一资费、续重分区计费的制度。

**4. 国内特快专递业务种类**

EMS 特快专递业务自 1980 年开办以来，业务量逐年增长，业务种类不断丰富，服务质量不断提高。除提供国内特快专递服务外，相继推出国内次晨达和次日递、承诺服务和限时递等高端服务，同时提供代收货款、收件人付费、鲜花礼仪速递等增值服务。

（1）国内特快专递业务。1984 年，我国邮政开办了国内特快专递业务。该项业务作为邮政的精品业务，以高速度、高质量为用户传递国内紧急文件资料及物品，同时提供多种形式的邮件跟踪查询服务。

国内特快专递业务包括国内异地特快专递业务和同城特快专递业务。国内异地特快专递业务是指国内不同城市之间互寄的特快专递邮件业务。同城特快专递业务是指同一个城市区域内互寄的特快专递邮件业务。特快专递业务自开办以来，一直坚持特快专递“特、快、专”的特性，采用特殊服务方式，专门作业组织，确保邮件以最快速度传递，及时准确投交收件人。

（2）国内限时服务业务。这是指中国邮政速递部门按照约定的时限，将特快专递邮件送到客户需要投递的地方，并且承诺“限时未达、原银奉还”。目前，国内限时速递服务主要包括次晨达、次日递、承诺服务、当日递等。随着速递服务质量和水平的提高，以及市场需求的进一步发展，限时服务将会在快递市场上成为重要的服务项目。

次晨达业务包括区域次晨达业务和跨区域次晨达业务。区域次晨达业务是邮政 EMS 在环渤海区域、长江三角洲、珠江三角洲、东北区域、川渝区域城市间开办的限时专递业务，在指定开办范围内当日交寄的 EMS 邮件，邮政速递部门保证在次日上午 10:00 前（珠三角 11:00 前）投交收件人。跨区域“次晨达”业务是中国邮政集团公司在中国经济最发达的三大区域内成功推出“次晨达”业务后，充分发挥邮政“全夜航”的网络优势，对邮政资源再行整合，在更大范围内推出的“次晨达”高品质业务。

全夜航次日递业务是中国邮政通过调整内部作业组织，邮政航空飞机全部实行夜间航行，EMS 邮件实现了在全国 136 个大中城市间的“次日递”。

国内 EMS 时限承诺服务是指对纳入承诺范围城市间互寄的特快专递标准型邮件，承诺全程时限；对超过承诺时限的邮件，退还已收取的邮件资费。这是中国邮政 EMS 推出的又一项兼具时效性和稳定性的高品质速递服务。

当日递业务是中国邮政速递公司为适应日益增长的客户需求以及提升市场核心竞争能力，在有条件的地区开办的一项国内限时业务。“当日递”业务的开办，丰富了速递“卓越型”业务的种类。

（3）国内经济快递业务。是中国邮政集团公司为进一步满足社会需求，于 2007 年 8 月 28 日推出的一项新业务。主要是为批量交寄且量大、邮件内件重和对邮件安全、信息反馈及服务综合性价比要求较高的物品类业务大客户提供服务。此业务的开办，能够进一步满足社会需求，完善邮政物品类业务产品结构，增强邮政速递的市场竞争力。

全国（除港澳台、西藏外）地市及以上特快专递业务开办局，均可作为经济快递业务收寄局，收寄寄往全国（除港澳台、西藏、海南、新疆外）各特快专递业务开办局的经济快递邮件。全国 116 个重点城市所属经济发达县也可收寄。

（4）电子商务速递业务。这是作为高端物流体系的中国速递服务公司（EMS）与阿里巴巴旗下淘宝网、支付宝公司合作后，全面进行产品整合并逐步推进的背景下，于 2007 年 1 月开办的。是中国邮政特别为电子商务网站量身定做的速递服务。自开办之日起，陆续在全国 248 个城市开办业务。在目前与阿里巴巴集团的合作中，收寄范围覆盖了阿里巴巴集团旗下淘宝网 90％的交易区域，邮件可寄达全国 2 000 余个城市。

电子商务速递业务包括两项子业务：电子商务 EMS 标准型速递业务（简称“e-EMS”）和电子商务经济型快递业务（简称“e 邮宝”）。“e-EMS”业务是邮政国内特快专递业务在电子商务网站上的重新集成，适用于对传输时限要求最快、货物价值高、重量轻的物品，空运为主，使用 EMS 标识。而“e 邮宝”是中国邮政首次在全国范围内推出的经济型快递业务，也是专门针对个人电子商务物流需求开发的速递业务，适用于寄递对传输时限要求较快、要求邮寄服务价格更经济的物品。“e 邮宝”全程特快陆运，使用专用标识。

（5）国内特快业务延伸服务。主要包括国内特快专递代收货款业务、国内特快专递收件人付费服务、国内特快专递礼仪业务、同城业务等。

国内特快专递代收货款业务，是综合利用邮政速递现有条件和优势，为适应市场需要而推出的一项新的邮政速递延伸服务项目，是邮政速递部门为各类邮购公司、电子商务公司、电视直销企业、商贸企业、金融机构等单位提供的快速传递实物、代收货款或其他款项并代为统一结算的一种特殊业务。

国内特快专递收件人付费业务是指寄递国内特快专递邮件时，寄件人不需交纳邮费，而由收件人支付相关费用的一种特殊服务，包括分散交寄分散付费、分散交寄集中付费、分散交寄第三方付费、集中交寄分散付费四种。目前仅办理国内特快专递收件人集中付费业务、国内特快专递第三方付费业务两种。国内特快专递收件人集中付费业务是为分散交寄、集中纳费的大客户提供的一种特殊服务。国内特快专递第三方付费业务是为分散交寄、第三方集中纳费的大客户提供的一种特殊服务。

国内特快专递礼仪业务，是邮政部门为满足广大人民群众日益增长的礼仪文化需求，将邮政业务网络和现代礼仪服务有机结合，为社会提供的一种礼仪服务类邮政新业务。国内特快专递礼仪业务根据客户需要，以专人、专车的方式，提供鲜花、礼品等礼仪专递服务以及为会议、庆典、婚庆、生日等提供策划、创意等系列礼仪服务。目前速递礼仪业务主要包括的子品牌有：思乡月、五节联送、吉时礼和家乡速递等。

“思乡月”专项营销活动是中国邮政 EMS 在中秋佳节期间推出的以“百年邮政，与您共贺中秋”为主题，以“明月寄相思，千里递真情”为主旨，为广大客户提供的月饼选购、寄递“一条龙”速递服务。五节联送是指在圣诞、元旦、春节、情人节及元宵节等中西文化中最重要、最隆重的五个节日，凡在中国邮政此业务开办范围内，订购礼仪产品的用户均享受市内免费投送，十元寄达全国（不包括港澳台地区）的服务，为人民群众在节庆之日传递祝福信息、寄递礼品提供最贴心的服务。

在原有的同城业务的基础上，各省（自治区、直辖市）邮政速递部门大力开拓了单证照类、重点行业类同城速递业务市场，如法院专递业务、二代身份证业务、高考录取通知书业务等，取得了较好的效果。

**5. 国内特快专递业务处理能力**

（1）EMS 拥有首屈一指的航空和陆路运输网络。依托中国邮政航空公司，建立了以南京为主要中心，以上海、武汉为分中心，通达南京、北京、上海、广州、天津、沈阳、潍坊、西安、武汉、成都、深圳、福州、厦门 13 个国内节点城市的邮政快递网络，是国内唯一的自主集散式航空网络。

（2）EMS 具有高效发达的邮件处理中心。全国共有 200 多个处理中心，其中北京、上海和广州处理中心分别达到 30 000 平方米、20 000 余平方米和 37 000 平方米；同时，各处理中心配备了先进的自动分拣设备。亚洲地区规模最大、技术装备先进的中国邮政航空速递物流集散中心于 2008 年在南京建成并投入使用。

(3) EMS 具备领先的信息处理能力。建立了以国内 300 多个城市为核心的信息处平台，与万国邮政联盟(UPU)查询系统链接，可实现 EMS 邮件的全球跟踪查询。建立了以网站(www.ems.com.cn)、短信(5185)、客服电话(11185)三位一体的实时信息查询系统。

### (二) 邮政现代物流业务

**1. 邮政现代物流业务的概念**

邮政现代物流业务(以下简称物流业务)是邮政的主营业务，是邮政企业利用“三网合一”的优势，将运输、仓储、配送等物流功能和业务信息有机结合，形成物流供应链，为客户提供多功能、个性化、一体化的物流服务。

**2. 邮政物流业务体系**

(1) 基本业务。物流业务种类的划分方法多种多样，按所提供的功能，可分为功能性物流、一体化物流等，统称为物流基本业务。

功能性物流。这是指物流服务商向客户提供单一或多项物流服务功能，只提供全方位物流服务的部分功能，如 B2B 货运、B2C 物品配送等。主要有直递运输业务、区域配送业务等。

一体化物流业务。这是指物流提供商着眼于客户的企业供应链全过程，以企业供应链管理和客户物流系统的整体策划、设计为重点，以企业物流系统集成领导、组织者的角色，通过自行承担、联合、外包等多种方式进行运作，向客户提供全方位的物流服务。同时，还应根据客户的需求，为客户提供一些必要的增值服务。一体化物流业务主要有物品类、电子商务、城市配送等类型，是包括多个环节的综合性物流服务。

(2) 业务种类。目前，邮政物流业务具体可分为一体化物流、中邮快货、分销配送、货运代理四大类别。服务范围包括各种物品的仓储、分拣、流通加工、运输、配送、代收货款以及企业物流系统的咨询、设计、信息跟踪与查询等增值服务。

一体化物流业务。一体化物流业务是指为大客户提供的综合物流服务，是以解决方案为先导的合同物流。根据客户需求，定制从订单处理、运输、仓储、配送，到库存管理、流通加工、信息服务、退货处理、代收货款的端到端的综合物流解决方案，为客户提供实物流、信息流和资金流“三流合一”的综合性、个性化的物流供应链管理服务。

中邮快货业务。快货业务是中邮物流为中小企业协议客户量身定做的物流解决方案。该业务属于零担货运性质，主要依托邮政物流专业运营平台，有效利用邮政资源，从事货物受理、运输、配送及相关附加服务的邮政物流基础性业务。其特点表现为协议定价、批量揽货、原包装处理、快速集散、配送上门。

分销配送业务。分销配送业务是以服务“三农”为宗旨，充分依托邮政品牌优势和网络优势，利用邮政网点、人员和车辆，通过连锁加盟方式组织开展农业生产资料、日用消费品和其他商品销售和配送的一项新型邮政业务。该业务以中邮物流有限责任公司和各省邮政物流公司为总代理，以地市、县、乡镇为区域分拨配送中心，辐射各级门店，并将不断优化流程，逐步压缩经营层级，逐步引入电子商务模式，发展成为高效的连锁加盟与电子商务相结合的业务。目前邮政分销配送业务已形成两大类、六个系列、500 多个品种；涉及种子、化肥、农药、饲料(添加剂)、酒水、日化、土特产品等领域。2003 年以来，累计配送各类生产生活资料价值超过100亿元。

货运代理业务。货运代理业务是指代客户办理各种交运手续的服务。在充分发挥邮政整体优势和营业网点资源优势的基础上，通过联合各航空公司、铁路、海运港口和国际空、海运货代公司等社会运输企业以及知名物流企业，为其提供货运代理和地面配送服务，实现整合社会资源，共同发展的业务。

**3. 物流业务与现有邮政业务的关系**

(1) 划分原则。为了避免引起同业竞争，在业务发展过程中物流业务与现有邮政业务应有所区分。应遵循基本划清、避免冲突、相互补充、共同促进的划分原则。邮政物流业务的重点是针对客户的需求提供定制的、一体化的综合性物品配送服务。它与现有邮政业务没有根本性冲突。一体化服务的重点是整个流程的设计、优化，服务全过程的组织、协调、管理和监控以及增值服务部分。其运递、配送等具体的运作、执行是以邮政网路为主体的。其他物流服务，如大型物品传递、产品配送、直递运输(货运)和电子商务等，都是对现有邮政业务的补充。

(2) 划分标准。物流业务与现有邮政业务整体上划分是清晰的。其具体表现在以下三个方面。

第一，运作模式。现有邮政业务形成固定的运作模式。物流业务是根据客户需求而度身设计的全程式的服务，具有个性化、一体化特点。

第二，资费政策。现有邮政业务基本采用全国统一定价。物流业务则是根据具体项目，一单一价，价格灵活。

第三，服务形式。现有业务是预制一种业务种类，由客户去使用。物流业务是针对具体客户需要提供的个性化服务，因客户的不同而异，以业务适应客户需求。

**4. 邮政物流集散网的组成**

目前，邮政物流集散网主要包括以北京为中心的北方集散网、以广州为中心的南方集散网、以南京为中心的华东集散网、以西安为中心的西北集散网和以成都为中心的西南集散网。

## 四、邮政金融类业务

邮政金融业务是指邮政企业利用邮政基础设施面向居民个人提供的货币资金融通业务。

### (一) 邮政金融业务的模式

2007年3月20日，中国邮政储蓄银行有限责任公司在北京成立，注册资本200亿元，成为我国第五大商业银行。中国邮政储蓄银行的市场定位是，充分依托和发挥网络优势，完善城乡金融服务功能，以零售业务和中间业务为主，为城市社区和广大农村地区居民提供基础金融服务，与其他商业银行形成互补关系，支持社会主义新农村建设。

中国邮政储蓄银行有限责任公司是由中国邮政集团公司以全资方式出资组建的。中国邮政集团公司和中国邮政储蓄银行充分发挥各自优势，在网络资源共享、产品交叉销售等方面开展合作，保证邮政企业和储蓄银行的稳定、协调发展。在经营模式上，邮储银行采用的是“自营＋代理”的模式，其中自营网点主要办理全功能商业银行业务，而邮政代理网点则继续办理储蓄、汇兑等基础性金融业务。在邮储自营网点中，根据储蓄余额的归属和办理业务的差异又分成一类网点和二类网点两种类型。到2008年年底，邮储银行营业网点数量为

36 508个，其中自营网点中，一类网点 5 474 个，占 14.99%；二类网点 13 695 个，占 37.51%；代理网点 17 339 个，占 47.49%。

### （二）邮政金融业务的分类

金融业务按其资金来源及运用，一般可分为负债业务、资产业务和中间业务。

#### 1. 负债业务

这是指形成资金来源的业务，包括各项存款、各种借款等。

#### 2. 资产业务

这是指将资金通过各种途径加以运用以取得收益的业务，包括贷款、证券投资等业务。

#### 3. 中间业务

这是指金融机构基本上不动用自己的资金，替客户办理支付及其他委托事宜而从中收取手续费的业务，包括结算业务、代理业务等。

现阶段，我国邮储银行办理的负债主要是邮政储蓄业务。资产业务表现为储蓄资金的各种运用方式，包括储蓄存款转存中国人民银行、投资（购买）政府债券和国家政策性金融债券业务等。中间业务包括传统的国内、国际邮政汇兑业务及新开办的代收代付、代办保险、承销政府债券等业务。本书主要介绍邮政储汇业务。

### （三）邮政储汇业务的概念和分类

邮政储汇业务是利用邮政基础设施经营的邮政储蓄业务和中间业务的总称。

中国邮政储蓄银行目前经营的邮政储汇业务主要有：①人民币和外币储蓄存款业务；②国内和国际邮政汇兑业务；③绿卡业务；④代理发行和兑付国债业务；⑤代收付业务；⑥代理保险业务；⑦代理开放式基金业务等。如图 1-1 所示。随着邮政储蓄银行的发展，今后邮政储汇业务的经营范围会逐步扩大。

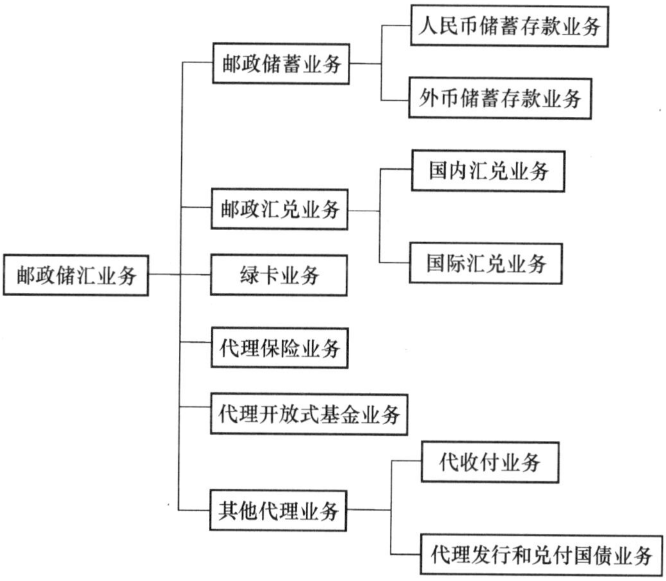


图 1-1　邮政储汇业务构成

### （四）邮政储汇业务与邮政其他业务的区别

与邮务类业务、速递物流类业务相比，邮政储汇业务有呈现出以下不同特点。

**1. 业务性质不同**

邮政企业经营的函件、包件属于通信和运输性质的业务，而邮政储蓄和汇兑等属于金融性质的业务。前者通过完成信息和实物的空间转移而实现其商品的使用价值（缩短空间和节约时间）；后者的内容则是货币和信用这种特殊的商品（服务），邮政金融机构充当了货币收付和信用存贷的中介，执行了商业银行的职能。

**2. 竞争性**

《邮政法》第五条规定，国务院规定范围内的信件寄递业务，由邮政企业专营。而邮政储汇业务，属于金融业务。因此，与其他金融机构间存在着市场竞争。

**3. 对外依存和协作的单位不同**

邮政通信利用交通线路和运输工具传递信件和物品，所以，要依存交通运输企业提供的运输能力来实现其职能；而邮政储汇业务则是在中国人民银行和中国银行业监督管理委员会的业务指导和监管下，需要商业银行和非银行金融机构的支持与协作。

**4. 效益性**

邮政是企业，而又不同于一般企业，是具有社会性和公用性的公用企业，具有“服务”和“低利”两个基本特征。而邮政储汇业务是非专营业务，要在金融市场的竞争中求得生存和发展，具有利益的驱动力和自我约束力，追求盈利目标。

### （五）邮政储蓄业务

邮政储蓄是指个人把节余下来的或暂时不用的钱有条件地存入邮政储蓄机构的一种信用行为。

为向储户提供更好的服务，提高邮政储蓄竞争力，自 1994 年起，邮政储蓄建立起了联通全国大部分网点的邮政储蓄绿卡网络系统，实现了业务处理计算机化，提高了业务处理速度，提升了邮政储蓄的整体形象，促进了业务发展。截至 2008 年年底，全国邮政储蓄存款余额达到 20 800 亿元。

邮政储蓄业务的作用主要有：第一，利用邮政部门的网络优势，方便群众存取款；第二，集聚社会闲散资金，支援国家建设；第三，增加邮政部门的收入。

**1. 邮政储蓄业务与银行的关系**

(1) 组织管理方面。邮政储蓄业务受中国邮政集团公司统一领导，在业务上接受中国人民银行的指导，贯彻国家统一的金融方针政策，执行国家统一规定的利率。

(2) 资金转存方面。1986 年邮政储蓄业务恢复开办。在 1986 年至 1989 年期间，邮政储蓄一直属于代办性质，即邮政储蓄将储蓄余额全部缴存中国人民银行，按月累计日平均余额的 2.2‰向人民银行收取手续费。

1990 年 1 月 1 日，邮政储蓄由代办改为自办，即由原来缴存存款的业务关系改为转存存款的业务关系。邮政部门将储蓄余额全部转存中国人民银行，由中国人民银行支付邮政储蓄转存款利息。中国人民银行支付邮政部门的转存款利息高于邮政部门支付储户的利息，邮政储蓄以收支利息差（即利差）作为经营收入。

1990 年 1 月 1 日至 1996 年 4 月 30 日，邮政储蓄部门在中国人民银行开设活期存款账户和长期存款账户。储蓄资金的 90%存入长期存款账户，10%存入活期存款账户。

1996 年 5 月 1 日至 1997 年 12 月 20 日，转存款比例有所调整，储蓄资金的 80%存入长期存款账户，活期存款账户的余额、在途资金和备用现金总和为 20%。

1997 年 12 月 20 日至 2003 年 7 月 31 日，邮政储蓄部门在中国人民银行开设一个账户，邮政储蓄资金合理留备用金后全部转存中国人民银行。

2003 年 8 月 1 日至现在，中国人民银行规定邮政储蓄新增存款转存中国人民银行部分按照金融机构准备金利率计付利息。以 2003 年 8 月 1 日为界，邮政储蓄在中国人民银行的原有存款在 2003 年 8 月 1 日前维持现行政策不变，仍按目前 4.131%的转存款利率付息，同时邮政储蓄新增存款由邮政储蓄机构自主运用。自 2003 年 8 月 1 日起，邮政储蓄在中国人民银行的原存款分 5 年逐步转出：第一年为 10%；第二年为 15%；第三年为 20%；第四年为 25%；第五年为 30%，未转出部分仍按当前转存款利率付息。

随着逐步减少向中国人民银行转存款，邮政部门将更多的自主运用资金，提高邮储资金使用效率。邮政储蓄资金自主运用后，允许邮政储蓄参与银行间市场债券买卖；办理中资银行、农村信用社大额协议存款；与政策性银行合作，开展部分中间业务；开办农村地区小额质押代款业务试点。自 2003 年 8 月 1 日起，经批准，允许邮政储蓄在原有业务基础上，逐步开展基金投资、个人质押代款、同业拆借、外汇存款、票据、对公结算等业务，扩大了经营范围。

**2. 邮政储蓄业务的服务对象和业务种类**

(1) 邮政储蓄业务的服务对象。邮政储蓄的服务对象是群众个人，受理个人人民币和外币的存款和单位互助储金存款，也可以受理支票，但要在中国人民银行收妥入账后办理转存和计息。用户除到邮政储蓄营业网点办理业务外，还可以通过计算机网络等实现电子化接入，方式有电话银行、网上银行、自助银行、手机银行、ATM 自助取款机、CDM 自动存款机、POS 消费终端、自动终端等。

(2) 邮政储蓄业务的业务种类。包括人民币存款业务和外币储蓄业务两类。

邮政储蓄开办的人民币存款包括定期储蓄、活期储蓄、定活两便、通知存款四项基本业务。定期储蓄又分为整存整取、零存整取、存本取息、定额定期和整存零取五种。活期储蓄分为活期本地存取和活期异地存取两种形式。除了基本业务之外，根据社会的需要，还开办了一些拓展性的业务，如一本通、代理业务、银证转账、银联卡、一卡通、转账通、网上支付等。

① 定期储蓄存款。这是指储户在存款时约定存期，一次或分次存入款项，到期一次或分笔支取本金和利息的储蓄方式。其特点是存期长、金额大、利率高、存款稳定，管理相对简单。

整存整取定期储蓄。在存款时约定存款期限，一次存入本金，到期一次支取本金和利息的储蓄存款业务。一般 50 元起存，多存不限。存入时，由邮局开给存单，到期凭存单或兼凭密码支取本金和利息。目前按存期分为三个月、半年、一年、三年、五年五个档次。

零存整取定期储蓄。在存款时约定存款期限，按月定额存入，到期一次支取本金和利息，积零为整的一种定期储蓄。一般 5 元起存，多存不限。开户时，由邮局开给存折，到期时，凭存折支取本金和利息。存期分一年、三年、五年三个档次。按月存入固定金额，中途如有漏存，应在次月补存时，将本月应存和本月补存一次办理；未补存者，视同违约。违约后存入的部分按活期计息。

存本取息定期储蓄。在开户时一次存入本金，分期均等支取利息，到期一次性支取本金的一种定期储蓄。5 000 元起存，存期分为一年、三年、五年，支取利息分为一个月一次、三个月一次、半年一次、一年一次，由储户存款时约定。

定额定期储蓄。存款金额固定、存期固定的一种定期储蓄业务，简称“双定”。这种储蓄事先在存单上印有存款金额，通常有 100 元、200 元、500 元、1 000 元等。定额定期储蓄存期为一年，到期凭存单支取本息，可以过期支取，也可以提前支取。

整存整取定期储蓄。是储户存款时约定存期，一次存入本金，分期支取固定本金，利息到期一次结清的一种定期储蓄。1 000 元起存，存期分为一年、三年、五年。可按月、季、半年分次等额支取本金，到期结清利息。

② 活期储蓄存款。活期储蓄指随时可存入，随时可支取的一种储蓄业务。其特点是存取频繁、利率低、管理相对复杂。活期储蓄 1 元起存，多存不限。由储蓄机构发给存折，凭折(或兼凭密码)随时可以办理支取或续存。每年 6 月 30 日结息一次，利息转入本金计息。未到结息日清户时，利息算至清户前一日止。

活期储蓄存款按照存取地点划分，可分为本地存取和异地存取。

活期储蓄本地存取。本地存取是指储户办理活期储蓄存款只能在本地开户局或联网局续存或支取。

活期储蓄异地存取。异地存取是指储户在本地办理活期储蓄存款开户，可在异地邮政储蓄计算机联网局续存或支取。储户在异地局续存或取款时，须交纳手续费和汇费。是邮政储蓄利用邮电部门点多面广的优势，减少储户自身携带现金的负担，方便群众的一种存取方式，在全国邮政储蓄计算机联网局所均可办理。储户在异地邮政储蓄机构只能办理部分支取或续存，不能办理异地新开户、清户或换折手续。储户在提供存折(或兼凭密码)和本人合格证件，可续存或支取。同时，每笔业务应交纳手续费和按存取金额分档次收取汇费。异地局不办理对开户局储户的业务查阅。

③ 定活两便储蓄。这是指储户在存款时不确定存期，储户可随时支取，利率根据实际存期长短而变动的一种介于定期与活期之间的储蓄。分为固定定活两便和不固定定活两便两种。不固定定活两便 50 元起存，金额不限；固定定活两便分为 100 元、200 元、500 元、1 000元等多种面额。其特点是既具有活期储蓄随时支取的灵活性，又具有达到一定存期(存期三个月以上)可得到一年期内同档次整存整取存款六折利率的优惠。

④ 通知存款业务。这是指储户存款时不约定存期，支取时需提前通知金融机构，约定支取存款日期和金额方能支取的存款方式。按存款人提前通知的期限长短划分为一天通知存款和七天通知存款两个品种。一天通知存款必须提前一天通知约定支取存款；七天通知存款必须提前七天通知约定支取存款。个人办理通知存款的最低起存和支取金额均为 5 万元。一次性存入本金；可以一次或分次支取，最低支取金额为 5 万元。其特点是金额大、支取灵活，有利于存款人和储蓄机构合理安排资金。

⑤ 一本通。这是将多个储种、多个账户的存款集中于一本存折上，通过一本存折管理多个存款账户资金的业务品种。

现阶段一本通存折可开立整存整取定期存款和定活两便储蓄存款两个储种。

整存整取定期存款：人民币 50 元起存。存期分为三个月、半年、一年、二年、三年和五年。本金一次存入，到期支取本息。到期可约定转存，循环生息。支取方式灵活，可全部提前支取，也可多次部分提前支取。

定活两便储蓄存款：人民币 50 元起存。存期不限，不可部分支取。存期不满三个月的，按天数计付活期利息；存期三个月以上，可得到一年期内同档次整存整取存款六折利率的优惠。利率打六折后，若低于活期利率，则按活期利率计息。

⑥ 个人存款证明。这是指邮政储蓄部门应存款人的申请，为其存于邮政储蓄机构的个人存款所提供的书面证明。可用于办理个人存款证明的存款凭证包括：邮政储蓄存单、存折、绿卡。

个人存款证明分为两种类型：时点存款证明和时段存款证明。

时点存款证明，是用于申请人在提出申请开具个人存款证明时在邮政储蓄有一定金额存款的证明。

时段存款证明，是用于申请人自申请之日起至某一日期的时间段内在邮政储蓄有一定金额存款的证明。

⑦ 转账业务。这是客户利用邮政储蓄计算机网络，通过邮政储蓄窗口、ATM、电话银行和网上银行等渠道，办理系统内或系统外的现金到账户和账户到账户的资金划转业务。

邮政外币储蓄业务包括下面几种。

活期储蓄：1 美元起存，随时存取，方便灵活。

定活两便：5 美元起存，不确定存期，可以随时支取，利率随存期长短而变动。

整存整取：10 美元起存，约定存期，到期时一次支取本息，存期从 1 个月到 2 年不等。

存款证明：可用于证明任一时点或时段上存款人在邮政储蓄开立的个人账户中的存款币种及金额。

外币携带证：作为居民或非居民个人携带一定金额外币出境时的证明文件。

### (六) 邮政绿卡业务

#### 1. 银行卡

银行卡是商业银行向社会公开发行，具有消费信用、转账结算、存取现金等全部或部分功能，作为结算支付工具的各类卡的统称；是商业银行签发的允许信用良好者据以赊购商品和劳务的身份证明卡(信用凭证)。

银行卡通常用塑料磁性卡片制成。银行卡上印有持卡人姓名、号码、有效期等信息。银行卡业务是集结算和信贷两项基本功能为一体的一种业务。

随着商品经济的发展和金融电子化步伐的加快，银行卡与计算机技术紧密结合，使银行卡已远远超过了它本来的含义。持卡人不但可以凭卡购买商品、在加油站加油、支付旅馆账单等，而且可以据此转账、存款、取款。高级的银行卡，除了用作信用凭证、综合实现各种银行卡功能外，还可以有个人身份证明卡、病历档案、地铁月票等各种用途。

#### 2. 邮政储蓄“绿卡”

邮政储蓄“绿卡”是银行卡的一种。“绿卡”储蓄卡是邮政部门向客户提供的一种多功能电子理财工具。绿卡除具有存款、取款、查询等基本功能外，持卡人还可以享受工资收入进账、缴纳费税及有关支付结算服务。储蓄卡先存后支，不能透支，申办时无须担保，存取安全方便。目前，邮政储蓄“绿卡”主要功能如下：

(1) 储蓄存取款功能。通过邮政绿卡，可以在邮政储蓄的任一储蓄柜台办理各类储蓄业务。绿卡一折一卡对应，用户可凭存折在一地邮局存款，在另一地邮局取款，也可凭存折在一地邮局存款，凭卡在另一地邮局 ATM 机上取款，只要在全国绿卡联网城市范围内，折卡都可以分开使用。

(2) 异地存取款功能。邮政绿卡用户可在任一绿卡联网网点(凭折)或 ATM(凭卡)办理人民币活期异地存取款业务。异地存取款仅按金额的 0.5%收取手续费，存款手续费最低 2 元，最高 20 元，取款、转账手续费最低 2 元，最高 50 元。

(3) 购物消费功能。邮政绿卡客户可在邮政储蓄特约商户和加入金卡工程的特约商户，如商场、酒店、宾馆等场所购物或消费，只凭邮政绿卡刷卡，无须支付现金或其他额外费用。

(4) 电话银行功能。客户凭邮政绿卡的卡号和电话银行密码，拨通 11185 邮政特服电话，根据语音提示，即可进行查询持卡人账户余额、历史交易，也可办理修改电话银行密码、电话挂失、电话缴费等业务。

另外，邮政部门提供绿卡电话查询功能。客户到邮政储蓄柜台或在任何一部电话上拨通 11185 邮政特服电话，根据语音提示，可查询持卡人储蓄存款余额、历史交易等。

**3. “银联”卡**

为促进银行卡联网通用、联合发展，进一步普及推广银行卡，方便广大持卡人的使用，经国务院批准，中国人民银行决定在符合统一业务规范和技术标准、联网通用的银行卡的指定位置加印“银联”字样的标识。

加印“银联”标识的银行卡，必须符合中国人民银行规定的统一业务规范和技术标准，并经中国人民银行批准。“银联”标识推出的目的是：为各种自动柜员机（ATM）和销售点终端机（POS）受理各商业银行发行的银行卡提供一种统一的识别标志，以便使不同银行发行的银行卡能够在带有“银联”标识的自动柜员机和销售点终端机上通用，为广大消费者提供方便、快捷、安全的金融服务。

“银联”标识卡的推行，将有利于我国商业银行发挥整体资源优势，通过联网联合，实现各行设备和网络资源的共享，为提高服务质量和竞争能力创造条件；有利于推动我国银行卡的产业化、市场化发展；有利于调动全社会的力量，共同营建银行卡业务发展的良好环境。

在国内创建统一的“银联”标识卡，并不是要取代各商业银行自己的银行卡品牌，如牡丹、金穗、长城、龙卡、太平洋卡、一卡通、邮政绿卡等。各行的品牌，对于各行根据各自特点和优势，发展持卡人市场、促进产品竞争、提高服务水平仍将发挥积极作用。而全国统一的“银联”标识，主要是为了发展国内银行卡受理市场、规范商业银行竞争、保障持卡人和特约商户的权益。因此，统一的“银联”标识与各行的品牌相互依存，相互促进，共同构建我国统一的银行卡市场。

目前银联卡已经走出国门，可以在二十多个国家的 POS 和四十多个国家的 ATM 上使用。2009 年 8 月 10 日，中国银联和财团法人联合信用卡处理中心（联卡中心）在台北隆重举行仪式，宣布银联卡台湾受理业务正式开通。

### （七）邮政汇兑业务

邮政汇兑业务是由邮政企业利用其分支机构接收汇款人的委托，在收到委托人的汇款后，经过其分支机构，将汇款稳妥兑付给收款人的一种货币收付活动。邮政汇兑业务是邮政企业利用点多面广的优势，为沟通人民群众异地经济往来而开办的一项金融业务。

中国邮政汇款网络是全国最大的个人汇款网络。目前，全国已完成了覆盖所有市县的邮政电子汇兑系统骨干网络建设，建成了联接 31 个省（自治区、直辖市）、2 468 个县市、3.1 万个联网网点的邮政电子汇兑计算机处理系统。遍布城乡的 4.4 万个汇兑网点（包括 3.1 万个联网网点），均可办理邮政汇兑业务。

**1. 邮政汇兑业务的特点**

(1) 网络覆盖全国。邮政拥有众多网点，而且分布合理，随时随地都可以办理。

(2) 汇款方式简单。在办理邮政汇款时，只需提供收款人邮编、地址或者邮政储蓄结算账号、单位账号即可办理。

(3) 收款便捷快速。已经实现了全国任一邮政汇兑联网网点实时通兑。

(4) 汇款手段多样。提供了多种汇款方式供用户选择使用，包括现金到现金、现金到账户、账户到现金、账户到账户。

**2. 邮政汇兑业务产品**

目前，以电子汇兑系统为平台，中国邮政开通了按址汇款、密码汇款、入账汇款和网上汇款四种电子汇兑业务。其中，网上汇款包括网汇通和网汇 e 两种业务。同时，为了充分发挥邮政汇兑的网络优势，中国邮政在代收代付领域进行了积极的探索，推出了以代收网络型企事业单位营业款项和代付养老金等为主的商务汇款业务，为网络型企事业单位提供了方便、快捷的资金结算服务，也为邮政金融日后开办对公业务积累了经验。国内邮政汇兑业务种类如表 1-1 所示。

**表 1-1 国内邮政汇兑业务种类**

<table>
<tr><th>项 目</th><th colspan="3">业务品种</th><th>特 色</th></tr>
<tr><td rowspan="8">国内汇款</td><td colspan="3">按址汇款</td><td>独到服务，投递到家</td></tr>
<tr><td colspan="3">密码汇款</td><td>瞬间汇款，轻松实现</td></tr>
<tr><td rowspan="2">入账汇款</td><td colspan="2">现金到账户</td><td rowspan="2">城乡联网，实时到账，任意划转，随您实现</td></tr>
<tr><td colspan="2">账户到账户</td></tr>
<tr><td rowspan="3">网上汇款</td><td rowspan="2">网汇通</td><td>网汇通（卡）</td><td rowspan="2">无须使用银行卡，资金安全有保障</td></tr>
<tr><td>网汇通汇款</td></tr>
<tr><td>网汇 e</td><td>电子汇款</td><td>密码、支付宝双重保障</td></tr>
<tr><td>商务汇款</td><td colspan="2">资金归集</td><td>电子对账，安全快捷</td></tr>
<tr><td rowspan="4">特色服务</td><td rowspan="2">回执业务</td><td colspan="2">投单回执</td><td rowspan="3">汇款一到，通知就报</td></tr>
<tr><td colspan="2">手机短信回执</td></tr>
<tr><td colspan="3">入账通知</td></tr>
<tr><td colspan="3">附言</td><td>言语传递浓浓情意</td></tr>
</table>

(1) 基本业务

按址汇款。是指汇款人将现金交付邮局或委托邮局从其指定的账户中扣款，同时将款项直接寄达汇款人指定的省市，并通过投递取款通知单的方式通知收款人到邮局兑付现金的汇款。按址汇款在全国任意一个邮政汇兑网点均可办理。一般地区，全程处理时限为 2～5 天。

密码汇款。指汇款人将现金交付邮局或委托邮局从其指定的账户中扣款，由汇款人自行设定取款密码并通知收款人凭汇票号码、取款密码和有效身份证件在全国任意汇兑联网网点实时支取现金的汇款。

入账汇款。指汇款人将现金交付邮局或委托邮局从其指定的账户中扣款，并将所扣款项直接汇入汇款人指定的收款人账户。具体分为“现金到账户汇款”和“账户到账户汇款”两种交易形式，均可实现实时入账。

网上汇款业务包括网汇通和网汇 e。网汇通是基于中国邮政电子汇兑系统的一款经济、快捷、安全的新一代网上支付服务产品，用户可以到全国 30 000 多个邮政联网邮局（所）直接购买网汇通卡或直接进行网汇通汇款，无须任何烦琐的手续，轻松体验网上自由购物的无限乐趣。目前主要包括“网汇通（卡）”和“网汇通汇款”两种产品。网汇通（卡）面额有 10 元、50 元、100 元三种，不记名不挂失，密码刮开即可消费，可用于在网汇通系统内办理汇款和在网汇通加盟商户网站消费。目前，中国邮政正在北京进行报刊亭销售网汇通卡推广活动，并将逐步在全国近十万个报刊亭推广。网汇通汇款是指用户通过电子汇兑系统，以邮政汇款的方式，将款项直接汇往个人或商户在网汇通系统注册的汇户号中。邮政网汇 e 是中国邮政和支付宝公司共同推出的一项创新产品。无须网银，只需用现金或绿卡在邮政汇兑联网网点办理汇款业务，并设定汇款密码，即可凭汇票收据与汇款密码给任意支付宝账户充值。如果购买后没有充值，可以随时到邮政汇兑联网网点兑付现金。

商务汇款。指以电子汇兑系统为平台，为各类单位提供资金汇划服务的汇款业务。

(2) 附加业务

第一，回执业务。中国邮政在办理邮政汇款业务时接受汇款人的委托，在收款人领取该笔汇款后，及时将汇款兑付情况通知汇款人的业务。按通知方式不同，回执业务可分为：投单回执（以投递回执卡的方式通知）和手机短信回执（以向汇款人预留的手机号码发送手机短信的方式通知）。

第二，投递入账通知。中国邮政将汇款人所汇款项成功汇入其指定储蓄账户后，根据与汇款人的事先约定，由兑付省打印并投递的用于通知收款人款项已入账的通知单。

第三，附言业务。为了更好地满足广大客户之间信息传递的需要，中国邮政在按址汇款业务中提供了贴心的附言服务。汇款人在汇款时填写附言信息，邮政通过取款通知单的方式将附言信息及时传递给收款人。

#### (八) 邮政金融代理业务

金融代理业务，是邮政部门接受客户（法人或自然人）的委托，依托邮政和邮政金融网络优势，利用自身的经营能力和经营手段，按照委托代理协议代理委托人提供各种金融服务的经营行为。邮政金融代理业务包括代理和代收代付两大类业务。代理业务主要包括代理保险、代理国债、代理彩票、代售 IC 卡、代售寻呼机等电信产品的业务；代收代付业务主要包括代发工资、代发养老金、代收电信资费、代收公益事业费、代缴税金等业务，品种达数十种。

## 五、国际邮政业务

### (一) 国际邮政业务概述

#### 1. 国际邮政通信的任务

国际邮政通信是我国邮政通信的重要组成部分，也是我国涉外工作的一个方面。我国国际邮政通信的基本任务，是在我国独立自主、和平共处和改革开放的对外总政策的指导下，通过迅速、准确、安全、方便地传递国际邮件，沟通我国与世界各国人民的通信联系，发展同全世界人民的友好关系，促进相互间的政治、经济贸易、科学技术、文化的交流和发展，为我国的社会主义现代化建设服务。

**2. 万国邮政联盟简介**

万国邮政联盟是一个商定邮政事务的各国政府间国际组织。1874 年 10 月 9 日,“邮政总联盟”成立。1878 年改称“万国邮政联盟”,简称“万国邮联”、“邮联”,英文缩写为“UPU”。1948 年 7 月,万国邮联成为联合国组织负责国际邮政事务的专门机构。总部设在瑞士伯尔尼。截止到 2005 年,邮联已有会员国 190 个。我国于 1914 年 3 月 1 日加入万国邮联。1951 年中国在万国邮联的合法席位被非法剥夺,1972 年 4 月 13 日我国在邮联的合法席位得到恢复。万国邮联成立 130 多年来,在各会员国政府的帮助下,为促进国际邮政业务的发展,规范国际邮件的传递,解决会员国之间邮政的争端,指导会员国之间的技术合作,参加联合国技术援助方面,发挥了不可取代的作用。

万国邮联将每年的 10 月 9 日定为“万国邮联日”,要求各会员国从 1970 年起,于每年的“万国邮联日”组织各种宣传和纪念活动,广泛宣传邮政在政治、经济、文化发展和人民生活中的作用。为扩大这一纪念日的影响,1984 年将“万国邮联日”更名为“世界邮政日”。从 1981 年起,万国邮联国际局每年为各会员国选定一个共同的宣传主题。2007 年—2009 年世界邮政日的宣传主题为“世界邮政网,网络连天下”。

随着国际邮政业务和世界经济的发展,万国邮联下设的组织机构也在不断进行相应的改革和调整。万国邮联的组织机构由邮联大会、行政理事会(CA)、邮政经营理事会(POC)、以及负责邮联日常事务的国际局(IB)组成。

### (二)国际邮政业务体系

国际邮政业务分为国际邮件寄递业务和国际邮政金融业务。

**1. 国际邮件分类**

(1) 国际邮件按内件性质,分为函件、包裹和特快专递邮件三类。

按内件性质,国际函件又分为信函、明信片、邮资信封、航空邮简、印刷品和印刷品专袋、盲人读物、国际小包和国际商业信函(国际商业回函)。印刷品专袋是指同一寄件人同时经由同一邮路寄交同一地址同一收件人的数件印刷品,可以封入一个或数个邮袋内寄发,叫做印刷品专袋。

国际包裹分为普通包裹、脆弱包裹和保价包裹。

(2) 国际邮件按处理时限分为普通邮件、全球优先函件和特快专递邮件。

普通邮件。这是指按一般时限规定传递的邮件。

全球优先函件。这是指各个环节加快处理,在规定时限内到达的国际邮件。

特快专递邮件。这是指通过专门组织的收寄、处理、运输和投递,以最快的速度进行实物传递的邮件。1980 年 7 月,我国首先与新加坡开办了国际特快专递业务。目前我国国际特快专递业务已与世界上 200 多个国家和地区建立了业务关系。

(3) 国际邮件按处理手续分为平常邮件和给据邮件。

平常邮件。这是指邮局在收寄时不给收据,投递时不要收件人签收,不接受查询,不承担赔偿责任的国际邮件。平常邮件主要是平常函件,有些国家也有把包裹作为平常邮件交寄的,但多数国家(包括我国在内)把包裹均作为给据邮件交寄。

给据邮件。这是指邮局在收寄时编号、登记、出给收据,投递时需要收件人签收,接受查询,承担赔偿责任的国际邮件。给据国际邮件包括挂号函件、保价函件、普通包裹、保价包裹和特快专递邮件。

给据邮件按邮局所负补偿责任，又可分为保价邮件和非保价邮件。对保价邮件，邮局负责按保价金额赔偿；对非保价邮件，邮局承担按万国邮联规定标准赔偿的责任。各类给据邮件均可附寄回执。

（4）国际邮件按运输方式分为水陆路邮件、航空邮件和空运水陆路邮件。

水陆路邮件。这是指全程利用火车、汽车、轮船等交通工具发运的邮件。

航空邮件。这是指利用航空邮路优先发运的邮件。空运水陆路邮件，或称 S. A. L (Surface Air Lifted)邮件，是指利用国际航班剩余运力运输，在原寄国和寄达国国内按水陆路邮件处理的邮件。

**2. 国际邮件特别业务**

（1）国际商业信函。这是利用国际函件这种媒体形式，将所需要传递的各类广告信息寄达国外、境外的目标消费者。

（2）国际商业回函。这是指合同用户在寄出的商函、货样等邮件中装寄事先印好回函地址的信封或明信片，收件人用这类信封、明信片给寄件人回函可以免付邮费，是专为大宗商业用户开办的一项业务。

（3）国际小包。为满足用户寄递小件物品的需求，对于重量在 2 kg 以内的物品都可以按小包交寄。按照运输渠道不同，分为国际航空小包、空运水陆路小包和水陆路小包三类。小包内不可夹寄信函。

（4）存局候领邮件。寄件人可以要求所寄的邮件在寄达地存局侯领。寄件人在交寄时可以不写收件人详细地址（但须书写收件人姓名、寄达地名和国名），寄往指定邮局留存，而由收件人前往领取。

（5）附回执的国际邮件。挂号函件、保价函件和各类包裹都可以附寄回执，但交寄时必须向邮局查明寄达国是否办理此项业务。

（6）国际合封函件。资例不同的各类国际函件，可以合封在一起作为一件交寄，但重量不得超过资例最高一类函件的重量限制，并整件按资例最高的一类函件计收邮费。

（7）中国速递国际快件（简称“中速快件”）。是中国邮政与荷兰 TNT 邮政集团合作办理的一项国际快件业务。中速快件可通达 200 多个国家和地区，并在快件的重量和规格限制方面有较大的灵活性。中速快件业务自 2000 年 1 月 1 日起已在全国范围内正式开办。中速快件可分为“全球快递”、“经济快递”和“重件快递”等。

（8）国际特快专递收件人付费业务简称“国际特快到付业务”。其特点是传递国际特快专递邮件所需的各种费用（如邮资、清关费等）由收件人支付，无须由寄件人承担，只是寄件人在交寄邮件时要填写一份“信用保证单”，承诺在遇有收件人拒收邮件或拒付费用等情况时，寄件人承担全部邮寄费用及所产生的一切相关费用。国际特快到付业务的收费标准与国际特快专递邮件的收费标准相同。目前我国 EMS 办理至日本、韩国、德国、瑞典等国家和中国台湾、中国香港等地区的到付业务。

**3. 国际邮政金融业务**

万国邮政联盟的协定给出了国际金融业务的国际汇兑业务、支票业务、代收货款业务的处理规则。我国于 1992 年 7 月加入了《邮政汇票协定》，并于同年开办了国际邮政汇兑业务，目前，中国邮政也与国外非邮政金融机构合作开办特快汇款业务。

(1) 国际电子汇款业务。这是两国邮政间合作开办的电子汇款业务，汇款信息实现全程电子化转换。汇款信息自网点受理当日出境。

发汇时支持美元现金和美元账户发汇；收汇时支持美元或人民币现金兑付，或转存入邮政储蓄银行开立的美元账户。2007 年 7 月 10 日中国邮政储蓄银行已开通与俄罗斯邮政之间的中俄邮政国际电子汇款业务。

(2) 香港电子汇款业务。这是中国邮政储蓄银行与香港特别行政区邮政机构合作开办的电子汇款业务，汇款信息实现全程电子化转换。汇款信息自网点受理实时汇出。

发汇时支持美元现金和美元账户发汇；收汇时支持美元或人民币现金兑付，或转存入邮政储蓄银行开立的美元账户，或从香港直接汇入邮政储蓄银行开立的美元账户。

(3) 实物汇款业务。这是中国邮政储蓄银行与境外邮政机构合作开办的国际汇款业务，国际间汇款信息传递通过邮寄实物汇票的方式完成。目前，与我国邮政办理此项业务的国家有日本、韩国、朝鲜、新加坡、马来西亚、泰国、越南、巴基斯坦、哈萨克斯坦、法国、意大利、比利时、西班牙、芬兰、南斯拉夫、罗马尼亚、秘鲁 17 个国家和地区。

发汇时支持美元现金和美元账户发汇；收汇时支持美元或人民币现金兑付，或转存入邮政储蓄银行开立的美元账户。

(4) “一汇通”银邮国际电子汇款业务。这是中国邮政储蓄银行与世界知名银行合作开办的国际电子汇款业务。汇款信息实现全程电子化转换。汇款信息自网点受理实时出境。可直接或间接汇入在全球任何一家银行开立的外汇账户。

发汇时支持美元现金和美元账户发汇；收汇时支持美元或人民币现金兑付，或转存入邮政储蓄银行开立的美元账户，或从境外直接汇入邮政储蓄银行开立的美元账户。

(5) 代理西联汇款业务。这是中国邮政储蓄银行与西联国际汇款公司合作办理的国际电子汇款业务，信息转换实现全程电子化，自柜台受理业务起，汇款 10 分钟左右即可达到收汇国家。目前全球有 200 多个国家的 20 万个代理点受理西联汇款业务。

发汇时支持美元现金和美元账户发汇；收汇时支持美元或人民币现金兑付，或转存入邮政储蓄银行开立的美元账户。

### (三) 国际邮政业务的相关规定

#### 1. 国际邮件的监管

(1) 国际邮件监管的相关法规。中华人民共和国海关是国家的进出境监督管理机关。海关依照海关法和其他有关法律、法规，监管进出境的运输工具、货物、行李物品、邮递物品和其他物品，征收关税和其他税、费及查缉走私物品，并编制海关统计和办理其他海关业务。

《中华人民共和国海关法》第四十六条至第四十九条作出如下规定：

个人携带进出境的行李物品、邮寄进出境的物品，应当以自用、合理数量为限，并接受海关监管；进出境物品的所有人应当向海关如实申报，并接受海关查验；海关加施的封志，任何人不得擅自开启或者损毁；进出境邮袋的装卸、转运和过境，应当接受海关监管。邮政企业应当向海关递交邮件路单。邮政企业应当将开拆和封发国际邮袋的时间事先通知海关，海关应当按时派员到场监管查验；邮运进出境的物品，经海关查验放行后，有关单位方可投递或者交付。

《中华人民共和国邮政法》第三十条作出如下规定：

海关依照《中华人民共和国海关法》的规定，对进出境的国际邮袋、邮件集装箱的国际邮递物品实施监管。

《中华人民共和国邮政法实施细则》第四十八条对国际邮件监管又做出如下详细规定：

邮政企业依据运输工具到站（港）、离站（港）时间和运输时限制定的作业计划时间表应当在变更前三日通知海关。海关应按照邮政企业通知的作业时间表派员到场监管国际邮袋、查验进出口国际邮递物品；逾时不到场，延误运递时限造成的相关责任，有海关承担。海关依法查验国际邮包时，在设关地应当与用户当面查验。收寄件人不能到场的，由海关开拆查验，邮政工作人员在场配合。被开拆查验的邮包，由海关和邮政企业共同封装，双方加具封签或者戳记。海关依法开拆查验的印刷品，应当重封并加具海关封签或者戳记。

（2）国际邮件的监管办法。海关对国际邮件的监管有两种办法，一是对我国进出口及过境国际邮袋的装卸转运和总包封发开拆实施监督管理，称为国际邮袋监督；二是对我国与其他国家或地区的用户相互寄递的邮递物品进行监管检查，称为国际邮递物品查验。

**2. 国际邮件的检疫**

国际邮件的检疫是指国家检验、检疫部门依法对进出口国际邮件进行检疫的法定程序。

实行邮件的检疫，是为了防止病疫细菌通过邮寄途径传染、扩散，危害人民身体健康和财产安全。这是国家赋予检验、检疫部门的一项职权。

国家制定和颁布的《中华人民共和国国境卫生检疫法》、《中华人民共和国国境动植物检疫法》、《中华人民共和国邮政法》和《中华人民共和国邮政法实施细则》中，均分别对邮递物品的检疫进行了规定。

有关检疫邮件的处理规定如下：

（1）凡寄往同我国签有动植物检疫协议的国家的装有应检疫物品的包裹、小包邮件，应由寄件人随附动植物检疫部门签发的有效期内的检疫证书才能出口。对未办妥检疫证书的邮件，邮政企业一律不得收寄与转发。

（2）邮寄入境的动物、植物产品，必须经口岸动植物检疫机关检疫。经检疫未发现检疫对象的，在邮包外加盖邮寄检疫章后放行。发现有检疫对象的，在进行检疫处理后，签发“检疫处理通知单”随同邮包由邮局投交收件人；不能进行检疫处理的，在邮包外加贴退包标签，交邮局退回寄件人；必须销毁的，签发处理单后，由邮局将处理单转交寄件人。活的动植物产品禁止邮寄入境（符合规定的少量样品除外）。

（3）根据有关规定，对有碍卫生的旧衣物和来自疫区能传播疾病的食品等禁止进口。出口邮件除按有关规定检疫外，还要遵守对方国家的有关规定和要求，如有些国家对旧衣物要随附消毒证明书，对肉类、罐头食品等须附卫生机关的检疫证书等。

为了保证邮件的运递时限，检疫部门应对上述应检验的邮件优先检疫。这就要求互换局及验关局应根据当地具体情况与动植物检疫部门、卫生检疫部门以及海关协商制定必要的配合办法，以贯彻优先检疫、保证传递时限的要求。

# 第三节　邮务类业务基本规定

## 一、邮件的禁寄、限寄规定及处理

为维护国家有关经济政策和法规的贯彻执行，维护社会治安，保护人身和邮件物品的安全，邮政寄递的物品有明确的禁寄和限寄规定。

**1. 各类邮件禁寄规定**

各类邮件禁止寄递下列性质的物品：①国家法律规定禁止流通或寄递的物品；②反动书籍、报刊、宣传品或淫秽物品；③爆炸性、易燃性、腐蚀性、放射性和毒性等危险物品；④妨害公共卫生的物品；⑤容易腐烂的物品；⑥各种活的动物；⑦各种货币；⑧液体类化工产品，邮件封面上标有"↑"符号或写明"不能倒置"等字样的物品；⑨不适合邮寄条件的物品；⑩包装不妥、可能危害人身安全、污染或者损毁其他邮件、设备的物品。

**2. 特准收寄的物品**

符合特准交寄规定并确保安全的，可以收寄。

(1) 鸦片(包括罂粟壳、花、苞叶)如经省市卫生部门核准取得转运证的，可以收寄。

(2) 麻醉药品凭医药单位证明邮寄。供应机构向使用单位邮寄麻醉药品时必须一律在相关包裹详情单上加盖"麻醉药品专用章"并交验盖有"麻醉药品专用章"的发票，到指定邮局交寄。邮局验视发票并在发票背面加盖日戳后当即退还交寄单位。

(3) 中国人民银行寄给国内各地中国银行或中国银行之间在国内互寄"人民币精装册"(包括纸币)。人民币硬币精装册必须使用坚固的箱盒装封，此类邮件封装要严密牢固，邮件的封合处要粘贴"保价信函封志"，加盖寄件单位印章。人民币纸币精装册作"保价信函"交寄，应使用邮局特制的"保价信封"装寄。

(4) 根据国务院《植物检疫条例》规定，交寄种子、苗木等繁殖材料和其他应施检疫的植物或植物产品的单位和个人须事先到所在省(地、县)植物检疫机构办理检疫手续，领取植物检疫证书，凭有效期限内的"植物检疫证书(正本)"交寄，凡无检疫证书或种类、数量与植物检疫证书不符的，一律不得收寄。

(5) 猎枪、汽枪。猎枪和能发射金属弹丸的汽枪一律禁止邮寄。如有特殊情况需要邮寄的，应凭收件单位所在地的县、市以上公安机关发给的"运输证"收寄。

(6) 管制刀具。匕首、三棱刀(包括机械加工用的三棱刮刀)，带有自锁装置的弹簧刀(跳刀)以及其他类似的单刃、双刃、三棱尖刀均禁止收寄。机械加工使用的三棱刮刀，确因工作需要必须邮寄时，邮局可凭寄件单位出具邮寄证明书收寄。收寄时应在相关包裹详情单上和收据上注明"凭寄件单位证明收寄"字样。证明书应附在收据存根上存查。

(7) 蜜蜂、蚕种、水蛭作为特种物品，可以通融收寄。

**3. 限寄物品**

这是指根据国家法令限制寄递或流通的某些物品，这些物品的寄递只能在有关法令允许的数量和范围内进行。

(1) 邮寄卷烟、雪茄烟每件以二条(400 支)为限(二者合寄时亦限二条)。

(2) 邮寄烟丝、烟叶每次均各以 5 kg 为限，两种合寄时不得超过 10 kg。每人每次只限一件，不准一次多件或多次交寄。国内限量寄递物品按国务院相关主管部门制定的有关规定执行。

**4. 对于违反禁寄、限寄物品规定的处理**

由于用户或者邮局收寄的原因，违反禁寄、限寄规定的现象时有发生。对此，应根据具体情况按照下列规定处理。

(1) 各种危险品：收寄局发现的不予收寄；经转局发现的应停止转发；投递局发现的，不予投递。对危险品要另放一地，加以隔离。寄递危险物品情节严重的，应当与公安部门联系处理；不属于这种情况的，对其中容易发生灾害的危险物品，应就地销毁；需消除污染的，应报请卫生防疫部门处理，其所需费用由寄件人承担。对其他危险物品，可通知寄件人限期领回。至于邮件内所装其他非危险物品，应当整理重封。随验单发寄或通知收件人到局领取。

(2) 金银：发现后通知当地中国人民银行处理。

(3) 妨害公共卫生的物品、容易腐烂的物品和不适于邮寄的怕震易损物品：应视情况通知寄件人限期领回，或者就地销毁、抛弃。

(4) 武器、警具、反动报刊、书籍、宣传品、淫秽物品和毒品等，通知公安部门处理。

(5) 活的动物：暂予扣留，通知寄件人限期领回，或者根据具体情况作其他适当处理，处理费用由寄件人负担。

(6) 各种货币：对本国货币，收寄局发现时，通知寄件人限期领回；无法通知寄件人或在其他局发现时，将夹寄的现钞改做汇款交收件人，汇费等从夹寄款中扣除，在汇款通知附言栏内批注说明，并发验单至投递局通知收件人领取邮件。对外国货币，通知寄件人限期领回。

(7) 包装不妥，可能危害人身安全、污染或损毁其他邮件、设备的物品：在收寄局发现时，通知寄件人限期领回；在寄递过程中发现，根据具体情况作妥善处理，并随验单发往投递局通知收件人到局领取邮件。

## 二、函件业务的基本规定

### (一) 函件的准寄范围

**1. 信函**

信函是以套封形式传递的缄封的信息的载体。主要用以寄递书面通信；各种公文、合同；各类单据、报表(空白报表除外)、票据、有价证券(如未使用的邮票，带邮资的封、片、卡)等；各类事务性通知；各类稿件；各类证件。

**2. 明信片**

明信片是一种露封交寄的具有通信性质的卡片式邮件。县以上邮政企业，经省邮政局批准，可以印制、发行带有“中国邮政”字样的明信片；其他单位印制的明信片，不得带有“中国邮政”字样(包括外文)。国家邮政局印制、发行的明信片可以印邮票图案，表示邮费。

**3. 邮简**

邮简是信封和信纸连在一起，折叠后各边封合，形成信封状，按信函交寄的一种函件业务。邮简由邮局发行，其他机关、企业、团体因工作需要，在征得所在省局批准后，可以依式仿制自用，但纸张大小、厚薄及其他规格必须符合通信行业标准。

**4. 印刷品**

除规定按信函寄递以外的各种书籍、报纸、期刊、教材、目录及各种印刷的图文资料等可按印刷品寄递。

**5. 盲人读物**

盲人所用的凸出点痕的书籍、刊物、信函和文件都可作盲人读物寄递，但不包括盲人使用的特种纸张。

**6. 义务兵免费信件**

以现役义务兵从部队发寄私人通信内容的(主要指寄给其家里的家信和寄给其亲友的私人信件，不包括寄给各单位的非私人通信内容的信件，如稿件、订购单、评选票、知识竞赛答卷、函授作业、课本及试卷等)每件重量不超过 20 g 的国内平常信函或明信片为限。超过上述规定范围以及交寄其他种类邮件，必须按规定付足邮费交寄。

## (二) 函件资费规定

**1. 函件的资费标准**

邮件的资费根据业务性质的不同，可以分为基本资费和非基本资费，如表 1-2 所示。

**表 1-2 国内函件资费表**

| 邮件资费种类 | 计费标准 | 资费标准(元) | |
|---|---|---|---|
| | | 本埠(县) | 外埠 |
| 一、基本资费 | | | |
| 信函 | 首重 100 g 内，每重 20 g(不足 20 g 按 20 g 计算) | 0.80 | 1.20 |
| | 续重 101～2 000 g 每重 100 g(不足 100 g 按 100 g 计算) | 1.20 | 2.00 |
| 明信片 | 每件 | 0.80 | |
| 二、非基本资费 | | | |
| 印刷品 | 首重 100 g(不足 100 g 按 100 g 计算) | 0.40 | 0.70 |
| | 续重每重 100 g(不足 100 g 按 100 g 计算) | 0.20 | 0.40 |
| 邮简 | 每件 | 0.80 | 1.20 |
| 挂号费 | 每件 | 3.00 | |
| 回执 | 每件 | 3.00 | |
| 盲人读物 | 按水陆路平常邮件寄递 | 免费 | |
| 保价费 | 每保 1 元(不足 1 元按 1 元计算) | 0.01 | |
| | 每件最低保价费 | 1.00 | |
| 存局候领手续费 | 函件和汇兑业务每件 | 1.00 | |
| 撤回邮件或更改收件人名址手续费 | 每件 | 3.00 | |
| 使用电报办理查询、撤回、更改收件人地址、姓名电报费 | 每件加收 | 2.00 | |
| 查询费 | 每件 | 免费 | |

(1) 基本资费:基本资费是指邮政专营的国内平常信函和明信片的资费,由国务院物价主管部门制定,报国务院批准。

(2) 非基本资费:非基本资费是指基本资费以外的邮政业务资费,由国务院邮政主管部门规定,包括特种资费、附带资费。特种资费是根据用户交寄邮件时要求按特殊手续处理必须交纳的特殊服务费用,如挂号费、保价费等。附带资费是用户在交寄邮件以后,因各种原因要求提供与原寄邮件有关的附带服务时必须交纳的额外资费,如申请撤回、更改收件人地址姓名及改寄退回服务等。

信函、明信片、邮简、印刷品和盲人读物,都可以平常函件寄递,也可作挂号函件寄递。交寄时,除按规定交纳相关资费外,还应按件加收挂号费。盲人读物免水陆路资费。

信函可以做保价邮件交寄。印刷品暂不办理保价业务,如寄件人确需保价的,可按保价信函或保价包裹交寄。

**2. 免收资费的规定**

交寄函件都应按规定的资费标准付足邮费,但下列函件可免收资费。

(1) 按原邮电部和总参谋部联合通知的规定,符合准寄范围的义务兵信件。相关函件封面由所在军事单位加盖"义务兵免费信件"戳记,并集中交寄。

(2) 按原邮电部制订的《烈士遗物邮寄办法》交寄的烈士生前遗物。

(3) 盲人读物按平常函件交寄。

(4) 邮政公事邮件。

## 【阅读资料一】

### 一把钥匙两样寄

这天是营业员小梁当班。开门不久,来了一个用户交寄挂号信。小梁接过来一摸,发现里面有一枚硬物,用户解释说那是亲戚落在这里的一把钥匙,因这位亲戚已回到外地,只好再给他寄回去。小梁告诉用户,钥匙是不能按信函交寄的,因为信函是机械化分拣,里面不能夹寄非纸片性物品,如果要交寄的话,只能装入纸箱按包裹寄。听了小梁这番话,用户有些犹豫不决,寄一把小小的钥匙就要买一个纸箱,况且再小的纸箱装一把钥匙也要衬垫不少填充物,这样既费钱又费力,真是太不方便了。想到这,用户拿过信就离开了邮局。

约两个小时后,这位用户又来了。他对小梁说:"你看,我换了个结实的牛皮纸信封,又把钥匙用塑料袋装好,应该没什么问题了,你帮帮忙给我寄了吧,有了问题我自己负责。"小梁又耐心地向他解释了信函中不能夹寄非纸性的物品的理由,同时又表示了本着对用户负责的原则,请用户按包裹交寄这把钥匙。用户只得拿着信又离开了邮局。

当天下午,这位用户又来了。这时小梁已下班,这位用户见到当班的营业员小李二话没说就提出了要买一个小号纸箱。小李热情地询问他准备邮寄什么物品,他叹了一口气说:"寄一把钥匙。我实在没有其他办法,只能按包裹寄了。"小李笑着对用户说:"一把钥匙你完全可以寄挂号信,如果很贵重,也可以按保价信函寄,不必买包装箱按包裹寄。"用户很惊讶,半信半疑地拿出了那个已装好的牛皮纸信封。小李看到信封比较坚韧,里边又有塑料袋套装着，便为他办理了挂号信收寄手续。

同是寄一把钥匙，营业员小梁和小李的做法却大不相同。那么，到底谁的做法正确呢？答案是，小李的做法是正确的。

在日常收寄邮件的过程中，为了维护用户的利益，平常信函内不能夹寄非纸片性物品，包括带有磁带或音乐金属片的贺年卡都不应按平常信函寄递。因为平常信函采用的是机械化分拣，如果装寄了非纸片性物品就不能保证这些物品的完好无损。但为了方便用户，《国内邮件处理规则》规定，适于邮寄的物品和文字载体，只要符合信函规定的重量、尺寸限度和封装规格，寄件人愿意按信函资费标准交付邮费的，也可作信函交寄，但应按挂号信函交寄。要求营业员在收寄这些装有物品类的挂号信时要验视内件，以免发生违章夹寄或装有禁限寄物品的现象。

来源：《中国邮政报》

## 三、包件业务的基本规定

### 1. 包裹的重量尺寸规定

包裹的重量尺寸限度如表 1-3 所示。

**表 1-3　包裹重量尺寸限度表**

| 邮件类别 | | 最大重量限度 | 尺寸限度 | | 附注 |
|---|---|---|---|---|---|
| | | | 最大 | 最小 | |
| 包件 | 包裹 | 35 kg | 以能装入 2 号邮袋为限 | 长、宽、厚三面合计不少于 30 cm，最短一面不少于 2 cm | 省（区、市）内互寄的包裹，其最大限重和最大尺寸，由收寄的省（区、市）邮政局规定 |
| | 脆弱包裹 | 10 kg | | | |
| | 快递包裹 | 40 kg | | | |

### 2. 包裹资费构成与计算

（1）包裹资费的构成。邮政包裹资费由运费、挂号费和保价费三部分构成。其中是否保价由用户自由选择。

（2）包裹资费的计算。营业窗口收寄普通包裹时，按照《国内包裹资例表》所列标准和包裹重量按下列公式计算资费：

包裹资费＝每千克包裹运费×包裹重量＋挂号费＋保价费

每千克包裹运费：即所查资例表数，起重重量 500 g，每 500 g 为一个计费单位，不足 500 g尾数按 500 g 计。挂号费，按件计收，每件收取 3 元。保价费按所填报保价金额的 1% 收取，每件最低收取 1 元。

快递包裹资费实行分区计费，计费区间综合里程数以每增加 500 km 为一个计费标准。首重以 1 000 g 为计费重量单位，续重每 500 g 为一个计费重量单位，分 5 000 g 以内和 5 001 g以上分别采用不同的计费标准。包裹的资费如表 1-4 所示。

表 1-4 包裹资费表

| 业务种类 | 计费单位 | 资费标准(元) | | |
|---|---|---|---|---|
| 普通包裹 | 每 500 g 为一个计费单位 | 按照寄递里程分区核定,具体标准详见现行《国内包裹资费表》 | | |
| | 每件挂号费 | 3 | | |
| 快递包裹 | 运距 | 首重 1 000 g | 5 000 g 以内续重每 500 g | 5 001 g 以上续重 500 g |
| | 500 km 及 500 km 以内 | 5 | 2 | 1 |
| | 500～1 000 km | 6 | 2.5 | 1.3 |
| | 1 000～1 500 km | 7 | 3 | 1.6 |
| | 1 500～2 000 km | 8 | 3.5 | 1.9 |
| | 2 000～2 500 km | 9 | 4 | 2.2 |
| | 2 500～3 000 km | 10 | 4.5 | 2.5 |
| | 3 000～4 000 km | 12 | 5.5 | 3.1 |
| | 4 000～5 000 km | 14 | 6.5 | 3.7 |
| | 5 000～6 000 km | 16 | 7.5 | 4.3 |
| | 6 000 km 以上 | 20 | 9 | 6 |
| 每件挂号费 | | 3 | | |
| 保价费 | | 每保一元(不足一元按一元计算) | | 0.01 |
| | | 每件最低保价费 | | 1 |

## 四、报刊发行业务的基本规定

### (一) 报刊发行各业务机构的分工

邮发报刊的全部工作由订销局、邮区中心局、省公司定单处理部门和发报刊局协作分工共同完成。

**1. 订销局及其职责**

各级市县邮政局,均承担办理发行报刊业务的收订、投递及零售任务,在发行业务处理过程中称做订销局。订销局主要承担宣传、收订、缴款、要数、零售、投递等业务,此外还负责建立报刊推广发行站(员)等工作。

**2. 省公司定单处理部门的职责**

各省公司报刊发行专业机构的定单处理部门,负责全省报刊定单的汇总处理,其主要职责有:①对全省各订销局所报定单进行审核并汇总;②负责向各发报刊局汇总要数;③负责与各订销局和发报刊局办理报刊款结算。

**3. 发报刊局及其职责**

发报刊局是各省局根据本省报刊出版实际情况和发行需要,在报刊出版地设置的办理报刊发行的专门机构,承担当地出版报刊的接办发行等任务。主要职责包括:①受省公司授权具体负责与报刊社签订发行合同,接办报刊;②负责各省定单要数的汇总,并进行变数处理和制签;③向报刊社通知印数;④与省公司及报刊社办理报刊款结算。

**4. 邮区中心局及其职责**

邮区中心负责对报刊社出版的报刊进行接收点验和分发运输。

## (二) 报刊发行业务常用术语

### 1. 国内统一刊号

代表中国出版的报刊名称的一组文字和数字号码。以中国国别代码"CN"为识别标志，由报刊登记号与分类号两部分组成，前者为国内统一刊号主体，后者为补充部分，其间以斜线"/"隔开，其结构形式为:CN 报刊登记号/分类号。登记号由六位数组成，前两位数为地区号，后四位数为报刊序号，其间用"-"号连接，即报刊登记号＝地区号＋序号。

### 2. 邮发报刊代号

凡交邮政部门发行的报刊，均应按规定编列邮发报刊代号，是邮政部门发行某一种报纸或杂志的专用号码。报刊代号由两部分组成，前一部分代表报刊接办邮发的省、市、自治区，后一部分代表报刊序号。省、市、自治区的单号为报纸，双号为杂志。报纸、杂志的序号由各省省局分别从 1 号起顺序编列。两部分号码合在一起，中间以"-"隔开。如《人民日报》为 1-1;《求是》杂志为 2-371。报刊停刊、自办时，代号停止使用，复刊、重新邮发时，仍用原代号。报刊分地印制出版，不另编新号，仍使用原发报刊局编列的代号。

报刊代号是发行系统内部作业科学、有效的工具。通过编列报刊代号把发行作业的内部处理有序地组织起来，对加强管理、提高质量、提高效率，规范化地进行内部作业等方面有着十分重要的作用。

### 3. 刊期和订期

刊期是指报纸、杂志出版的周期。每天都出版和每周出版六期的报纸称为日报。除日报以外的其他报纸统称为期报。每周出版四期的报纸称为周四报，每两个月出一期的杂志称为双月刊。

订期是订阅报刊的起止期限。

### 4. 整订和破订

整订是指读者订阅报纸、杂志按整月、整季、整半年或全年预订的办法，均以订至月底、季底、年底为限。

破订是读者错过整订期，报纸和杂志中的周刊、旬刊、半月刊不满一个月，月刊不满一季，双月刊、季刊不满半年的订阅方式。

### 5. 报刊期发数和累计数

报刊期发数是指报刊每期发行的份数。

报刊累计数是指报告期内各种报刊每期(出版期)发行份数相加的总和。

### 6. 报刊流转额

各订销局在报告期内订阅和零售的各种报刊，按定价计算的合计款额。计量单位为"元"。

### 7. 报刊发行费

报刊发行费是邮政部门提供报刊发行服务的基本费用，也就是邮政部门接办报刊发行的基本资费收入，发行费的计算公式为:报刊发行费＝报刊定价×发行费率。发行费率是报刊发行手续费所占报刊定价的比例，也就是发行费与报刊定价之比。发行费率是根据发行劳动消耗的大小与报刊印刷出版的消耗进行比较，由邮局发行部门与报刊社协商确定的。在报刊定价确定以后，发行费率的高低就成了影响发行费收入的主要因素。合理的发行费率，有利于扩大报刊发行再生产能力，有利于报刊社和邮政部门之间协作关系的巩固和发展。

发行费与其他手续费体现邮政企业协作分工，共同完成报刊订阅和零售以及其他劳务和管理的劳动消耗补偿。发行费与其他手续费共同构成邮发报刊的业务收入。

## 五、集邮业务的基本规定

### （一）集邮业务的管理体制

集邮业务采取中国集邮总公司、省（自治区、直辖市）邮政公司两级管理体制。中国邮政集团公司负责全国集邮业务的经营和管理，各省邮政公司负责本省集邮业务的经营和管理。

### （二）集邮品的开发和定价

**1. 集邮品的开发**

集邮品实行集中开发。中国集邮总公司负责开发全国性题材项目，各省邮政公司负责开发地方性题材项目。

避免开发简易邮票大版折、简易邮票册以及易对集邮市场产生不良冲击的集邮品；严禁将定向产品转为常规产品销售、严禁将形象年册转为常规年册销售。

省际间、各省邮政公司与中国集邮总公司之间联合开发重大项目和利用集邮资源开展对外合作项目，要将发布的广告、发行的产品、销售价格、利润率、销售渠道等情况，需要上报集团公司审批。

**2. 集邮品的定价**

集邮品均应按统一定价销售。除常规邮品外，全国性重大题材产品（如常规年册、形象年册）的定价，需要报集团公司审定。各省邮政公司销售中国集邮总公司开发的全国性题材集邮品，要执行统一价格，未经中国集邮总公司书面批准，不得擅自变价销售。中国集邮总公司和各省邮政公司开发相同题材的同类产品，原则上销售价格应该统一。

### （三）集邮票品库存管理

集邮票品出入库，必须遵守先入库、后出库的原则。

中国集邮总公司和各省邮政公司要及时发货、销售，确保集邮票品的时限。中国集邮总公司邮品的库存期限为 6 个月。各省邮政公司直接与客户签订包销制作合同而开发的形象年册、邮票专题册、邮折等定向包销的邮品，其库存期限为 3 个月。各省邮政公司结合当地社会热点、大型活动、邮票首发式、主题营销活动等开发的邮品和常规年册等地方题材邮品，其库存期限为 6 个月。代销邮品的库存期限为 6 个月。

### （四）集邮品的销售

销售集邮品的方式主要包括新邮预订销售、窗口零售、函购、上门服务销售等。

**1. 新邮预订**

这是指在纪特邮票发行期之前，以预先收取已公布发行纪特邮票的部分或全部票款等方式为集邮用户预订纪特邮票，是纪特邮票的销售方式之一。

**2. 窗口零售**

这是指地（市）、县邮政局设立集邮门市部或集邮台（点），面向社会和广大集邮用户直接出售集邮票品的销售方式。

**3. 集邮函购业务**

这是各级邮政部门以通信邮寄方式向用户出售集邮票品的一种销售方式。

**4. 上门营销**

这是指各级集邮业务部门组织营销人员到机关、企业、事业单位、大中专院校等大客户单位上门宣传集邮业务，帮助策划定向开发集邮品，销售集邮品；或结合当地举办各类展销的方式进行集邮品销售的经营活动。

### (五) 邮票个性化服务业务

**1. 邮票个性化服务业务的概念**

邮票个性化服务业务是指使用个性化专用邮票或其他由中国邮政集团公司批准使用的邮票，在个性化邮票所附的空白附票或整版邮票的边饰空白区域为客户提供服务的业务。

邮票个性化服务业务实行逐级审核制度。各邮政经营部门负责揽收业务；地市邮政企业负责初审；省(区、市)邮政公司负责复审；中国集邮总公司个性化邮票服务中心负责审批；集团公司负责监管及项目终审把关。

**2. 邮票个性化服务业务的受理范围**

(1) 政府部门、企业事业单位、社会团体、军队、武警、公安等系统使用个性化邮票进行形象宣传，可以使用名称、标识、建筑物外型(内景)，形象宣传用语等。

(2) 国内各类大型会议、展览、体育赛事、庆典纪念等活动，可以使用活动标志、徽志、吉祥物和活动场景等。

(3) 自然与文化遗产、文物古迹、风景名胜、象征性和纪念性的雕塑或建筑物等。

(4) 文化艺术类创作作品。

(5) 人物类题材。县级以上劳动模范、先进工作者；科技、教育、文艺、体育、卫生界等企事业单位、社会团体中对社会有突出贡献，受到县级以上政府表彰的人物；军队、武警、公安系统立功受奖的人物；经批准针对特定群体开办的专题人物项目。

(6) 其他经过集团公司批准的可受理的内容。

**3. 邮票个性化服务业务不予受理的范围**

(1) 受国家法律、法规禁止的和违背党和国家方针政策的内容。

(2) 宣扬封建迷信和不文明、不健康的内容。

(3) 属于国家、军事、行业等保密范围的内容。

(4) 未形成科学定论和学术上有争议的内容。

(5) 属于未准确定性和无结论的事物。

(6) 各类商品及其价格、性能、使用说明等具有商业广告性质的内容。

(7) 已经发行的邮资图案。

(8) 其他不符合受理条件的内容。

## 【阅读资料二】

### 校园溢“邮”香

——看甘肃邮政如何开发校庆集邮市场

2009 年可以称得上是甘肃的“校庆年”，兰州大学、兰州理工大学、兰州航空工业职工大学、甘肃民族师范学院、天水师范学院等高校都相继迎来了建校周年庆典。甘肃邮政结合集邮专业特色，根据需求精心策划，为高校提供多样化、个性化的校庆集邮产品方案，在宣传高校形象的同时，将集邮文化融入校园文化，树立集邮品牌形象，取得了较好的社会效益和经济效益。截至目前，甘肃邮政2009年已开发校庆集邮产品项目收入突破500万元。

（一）产品求差异有个性

在市场竞争十分激烈的今天，校庆邮品要想分得校园市场的“奶酪”，首先就要在集邮产品与其他社会产品的差异性上下工夫，甘肃邮政在集邮产品的“新、特、精”等特点上大做文章。

“新”就是邮品开发的思路要新，邮品的设计创意要新。如在设计兰州大学百年校庆邮品的过程中，甘肃邮政通过对兰州大学校史和文化的研究，将邮品的风格定为古朴典雅、内敛精致。“特”就是邮品要充分展示学校的个性特色。如兰州大学百年校庆邮品选取的都是人文气息浓厚的《古代书院（一）》、《孔子诞生二千五百四十周年》等邮票；《科技成果》、《中国现代科学家》系列等表现国家科学技术领域发展主题的邮票用在兰州理工大学的校庆邮品中；策划甘肃民族师范学院的校庆纪念册，则选择了《民族乐器》系列、《少数民族传统体育》等邮票，展现丰富多彩的民族风情。“精”就是邮品开发要树立“精心策划，精心设计，制作精品”的意识，集邮产品的策划设计、材料工艺、内容形式等方面必须从客户需求出发，求新求变、突破创新，才能推出具有竞争力的精品。

以兰州大学百年校庆项目为例。甘肃邮政将这个项目分为两个阶段进行开发，第一个阶段以开发销售型纪念邮品为主，目标人群是在校学生、即将毕业不能参加校庆的学生和参加校庆的一般校友。为探究目标人群对集邮产品的消费趋势和审美观，准确把握目标人群对集邮产品的真实需求，甘肃邮政专门成立的兰州大学百年校庆项目组组织了兰州大学学生代表参与的邮政服务兰州大学校庆产品研讨会，通过放映校庆产品幻灯片和对集邮文化知识的讲授，听取学生代表对产品的意见和改进建议，及时调整产品设计思路，不断融入新的创意，最终开发出校园记忆、毕业纪念两个系列的个性化邮折和校史纪念卡书，共3个品种的销售型纪念邮品。第二个阶段营销以开发兰州大学校庆定向纪念礼品为主，项目组在与兰州大学校方充分沟通后，把握校庆规格高、规模大、来宾多、交流活动频繁的特点，以《兰州大学建校一百周年》邮票的发行为突破点，开发出2个品种共1.6万册的中、高档校庆邮品。

兰州理工大学90岁的生日与兰州大学百年校庆相隔只有十几天，校方在产品的价格、品质、包装和内容上都存在比较心理，要求产品在设计、装帧、表现形式、风格基调上都要体现出与兰州大学百年校庆产品的差异性。为此，甘肃省集邮公司为兰州理工大学校庆产品另外成立了一个设计小组，通过多次沟通、不断完善，最终开发出以蓝、灰、银三色为主基调，包装风格工业化，突出科技专业特色的产品，为客户提供了优质的校庆礼品。

（二）营销拓渠道造氛围

校园是一个具有相对独立性和特殊性的市场，校庆集邮产品的销售重点区域是校内，而邮政自有的营销渠道不能满足产品销售的需要，人力、物力难以深入每个学校进行长期的驻点推广和销售。甘肃邮政研究分析认为，要拓宽营销渠道，不妨取得学校学生会、学生社团的支持与配合，结合社团活动来进行产品的宣传。

在兰州大学百年校庆邮品的营销过程中，兰州大学百年校庆项目组争取到了学生组织的支持与配合，委托兰州大学学生会从5月份开始，利用校园网、校园广播、校园内海报等进行产品宣传，将产品信息辐射到校园的每一个角落，使学校师生充分了解了校庆产品。项目组还“开挖”了一个校园代理销售渠道，对兰州大学进行分区，每个分区指定一名营销代表，由营销代表与兰州大学各学院学生会沟通，各学院学生会以代理方式参与校庆产品的销售，负责本学院产品的销售。为保障各学院学生会作为代理人的利益，邮政承诺产品代理渠道的唯一性和价格的统一性，产品采用预订方式，由分区营销代表向代理人提供产品，并提供账务管理等服务。兰州大学百年校庆倒计时100天时，甘肃邮政入驻兰州大学各校区，设置临时邮局和集邮知识宣传台，全面开展校庆产品的宣传推广活动。通过这种模式，兰州大学百年校庆项目取得了265万元的营销佳绩。甘肃邮政及时将这种模式在天水局、甘南局进行总结推广，两局借鉴这种模式也获得了不错的收益。

甘肃邮政发现，高校的校庆活动丰富，参与人数多、范围广，营销潜力巨大，通过借助各种形式的校庆文化活动来推广、宣传校庆集邮产品，不仅能提升产品形象，更能营造浓厚的产品销售氛围。

在兰州大学百年校庆项目中，甘肃邮政以协办单位的身份，与兰州大学百年校庆办公室联合举办了“纪念兰州大学百年校庆倒计时100天晚会暨百年校庆集邮文化产品揭幕仪式”，极大地提升了产品的知名度，更树立了邮政的良好形象。在兰州航空工业职工大学校庆项目和天水师范学院建院50周年项目中，甘肃邮政也分别策划了校庆邮品的首发式，首发式现场新闻媒体聚焦，海内外校友云集，在为学校热烈的校庆活动增光添彩的同时，营造了校庆邮品销售气氛。在校庆期间举行内容丰富、形式多样的邮展和集邮讲座，带动学校师生的集邮热情，对校庆邮品的销售有很好的促进作用，更能加快集邮进高校的步伐，培育集邮的新生力量和市场。在天水师范学院建院50周年项目中，甘肃邮政以开展校园集邮活动会对校园文化建设和学生素质教育起到有力的促进作用为切入点，举办了“天水师范学院建院50周年集邮展览”，同时开展“名家集邮讲坛”活动，邀请国家级邮展评审员作集邮专题演讲，在该校引起了轰动。

来源：《中国邮政报》

## 六、信息和代理业务的基本规定

### （一）邮政短信业务

#### 1. 邮政短信业务的管理模式和职责

中国邮政短信业务实行三级管理模式，集团公司电子商务中心、各省（自治区、直辖市）公司电子商务局以及各市（州、区）电子商务分局。

集团公司电子商务中心负责邮政短信业务的运营和管理。负责全国邮政短信业务的规划、发展、指导、考核和宣传等工作；负责办理短信业务资质年审、新业务开办，协调各大电信运营商，办理业务结算、业务申报、签订协议、投诉处理等工作；负责下达全国短信业务发展量收计划，制定业务发展指导意见，编制量收统计分析和经营通报；负责全国短信业务日常运行和投诉监督管理，办理各省邮政公司业务资金的清分和结算等工作。

各省公司电子商务局负责本省短信业务的发展和运营管理。主要职责为：按照集团公司要求，负责本省短信业务的规划、发展、指导、协调、奖励、考核和宣传等工作；负责配合集团公司在本省通信管理局办理短信精力资质备案、年检，做好当地各电信运营商的业务协调和协议续签，处理客户投诉等工作；负责本省短信业务量收统计分析和经营通报；负责拟订本省短信业务发展量收计划；负责省内业务资金的清分结算；负责本省和跨省投诉处理。

**2. 邮政短信业务的受理**

邮政短信业务的加办和退订可分为营业窗口定制和邮企通合作协议定制两类。

(1) 营业窗口加办和退订。它是邮政短信业务受理的主要方式和特色服务。窗口加办是指利用邮政网点业务终端完成业务定制的业务受理方式。窗口加办的业务，可由网点营业人员完成现金收费或提交邮政储蓄账户代扣费。此类短信业务的退订手续也可通过网点窗口办理。

(2) 邮企通合作协议定制的受理和终止。各省公司开办邮企通业务一律要经中国邮政集团公司审批，方可获得业务开办权。获得开办权后，各省公司可与合作单位进行业务洽谈，制订业务实施方案，再报请集团公司电子商务中心审核同意后，方可开通业务。邮企通业务的终止也需以书面形式报集团公司电子商务中心备案。

**3. 邮政短信业务的资费**

窗口办理短信业务资费如表 1-5 所示。

**表 1-5　窗口办理短信业务资费**

| 业务名称 | 使用方法 | 资费标准(信息费) |
|---|---|---|
| 取款通知 | 客户在窗口加办 | 2 元/月,20 元/年 |
| 代发工资到账通知 | 客户在窗口加办 | 1 元/月,10 元/年 |
| 转入到账通知 | 客户在窗口加办 | 2 元/月,20 元/年 |
| 活期账户变动通知 | 客户在窗口加办 | 3 元/月,30 元/年 |
| 汇款短信回音 | 客户在窗口加办 | 1 元/笔 |
| 汇款寄出通知 | 客户在窗口加办 | 1 元/笔 |
| EMS 状态通知 | 客户在窗口加办 | 1 元/件 |
| EMS 寄达回音 | 客户在窗口加办 | 0.5 元/条 |

## 【阅读资料三】

### 迟来的短信

2009 年 9 月 20 日下午，用户王女士到邮局以特快专递的方式为在同城务工的侄子寄了一盒中秋月饼。办理业务时，王女士在营业员的提议下加办了短信通知业务。考虑到侄子刚刚来城市务工，租住的地方又很偏僻，对邮件何时妥投心里也没个准谱，如今只花一元钱就能得到邮件妥投信息，王女士觉得邮局的这项业务既便宜又方便，也很人性化，这一元钱花得值。

9 月 21 日下午，王女士收到了侄子打来的电话，告诉她月饼已经收到了。王女士很高兴，心想前后不足一天的时间，邮件就寄到了，这特快专递就是快。想到这盒中秋月饼能够缓解侄子的思乡之苦，王女士感到十分舒心和放心。

9 月 26 日下午两点多钟，正在午睡的王女士被手机铃声吵醒了，打开手机一看，原来是一条中国邮政客服电话11185发来的短信息：你好，你的某某号邮件当前的状态是已妥投，某某签字。看到这条迟到了近一个星期的短信，王女士这才想起邮寄特快邮件时自己曾加办过短信通知业务。但是令王女士百思不解的是，邮件妥投了那么长时间这短信通知才姗姗而来，已经完全失去了加办的意义，难道发条短信比那盒月饼的实物传递还费时间吗？

特快专递本就是高资费、高速度、高质量的邮政重点业务，短信通知作为这项重点业务的附加业务，其吸引人之处就是利用现代科技通讯手段为人们提供及时的信息服务。可以说，速递短信通知业务开办以来，为广大用户提供了很多的方便。但如果像王女士遇到的这种情况屡有发生的话，不但会影响速递短信通知业务的稳定发展，更会影响用户对邮政的信任度。因此，要使此项业务真正让用户喜欢、认可，除了要加强宣传外，更要加强后续环节的跟踪服务。只有这样，才能让特快专递短信通知业务与"特快"二字相匹配，让王女士遇到的情况不再发生。

来源：《中国邮政报》

### （二）航空客票代理业务

#### 1. 航空客票代理业务的管理模式和职责

全国邮政航空客票代理业务采取三级经营、两级结算的管理模式。三级经营分别为全国票务经营、省票务经营和地市票务经营，现级结算分别为全国结算和省结算。

集团公司邮政业务局电子商务处负责全国邮政航空客票代理业务的经营与管理工作，省（自治区、直辖市）电子商务局负责省邮政航空客票代理业务的经营与管理工作，地市电子商务局负责地市邮政航空客票代理业务的经营与管理工作。没有设置电子商务局的，航空客票代理业务的经营与管理工作可放在相关业务部门、省11185客户服务中心，或所属的一个规模较大的网点。

全国邮政航空客票代理业务的经营与管理工作主要有：规划业务发展，制定业务操作管理规范及奖励考核办法，策划全国性的营销推广工作；与民航客运管理机构及各航空公司总部的协调工作；全国邮政航空票务系统代理人接入资格审批；全国航空客票代理业务经营数据管理；基于网站的邮政航空客票代理业务的运营；制定全国邮政航空客票代理业务的结算规范；网站邮政航空客票代理业务和跨省业务的清分、结算和对账工作；对各省航空客票代理业务的经营和结算进行监督检查；处理旅客投诉及各类突发事件。

各省邮政航空客票代理业务的经营与管理工作主要有：制定本省邮政航空客票代理业务发展规划、业务操作细则及规定、业务考核奖励办法；策划本省的营销推广方案，组织实施本地特色营销活动；省内业务宣传、检查、考核等工作，定期组织省内业务培训；与本地民航客运管理机构及各航空公司的协调工作；本省代理人资源引入，全省网点准入资格审核和账号管理，代理政策的录入和审核；制定当地航空票务结算相关管理细则，组织邮政航空客票代理业务清分、结算和对账工作；处理本省范围的旅客投诉及各类突发事件。

各地市邮政航空客票代理业务的经营与管理工作主要有：本地邮政航空客票代理业务发展规划、业务操作细则及规定、业务奖励考核办法及营销推广方案的落实，组织实施本地特色营销活动；本地市业务发展的整体策划、组织管理、业务宣传、检查、考核等工作，定期组织本地业务培训；本地网点机构的管理、网点信息的收集和上报，代理政策的录入和审核；处理本地旅客投诉及各类突发事件。

**2. 邮政航空客票代理业务的受理方式**

①11185电话受理、上门收款；②11185电话预订、电话支付；③邮政航空客票联网网点受理；④邮政航空客票非联网网点受理；⑤邮政网站受理（仅接受在线支付）。

## 七、机要通信业务的基本规定

### （一）机要邮件寄递关系的建立规定

为确保机要邮件保密、安全地传递，便于用户更好地使用机要通信业务，凡符合寄递范围的单位，都可持单位出具的证明（各类公司还应出具登记机关核准设立的有关证明），与当地机要通信部门建立交寄和投递关系，并办理注册登记手续，由机要通信部门核发“机要通信寄递证”。需由用户领取邮件的，还应核发“机要通信自取证”。机要通信部门对寄递关系应定期进行审核。

### （二）机要邮件的准寄类别

机要通信传递的机要邮件仅限于以下四类：①有关党和国家的文字机密，如各种文件、信函、档案、密码、资料、图表、书刊等；②带有文字机密的物品，如印信、音像制品、照片、照片底板、印板等；③政法部门必须随邮件寄递的案件物证；④经国家邮政局批准寄递的其他重要物件。

同时具备下列条件的刊物，由寄件单位向所在省（自治区、直辖市）机要通信业务主管部门申请登记，经审批符合规定的，可按机要刊物类资费交寄，并报国家邮政局备案。

(1) 经省级以上主管机关批准，印有准印证号或统一刊号（CN），并标注有密级的期刊。

(2) 发行范围符合机要邮件寄递范围。

(3) 有固定的出版时间并连续出版的。

## 八、邮务类业务的发展思路

中国邮政经过政企开分，邮政储蓄银行和速递物流公司相继成立，实现了专业化经营之后，作为三大板块业务之一的邮务类业务成为中国邮政的基础和主体。2009年邮务类业务实现了平稳健康发展，1～11月，全国邮务类业务累计收入250.8亿元，较2008年增长6.98%。同时各地邮政部门通过重点发展高效业务，促进了业务结构的调整优化和经营效益的提高。随着各地营销体系、营业网、投递网和信息网的建设，提升了中国邮政的市场竞争能力，为邮务类业务的发展提供了有力的支撑。

### （一）邮务类业务的发展机遇

**1. 国内经济回升向好**

随着总体经济形势的回升，邮政业必将迎来新的发展机遇。一是扩大内需必然带动邮政市场需求增长。我国人口众多，国内市场广阔，需求潜力巨大。国家把经济增长的基本立足点放在扩大国内需求上，邮政作为第三产业，必然能从中受益。如我们以家电、汽车、摩托车等系列“下乡工程”和农机购置补贴等为切入点，促进了数据库商函、代理金融等业务的发展。二是推进城镇化将带来中小城市和县域邮政发展的机遇。城镇居民是邮政的重要消费群体之一，这一群体的扩大，也即意味着邮政消费潜力在不断增加。三是扶持中小企业、强农惠农等政策，为邮政服务中小企业、服务“三农”提供了发展空间。如中小企业数据库商函业务、分销业务和新农保项目等。

**2. 各级领导更加重视**

邮政通过分业经营，三大板块可按各自的市场规律和经营特点来实现又好又快的发展。中国邮政集团公司党组高度重视邮务类业务的发展，确立了函件在中国邮政的核心、基础性地位，确立了电子商务的战略地位，制定了《中国邮政邮务类业务发展纲要》，明确了邮务类业务的发展方向和相应措施。同时随着邮政储蓄银行成立和速递物流专业化改革后，三大板块分业经营的格局已基本形成，各级邮政企业更加重视邮务类业务的发展。

**3. 邮政市场潜力巨大**

尽管信息技术日新月异，只要邮政部门抓住机遇，创新求变，邮务类业务就有广阔的发展空间。商函业务、信息和代理业务、报刊业务都有很大的市场空间。如数据库商函，2008年，在美国的整个传媒业中，直邮占据了21.6%的市场份额，而在中国，直邮只占0.5%。2009年全国定制型贺卡开发客户数只占全国组织机构数的1.5%，还有213个县是零定制。目前我国贺卡人均使用量仅0.6枚，而日本人均26枚，英国人均55枚。国内航空客票市场规模在2.5亿张以上，并且保持着良好的增长态势。2009年，全国邮政的销售量已突破100万张，但市场占有率还不到0.5%。全球千人报纸发行量平均为96份，发达国家平均250份，而我国只有70份。从这些数据都可以表明，邮务类业务的发展前景非常广阔。

**（二）邮务类业务面临的挑战**

在看到发展机遇的同时，同时也要清醒地认识到，当前邮务类业务的发展，仍然面临不少困难和问题，需要邮政部门积极应对。

**1. 经济回升基础不牢**

当前我国经济回升的基础还不牢固，积极变化和不利影响同时显现，短期问题和长期问题相互交织，国内因素和国际因素相互影响，保持经济平稳较快发展、推动经济发展方式转变和经济结构调整难度增大。从外部环境看，世界经济复苏基础并不稳固，国际金融危机影响仍然存在，全球性挑战压力增大。从国内环境看，经济回升内在动力仍然不足，结构性矛盾仍很突出，国民经济运行中长期积累的深层次矛盾和问题仍很突出，我国经济发展面临着来自国际国内的严峻挑战。

**2. 竞争形势更加严峻**

一些社会快递公司非法经营信件业务，有的行业将账单的寄递公开在社会招标，信件市场缺乏有效监管。随着文化体制改革推进，出版发行市场整合，各地纷纷新建或重组发行公司，一些刊社或报刊代理商不断蚕食图书室、校园等报刊市场，对邮政发行构成威胁。信息网络和新兴媒体不断涌现，快速改变着人们的生产生活方式，传统邮政业务存在替代威胁。如短信或电子账单冲击到邮政的纸质账单；电子贺卡冲击到邮政的传统贺卡；电子刊物冲击到邮发报刊等。

**3. 经营效益亟待提高**

由于中国邮政承担着繁重的普遍服务和特殊服务任务，建设和运营着覆盖全国城乡的邮政通信网，形成了巨大的成本压力。中国邮政一方面要在保障普遍服务的前提下，建立普遍服务成本削减机制；另一方面需要通过加快有效业务的发展，扩大规模，降低成本，提高效益。

### （三）邮务类业务的发展对策

对于邮务类业务的发展，各级邮政部门应进一步转变发展观念、创新发展模式、提高发展质量。在加快发展、做大规模的同时，更加注重转变发展方式；更加注重发展质量和效益；更加注重增强核心竞争能力；更加注重加强基础管理；更加注重邮政服务质量，促进中国邮务类业务又好又快发展。

**1. 注重质量效益，加快各项业务发展**

各级邮政企业要坚持规模和效益并重，积极推进发展方式的转变，采取有力措施，促进邮务类业务又好又快发展。

（1）突出核心地位，进一步做大函件业务规模。函件业务是中国邮政的基础和核心业务，也是典型的规模效益型业务，只有做大规模，才会产生明显的效益。函件业务的发展主要从以下几个方面：以传媒经营理念，加快数据库商函业务发展；拓展服务功能，迅速做大账单业务规模；主攻定制市场，促进封片业务可持续健康发展；结合地域特点，做强无名址函件业务品牌。

（2）突出发展意识，迅速做大信息和代理业务。信息和代理业务是能够有效利用网点资源、边际效益高、市场潜力大的业务。要紧抓发展机遇，强化资源整合，加大营销力度，争取在短时间内快速成长，做大规模，提高市场份额，创出品牌。主要措施有：强势开拓航空机票市场；大力发展代收代缴业务；继续加快短信业务的发展；加快推进“自邮一族”项目。

（3）突出经营创新，加快发展报刊发行业务。报刊发行是一项市场潜力巨大、政治影响显著、经营效益较好的木本业务。面对文化体制改革的严峻挑战和发展机遇，要进一步解放思想，转变观念，遵循市场规则，坚持重点发展策略，集中全网力量，优先做大做强一批品质高、效益好、受读者欢迎的畅销报刊，促进党报党刊、畅销报刊、行业报刊、地方报刊的协调发展，赢得报刊发行市场的主动权。主要措施有：突出经营重点；创新发行模式；强化营销能力；推进连锁经营；加强业务管理。

（4）突出资源优势，健康发展集邮业务。发行邮资票品是国家赋予中国邮政的一项特殊职能，邮政部门要充分用好所掌握的独特资源，促进集邮业务的持续健康发展。主要措施有：坚持“总量调控、适度从紧”的邮票发行政策，坚持“集中统一”的市场开发原则；积极推进100家集邮专卖店建设；增强集邮总公司和各省公司的邮品开发能力；总部统一策划组织，各地予以积极配合，开展上下联动、形式多样的宣传活动；精心组织好生肖、世博、中国儒家文化、亚运会等全国性和区域性营销项目，有力推进形象年册、新邮预订、定向邮品开发、个性化邮票四项重点业务的市场开发；推行科学有效的集邮品库存管理办法。

（5）突出服务品质，努力拓展包裹市场。包裹业务是以普遍服务为基础并向商业化服务拓展的业务。要依托服务品质的提升，大力拓展市场。主要措施有：优化作业组织，稳定包裹传递时限；启用给据邮件查询系统；认真做好包裹投递服务；大力开发旅游包裹市场；积极组织好校园包裹、家乡包裹、军营包裹营销项目；要继续运作好爱心包裹项目。

（6）突出邮银合作，大力发展代理金融业务。代理金融业务是依托邮政网络资源、经营效益很高、具有广阔前景的业务，是邮政企业非常重要的收入和现金流来源。各级邮政企业必须高度重视代理金融业务的发展，要按照集团公司“共举邮政大旗、共享全网资源、共创美好未来”的要求，进一步巩固和发展“邮银和谐、共谋发展”的大好局面，充分发挥邮政网络优势，大力发展代理金融业务。主要措施有：健全管理机构；狠抓市场拓展；用好牌照资源；强化业务培训;加大网点投入;加强网点管理。

(7) 突出窗口服务,认真办好代理速递业务。各级邮政企业要从有利于中国邮政整体经济效益提高的角度,发挥营业窗口直接面对客户服务的优势,加强对速递业务的宣传推介,认真办好代理速递业务。

(8) 突出发展效益,切实加强成本费用控制。切实转变发展方式,必须突出发展效益,加强成本费用控制。一要突出发展高效低本业务。对那些较少占用企业资源、边际效益较高的业务,要列入重点、加快发展。二要加强业务代办费的管理。要管好用好业务代办费政策,既要充分发挥政策的激励作用,又要严格控制使用的范围和额度,确保业务代办费的增长低于业务收入的增长。三要加强欠费管理,建立并认真执行清欠制度,及时回收用户欠费。四要认真落实招标制度,严格控制印制费。五要控制人工成本,结合实施"双定"标准和加强工时管理,优化人力资源配置。六要加强损益核算,对函件、报刊专业加强损益核算,并指导日常经营活动。

**2. 完善营销体系,提升市场拓展能力**

转变发展方式,有赖于营销体系建设的不断推进。要立足五个"强化",进一步完善营销体系,提升市场拓展能力。

(1) 强化综合营销,科学整合营销资源。通过整合营销资源,实现大客户的综合开发;牵头组织各专业共同拓展总部经济;承担部分重点营销项目,为专业发展提供支撑。专业营销的重点是做好专业市场调查,产品研发和培训,以及专业营销项目的策划和开发。各级大客户中心及专业部门要加强协作,相互支撑,形成合力,共同推动业务发展。

(2) 强化营销培训,努力提升队伍素质。在依托营销内训师培训的同时,选择有营销实战经验的精英授课,必要时可外聘专家。要采取多种形式确保营销培训收到实效,促进营销队伍素质的提升。

(3) 强化市场研究,深入分析客户需求。要建立企业内部营销信息共享机制,加强对客户用邮情况的分析和挖掘,发现客户潜在需求,立足于提升客户价值,为客户提供综合用邮解决方案,实现客户的深度开发。

(4) 强化营销管理,完善客户维护机制。加强客户用邮情况的动态分析,为营销工作提供基础数据。发挥营销团队和营销骨干作用,促进营销队伍整体业绩的提升。要根据客户用邮量和重要程度,建立分层分级动态维护机制,提升客户稳定率和满意度。

(5) 强化营销策划,精心组织项目营销。针对项目特点和客户需求,整合专业营销资源,设计策划营销方案。在项目推进过程中要加强对基层邮政企业的督导,及时总结推广成功经验,促进营销项目收到实效。

**3. 推进能力建设,有力支撑业务发展**

核心能力建设事关中国邮政的长远可持续发展,中国邮政要进一步增强核心能力建设,更好地支撑邮政业务的发展。

(1) 加强营业网建设,增强营业服务能力。要优化网点布局,根据客流量和业务发展潜力,加大城市、特别是城区繁华地带的营业网点密度。在城乡结合部、新建商业区和住宅区也要积极主动设置网点。要进一步提高网点综合利用率。要在办好传统业务的基础上,充分利用现有网点资源,拓展服务项目,增强网点的综合服务能力和创收能力。

(2) 加强投递网建设,增强投递服务能力。要以函件、报刊等邮务类业务量较大的100

个城市为重点，推行“大客户机动车投递、商业客户个性化投递、街巷客户自行车投递、住宅客户社区+信报箱投递”模式，进一步增强投递网综合能力。一要继续加大机动车投入，扩大党政军机关、企事业单位、图书馆、学校、商厦等重点客户和社区服务点邮件的机动车投递比例；二要适应银企对账单需要，组建个性化专投队伍，实行专网、专段或专人投递；三要提高城市社区邮政服务能力，争取将社区邮政综合服务纳入政府社区服务体系，通过社区邮政服务站提供各类邮件、报刊投递、报刊收订和代缴费等服务，并与信报箱投递形成互补；四要强化住宅楼房信报箱建设，切实提高安装率。

(3) 加强信息化建设，提高科技应用水平。一要启动邮政营业信息系统建设工作，按照全国中心和省中心两级架构建立新的营业信息平台，全面提升邮政营业信息化水平。二要开发推广投递运行信息管理系统，提高投递管理的信息化水平。三要提高投递生产信息系统应用水平，规范系统操作，确保投递信息反馈率达95%以上。四要建设出版物连锁经营系统，开发报刊经营分析系统，优化报刊订阅信息系统，为加强报刊发行业务的经营管理、提高邮发服务水平提供支撑。

(4) 加强人才队伍建设，提高经营管理水平。各级邮政企业要重视和加强人才队伍建设，选调事业心强、业务素质高、组织管理能力强的人员担任市场经营、专业部门的负责人。要关心他们的学习、工作和生活，建立事业留人、待遇留人、感情留人的机制。要努力培养一支综合素质较高的经营管理队伍，切实提升邮政经营管理水平。

**4. 发展电子商务，支撑各项业务发展**

20世纪末以来，电子商务迅猛发展，已经成为时代和社会发展的趋势和潮流。作为一种崭新的商业模式，电子商务能够整合企业资源，创新产品服务，优化作业流程，降低运营成本，对于发展现代化邮政具有非常重要的意义。为此，2008年，集团公司党组确立了电子商务在邮政改革和发展中的战略地位，作出了加快发展电子商务的战略决策。并明确，中国邮政发展电子商务，主要围绕“支撑、服务、运营”来展开。经过近两年的努力，系统平台已经初步搭建，为加快推进邮政电子商务的发展创造了良好的条件。今后应加快平台建设、完善系统功能、理顺业务流程，推广技术应用，支撑好各项业务的发展。

(1) 加快系统平台建设。加快中国邮政电子商务网站建设和11185客户服务中心的运营管理。同时要完善电子商务信息平台和短信平台的功能，为各项业务的创新发展提供条件。

(2) 发挥“三流合一”优势。一要整合邮政“三流”资源，加快电子商务各系统与邮政营业、生产作业以及经营管理各系统的对接，真正形成“三流合一”的优势。二要开发建设网站支付卡系统，形成与丰富的业务办理渠道相配套的支付和认证体系，并择机推出邮政自有支付产品，为网上商户提供更为安全便捷的支付方式。三要认真做好电子商务配送服务。为网上商户提供及时周到的发货服务。

(3) 参与电子商务运营。要充分发挥中邮电子商务公司的作用，以灵活的机制积极参与市场竞争。要通过与TOM公司的合作，依托“邮乐中国”网站，积极探索和积累电子商务运营的模式和经验。要结合中国邮政网站的建设，组织各地名优特产网购业务，推动家乡包裹等业务发展。

**5. 贯彻新《邮政法》，认真做好服务工作**

作为国家重要的公用基础设施，中国邮政是履行邮政普遍服务和特殊服务的唯一主体。

这是党和国家赋予邮政企业的光荣而艰巨的政治任务。2009 年 10 月 1 日正式实施的新《邮政法》更是把普遍服务摆到了前所未有的重要地位。各级邮政企业要高度重视普遍服务和特殊服务工作，正确处理好社会效益和经济效益的关系，进一步加强邮政普遍服务网点管理、强化邮件传递时限管理，认真做好各项服务工作。

（1）加强营业网点管理，确保邮政窗口优质服务。结合邮政普遍服务标准，进一步完善邮政营业服务规范和服务标准；规范营业网点统计，确保网点信息真实准确，为邮政经营分析和业务发展提供有效数据；继续深入开展“双创”活动，促进窗口服务理念的转变和服务效率、服务水平的提高。

（2）加强邮件时限管理，有效加快邮件传递速度。在提高对邮件时限管理重要性认识的基础上，采取有力措施加强邮件时限管理。各级邮政企业要认真执行集团公司制定的时限标准，加强通信作业组织管理，全面贯彻执行作业计划，有效加快邮件传递速度，同时要强化日常监督，保障时限标准。

（3）强化投递服务管理，不断提高投递服务质量。加强各类邮件、报刊投递服务质量标准的宣贯，落实邮件的投递时限、深度和投交手续规定，提高其服务质量意识；组织开展邮件妥投专项治理活动；建立健全投递服务质量监控体系和评价体系，形成以投递部门为主，函件、报刊、视察等相关部门共同参与的投递服务质量闭环检查监控体系。

（4）坚持安全第一原则，确保机要通信万无一失。要加大资金投入，进一步加强机要通信能力建设。要完善机构设置，进一步推广省市合一的管理体制。要落实规章制度，进一步严格监督检查和质量考核。要提升人员素质，进一步强化保密安全教育和业务培训。全力确保机要通信保密、安全、畅通，确保机要通信万无一失。

（5）加强业务制度建设，确保业务制度适应发展。根据新《邮政法》和《邮政普遍服务标准》等有关规定，结合流程优化工程成果，修订和完善业务制度，加强培训和宣贯工作。各级邮政企业要根据新业务制度的要求，及时调整和优化作业组织和管理办法，抓好业务制度的贯彻落实。

# 第四节 速递物流类业务基本规定

## 一、国内特快专递业务的基本规定

### （一）特快专递邮件准寄范围和重量尺寸限度

**1. 准寄范围**

国内特快专递邮件是按寄递时限要求不同而设置的新型邮件类别，不分内件性质和内容，凡适合于邮政寄递的各种信件、文件资料和各类物品包裹均可收寄，特快邮件的禁寄、限寄规定及其违反禁限寄规定的处理，与国内普通包裹邮件基本一致。

**2. 重量尺寸限度**

国内特快邮件每件重量尺寸限度具体如表 1-6 所示。

表 1-6　国内特快专递邮件(EMS)重量尺寸限度表

| 最大重量限度 | 尺寸限度 | | | 附　注 |
|---|---|---|---|---|
| | 种　类 | 最大尺寸限度 | 最小尺寸限度 | |
| 40 kg(“红杯”或“红杯水”邮件 10 kg);环渤海区域省际间“次晨达”邮件限重5 kg | 特快专递信函 | 特快专递邮件专用封套规格长度 324 mm、宽度 229 mm、公差 2 mm | | 无法装入专用封套的应封入纸质包装箱 |
| | 特快专递包裹 | 包装箱、盒的最大尺寸长度不超过1 500 mm,长度和长度以外最大横周合计不超过3 000 mm、公差2 mm。特殊情况以装入 51 号邮袋为限 | 包装箱至少有一个面的长度尺寸不小于250 mm宽度不小于 170 mm、公差2 mm | 圆卷形包装的最小尺寸为:长度 300 mm、直径 60 mm、公差 2 mm;其最大尺寸为直径的 2 倍和长度合计为 1 500 mm、长度 1 500 mm、公差 2 mm |

## (二)特快专递邮件的资费政策与标准

特快专递业务提供“特、快、专”的高层次服务,邮政部门为此付出的劳动和价值消耗比较高。按照以质定价和价格符合价值的原则,特快邮件与普通邮件相比采取较高的资费标准。

国内特快邮件资费标准由中国邮政集团公司制定并公布实行。现行特快信函、特快包裹的资费标准相同。首重资费,500 g 及 500 g 以下邮件资费为 20 元;续重资费,对 500 g 以上邮件续重资费实行分区计费,即将寄达地所在省(区、市)参照省会城市间运距归为 3 个计费区,分别执行不同的资费标准。一区(1 500 km 及以下)续重每 500 g 资费为 6 元;二区(1 500～2 500 km)续重每 500 g 资费为 9 元;三区(2 500 km 及以上)续重每 500 g 资费为 15 元。以北京为例,特快专递邮件的资费表如表 1-7 所示。

表 1-7　国内特快专递邮件资费表(北京)

| 寄地 | 寄达区 | | | |
|---|---|---|---|---|
| | 起重 500 g 及以内 | 每续重 500 g 或其零数 | | |
| | | 一区(6 元) | 二区(9 元) | 三区(15 元) |
| 北京 | 20 元 | 北京 天津 河北 山东 内蒙古 山西 辽宁 河南 吉林 安徽 江苏 黑龙江 陕西 宁夏 上海 湖北 浙江 甘肃 江西 湖南 | 福建 四川 重庆 青海 广东 贵州 广西 云南 海南 | 新疆 西藏 |

同城特快专递业务资费由各省邮政公司会同省物价部门商定。

此外,国内特快专递邮政公事邮件免付邮费。“邮政公事”特快邮件,仅限于特快业务档案、生产部门交寄的特快专递邮件验单、复验、必须递查的查单、查询答复单及其附件,上缴的特快专递“无着邮件”。其他邮件不得使用特快“邮政公事”交寄。

## (三)国内特快专递邮件收寄方式

国内特快专递邮件的收寄方式主要有以下 3 种。

上门揽收:邮政速递人员到客户指定的地点收取邮件。这是收寄特快专递邮件的主要方式。

窗口收寄:客户到邮政营业窗口交寄邮件。

设置代办处收寄:是指委托社会力量代办邮件收寄工作。

### (四)其他特快专递业务的基本规定

**1.“次晨达”业务的基本规定**

(1)区域“次晨达”业务

① 区域“次晨达”业务的开办及通达范围

长江三角洲:上海、南京、苏州、无锡、常州、南通、镇江、盐城、泰州、淮安、扬州、徐州、宿迁、连云港、杭州、金华、宁波、绍兴、嘉兴、湖州、台州、温州、衢州、丽水、舟山共25个城市。

环渤海区域:北京、天津(含塘沽,下同)、石家庄、保定、唐山、沧州、秦皇岛、张家口、承德、廊坊、邯郸、邢台、衡水、太原、大同共15个城市。

珠江三角洲:广州、深圳、东莞、珠海、中山、江门、佛山、惠州、清远、肇庆、韶关、阳江共12个城市。

东北区域:哈尔滨、长春、沈阳、大连共4个城市。

川渝区域:成都市、德阳市、绵阳市、眉山市、雅安市、乐山市、内江市、资阳市、自贡市、泸州市、宜宾市、遂宁市、南充市、广安市、达州市;重庆巴南区、渝北区、北碚区、合川市、潼南县、铜梁县、涪陵区、长寿区、永川市、南川市、綦江县、万盛区、璧山县、荣昌县、双桥区、大足县。

② 收寄范围。5 kg以下的文件和物品类邮件,珠江三角洲为30 kg以下的文件和物品类邮件。

③ 资费标准。长江三角洲区域、环渤海区域、东北区域、川渝区域的“次晨达”业务资费:起重500 g 20元,每续重500 g 6元;每件另加收5元特殊服务费。珠江三角洲的“区域次晨达”业务资费:起重500 g 16元,每续重500 g 2元。

(2)跨区域“次晨达”业务

开通跨区域“次晨达”业务的开办城市有:北京、上海、天津、南京、苏州、无锡、杭州、广州、深圳、东莞、佛山、中山、珠海、沈阳、大连、福州、厦门、青岛、武汉、江门、海口、成都22个城市。

跨区域“次晨达”业务资费标准:起重500 g,50元续重每500 g及其零数;环渤海区域与珠三角地区间互寄的15元,其他10元。

**2.“当日递”业务的基本规定**

目前中国邮政只在北京、天津两地和东三省沈阳、长春、四平、哈尔滨4个城市之间开办了此项业务。

(1)京津当日递业务开办区域。北京:北京四环内以及望京、上地、中关村、亚运村、亦庄。天津:市内六个区(和平区、河东区、河西区、南开区、河北区、红桥区)及塘沽地区。

(2)收寄方式。邮政指定收寄点收寄和致电11185上门揽收。

(3)邮件资费。基本资费20元/件,另加5元/件特殊服务费。限重500 g以内,且尽仅限文件。

**3.国内经济快递业务的基本规定**

(1)时限标准。经济快递邮件采用全程陆路运输,其全程时限与现有国内标准特快专递邮件时限水平略有延长。

(2) 资费规定。经济快递邮件资费标准为:资费按邮件重量计算,起重和续重计费单位为 1 kg,不足 1 kg 的按 1 kg 计费。一区:500 km(含)以内起重 12 元,续重 3 元;二区:500～1 500 km(含)起重 14 元,续重 4 元;三区:1 500～2 500 km(含)起重 16 元,续重 5 元;四区:2 500 km以上的起重 18 元,续重 10 元。具体资费如表 1-8 所示。

**表 1-8　经济快递收费示例**

| 业务种类 | <500 km | 500～1 500 km | 1 500～2 500 km | >2 500 km | 重量 |
| --- | --- | --- | --- | --- | --- |
| 经济快递 | 15 | 18 | 21 | 28 | 2 kg |
| 经济快递 | 24 | 30 | 36 | 58 | 5 kg |
| 经济快递 | 39 | 50 | 61 | 108 | 10 kg |
| 经济快递 | 99 | 130 | 161 | 308 | 30 kg |

**4. 电子商务速递业务的基本规定**

(1) 业务范围。业务适用范围:按支付宝提供的订单为支付宝会员提供速递服务,其他情况均不适用。不支持收件人自付邮费。禁限寄范围:e-EMS 比照标准国内特快专递邮件要求;e 邮宝因采用全程陆运,禁限寄要求适当放宽。

(2) 资费标准

EMS 标准型业务执行标准国内特快邮件资费,各开办局原与阿里巴巴注册会员签订大客户用邮协议的,仍可继续执行。

e 邮宝资费。按邮件重量计算,首重 1 kg,续重为 1 kg 或其零数。分省内、区域、省际分别设立首重、续重标准,省际续重按距离划分为三档。区域指江浙沪互寄和京津互寄,二期开办局均不涉及。暂不设立对大客户的优惠。具体资费如表 1-9 所示。

**表 1-9　e 邮宝资费**

| | 首重资费/元 | 续重资费/元 | |
| --- | --- | --- | --- |
| 省内 | 10 | 3 | |
| 区域(江浙沪互寄和京津互寄) | 10 | 4 | |
| 省际(不含区域) | 15 | 1 500 km(含)以内 | 4 |
| | | 1 500～2 500km(含) | 6 |
| | | 2 500 km 以上 | 10 |

其他费用包括揽收费、保从费、包装费、单式费等。

揽收费:一次成功揽收 3 件(含)以上免收上门揽收费,2 件(含)以下各局根据市场状况决定是否收取揽收费,最高不超过 6 元/次。

保价费:同标准国内特快专递邮件。

包装费:用户可自包装,但要符合邮件运输要求。使用邮政包装的,另行付费。

单式费:用户可自行购买国内特快专递邮件详情单。需要邮政提供的,另行付费。

**5. 国内特快专递代收货款业务的基本规定**

(1) 代收货款业务的准入要求。凡与中国速递服务公司(中国邮政集团公司的全资企业)签署协议、经批准同意加入特快专递代收货款业务体系的企业称为入网企业。入网企业可通过使用国内特快专递代收货款业务,在全国范围内打开销售渠道并及时收回相关款项。邮政速递部门在投递代收货款邮件时,将按照邮件详情单上标注的收件人应付款金额代为向收件人收款并集中与入网企业直接结算。

(2) 代收货款邮件准寄范围和封装规格。代收货款邮件的禁寄、限寄规定及封装规格与国内普通包裹邮件基本一致。

(3) 代收货款邮件资费。除按现行国内特快专递邮件资费收取寄递费用外,对于投递收款成功的邮件,支付2%的代收货款结算手续费和每件10元的代收货款服务费。

除资费外,入网企业还需要支付其他的相关费用,主要包括以下几点。

保证金:当入网企业年邮件交寄量达到一定规模时,可以享受一定的资费优惠,因此须交纳一定的保证金。

入网费:为入网企业提供核算对账使用的专业管理软件的费用。

邮费:根据交寄邮件的数量和规模,在现行EMS资费基础上给予一定优惠。对于无法投递退回的邮件,按件收取一定的退回邮费和服务费。

## 【阅读资料四】

### 注意特快邮件处理中的细节

用户在填写详情单时,很容易忽略对部分栏目的填写。

一是漏填收寄局名。收寄局名在特快详情单的左上角第一栏,是收寄地址中的重要信息,寄件人在填写详情单时往往不懂得填写这一栏,而收寄人员在收寄时也常常会忽略对这一栏的审核和填写。要知道,这一栏目的遗漏会造成邮件在传递过程中运行质量和差错责任的认定困难。

二是漏填内件名称。有些寄件人不愿意填写或是怕麻烦,造成少填、漏填以及填写的物品名称与内件实际不符等,如果收寄人员不认真进行核对,就会造成邮件在运输传递过程中检查人员难以检查,如遇邮件破损也难以明晰差错责任。

三是漏填电话号码。用户电话号码是邮政部门应掌握的重要信息,如果漏填,特快邮件在传递过程中遇到地址不详等情况就会难以处理,甚至造成邮件退回和无法投递。

四是漏填保价金额。漏填保价金额的现象较为普遍,这是因为有的用户认为此栏目不重要,可填可不填,收寄人员也忽视了对此的审核。保价金额如果漏填,邮件一旦发生问题,就会带来赔偿等方面的一些不必要的纠纷。

五是漏填交寄人姓名。有的用户只注意填写收件人的名址,但经常忽略对自己姓名的填写,这种情况极易造成一些责任段落的不明确。

以上五种情况,需要收寄人员对用户进行提醒并认真进行审核。

在邮件包装过程中,也存在一些容易被忽略的细节。

一是没有使用邮政专用胶带封捆。邮政专用胶带封捆是邮件包装、验视的重要标志,表明经过验视并包装完整。然而在收寄过程中用户封包后,有些收寄人员不重视加封,经常发生漏封的现象,造成检查人员不能确认邮件是否经过验视及是否经过眼同封装。

二是漏盖验视戳记和验视人员名章。邮件受理后收寄人员应该及时加盖验视戳记和验视人员名章,但在实际操作过程中这项工作比较容易被忽略和遗漏,当邮件发生问题时,就会无法确认验视的责任人。

邮件出口时经常容易被忽略的主要有漏盖日戳。邮政日戳是邮件交寄、受理的重要标志，也是邮件查询、时限考核的重要依据。收寄人员在邮件收寄过程中如果漏盖日戳，就无法明确邮件处理过程中的责任段落。

漏贴相关邮政标准性标签。邮政标准性标签是邮件在处理过程中提示性的重要标志，如果漏贴会造成邮件在处理过程中不按提示性要求操作，造成误操作导致发生邮件损坏、延误等现象。

以上几种情况的避免，需要相关人员认真、仔细审核，不能忽略任何一个细节。

来源：《中国邮政报》

## 二、邮政现代物流业务的基本规定

### (一) 邮政物流部门开办业务的规定

邮政物流部门应在国家法律、法规允许的范围内开展业务。专门用于物流运输的车辆应按照规定办理相关证照。用户委托邮政物流部门运输、配送的物流邮件应符合国家法律、法规允许运递的要求。严禁受理和承运易燃、易爆、易腐蚀、易污染等物品。

### (二) 邮政现代物流业务的资费规定

邮政物流业务是邮政为满足不同客户的需求，而提供的多样化、个性化、一体化的综合性服务，其资费是按客户不同服务区域、时限、方式和标准实行一单一价。对利用省际间干线邮路发运的物流邮件，制定了最低资费。

物流邮件实行自愿保价(保险)的原则，实行保价的物流邮件按所填申报价值的5‰，收取保价费，保价金额每件最高以人民币10万元为限。

### (三) 邮政现代物流业务的收寄规定

#### 1. 邮政物流邮件重量、尺寸限度规定

邮政物流邮件收寄的重量、尺寸限度和封装要求要符合中国邮政集团公司确定的标准。利用火车运输的每件限重40 kg，最大体积以能装入3号邮袋为标准，内件贵重易损、易碎和流质易溶物品每件最大限重15 kg。严禁超大、超重和不适合装袋运输的物品通过火车邮路运输。利用航空、汽车运输的物流邮件，原则上按火车运输限重和封装体积限制要求办理，对需要提供个性化服务的客户，可视航空货运规定和邮政车辆的运递条件及运输安全等情况，适当放宽重量和体积限制，但航空运输(特殊航线除外)每件最大限度为120 kg，最大尺寸不得超过$(200\times100\times75)cm^3$。

#### 2. 物流邮件收寄基本规定

物流邮件的收寄范围是国家法律、法规允许寄递的物品。对国家限制和控制的物品，应由寄件人提供书面证明，对性质难以辨认或不知是否需要办理运输手续的，应由发件人提供相关部门书面证明，方可收寄。严禁收寄和承运易燃、易爆、易腐蚀、易污染等物品。

物流邮件的收寄原则上以批量(10件以上或100 kg以上)中小型物流为主。对寄往同一地点、同一收件人、同规格的物流邮件，由客户在其中一件物品封面上填写收、寄件人地址、联系电话和整批件数，同时按每批交寄总量填写“邮政物流邮件详情单”，并在相关栏内填写物品的总件数、总重量和保价总额。由收寄人员将详情单装入清单封套内，用胶带粘到

物品上或装入袋中，并拴挂包裹和大件名址袋牌。对有特殊需求、运费较高的客户，各收寄局可灵活掌握。收寄发运航空和汽车运输的物流邮件，在收寄品种和规格上可以放宽，其收寄方式按上述要求办理。

### （四）邮政现代物流业务的具体规定

#### 1. 一体化物流提供的增值服务和服务对象

①仓储服务；②以电子仓库系统为基础的仓储管理，包括帮助客户建立应用条码技术的货位管理和拣货系统；③建立和管理多点虚拟电子仓库；④供应链上的动态库存管理；⑤网上代收货款；⑥电子订单管理系统。

目前，邮政一体化物流服务的行业主要包括 IT 电子、化妆品、医药、汽车配件等。

#### 2. 邮政分销配送对合作企业的要求

①合作企业应拥有一定的技术领先优势和业内知名度，生产规模及发运能力能够保障重点省份及区域的及时供货；具备完善的质检体系和内部管理制度。②企业应具备合法的生产经营资质，所提供产品的质量和包装符合国家相关法律、法规的规定，对其产品、品牌及包装拥有完全的所有权和知识产权。③为邮政渠道提供专供产品。④中邮物流定位为分销渠道商，企业不仅要提供产品，更要为邮政提供支撑服务。⑤对与邮政合作的产品进行宣传，提供产品推广所需的宣传材料，配合邮政为农民提供农技服务，不间断地对邮政基层人员进行培训，提高其农技知识、产品营销水平。⑥接受中邮物流公司统一的供应商管理。

#### 3. 中邮快货业务的主要目标对象和服务时限

邮政中邮快货业务重点围绕 IT 电子、医药、化妆品、汽车零配件、出版、服装、日用消费品等行业的中小型企业。以批量协议客户为主，同时兼顾单票重量 35 kg 以上的零散客户。

中邮快货业务省会之间平均时限可在 2～4 天内到达，地市和县在 3～7 天（偏远地区除外）内到达。

## 三、速递物流类业务的发展思路

在中国邮政的三大板块业务当中，速递与物流属于竞争性业务，利润较高，效益较好，但市场竞争也非常激烈。面对民营、外资速递物流公司越来越猛烈的夹击之势，中国邮政集团公司开始通过整合资源来抢夺市场。从 2008 年 12 月开始，云南、北京、宁夏先后宣布成立了邮政速递物流公司。2009 年，中国邮政集团公司下属的中国速递服务公司和中邮物流有限责任公司进行了合并，中国邮政各地子公司的速递和物流业务也在陆续合并。

中国速递服务公司成立于 1985 年，主要负责经营和管理全国的邮政特快专递业务，服务对象包含大量个人用户。而中邮物流有限责任公司成立于 2003 年，四大主要业务为一体化物流、分销配送、货运代理、中邮快货，服务对象主要是企业。近年来，我国邮政速递物流业规模不断扩大，2007 年邮政速递物流全年实现业务收入 126.92 亿元，比上年增长 22.6%。2008 年，速递业务量 5 亿件，业务收入达到 122 亿元。

### （一）邮政速递物流业务发展面临的问题

#### 1. 与世界发达国家存在较大差距

我国邮政速递物流业务近年来发展保持较快增长，竞争能力有所增强，专业化经营格局初步形成，但与世界发达国家物流业相比还存在着较大差距。美国是世界上物流业最发达的国家，2006 年物流业增加值达 9 000 亿美元，相当于高新技术产业的 2 倍，占美国国内生产总值的 10%以上。与我国相比，2006 年美国的物流成本比我国低 20%左右。美国物流业的快速发展，得益于发达的综合运输体系，庞大的铁路、公路、航空、航运和管道运输网络，以及信息技术、智能技术的广泛应用。我国主要物流指标与发达国家相比差距较大。国内企业物流支出成本占产品生产总成本的比重比美国高 18 个百分点；运输仓储成本是美国的 5 倍；第三方物流在物流市场所占份额仅为 18%，比美国低 57 个百分点。与其他发达国家相比，我国物流业发展也存在着较大的差距。

**2. 速递物流业务竞争激烈**

随着我国经济社会的较快发展和经济全球化进程的加快，国外较大的物流企业积极抢占我国市场，形成了一定的规模，与我国国有快递企业、民营快递企业形成了竞争态势。我国邮政速递物流业发展面临着竞争加剧、压力加大、危机加重、隐忧加深的环境，主要表现在：

第一，国际速递物流企业修建集散中心，强化国际网络。外资快递在我国城市投入巨资建设规模巨大的国际航空集散中心，如 Fedex 在广州和杭州、DHL 在上海和香港、UPS 在上海和深圳、TNT 在北京和上海。这些集散中心成为抢占我国快递市场和扩大市场份额的重要平台。

第二，国际速递物流企业变通抢占国内航权，积极联通国内网络。外资快递诱使国内民营航空公司绕过我国限制外资拥有国内航权的规定，构建联通国际网络的国内航空网络。如 UPS 高价包租了扬子江货运飞机。

第三，国际速递物流企业大举并购国内企业，构建经营网络。Fedex、DHL、UPS、TNT“四大家族”等快递物流企业已先后并购了大田快递、金鹰货运、佳宇物流、华宇物流和与中外运合资的公司，加强了在重点城市的经营网络。

第四，国际速递物流企业强力冲击国内市场，违规经营时有发生。外资快递在占领我国国际快递业务绝大部分市场份额的基础上，积极扩张国内市场，向二、三级城市和中小城市延伸。甚至采取违法手段未经许可经营国内快递业务，违法经营国内信件业务，并公开采取低价倾销，扰乱市场秩序，给国内快递企业造成了严重冲击。

### （二）邮政速递物流业务的发展对策

虽然我国邮政速递物流业与世界发达国家物流业相比有差距，与国外大型快递企业在资金、技术、管理等方面的竞争处于劣势，但是，我国邮政速递物流业也有比较优势：一是国务院领导同志高度重视，从国务院到相关部委及各级地方政府，认识比较统一，都有要加快发展现代物流业的共识；二是发展综合运输体系得到加强，可以为现代物流业发展提供重要平台；三是我国商业、交通运输业包括邮政业以及部分较大的企业，有比较完善的网络；四是社会大众对中国邮政认可和信赖，形成无形资产和品牌；五是邮政网络的触角深入城乡，即使在偏远和边远地区，也有网点；六是快递物流业的发展有了一定的基础和条件。同时，通过市场竞争和博弈，快递企业和物流企业的竞争意识、市场开拓意识、抵御风险意识明显增强。

邮政速递物流业务发展的基本思路：坚持以科学发展观为指导，深化邮政主业改革，推进邮政分业经营分账核算，强化速递物流核心能力建设，强化普遍服务保障机制，依托综合交通运输体系，全力打造具有国际竞争力的邮政速递物流企业。具体措施是：

**1. 深化邮政主业改革，实行分业经营分账核算，按照现代企业制度组建专业化速递物流公司**

要按照国务院批准的《邮政体制改革方案》，本着积极、稳妥的原则，在现已改革的基础上，加快推进速递物流与普遍服务分业经营、分账核算。对分业经营分账核算后普遍服务和特殊服务的政策性亏损，由国家财政给予全额补贴。进一步整合企业内部资源实施各级邮政速递物流企业的统一管理。

**2. 发挥比较优势，促进邮政速递物流业务做大做强**

发挥邮政实物流、信息流、资金流“三流合一”优势，坚持业务和服务创新，不断完善邮政速递物流的基础产品和附加服务，满足经济社会发展对速递物流服务不同层次、不同内容的需求。用3～5年的努力，力争使邮政速递物流企业成为国内规模最大、实力最强、具有国际竞争力的速递物流综合服务运营商。健全完善邮政普遍服务保障体制机制的基础上，做大做强邮政速递物流业务，强化速递、一体化物流和分销配送服务，加强速递物流业的核心能力建设，依托综合运输体系推进邮政速递物流发展。适当扩大客运列车加挂邮车数量，增加行邮专列线路；在海关监管、快件监管中心和邮购物品监管中心的审批方面给予政策支持。

# 第五节　金融类业务基本规定

## 一、邮政储蓄业务的基本规定

### （一）储蓄实名制

从2000年4月1日起，我国个人存款账户实行储蓄实名制。个人存款账户实名制，是指个人在金融机构开立存款账户办理储蓄存款时，应当出示本人法定身份证件，使用身份证件上的姓名，金融机构要按照规定进行核对，并登记身份证件上的姓名和号码，以确定储户对开立帐户上的存款享有所有权的一项制度。实行储蓄实名制的目的是为了保证个人存款账户的真实性，保护存款人的合法权益，使储户在挂失或定期存款提前支取时可顺利办理，减少并有效处理存单纠纷。

### （二）利率与利息

利息是借款人支付给贷款人的报酬；利率是一定时期内利息额同贷出金额的比率。

利率的表示方法有三种，即年利率、月利率和日利率，也称年息、月息和日息。年利率以本金的百分之几表示（分），月利率以本金的千分之几表示（厘），日利率以本金的万分之几表示（毫）。年利率、月利率和日利率之间的换算公式是：

$$年利率 \div 12 = 月利率$$

$$月利率 \div 30 = 日利率$$

$$年利率 \div 360 = 日利率$$

利息的计算方法分为单利和复利两种。单利，是指仅按本金和时间的长短计算利息，本金所产生的利息不加入本金重复计算利息。其计算公式为：利息＝本金×存期×利率。本金以“元”为单位，角和分不计利息。存期以“年”、“月”或“日”为单位，采用算头不算尾的办法计算，即存入日计息，支取日不计息。一个月按30天计算，一年按360天计算。利率按国家挂牌公告标准执行。复利是在单利的基础上发展起来的。与单利不同，复利是指在一定存期内按本金计算利息，然后将利息并入本金，共同作为下一次计算利息的本金。其计算公式为：本利和＝本金×$(1+利率)^n$，其中是$n$指期数。

### （三）邮政“绿卡”资费

邮政“绿卡”资费标准具体如表1-10所示。

表 1-10 邮政“绿卡”资费表

| 项目名称 | | 收费处理 | 基准价格 | 说明 |
| --- | --- | --- | --- | --- |
| 年费 | | 账户内扣 | 每年 10 元 | 省局在不高于基准价格的基础上自定服务价格 |
| 工本费 | | 外收现金 | 5 元 | 省局在不高于基准价格的基础上自定服务价格 |
| 挂失手续费 | | 外收现金 | 10 元 | 中国邮政储蓄银行规定服务价格 |
| 省内跨地（市）异地柜台 | 现金取款 | 账户内扣 | 交易金额的 5‰、最低 2 元、最高 50 元 | 凭绿卡和密码办理取款，省局在不高于基准价格的基础上自定服务价格 |
| | 现金存款 | 账户内扣 | 交易金额的 5‰、最低 2 元、最高 20 元 | 凭绿卡办理存款，省局在不高于基准价格的基础上自定服务价格 |
| | 账户转账 | 账户内扣 | 交易金额的 5‰、最低 2 元、最高 50 元 | 凭转出绿卡和密码办理转账，中国邮政储蓄银行规定服务价格 |
| | 现金转账 | 外收现金或账户内扣 | 交易金额的 5‰、最低 2 元、最高 50 元 | 用现金直接办理入账存款，中国邮政储蓄银行规定服务价格 |
| 跨省异地柜台 | 现金取款 | 账户内扣 | 交易金额的 5‰、最低 2 元、最高 50 元 | 凭绿卡和密码办理取款，中国邮政储蓄银行规定服务价格 |
| | 现金存款 | 账户内扣 | 交易金额的 5‰、最低 2 元、最高 20 元 | 凭绿卡办理存款，中国邮政储蓄银行规定服务价格 |
| | 账户转账 | 账户内扣 | 交易金额的 5‰、最低 2 元、最高 50 元 | 凭转出绿卡和密码办理转账，中国邮政储蓄银行规定服务价格 |
| | 现金转账 | 外收现金或账户内扣 | 交易金额的 5‰、最低 2 元、最高 50 元 | 用现金直接办理入账存款，中国邮政储蓄银行规定服务价格 |
| 省内异地 ATM 取现 | | 账户内扣 | 交易金额的 5‰、最低 2 元、最高 50 元 | 省局在不高于基准价格的基础上自定服务价格 |
| 跨省异地 ATM 取现 | | 账户内扣 | 交易金额的 5‰、最低 2 元、最高 50 元 | 中国邮政储蓄银行规定服务价格 |
| 同城跨行 ATM 取现 | | 账户内扣 | 2 元/笔 | 中国人民银行规定 |
| 省内异地跨行 ATM 取现 | | 账户内扣 | 交易金额的 5‰＋2 元/笔 | 省局在不高于基准价格的基础上自定服务价格 |
| 跨省异地跨行 ATM 取现 | | 账户内扣 | 交易金额的 5‰＋2 元/笔 | 中国邮政储蓄银行规定服务价格 |
| 境外 ATM 取现 | | 账户内扣 | 交易金额的 5‰＋12 元/笔、最低 15 元、最高 62 元 | 中国邮政储蓄银行规定服务价格 |
| 境外 ATM 查询 | | 账户内扣 | 4 元/笔 | 中国邮政储蓄银行规定服务价格 |

### （四）邮政储蓄特殊业务的处理规则

#### 1. 提前支取规则

未到期定期储蓄存款，储户如提前支取存款，必须持存单和存款人的身份证明办理；如委托他人代取，还须代取人持本人身份证明。

邮政储蓄机构在办理此类业务时，应该认真核对身份证和存单的一致性，并应注意审查身份证真伪。如果是代取的，应该要求对方提供委托书、存款人身份证明和代取人身份证明。

#### 2. 挂失规则

储户持有的记名式存单或存折丢失、损毁或被盗，向邮政储蓄机构申请遗失登记和止付存款。储户申请挂失时，填写挂失申请书，加盖预留印鉴（指凭印鉴支取的存款）或印鉴，连同本人身份证明交开户局，开户局查对存款节目相符，存款未被支取方可受理并止付存款。

储户可以用口头或函电形式挂失，但必须在5天内补办书面挂失手续，否则挂失不再有效。活期储蓄异地存取的储户，在异地遇存折遗失，凭本人身份证明向异地存取局申请临时挂失，由该异地存取局以电报通知开户局临时挂失止付，但储户必须在20天内亲自或委托他人（被委托人须出示其身份证明）向开户局办理书面挂失手续。

**3. 储蓄存款查询**

邮政储蓄机构应客户查询要求，可提供其本人存款账户的基本情况、交易明细等客户信息，还为客户提供查询利率、费率和联网机构等公共信息服务。

公安、检察、法院等部门因侦查、起诉、审理或查处案件的需要，可依法向邮局查询与案件直接有关人员的储蓄存款情况。国家保护个人合法储蓄存款所有权。公安、检察、法院等部门向邮局查询存款时，由县级或县级以上检察、公安、法院、安全或监察机关，部队由师级及以上的保卫部门、军事检察院、军事法院提出正式查询公函，并提供存款人的有关线索到市、县邮局办理，由邮局人员查找。如系支局、所的存款，由市、县局书面通知支局、所，将查询结果上报。查明的情况，由市、县局签复查询单位。如有必要，也可提供有关存款账册的复印件。查询单位不能自行到邮政支局、所查阅账册，支局、所也不得受理有关查询事项。公证处在办理继承权公证的过程中，需向邮局核实有关储蓄存款情况时，须提供存款的节目，邮局应协助办理。查询单位对邮局提供的储蓄存款情况应保守秘密。

**4. 储蓄存款止付**

公安、检察、法院等部门因侦查、审理、查处案件需要，依法要求邮局暂停支付案件有关当事人的储蓄存款。公安、检察、法院等部门止付邮政储蓄存款时，由县级或县级以上的检察院、公安局、法院、安全或监察机关，部队由师级及师级以上的保卫部门、军事检察院、军事法院向市、县邮局提出正式止付通知书，经市、县邮局核对后，通知所属储蓄机构予以止付。止付个人储蓄存款的期限为6个月，逾期自动撤销。如需延长，须重新办理止付手续。存款人在本人储蓄存款止付期间，因生活必需而须支取存款时，邮局要主动与要求止付的单位联系，酌情处理。

**5. 储蓄存款没收**

人民法院或检察院依法没收经济案件被告人的储蓄存款。人民法院判决没收罪犯的邮政储蓄存款时，邮局凭县级或县级以上人民法院的判决书办理提款或缴库手续。人民检察院决定没收免予起诉、撤销或不起诉案件的被告人的储蓄存款时，邮局依据人民检察院的《免予起诉决定书》或由检察长签署的《没收通知书》和存单或存折办理提款或缴库手续。人民法院判处民事案件中有关储蓄存款的处理，邮局凭当事人交出的存单或存折办理。如当事人拒交须强制执行时，凭判决书或裁定书办理，当事人的原存单或存折作废。单位收受经济案件当事人交出的储蓄存单需要上缴国库的，邮局凭法院的判决书办理或由当事人单位出具证明，会同当事人持存单或存折到邮局办理。没收缴库的储蓄存款，邮局采取转账方式支付，并不计付利息。

**6. 储蓄存款的继承**

储蓄存款的所在权发生争议涉及办理过户的，应依法提请人民法院处理。邮政局依据人民法院发生法律效力的判决书、裁定书或调解书办理过户手续。

对于存款人死亡的，其合法继承人应向邮政储蓄机构所在地的公证处申请办理继承权证明书，邮政储蓄机构凭证明书和存单（折）办理过户或支取手续。如存款继承权有异议的，由人民法院判决，储蓄机构凭法院判决书、裁定书或调解书和存单（折）办理过户或支取手续。

存款人死亡，存单持有人直接去邮政储蓄机构支取或转存存款人生前的存款，无申明遗产继承过程，邮政储蓄机构在不知情的情况下，按照正常手续为其办理，应视为正常支取或转存，事后引起的存款继承争执，邮政储蓄机构不负责任。

**7. 假钞的没收规则**

办理存款业务的金融机构发现伪造、变造人民币，数量较多，或者有新版人民币或者其他制造伪造人民币线索的，应当立即报告公安机关；数量较少的，由该储蓄机构两名以上工作人员予以收缴，加盖“假币”字样的戳记，登记造册，并告知持人可以向中国人民银行或其授权的国有独资商业银行业务机构申请鉴定。办理存款业务的储蓄机构应该将收缴的伪造、变造人民币上缴当地人民银行。

**【阅读资料五】**

### 工作粗心大意　存款被人冒领

某日，一名自称胡兵的人，拿着身份证，十分着急地对值班的营业员李某说：“我的活期存折丢失了，我要求挂失领取。”李某没有认真验视身份证的相关项目，就为其办理了挂失手续。几天后，挂失者胡兵取走了存折上的 8 500 元钱。

三个月以后，又有一个自称是胡兵的人拿着身份证来取这笔存款，当被李某告之存款已被挂失后取走时，这位储户非常生气地说：“我的身份证因为已经过期，就把它扔掉了，新的身份证今天刚办好，一定是有人用我的过期身份证冒领了我的钱！”李某一听傻了眼，这才想起，当时因为粗心大意，竟没有注意身份证的有效期，导致 8 500 元的存款被人冒领。于是，储户胡兵向法院申诉，法院的判决是：导致存款被他人利用过期证件冒领取走的原因是营业员李某在工作中不严格执行规章制度，粗心大意所致。因此，由被告李某赔偿 8 500 元存款及利息。李某对此真是追悔莫及。

这个事例告诉我们，在领取储蓄款时，要认真验视证件。必须认真执行规章制度，千万不能违规操作。还要认真做到五注意：一是注意证件的有效期，身份证是一种有期限的证件，有效期已满属于无效证件；二是注意证件是否完好，如果身份证封套开裂，有严重折痕、污损以致影响辨认的，属于无效证件；三是注意证件的签发机关，如签发机关印章或持证人照片残缺的，属于作废证件；四是注意证件的编号，如身份证编号码位不够或数字不清楚的，属于不合格证件；五是注意如持证人不是本人的，应请其出示代领人的证件。同时，营业员在受理挂失手续时需要注意的是：储户挂失时，必须持本人身份证明，并提供储户的姓名、开户时间、储蓄种类、金额、账号及住址等有关情况，向其开户的储蓄机构书面申请挂失。储蓄机构在确认该笔存款未被支取的前提下，方可受理挂失手续。

来源：《中国邮政报》

## 二、邮政汇兑业务基本规定

### （一）电子汇兑业务汇款方式

客户可持现金或有效存款凭证（指活期存折、储蓄卡、信用卡、支票等）到邮政网点办理以下四种交易方式的汇款。

**1. 现金到现金**

现金到现金是指以现金收汇，兑付时直接支取现金。

**2. 现金到账户**

现金到账户是指现金收汇，兑付时直接转入汇款人指定存款账户。

**3. 账户到现金**

账户到现金是指收汇时从汇款人指定账户划账，兑付时直接支取现金。

**4. 账户到账户**

账户到账户是指收汇时从汇款人指定账户划账，兑付时直接转入汇款人指定存款账户。

## （二）电子汇兑业务受理方式

邮政电子汇兑业务的受理方式包括柜台受理、电话受理、网上受理等。柜台受理是指客户到联网的汇兑网点柜台办理电子汇兑业务。电话受理是指客户通过拨叫 11185 邮政客户服务中心办理电子汇兑业务。网上受理是指客户通过访问 183 邮政电子商务网站办理电子汇兑业务。

## （三）电子汇兑业务资费

国内电子汇兑业务资费如表 1-11 所示。

**表 1-11　邮政国内汇兑业务资费表**

| 资费种类 | 计费标准 | 资费/元 | 限　额 | 说　明 |
|---|---|---|---|---|
| 按址汇款<br>密码汇款 | 每汇款一元或其零数 | 0.01 | 每笔汇款最高限额 5 万元，超过 5 万元分笔办理 | 汇款尾数不足 1 元的按 1 元计算 |
| | 每笔汇款最低汇费 | 2 | | |
| | 每笔汇款最高汇费 | 50 | | |
| 入账汇款 | 每汇款一元或其零数 | 0.005 | 每笔汇款最高限额 20 万元，超过 20 万元分笔办理 | 现金到账户汇款和账户到账户汇款都照此标准计收汇费，汇款尾数不足 1 元的按 1 元计算 |
| 网汇 e | 汇款的汇费按收汇金额的 1% 收取 | | 每笔最低 2 元 | 可支付现金也可以从账户中扣收 |
| 商务汇款 | 汇款的资费采取谈判商定的方式，为多样化的客户提供最优的资费标准化 | | | |
| 附言 | 每字 | 0.1 | | 附言业务只在按址汇款业务中办理。附言字数不超过 6 个汉字的免收附言费，从第 7 个汉字开始收费 |

## （四）邮政汇兑业务资金管理的相关规定

（1）邮政汇兑资金是用户委托邮政部门办理汇款所交付的款项，必须单独核算，严格管理，保证汇兑资金的完整。

（2）邮政汇兑资金清算实行国家局中心、省中心、县中心三级清算体制。国家局负责国家局与省局之间的汇兑资金结算、调拨；省局负责省与县之间的资金清算、调拨及会计核算。

（3）邮政汇兑资金清算应坚持“适时记账、当日清算”的原则，由上级局依据当日收汇信息和待兑信息的差额进行清算。

（4）为提高邮政汇兑资金的使用效益，灵活准确调拨，汇兑资金将逐步实行内部相互有偿占用制度，并按有关规定计算存款利息、透支利息和违规罚息。

（5）汇兑资金原则上通过银行调拨，市县局以下的汇兑资金调拨可通过自行运现的方式解决。在银行开立账户的，应加强账户管理，严密存、提款制度；自行运现的，应制定合理的运现频次，严密的交接制度。每日汇兑营业终了除按规定留存的库存周转金外，应及时送存银行或上缴出纳，防止资金积压，提高资金归行率，保证资金安全。

（6）市县局应根据业务需要和节约资金的原则核定本局及所辖网点的库存周转金和每日提款最高限额，上报省局核备，如有调整，要及时上报。遇超限额提款时，应由指定审批人审批后再行提款。

## 三、邮政金融类业务的发展思路

中国邮政储蓄银行成立后，中国邮政储蓄银行将按照《公司法》、《商业银行法》等法律规定和现代商业银行运行管理要求，建立健全法人治理结构，完善内部控制制度和风险管理机制，建立独立的财务会计核算体系、IT 系统和专业人才队伍，实现稳健经营和可持续发展。通过引进先进银行管理理念，对现有邮政储蓄机构、业务和人员管理体系进行重组改造。按照“扁平化”的机构管理模式，组建邮政储蓄银行分支机构；按照“流程银行”的业务管理模式，重塑业务管理线条；本着与邮政业务“资源共享、分账核算”的原则，将现有的邮政储蓄网点改造成为管理科学、运行安全的邮政储蓄银行经营机构，为邮政储汇业务的发展奠定了坚实的基础；利率市场化逐步深化、人民币汇率机制改革和金融管制的放松，为邮政储汇业务的创新提供了前所未有的机遇；金融信息化建设将为储汇业务的发展提供有力的技术支撑。

### （一）中国邮政储蓄银行的优势

#### 1. 网点覆盖广

中国邮政储蓄银行拥有覆盖城乡网点最多的个人金融服务网络，特别是在一些边远地区，往往只有邮政储蓄机构能为当地居民提供便捷的金融服务。依托邮政网点和服务设施，可以保持邮政金融网络的完整性和低成本运行，实现银行的经营效益和社会责任相统一。

#### 2. 服务时间长，品牌深入人心

邮政储蓄提供的基础金融服务已经深入人心，在广大城乡居民中享有良好的品牌信誉。目前，邮储余额约占全国城乡居民储蓄存款总额的十分之一，且没有不良资产的包袱，为全面拓展商业银行资产类业务打下了坚实基础。

### （二）中国邮政储蓄银行发展的总体目标

依托邮政网络，确立服务城乡大众、支持“三农”的零售银行定位，走低成本、差异化特色经营之路，以资本节约型业务为基础，不断加强风险管理，努力将邮储银行建成国内网络强大、客户众多、资产优良、资本充足、特色鲜明、竞争力强的大型商业银行。

### （三）中国邮政储蓄银行发展对策

#### 1. 推动邮政代理金融业务健康发展

（1）高度重视储蓄存款业务。重视储蓄存款规模增长；稳定和提高储蓄存款市场占有率；积极优化储蓄存款结构。

（2）积极发展支付结算业务。做大网络型企业商务汇款业务；拓展批发客户“商易通”市场；推广服务中高端客户的“绿卡通”产品 。

(3) 大力创新网上支付业务。创新网上支付方式;梳理网汇通、网汇 e、淘宝绿卡、腾讯 QQ 联名卡等多种产品;打造邮储特色网上支付综合服务体系。

(4) 全面发展投资理财业务。不断丰富和完善个人投资理财业务产品线;大力推广电话银行交易和网上基金交易;代理保险产品向保障型产品回归;基金要区分高、中、低风险产品,推出各时期销售重点。

(5) 推动外汇业务创新发展。实现本外币业务全面整合和互动发展;加强重点分支行的外汇建设;加快外汇卡发卡。

**2. 促进信贷、公司业务规模化发展**

(1) 全力做好小额贷款业务。2009 年要高度重视贷款发展和管理;持续做好人员培训;认真总结城市小额贷款经验;积极推进小额贷款事业部制核算。

(2) 重点做好城市零售信贷业务。协同营销小额贷款、个人商务贷款和住房消费贷款等产品;在全国组织 100 家城市分行积极开展试点;城市信贷业务尽快出思路,尽快开始布局。

(3) 积极拓展项目贷款。积极培养项目贷款团队;密切关注宏观环境和行业风险;高度重视集团客户、行业客户的专项融资;进一步提高"直接银团"比重;积极协助总行开展营销工作。

(4) 加快信用卡业务发展。以现有优质客户为主要发卡对象扩大发卡规模;完善现有产品功能,逐步推出中小企业主、公务卡等信用卡产品;积极打造邮储银行信用卡品牌。

**3. 发挥网络优势,以绿卡为载体中间业务将得到快速发展,塑造邮政金融支付结算品牌,并成为销售第三方金融产品的重要渠道**

邮政储蓄银行拥有遍布城乡、覆盖面最广的个人金融网络,以绿卡为载体,充分发挥绿卡本异地取现、消费和转账功能,可以办理邮政储蓄异地存取款、邮政储蓄转账(划转生活费、赡家费和房租等)、农村粮食补贴资金发放、代发工资、养老金、代收农电费、烟草款、电信资费等业务;与商务汇款在县及县以下地区等网络型企业和公用事业单位(如中国移动、中国联通、中国网通、中国电信、中国石化、烟草公司、保险公司、交通管理部门、教育部门)款项聚集功能及网汇通业务的网上支付结算功能相结合,形成面向城乡个人及单位支付结算品牌。

邮政储蓄银行庞大的网络优势为销售第三方产品奠定了基础。代理保险业务、代理开放式基金业务、代理国债业务、西联汇款业务及代理的各种理财产品在种类和规模上都会得到快速发展,除获得稳定的代理收入外,邮政储蓄银行将成为金融市场中销售第三方金融产品的重要渠道。

## 思考题

1. 邮政通信的性质和特点是什么?
2. 邮政企业的性质有哪些?
3. 国内邮政业务是如何进行分类的?
4. 平常邮件和给据邮件的区别有哪些?

5. 函件和包件的资费是如何规定的？
6. 报刊发行业务的性质和特点是什么？
7. 国内特快专递业务的特点和种类有哪些？
8. 国际邮件是如何进行分类的？
9. 邮件的禁限寄规定有哪些？
10. 集邮品的销售有哪些方式？
11. 邮政短信业务的加办和退订有哪几种方式？
12. 试述邮务类业务的发展对策。
13. 国内速递业务的收寄方式有哪些？
14. 试述速递物流类业务的发展对策。
15. 电子汇兑业务的资费是如何规定的？

# 第二章 邮政网的组织与管理

**本章摘要**：本章简要介绍了邮政网的基本知识，重点介绍了邮区中心局体制和各级邮政网的组织与管理方法，简要介绍了邮政网发展方向。

## 第一节 邮政网概述

### 一、邮政网的概念

邮政网是由邮政营业、投递局所及其设施、邮件处理中心，通过邮路（含邮运工具），按照一定的原则和方式组织起来，在控制系统的作用下，遵循一定运行规则完成邮件传递的网路系统。其内涵包括以下两个要点。

要点1：是传递邮件的网路系统，是一个统一的整体，各部分紧密衔接，依靠全网的整体功能，完成邮政通信任务；

要点2：以物质体系为基础，在业务体系的规范下，使邮件得以在网上进行迅速有序的传递；控制体系控制、监督、协调着全网的运行，以保证邮政网的畅通。

### 二、邮政网的组成要素

邮政网由收寄端、邮件处理中心、邮路和投递端组成。

#### （一）收寄端

收寄端是邮政网的始端，是各类邮件进网的入口。收寄端是指分布在全国各地经办邮政业务的邮政局、所，包括邮政局、邮政支局、邮政所、邮政代办所、临时性局所、流动服务点和信箱信筒等。收寄端面向社会，直接接触用户，在接受了寄件人的委托后，邮件即开始了在网上的传递过程。

#### （二）邮件处理中心

邮件处理中心是邮政网的节点，位于邮路的汇接处，是邮件的集散和经转枢纽。它担负着邮件的分拣封发的任务，不同级别的邮件处理中心承担着不同范围的进、出、转口邮件的处理任务。

#### （三）投递端

投递端是邮政网的末端，是指各投递局所通过投递人员到达的各类邮件接收点，包括个人住户、单位收发室、邮政专用信箱、用户信报箱、信报箱群。邮政网通过投递端联系收件人，最终完成邮件的传递任务。一些具有投递功能的委办机构、居民委员会、村邮站、信报代投点等也应视为邮政网的末端。

### （四）邮路

邮路是邮政网的连线，即在邮政局所、邮件处理中心以及相互之间按照规定的班期、固定路线运输邮件所行使的路线。各种邮路相互贯通组成邮政运输系统。各种邮路和邮路上运行的各种邮运工具连接着各收寄端、邮件处理中心、投递端以及车站、机场、码头，担负着运输邮件的任务。

## 三、邮路的分类

### （一）按管理权限分为全国干线邮路、省内干线邮路、邮区内邮路（包括市内邮路和县内邮路）

**1. 全国干线邮路**

全国干线邮路是由中国邮政集团公司负责管理的一级邮区中心局到二级邮区中心局以及它们各自之间的省际邮路，省会一、二级中心局或主要国际邮件互换局至相应的主要国际邮件交换站之间的邮路以及中国邮政集团公司指定的邮路。

**2. 省内干线邮路**

省内干线邮路是由省（自治区、直辖市）邮政公司管理的省内各级邮区中心局之间的邮路、中国邮政集团公司指定的相邻省际二、三级邮区中心局之间的邮路以及省邮政公司指定的跨地市的邮路。

**3. 邮区内邮路**

邮区内邮路是由邮区中心局所负责管理的邮区中心局至邮区内各县（市）局和各收投点之间运递邮件的邮路。

市内邮路和县内邮路是邮区内邮路的重要组成部分。

市内邮路是指市局与其分支机构或与车站、码头、机场等地的转运部门和报刊社之间的邮路。

县内邮路是指县局与其所属的农村支局、农村支局之间以及农村支局到村委会代投点之间的邮路。

### （二）按经营性质分为自办邮路和委办邮路

自办邮路是指邮政部门自备或租用运输工具，由邮政部门自行办理邮政运输业务所形成的运输邮件、报刊的路线。

委办邮路是指邮政部门与其他部门或个人鉴定合同并使用他们的运输工具及委托其将邮件运至某地邮局的邮路。

### （三）按运输工具分为航空邮路、铁道邮路、汽车邮路、水运邮路、摩托车及其他机动车邮路、非机动运输工具和旱班邮路

航空邮路是指利用飞机运输邮件的路线；铁道邮路是指利用火车运输邮件的路线；汽车邮路是指利用汽车运输邮件的路线；水运邮路是指利用机动船或非机动水上运输工具运输邮件的路线；摩托车及其他非机动车邮路是指利用摩托车或机动脚踏两用车以及其他机动工具运输邮件的邮路；非机动运输工具和旱班邮路是指利用自行车、人力以及各种人力推拉

车运输邮件的路线。

## 四、邮政网的分级与分类

邮政网的分级是对邮政网级别的划分，分级的基本依据是邮政网的各组成部分及其联系范围和在全网中的地位、作用。

### （一）邮政网的分级

在邮区中心局体制下邮政网可分三个级别，即全国干线邮政网、省邮政网、邮区邮政网。

（1）全国干线邮政网：是以首都局和一级邮区中心局为中心，由全国干线邮路联结一、二级邮区中心局组成的邮政网路体系。它是全国邮政网的主干，在全网占有举足轻重的地位，起着全网运行的决定性作用。

（2）省邮政网：是以省（自治区、直辖市）邮区中心局为中心，由省内干线邮路联结省内各级邮区中心局所组成的邮政网路体系。每个省都有一个相对独立的省邮政网，它以本省的辖境为其联系范围。它是全国邮政网的重要组成部分，上连全国干线网，下连本省辖境内的邮区网，发挥着承上启下的作用。

（3）邮区邮政网：是以邮区中心局为中心，由邮区内邮路联结邮区内县（市）局和收投支局所组成的邮政网路体系。它以本邮区为联系范围。邮区内的市局和县局根据本地区社会发展和邮政通信的需要而组建的市邮政网和县邮政网，是邮区网的重要组成部分。

### （二）邮政网的分类

按照邮政网的业务功能（指运输邮件的种类）分两类。

（1）快速网：由快递类邮件收投点、内部快速处理系统和快速邮路按照一定的方式组织起来的邮政网路系统。分为全国快速网和省内快速网。

（2）普通网：由普件收投点，普通邮件处理系统和普通邮路按照一定的原则和方式组织起来的邮政网路系统。分为全国普通网和省内普通网。

## 五、邮政网的整体目标及其组成

### （一）邮政网的整体目标

邮政网的整体目标是确保全网畅通，迅速、准确、安全地传递邮件，为社会政治、经济、科学文化和人民群众提供方便的邮政通信服务，适应社会发展的需要。

### （二）邮政网整体目标的组成

邮政网的整体目标由基本目标、质量目标、服务目标和效益目标所组成。

（1）邮政网的基本目标是畅通，即保证全网能畅通的运递邮件。

（2）邮政网的质量目标是确保邮件传递时限，同时要求准确（按址投交给收件人）、安全（不能丢失、损坏）。质量目标的核心是邮件运递时限。

（3）邮政网的服务目标是为公众提供方便的用邮条件和可以信赖的全程服务。

（4）邮政网的效益目标是指全网的整体经济效益，良好的全网经济效益是邮政网效益目标的重要内容。

# 第二节　邮政网体制

## 一、邮政网体制的概念和属性

### （一）邮政网体制的概念

邮政网体制是指邮政网的组织体系和制度，是规范邮政网的一种机制。邮政的邮件分拣封发关系、邮政网的组织管理模式、层级及功能确定等均属于体制范畴的内容。

邮政营投局所及设施、邮件处理中心和邮路有机联系，相互配合形成了覆盖全国的邮政网，为邮政通信活动提供了物质技术基础。但是，要保证分散在全国各作业点上的邮件能在邮政网上有序的传递，就必须有科学的、有效的组织体系和制度来协调它们之间的活动，使邮件在网上迅速、准确、安全、高效的传递。这种科学严密的邮政网组织体系和制度就是邮政网体制。邮政网体制对全网的结构和邮件运行的方式都有重大影响。

### （二）邮政网体制的属性

**1. 相关性**

相关性包含两层意思：一是邮政网体制和邮政网的物质技术基础之间存在着密切的联系，没有科学严密的邮政网体制，邮政网的物质技术基础就无法充分发挥其效用，而邮政网体制又是以一定的物质技术体系为基础的，两者必须有机配合才能充分发挥效用；二是邮政网体制与其外部环境之间的相关性，特别是与交通运输业的发展、布局及社会经济环境等之间的关系尤为密切。

**2. 目的性**

邮政网体制的目的性是指邮政网体制具有人们所明确赋予的预期目标。如目前我国正在推行的邮区中心局体制，其目的是为了加快邮件传递速度，减少经转层次，提高全网作业效率，降低作业成本。

**3. 环境适应性**

邮政通信是为国民经济各部门和广大人民群众提供最广泛、最普及的通信手段和渠道。因此，邮政网体制与其外部环境必须相适应，才能发挥其规范邮政网运行的作用，必须依据外界环境的变化，如国家经济体制的变革、社会主义市场经济体制的建立、市场的变化、交通运输业的发展布局等相应的进行调整与改革。这样才能保证邮政网发展能满足邮政通信的要求，我们只有在一定社会背景下考察邮政网体制，在一定环境中研究邮政网体制，才能看清邮政网体制的全貌，解决邮政网体制中存在的问题。

**4. 总体性**

邮政网体制的各组成部分的功能相互配合，形成一个整体来实现邮政网体制的总体功能，这就是邮政网体制的总体性。

## 二、传统体制的形成及其特点

### （一）传统体制的形成

邮政网是随着城市的兴起而发展起来的。城市是商品经济活动的中心，随着城市经济活动的发展和人们交往的需要又逐步发展了通信、交通等基础设施。因此，首先在城市设立了邮局，并利用交通条件建立了邮路，随着城市辐射作用的加强和地区经济的发展，在城市周围的乡镇也相继建立了邮政服务点，逐步形成了封发单元，这种随着城市和区域经济发展和交通条件的改善，自然而然形成的邮政网，称之为自然网，相应的体制称之为传统体制。

### （二）传统体制的特点

（1）局所和邮路的分工不细。

（2）以县（市）局作为基本封发单元，封发单元多、规模小、封发功能分散。

（3）邮路大量的利用交通部门的运输工具，邮运受到很大限制，难以按照邮政生产作业规律组织内部作业。

（4）无法实现全网统一的时间配合。因此，规定了发运交接的时间衔接要求，根据邮运时间确定封发时间，根据封发时间确定邮件的处理、收寄截止时间以及投递时间。

（5）规定轻件发运路由以“时间最短”为原则，即向非直达邮路沿线的寄达局发运邮件，计算不同路由的衔接时间，选择其中最快的路由。

（6）规定邮件直封的数量标准，对不在直达邮路沿线的邮局按其在网中的地位或邮件数量组织直封。不够直封标准的邮局，可根据规定的经转关系和规则选择近端（靠近封发局）或远端（靠近寄达局）的经转局封发。

（7）通过增加邮政部门的作业频次、增加开筒和投递频次来加快邮件传递速度。

（8）在能力配合方面，只注意在邮件计划中分配运能计划和规定各类邮件的发运次序。

这种传统体制是以手工操作为主要的劳动手段，投资少，在邮件业务量不大，全网邮件传递的数量和规模尚不足以形成更深的专业分工，社会对邮件传递时限要求还不高的情况下，是一种经济合理的组织方式。但是，随着全网邮件业务量的迅速增长，这种体制的缺陷和弊端就会逐渐暴露出来。因此，必须对传统邮政网进行一系列的调整与改革，加深全网专业化分工，按照邮政网功能配合的要求，组织比较规范化的邮政网，即逐步由传统体制向中心局体制过渡。

## 三、邮区中心局体制的特点与形成过程

邮区中心局体制，是邮政网从传统体制发展到一定阶段后，网络的功能专业化分工进一步加深，功能结构发生变革的必然结果，是邮政网从传统体制向现代化体制发展演变的必然结果。邮区中心局体制的出现，是邮政网发展到高级阶段的产物。

### （一）邮区中心局体制的概念与内涵

#### 1. 概念

邮区中心局体制是以邮区中心局为基本封发单元和网路组织的基本节点，在此基础上组成分层次的邮政网，是用以传递邮件的一种邮政通信组织制度和方式。特别注意的有以下两点。

（1）封发单元从过去的县（市）局改为邮区中心局。

（2）邮政网路分层有两层含义：一是按邮政网的联系范围分为全国干线网、省邮政网、邮区网；二是按承担邮件运输的功能分为快速网和普通网，分别支撑快递业务和普通邮件业务的发展。

**2. 内涵**

(1) 在全国划分邮区并编码,在邮区内设邮区中心局。

(2) 以邮区中心局为基本封发单元和网路组织中心,组成全国、省和邮区三级邮政网。

(3) 在三级邮政网中,各邮区中心局之间由全国干线和省内干线邮路沟通,邮区内通信,由邮区中心局通过支线邮路直接向本邮区各收、投点运邮或经本邮区内县(市)局接力运邮,使邮区中心局成为邮件的集散中心。

(4) 有一套与网络体制相适应的管理体系和运行机制,以保证全网的有效运行。

### (二) 传统体制与邮区中心局体制的比较分析

传统邮政网是随着交通运输条件的改善和城市发展自然形成的,与其相对应的体制,称之为传统体制。

邮区中心局体制是指以邮区中心局为全网的基本封发单元和网路组织的基本节点,在此基础上组织分层次的邮政网,是用以传递邮件的一种组织方式和制度。

两种体制之间的比较如表 2-1 所示。

**表 2-1　邮区中心局体制与传统体制比较表**

| 比较项目 | 邮区中心局体制 | 传统体制 |
|---|---|---|
| 业务体系 | 以时限为标准划分业务体系 | 以内件性质划分业务体系 |
| 分发关系 | 与邮政网的结构对应 | 由封发局凑合邮运情况而定 |
| 时限标准 | 有明确的时限标准 | 无明确的时限标准 |
| 封发局分布 | 以邮区中心局为封发单元,封发局数量少,规模大,分发功能集中 | 以县(市)局为封发单元,封发局数量多,规模小,分布分散,分发功能分散 |
| 网路层次 | 层次清晰(三层),分工明确,快普分运 | 层次繁杂,分级不严,混合运输 |
| 技术构成 | 内部处理多采用自动化、机械化手段,收投以手工和半机械化为主 | 主要以手工操作为主,机器只在局部起辅助作用 |
| 作业量分配 | 分拣封发和运输集中于中心局并实行机械处理,收投作业分散在服务网点 | 作业量分布无规律,县市局既是处理中心,又是收投部门 |
| 运能调节 | 弹性大,灵活 | 运能调节困难 |
| 运用环境 | 业务量大,交通条件好,时限要求高的社会环境 | 业务量小、时限要求不高的社会环境 |

### (三) 国外实施邮区中心局体制的情况

世界上最早实施邮区中心局体制的国家是美国。20 世纪 60 年代后,由于业务量的迅速增长,到了 70 年代中期,美国年人均用邮量达 200～300 件。原有网路不适应,为提高网路的功效,深化局所分工和邮路分工,美国邮政提出了将邮件集中分发,建立分拣中心的设想。其目标是加快邮件传递时限,提供限时邮件,比如,开办快件业务、信函次日递。

具体的做法是:

(1) 实行专业化分工,建立专业的分发局—中心局,不兼其他营投功能;

(2) 在干支线邮路节点设置中心局,承担一定范围的邮件集散工作;

(3) 采用以中心局互封为主体的封发关系;

(4) 按统一规定分配干线邮运时间,按时间要求选择运输方式;

(5) 将运输与分发合成一个发运体系,建立有力的调度系统;

(6) 提高全网网络组织的规范性,形成“收寄局—中心局—中心局—投递局”的作业组

织模式;

(7) 提高邮件的机械化处理程度,装备分拣机。

## (四) 我国邮区中心局体制的建设过程

### 1. 邮区中心局体制的提出阶段

20 世纪 70 年代中期美国等发达国家就已经推行了邮区中心局体制。我国在 70 年代末也提出了这个问题,但其主要目的是为推行邮政编码作准备,对全国划分邮区,制定了邮政编码的原则,并组织实施,以此为基础提出建设邮区中心局的想法,但局限于当时的历史条件,对邮区中心局体制从概念到内涵,从原则到实施的可能性都没有一致的认识。

### 2. 邮区中心局体制的理论研究阶段

20 世纪 80 年代中期后,邮政业务迅猛发展,原有以县(市)局作为基本封发单元的体制越来越不适应实际生产的需要,改革邮政网络体制,明确邮政网的结构层次,成为急需解决的问题。为此,邮电部组织专家对"关于邮区中心局体制的研究"这一课题进行研究并于 1991 年由邮电部评审通过。

1992 年,在全国邮政工作会议上杨泰芳部长首次宣布:中国要实行邮区中心局体制。1994 年邮电部下发了 582 号文《关于印发〈中国邮政网组织原则与要点〉的通知》,对邮区中心局体制的概念内涵等理论作了明确的界定,为推行邮区中心局体制奠定了理论基础。

1995 年,邮电部又下发 884 号文《关于邮政通信网路发展战略规划的若干意见》,提出了我国"九五"计划到 2010 年远景发展目标是:围绕实施邮区中心局体制这个中心,搞好邮政通信实物传递网和综合信息处理网的建设,以邮区中心局体制确定的三个层次所需装备的完善配套为重点,加速提高信息处理网络化,内部处理自动化,搬运装卸机械化,营业窗口电子化水平。

### 3. 邮区中心局体制的建设与实施阶段

1997 年邮电部又下发了 575 号文《关于印发进一步加快实施邮区中心局体制若干意见的通知》,提出了实施邮区中心局体制的具体建议和实施进度。

1998 年,正式要求按照邮区中心局体制运作,全国确定了 236 个邮区中心局。

2000 年,进行邮政网络管理体制的改革,省会邮区中心局与省会市局分离,成为省公司直属的负责邮件封发和运输的邮政生产单位。目前,大部分省会邮区中心局已经挂牌成立。非省会二级邮区中心局由所在地邮政局直接管理,设立相对独立的生产单位,在财务上实行单独列账、单独核算。三级邮区中心局由所在地邮政局直接管理,负责各类实物传递类邮件业务的处理运输。

2001 年,对邮区中心局数目进行了调整,全国共设 201 个邮区中心局,其中,一级中心局 7 个,二级中心局 70 个,三级中心局 124 个。2008 年,二级中心局调整为 68 个,三级中心局 126 个。

## (五) 实行邮区中心局体制的重要意义

邮区中心局体制是一种先进的邮政网组织管理体制。早在 20 世纪 70 年代,欧美等发达国家先后实现了这种体制,并取得了很好的效果,具体体现在以下几个方面。

(1) 减少了邮件经转层次,加快了邮件的传递速度。

(2) 邮件集中程度高,利用机器(各类邮件的分拣机)处理邮件,提高了全网的作业效率。

(3) 减轻了劳动强度,提高了劳动生产率,降低了邮件处理成本。

(4) 有力地促进了邮政管理手段和服务手段的现代化。

进入 20 世纪 90 年代,中国市场经济的发展对邮件的传递速度提出了越来越高的要求,同时,邮件业务量也在逐渐增长,特别是沿海地区,人均邮件业务量已经达到中等发达国家水平,实行邮区中心局体制的环境和条件基本成熟。与此同时,中国的交通运输条件正发生巨大变化,高速公路迅速崛起,民航运输条件日益改善,这些都为邮区中心局体制的实施奠定了一定基础。因此,中国有条件借鉴发达国家推行邮区中心局体制的先进经验,并紧密结合中国国情,建设具有中国特色的中心局体制,为社会主义市场经济体制的发展提供强有力的支撑。其重要意义主要体现在以下几个方面。

(1) 可以加快邮件的传递速度,提高邮件的传递时限。

(2) 提高全网的作业效率和劳动生产率,实现邮政网路管理的现代化。

(3) 邮件集中处理,便于实现邮件处理的机械化和自动化,降低网路运行成本。

(4) 减轻工人的劳动强度,改善劳动条件。

## 四、邮区划分与邮政编码

### (一) 影响邮区划分的主要因素

邮区是指邮区中心局集散邮件的范围。邮区划分是指确定邮区的数目和划定邮区的地域范围。只有认真分析影响邮区划分的客观因素,才能科学的、合理的确定邮区的数目并适当的确定邮区的范围。影响邮区划分的因素主要有以下几个方面。

(1) 国土面积

邮区的划分必须和国土面积相适应。一般说国土面积越大,邮区的数目相对就越多。

(2) 地理环境

由于我国各地的地理环境相差很大,高山、高原、山地、河流、湖泊等自然景观众多,邮区的划分必然要受到上述条件的影响,同一邮区要尽量避免横跨大的山脉、江河、湖泊。

(3) 人口密度

人口密度的大小影响着邮政业务量的大小,由于我国各地人口密度相差很大,在人口密度较大的东部地区,邮政业务量较高。因此,邮区的范围可以相应的小些。而人口密度小的西部地区,由于人口稀少、邮件传递空间距离长。所以,邮区的范围相对较大。

(4) 交通条件

由于邮政通信是实物传递,离不开交通运输,特别是邮路的规划与交通条件更是息息相关,邮区的划分也应和当地的交通条件相适应。交通条件好的地方,邮区可以划的大一些,交通条件差的地区,邮区范围可以相对小一些,以确保邮区内邮件的传递时限。

(5) 邮件运动规律

邮件在邮政网中的传递具有客观规律性。一般说来,发达地区邮件交换量大于不发达地区;大城市间的邮件交换量大于小城市间的邮件交换量;城市间的邮件交换量大于农村乡镇间邮件的交换量。邮区的划分应符合这一规律,即以城市为中心和依托,恰当地确定邮区的范围,尽可能将邮件交换量较大的地区划入同一邮区,以减少邮件经转次数,加快传递速度。

(6) 行政区划

通常属于同一行政区划范围内的地区,物资、信息、商品流通较频繁,各地之间的邮件交换量较大。所以,邮区划分应尽可能和行政区划相配合,满足行政区划上下隶属单位通信联系的需要，一般情况下，要保持县级行政区域的完整性，即不能把一个县划到两个不同的邮区。

### （二）我国邮政编码的结构

目前，我国邮政编码结构为“四级六码制”。即每组编码由六位阿拉伯数字组成。这六位数字分别表示省（自治区、直辖市）、邮区、县（市）邮政局、投递局（区）四级，前二位代表省（自治区、直辖市）；前三位代表邮区、前四位代表县（市）邮政局；最后两位是投递局（区）的编号。例如，辽宁省海城县牛庄支局的邮政编码是“114217”。六位码的前二位“11”代表辽宁省；前三位“114”代表鞍山邮区；前四位“1142”代表海城县邮电局；全部六位码“114217”代表牛庄邮电支局（投递局）。

## 五、邮区中心局的功能

### （一）邮区中心局的概念、性质和功能

#### 1. 邮区中心局的概念

邮区中心局是负责邮件、报刊的进口、出口、转口处理和转运任务的邮政生产单位。

#### 2. 邮区中心局的性质

实行邮区中心局体制以后，原来由县局分散进行的邮件内部处理工作相对集中到邮区中心局来承担，使邮区中心局成为邮区内邮件的处理中心。对全网而言，邮区中心局是全网的基本封发单元。同时，各级邮路也是以邮区中心局为中心来组织的。因此，邮区中心局既是全网的基本封发单元，又是邮件处理中心和运输中心。它的任务是对集中到邮区中心局的进口、出口和转口邮件经过处理再分发传递出去，这进一步说明邮区中心局的作用是邮件传递过程中的集散中心。

#### 3. 邮区中心局的基本功能

（1）负责分拣封发和经转邮区内各局集中到邮区中心局的进、出口邮件。

（2）负责其他邮区中心局发来邮件的处理和经转。

（3）负责检查邮区内各邮政局所出口邮件的规格和质量。

（4）负责组织和管理连通邮区中心局与邮区内各邮政局所的邮路，并承担邮区内的邮件运输任务。

#### 4. 邮区中心局的业务功能

各级邮区中心局的业务管理范围包括以下几点。

（1）特快专递邮件的进、出、转口分拣封发。

（2）普通邮件的进、出、转口分拣封发（包括同城互寄邮件的分拣封发）。

（3）报刊的进、出口分拣分发。

（4）国际邮件的进、出、转口的分拣封发。

（5）各类总包邮件转运、运输、押运。

（6）负责本局各邮件处理中心、火车、汽车、航空邮件转运站、邮袋（信盒、集装箱）以及业务档案使用和管理。

#### 5. 确定邮区中心局应考虑的因素

邮区中心局应选在两个不同层次网路的节点上，要选在有利于邮区内邮件的集散和网上邮件转运衔接的最佳位置。但是，由于已划定了邮区并对功能不同的指定转口局配置了机械设备，所以，选址工作要以现实情况为基础，并注意以下几个方面。

(1) 要考虑邮区中心局所在地的交通条件和它们在网中所处的地位与作用，便于组织邮路。

(2) 要符合邮件流量、流向规律，有利于邮件集散。

(3) 要考虑时限和成本约束条件，防止邮件长距离的迂回倒流。

(4) 注意考虑本局的已有条件，充分利用现有资源。

### (二) 邮区中心局的分级

邮区中心局级别划分的依据是邮区中心局在网中的地位和作用、邮件的集散与转口量和交通运输条件。根据以上三个要素，把我国邮区中心局分为三级。

一级邮区中心局：是全国范围内大的邮件集散枢纽，它位于全国干线邮路的汇接点，在网路结构中处于省间中心，除承担所在省(自治区、直辖市)和邮区内邮件的分拣封发集散任务外，主要承担省间邮件的封发经转和总包转口发运。一级邮区中心局组成的基础是首都局和部分省会局，共有七个，它们分别是：北京、沈阳、上海、西安、武汉、广州和成都。

二级邮区中心局：一般位于全国干线邮路和省内干线邮路的汇接点，是省中心，除承担所在邮区内邮件的分拣封发集散任务外，主要是承担省内和邻省邮件封发经转任务。其组成基础是省会局和位于省内交通枢纽的省级转口局。全国共有 70 个二级邮区中心局(如表 2-2 所示)。

三级邮区中心局：位于省内干线邮路和邮区内邮路的汇接处，在网路结构上是邮区中心，承担本邮区邮件的分拣封发和运输任务，并承担相邻邮区邮件的转口任务。组成基础为一般地市局。全国共有 124 个三级邮区中心局。

一、二级邮区中心局由中国邮政集团公司确定，三级邮区中心局原则上由各省公司提出报中国邮政集团公司审批。

**表 2-2　邮区中心局局名表**

| 省(自治区、直辖市) | 中心局数量 | 一级中心局 | | 二级中心局 | | 三级中心局 | |
|---|---|---|---|---|---|---|---|
| | | 名称 | 数量 | 名称 | 数量 | 名称 | 数量 |
| 北京 | 1 | 北京 | 1 | | 0 | | 0 |
| 天津 | 1 | | 0 | 天津 | 1 | | 0 |
| 河北 | 10 | | 0 | 石家庄 | 1 | 承德、张家口、唐山、秦皇岛、保定、邯郸、邢台、沧州、衡水 | 9 |
| 山西 | 6 | | 0 | 太原、大同、候马 | 3 | 长治、朔州、阳泉 | 3 |
| 内蒙 | 7 | | 0 | 呼和浩特、海拉尔 | 2 | 包头、临河、赤峰、通辽、集宁 | 5 |
| 辽宁 | 8 | 沈阳 | 1 | 锦州、大连 | 2 | 丹东、营口、鞍山、朝阳、阜新 | 5 |
| 吉林 | 6 | | 0 | 长春、白城 | 2 | 通化、延吉、四平、吉林 | 4 |
| 黑龙江 | 5 | | 0 | 哈尔滨、齐齐哈尔、佳木斯、牡丹江 | 4 | 大兴安岭(加格达齐) | 1 |
| 上海 | 1 | 上海 | 1 | | 0 | | 0 |
| 山东 | 10 | | 0 | 济南、烟台、青岛、济宁 | 4 | 临沂、菏泽、潍坊、聊城、淄博、德州 | 6 |

续 表

| 省(自治区、直辖市) | 中心局数量 | 一级中心局 | | 二级中心局 | | 三级中心局 | |
|---|---|---|---|---|---|---|---|
| | | 名称 | 数量 | 名称 | 数量 | 名称 | 数量 |
| 江苏 | 10 | | 0 | 南京、徐州、常州 | 3 | 连云港、南通、苏州、淮阴、盐城、无锡、扬州 | 7 |
| 浙江 | 9 | | 0 | 杭州、金华、温州、宁波 | 4 | 衢州、台州、嘉兴、湖州、丽水 | 5 |
| 福建 | 6 | | 0 | 福州、厦门、南平 | 3 | 泉州、三明、龙岩 | 3 |
| 江西 | 9 | | 0 | 南昌、赣州、鹰潭、宜春 | 4 | 九江、景德镇、上饶、吉安、抚州 | 5 |
| 安徽 | 7 | | 0 | 合肥、蚌埠、芜湖 | 3 | 安庆、阜阳、黄山、宿州 | 4 |
| 河南 | 9 | | 0 | 郑州、洛阳、信阳 | 3 | 漯河、南阳、商丘、安阳、新乡、驻马店 | 6 |
| 湖北 | 8 | 武汉 | 1 | 宜昌、襄樊 | 2 | 黄石、恩施、荆州、十堰、咸宁 | 5 |
| 湖南 | 11 | | 0 | 长沙、衡阳、怀化 | 3 | 岳阳、永州、娄底、郴州、吉首、株洲、常德、邵阳 | 8 |
| 广东 | 11 | 广州 | 1 | 深圳、韶关、汕头、湛江 | 4 | 东莞、珠海、肇庆、梅州、惠州、江门 | 6 |
| 广西 | 7 | | 0 | 南宁、柳州、桂林 | 3 | 玉林、梧州、百色、河池 | 4 |
| 海南 | 1 | | 0 | 海口 | 1 | | 0 |
| 重庆 | 2 | | 0 | 重庆 | 1 | 万州 | 1 |
| 四川 | 12 | | 1 | 内江、西昌、南充 | 3 | 广元、宜宾、乐山、攀枝花、达川、绵阳、雅安、泸州 | 8 |
| 贵州 | 6 | | 0 | 贵阳 | 1 | 遵义、凯里、六盘水、安顺、玉屏 | 5 |
| 云南 | 10 | | 0 | 昆明 | 1 | 曲靖、楚雄、昭通、个旧、文山、思茅、大理、临沧、保山 | 9 |
| 西藏 | 3 | | 0 | 拉萨 | 1 | 昌都、日喀则 | 2 |
| 陕西 | 7 | 西安 | 1 | 宝鸡、安康 | 2 | 汉中、榆林、延安、商州 | 4 |
| 甘肃 | 6 | | 0 | 兰州、酒泉 | 2 | 张掖、武威、平凉、天水 | 4 |
| 青海 | 2 | | 0 | 西宁、格尔木 | 2 | | 0 |
| 宁夏 | 2 | | 0 | 银川 | 1 | 固原 | 0 |
| 新疆 | 8 | | 0 | 乌鲁木齐、库尔勒 | 2 | 克拉玛依、伊宁、北屯、阿克苏、喀什、哈密 | 6 |
| 合计 | 201 | | 7 | | 68 | | 126 |

# 第三节　邮政网的组织管理

## 一、全国干线邮政网的组织

### (一) 全国干线邮政网的概念、地位和作用

**1. 全国干线邮政网的概念**

全国干线邮政网是以一级邮区中心局为核心，由全国干线邮路联结一、二级邮区中心局所组成的邮政网路体系。

**2. 全国干线邮政网的地位和作用**

全国干线邮政网是我国邮政网的最高层次，在全网中处于关键和统领的地位，发挥着关键性的作用，对于保证全网畅通运行起着决定性的作用。同时，全国干线网还是连接我国邮政与世界各国邮政之间的桥梁和纽带，在国际邮政通信中发挥着重要的作用。

### (二) 全国干线邮政网的任务

全国干线网是连接各省的全国性邮政网路，是把我国邮政网与世界各国邮政网连接的纽带。因此，全国干线网的任务是:第一，负责国内跨省邮件的传递;第二，负责我国邮政与各国邮政间国际邮件的交换。

### (三) 全国干线邮政网的构成

全国干线网是由全国干线邮路及其所连接的一、二级中心局所组成。

全国干线网的结构形态属于网状多点辐射，7 个一级中心局之间基本上呈网状联结，由 7 个一级中心局向它们所属的 68 个二级中心局辐射。

干线邮路主要是铁道邮路、航空邮路和汽车邮路，随着干线邮运量的发展和我国航空运输、公路运输的发展，航空、汽车运输承担的干线邮运量会逐渐上升。

### (四) 全国干线邮路组织的原则

中国邮政集团公司负责一级干线邮路的总体规划和组织管理，负责一级干线邮路增撤的审批，负责一、二级干线邮路专用火车邮厢、一级干线汽车和相关设备的配备。各省(自治区、直辖市)邮政公司负责所承担的一级干线邮路的运行管理、设备管理。

我国地域辽阔，交通运输和经济发展不均衡，要求干线邮路的组织必须在中国邮政集团公司统一领导和总体规划下，在保证邮件时限及安全的基础上，遵循以下几个原则。

**1. 保护网路统一性、完整性的原则**

干线运输网是邮政提供社会普遍服务和参与市场竞争的优势所在，统一和完整是实现邮政网路畅通的基础，是干线邮路组织的基本原则。

**2. 保障业务发展的原则**

为增强市场竞争能力和促进业务发展，应合理调整和优化网路结构，为邮政经营提供网路支撑和保障。

**3. 确保邮件传递时限的原则**

应根据各类邮件时限和频次的规定，结合各地交通实际情况，充分选择各种运输方式和

综合利用各种运输工具，确保邮件传递时限。

**4. 实行计划发运邮件的原则**

要根据邮路运行时间、频次以及运输工具的最大装载能力，制订合理的邮件发运计划，实行计划发运。

**5. 运行高效的原则**

在满足邮件传递时限的前提下，根据邮件流量流向的变化，对各种运输方式的成本进行综合比较分析，采取有效措施，提高全网运行效益。

## 二、省邮政网的组织

### （一）省邮政网概述

**1. 定义**

省邮政网是以省（自治区、直辖市）邮区中心局为中心，由省内干线邮路联结省（自治区、直辖市）内各级邮区中心局所组成的邮政网路体系。

**2. 省邮政网通信能力的构成要素**

省邮政网的生产人员、技术设备、生产用房及科学的组织管理是构成省邮政网通信能力的四个主要因素。

**3. 省邮政网的地位、作用**

在邮区中心局体制下，省邮政网处于全国三级网中的中间地位，它上连全国干线邮政网，下接邮区邮政网，在整个邮政网中起着承上启下的作用。它是干线邮政网与邮区邮政网的结合部。

### （二）省邮政网的主要任务

省邮政网是为本省社会政治、经济、文化和人民群众提供邮政通信服务的网路体系，它的主要任务表现在以下三个方面。

（1）尽可能满足省（自治区、直辖市）内党政机关、企事业单位、教育科研、社会团体和广大人民群众日益增长的对邮政通信的需求。

（2）当好先行官，发挥社会基础设施的巨大作用，促进本省（自治区、直辖市）社会、政治、经济、文化、教育、科技事业的发展。

（3）有效地联结全国干线网与邮区网，使干线网、省邮政网、邮区网结合成一个有机的整体保证邮件迅速、准确、安全地到达目的地。

### （三）省邮政网的特点

**1. 省邮政网覆盖的区域差别大**

省邮政网以本省的行政区域为其联系范围，由于全国各个省（自治区、直辖市）的面积不同，造成省邮政网覆盖的区域差别很大。例如新疆的面积为 160 多万平方公里，而江苏省只有 10 万平方公里，海南省仅 3 万多平方公里。可见，省邮政网组织的差别很大。

**2. 邮政网面临的外部环境不同**

对省邮政网影响较大的外部环境包括交通运输和经济发展水平。由于各省的地理位置不同，覆盖面积差别大，使得各省的交通运输条件也不尽相同，有的省铁路运输很发达，有的省公路运输发达。邮政运输对交通运输有很强的依赖性，这就决定了各省邮政运输网的组织结构和成本有很大的差别。

经济条件对邮政网的组织也有很大的影响，经济发展水平越高，邮政业务量越大，对邮政网组织能力和要求越高。

**3. 邮政网的结构不同**

由于各省的地理位置、地形地貌等自然环境不同，使得省邮政网的结构及其组织形式差别很大，邮政网的结构有的是网状的，有的是星状的，还有的是复合形式。运邮的方式也是多种多样。

**4. 省邮政网邮件传递能力差别大**

由于各省的经济发展水平的差异造成邮政业务量也有很大不同，经济发展水平高的省，业务量较大，省邮政网的技术装备也较好，网路的组织管理水平和人员素质相对较高，邮政网的传递能力也大。经济条件较差的省，邮政业务量较小，邮政网的技术装备水平、管理水平等相对较差，邮政网的传递能力也较小。

### (四) 省邮政网优化组织的内容

**1. 调查现状**

(1) 地理环境：地形条件、水文条件。

(2) 交通条件：铁路、公路、水运、航空条件。

(3) 邮件流量流向特点和最新的统计资料。

(4) 邮路现状：长度、运量、时限等。

(5) 局所分布状况：地理位置，空间分布特点，收寄、投递能力。

(6) 处理中心的处理能力和设备利用情况。

(7) 分拣封发关系。

**2. 分析存在的问题**

主要分析目前省邮政网在分拣封发关系、邮政运输能力、时限水平等方面存在的主要问题。

**3. 确定优化目标**

(1) 时限目标：EMS、信函按时投递率，报纸当日妥投率。

(2) 能力目标：省邮政网全年处理邮件的能力。

(3) 效益目标：投入产出率。

**4. 划分邮区、确定中心局**

根据邮件流量流向的特点以及邮件的传递时限的要求，综合分析本省地理、交通、经济以及业务量的分布等多种因素，采用定性与定量相结合的方法，将全省划分为若干邮区，在每个邮区选择一个邮区中心局。

**5. 调整分发关系**

(1) 省内各邮区中心局之间建立直封关系。

(2) 逐步取消县(市)局的封发功能，中心局与收投支局之间建立直封关系。

(3) 调整邮路结构。

(4) 逐步取消省内干线邮路上县(市)局的接发功能。

(5) 逐步建立起省内直达的干线邮路。

(6) 紧密衔接全国干线邮路。

## 三、邮区邮政网的组织

### (一) 邮区网概述

(1) 定义:邮区网是以邮区中心局为中心,以邮区内支线邮路连接邮区内的县(市)局和收投支局所组成的邮政网路体系。

(2) 邮区网组织总体要求:邮区网组织总体要求是在满足邮件传递时限和频次指标的前提下,以最低运营成本为目标,合理规划邮区的范围,恰当地选定中心局和服务网点的位置以及邮路的组织方式,构成与业务量发展和邮件流量流向分布相适应的网路体制,实现邮区网整个系统的优化。

### (二) 邮区网组织程序

**1. 划分邮区确定各邮区的范围**

邮区范围主要受交通条件、地理条件、邮件流向流量规律,业务量发展目标和服务水平的影响。值得说明的是:第一,目前我国各省已进行了邮区的划分,全国共有 201 个邮区。因此,这里我们所讲的划分邮区,准确地讲是对原有邮区的范围进行调整。第二,调整邮区范围的大小主要依据是邮区内邮件的传递时限和邮区中心局集散邮件量,具体是依据 EMS 时限(一天)作为邮区网组织的基本要求。同时,也要保证邮区中心局有足够的处理量,一般日处理量为 20 万件(平函)以上。

**2. 确定邮区中心局**

确定邮区中心局是在邮区范围内选择某个局作为邮区内邮件的集散中心,确定邮区中心局的要求是尽可能选在交通条件好、地理位置适中的地点,便于邮区内邮件的集散。

**3. 设置服务网点和组织邮路**

由于邮区网中的县、市局和收投支局是邮件进入邮政网的入口,是邮件传递的源点和终点。邮区网应根据邮区内各县、市的人口密度、地域面积大小同时兼顾邮政服务点的业务量和业务收入,科学合理地确定邮政服务网点。邮路是把邮区内的各类邮政服务点和邮区中心局连接起来的连线,邮路组织的基本原则是满足各类邮件的传递时限和频次的要求,恰当地选择邮路的结构和邮运方式,确保邮件迅速准确、安全地传递。

**例 2-1** 表 2-3 为石家庄市邮政局区内邮路邮运频次和运行计划时间表。

石家庄—平山,石家庄—高邑,石家庄—辛集,石家庄—深泽邮路的邮件发运计划为:第一频次去程带运各局各类进口邮件、报刊、机要;返程:带运各局封发的各类出口邮件。第二频次返程带运沿途各局出口特快专递、快递包裹、平挂信函、信函状平刷。

石家庄—南宫,石家庄—灵寿邮路为早出晚归运行,相关局按二次进局时间封发、交车。邮件发运去程:带运宁晋、新河、南宫各类报纸;栾城、赵县、新乐、行唐、灵寿进口邮件、报刊、机要。邮件发送返程:带运栾城、赵县、新乐、行唐、灵寿各局封发的各类出口邮件;带运宁晋、新河、南宫特快专递、平挂信函、快递包裹、信函状平刷。

**表 2-3 石家庄市邮政局区内 6 条邮路运行计划**

| 派押局:石家庄邮区中心局 | | | | 2007-4-18 | |
|---|---|---|---|---|---|
| 邮　路 | 局　站 | 第一频次 | | 第二频次 | |
| | | 车到时间 | 车开时间 | 车到时间 | 车开时间 |
| 石家庄—南宫<br>全程 284 km | 中心局 | 7:35 | 8:15 | 18:20 | 18:50 |
| | 机要局 | | | 17:50 | 18:00 |
| | 栾　城 | 8:50 | 9:00 | 17:00 | 19:10 |
| | 赵　县 | 9:30 | 9:40 | 18:10 | 18:20 |
| | 宁　晋 | 10:20 | 10:25 | 15:30 | 15:40 |
| | 新　河 | 11:15 | 11:20 | 14:40 | 14:50 |
| | 南　宫 | 11:55 | | | 14:00 |
| 石家庄—灵寿<br>全程 206 km | 中心局 | 7:35 | 8:15 | 18:20 | 18:50 |
| | 机要局 | | | 15:50 | 18:00 |
| | 新　乐 | 9:25 | 9:40 | 16:10 | 16:20 |
| | 行　唐 | 10:10 | 10:25 | 15:30 | 15:40 |
| | 灵　寿 | 11:00 | | | 14:40 |
| 石家庄—高邑<br>全程 142 km | 中心局 | 7:35 | 8:15 | 19:40 | 20:00 |
| | 石速递 | | | 18:50 | 19:00 |
| | 元　氏 | 9:15 | 9:30 | 17:10 | 17:20 |
| | 赞　皇 | 10:00 | 10:10 | 16:30 | 16:40 |
| | 高　邑 | 10:45 | 11:00 | 15:40 | 15:50 |
| | 中心局 | 12:10 | 12:40 | | |
| 石家庄—平山<br>全程 168 km | 中心局 | 7:35 | 8:15 | 18:50 | 19:20 |
| | 石速递 | | | 18:00 | 18:10 |
| | 鹿　泉 | 9:05 | 9:25 | 17:10 | 17:20 |
| | 井　陉 | 10:05 | 10:25 | 16:30 | 16:40 |
| | 矿　区 | 10:45 | 10:55 | 16:00 | 16:10 |
| | 小　作 | 11:15 | 11:25 | | |
| | 平　山 | 12:15 | 12:30 | 14:40 | 14:50 |
| | 中心局 | 13:40 | 14:10 | | 13:00 |
| 石家庄—辛集<br>全程 162 km | 中心局 | 7:40 | 8:20 | 19:40 | 20:00 |
| | 石速递 | | | 18:50 | 19:00 |
| | 藁　城 | 9:00 | 9:30 | 17:20 | 17:30 |
| | 晋　州 | 10:05 | 10:35 | 16:40 | 16:50 |
| | 辛　集 | 11:10 | 11:40 | 15:50 | 16:00 |
| | 中心局 | 13:00 | 13:30 | | |

续表

| 派押局:石家庄邮区中心局 | | | | 2007-4-18 | |
|---|---|---|---|---|---|
| 邮　路 | 局　站 | 第一频次 | | 第二频次 | |
| 石家庄—深泽<br>全程 172 km | 中心局 | 7:40 | 8:20 | 19:10 | 19:30 |
| | 石速递 | | | 18:20 | 18:30 |
| | 正　定 | 8:55 | 9:15 | 17:30 | 17:40 |
| | 无　极 | 10:15 | 10:35 | 16:30 | 16:40 |
| | 深　泽 | 11:05 | 11:25 | 15:40 | 15:50 |
| | 中心局 | 13:00 | 13:30 | | 13:40 |

**4. 建立作业技术体系和组织管理体系**

根据邮区中心局和服务网点的分布以及邮路结构,建立有效的作业技术体系和组织管理体系。

**(三) 邮区网层次的划分**

邮区网是一个非常复杂的网路系统。按其联系范围,邮区网可分为三个层次:即邮区中心局所辖网路;城市邮政网;县内邮政网。邮区中心局辖网路是邮区网的主体和骨干;城市邮政网和县内邮政网是邮区网的基础和延伸。

## 四、城市邮政网的组织

### (一)城市网的概念和特点

**1. 城市网的概念**

城市邮政网(简称城市网)是由城市(不含市管县)范围内的邮政营投局所及设施、邮件处理中心和市内邮路,按照一定的原则和方式组织起来的从事邮政通信活动的网路体系。

**2. 城市邮政网的特点**

城市邮政网是连接邮政内部生产与社会公众的纽带,城市邮政网是城市邮政企业组织内部生产的物质技术基础,只有城市邮政网有效运转,邮政企业才能完成各个生产环节,为城市提高邮政服务。同时,城市邮政网的营业和投递又直接接触社会公众,是整个城市邮政网的起点和归宿。所以,城市邮政网是连接邮政内部生产与社会公众的纽带。

(1) 具有双重性

一方面,城市邮政网包含了收寄、分发、运输和投递四个主要环节,它们相互配合、协调活动形成了一个完整的系统,可以完成本市范围内邮政通信的任务。因此,城市邮政网具有相对独立性;另一方面,由城市四个生产环节所形成的组织体系又是全国邮政网的始端、终端和节点,其活动是全程全网联合作业的一部分,它只有与全国干线网、省邮政网和农村网有机的结合起来,才能完成国内、国际邮政通信任务。因此,城市邮政网又具有从属性。

(2) 点多线密,技术构成高,设施先进

由于城市人口密集,经济行为单位的空间分布较为集中。所以,与县邮政网相比,城市网的网点分布较密集。由于经济发展水平的差别,城市对邮政通信服务的需求量远大于农村,对于邮政服务质量提出了更高的要求,为了充分满足这种要求,城市邮政网必须配置先进的技术设备。所以,城市网的技术构成和设施都比县邮政网要先进。

(3) 城市网的组织不仅与邮件内部处理过程相联结,而且直接接触社会公众。

### (二) 城市网的地位和作用

城市网担负着完成本市各用户之间、市区各用户与国内及国外广大地区各用户之间邮政通信联系的任务。

城市网是全国邮政网的重要组成部分,主要体现在以下几个方面。

(1) 城市网是整个邮政系统的一个子系统。

(2) 市内邮路上连全国干线邮路、省内干线邮路和邮区内邮路,向下扩展到县内与广大农村邮路相联结,处于干支交接地位,发挥干支通流的作用。

(3) 市邮政局是全国邮政网的重要节点,且多是各级转口局,也是未来中心局的基础,在国内、国际邮政通信中有举足轻重的作用。

城市网可以产生可观的经济效益。由于城市是经济的核心,城市邮件量大。因此,城市局所的业务收入是邮政收入的重要来源。

### (三) 城市营业局所的设置指标和方法

为了确保全网和城市邮政服务水平并获得一定的经济效益,邮政主管部门应规定城市局所的设置标准,作为城市网设置局所的依据。

#### 1. 设置指标

局所平均服务人口和局所平均服务面积(或半径)是反映公众用邮方便程度和社会效益的指标。局所业务量或业务收入指标是用来衡量局所的设置是否合乎经济合理的要求,是考虑邮政部门经济效益的指标。

原邮电部曾于1980年制定了各类城市(大、中、小)设置邮政局所的标准。这一标准已不能适应目前邮政通信发展的要求。因此,急需中国邮政集团公司尽早制定出适应邮政通信发展的设置标准。

#### 2. 城市邮政营业局所的局址选择

城市邮政营业投递局所布局的重要内容之一是确定各局所的具体位置。目前局址的选择和确定尚无定量标准,一般采用定性方法。

定性方法的基础是深入分析影响局址选择的因素和确定局所位置应遵循的原则。

(1) 影响局址选择的因素

① 城市地域面积的大小和地域条件。

② 人口数量、人口结构和人口密度。

③ 经济发展水平和经济结构。

④ 产业布局:经济行为单位的空间分布,如商业区、工业区、住宅区、文化区的空间布局。

⑤ 运输网的布局:市内道路布局。

⑥ 社会和政治机构、管理体制的特点。

⑦ 文化及日常生活特点。

⑧ 邮政需求量和邮政服务水平。

(2) 城市邮政营业局所选址的原则

① 适合城市的性质、特点和发展方向。

② 最大限度地接近用户。

③ 尽可能地满足用户的用邮需求。

④ 便于合理组织市内邮运。

⑤ 取得期望的经济效益。

### (四) 市内邮运系统的概念和特点

#### 1. 市内邮运系统的概念

市内邮运系统是指城市范围内在营投局所，邮件处理中心和转运部门之间按照一定的原则和结构组织起来运送邮件的邮路系统。这个系统的邮路分两种，一种是转趟邮路；另一种是市内盘驳邮路。

#### 2. 市内邮路的种类

(1) 转趟邮路：是在邮件处理中心与市内各邮政局所之间按固定频次和规定时限往来运送邮件的邮路。

(2) 市内盘驳邮路(接发邮路)：是在邮件处理中心与位于车站、机场、码头等地的转运部门及报刊社之间往来运送邮件、报刊的邮路。

### (五) 城市邮路的组织原则

(1) 时效性：满足各类邮件在市内运输的需要，确保市内运输时限的完成。

(2) 经济性：在保证邮件时限的前提下，通过合理的组划，使市内邮运经济高效，即以尽可能低的运输费用保质保量地完成邮件的市内运输任务。

(3) 灵活性：由于市内运输系统的运转受城市交通、规划以及业务量变化等外部环境因素的影响大，这就要求市内邮运在保证正常运输需要的同时，还要有一定的应变能力，以应付临时变化的需要。

### (六) 城市邮路的组织方法

城市邮路分为接发邮路和转趟邮路。

#### 1. 接发邮路

接发邮路的组织简单，其特点是作业量大，作业频次和运量的大小主要取决于外界运输工具的到开时间和运输量的大小。

局站和局社间的运输时限是接发邮路组织的重要内容和依据，各个市局应根据外界运输工具的到开时间、当地报纸的出版时间、分拣封发部门的作业时间确定接发邮路的起始时间、作业频次和作业任务，制定出全日运行时间表。

由于接发邮路主要完成的是邮件处理中心与转运点、报刊社之间点对点的运输，因此，接发邮路多采用以邮件处理中心为中心的辐射形邮路。

#### 2. 转趟邮路

分拣中心与市内各营投局所之间按照固定班期和规定线路运输邮件报刊的路线。

(1) 确定作业频次和作业时间

市趟频次是市局在每昼夜内对市内支局所运送邮件报刊的次数。市趟时限是指运输工具自市局出发转趟至返回市局为止，中间经历的最大时间限度。市趟频次和各频次的时限确定应以中国邮政集团公司规定的时限标准和市内阶段作业时限分配为依据。根据分配的时限，确定出满足各类邮件时限要求的市趟基本频次。

其思路是先对各类邮件的每一时限规定，拟订出满足其要求的市趟频次，然后再将相近时间的频次合并，就得出能够满足时限的基本市趟频次。

**例 2-2**　假设某市局各支局所上午投递作业最晚开始时间为 9:00，下午投递作业最晚开始时间为 14:00，营业终了时间为 18:00，各频次的作业时间长度为 1 小时，并采取混合运输方式。

根据现行的时限规定，首先拟定 7 个市趟频次（如表 2-4 所示），然后再将 7 个频次合并成 4 个频次，即得出能够满足时限要求和邮运需要的市趟频次（如表 2-5 所示）。

**表 2-4　市内邮运拟订频次表**

| 规定时限 | | | 拟定频次顺序号 |
|---|---|---|---|
| 信函 | 出口 | 11 点以前收寄的内部处理时间小于 10 小时 | 1 |
| | | 营业终了前收寄的内部处理时间小于 12 小时 | 2 |
| | 进口 | 6 点以前到站的当天下午投递 | 3 |
| | | 16 点以前到站的次日上午投递 | 4 |
| 报纸 | 进口 | 5 点以前到站的当天上午投递 | 5 |
| | | 10 点以前到站的当日下午投递 | 6 |
| 包刷 | 出口 | 当天收寄的次日 8 点前处理完毕 | 7 |

**表 2-5　市趟基本频次的确定**

| 基本频次 | 出班目的 | 出班时间 | 作业内容 | 合并作业频次 |
|---|---|---|---|---|
| 1 | 上午投递赶班 | 8:00—9:00 | 送信报等 | 4,5 |
| 2 | 收 11 点信 | 11:00—12:00 | 送重件，收信 | 1 |
| 3 | 下午投递赶班 | 13:00—14:00 | 送信报等，收轻件 | 3,6 |
| 4 | 营业终了收各类邮件 | 18:00—19:00 | 送重件，收各类邮件 | 2,7 |

（2）确定各作业频次交接局所

先按照各个支局所的业务功能、业务量大小、所处地理位置以及交通运输条件进行分类，然后确定各类局所的交接频次。这样就可以根据每个局所需要交接的频次，确定各趟次所需要联系的局所。

（3）组织转趟路线

确定趟路的结构、条数和具体的行走路线。

目前一般采用经验推算的方法组划市内转趟邮路，邮路结构一般以环形为主，但是对于距离处理中心较远的局所，采用环形邮路影响时限的应以辐射形为主。

**例 2-3**　石家庄邮区中心局 2007 年邮路邮运趟班车运行时刻表（如表 2-6 所示），车 14 时 10 分由车库开出，途经分发中心、维明路邮局、中华南邮局、南长街邮局、裕西邮局、枢纽楼等节点，最后沿原路 19 时返回车库，沿途形成一个环状。

**表 2-6　2007 年石家庄邮区中心局邮路 邮运趟班车运行时刻表**

| 局站名称 | 车到时间 | 车开时间 | 作业内容 |
|---|---|---|---|
| 车出库 | | 14:10 | |
| 第一运递频次 | | | |
| 分发中心 | 14:30 | 14:50 | 取:维明站点投递、维明兑付快包 |
| 维明营业 | 15:00 | | 交:兑付快包及站点投递　取:各类出口邮件 |
| 维明大宗 | | 15:15 | 取:全部大宗邮件 |
| 中华南 | 15:30 | 15:33 | 取:各类出口邮件 |
| 南长街 | 15:38 | 15:42 | 取:各类出口邮件 |
| 裕西 | 15:48 | 15:52 | 取:各类出口邮件 |
| 枢纽楼 | 16:12 | | |
| 212 | | | 交:出口特快专递 |
| 盘驳车 | | | 交:全部出口邮件 |
| 仓储中心 | | | 取:本趟各点单册袋 |
| 201 | | | 取:本趟各点空袋 |
| 第二运递频次 | | | |
| 发车 | 17:00 | | |
| 裕西 | 17:10 | 17:15 | 交:单册袋、空袋　取:各类出口邮件 |
| 南长街 | 17:23 | 17:27 | 交:单册袋、空袋　取:各类出口邮件 |
| 中华南 | 17:33 | 17:38 | 交:单册袋、空袋　取:各类出口邮件 |
| 维明大宗 | 18:00 | 18:10 | 交:单册袋、空袋　取:全部大宗邮件 |
| 维明营业 | | 18:18 | 交:单册袋、空袋　取:各类出口邮件 |
| 速递局 | 18:30 | | 交:出口特快专递 |
| 盘驳车 | 18:35 | | 交:全部出口邮件 |
| 车回库 | 19:00 | | |

## 五、县邮政网(县内网)

### (一) 县内网作用和特点

县内网是以县邮政局为中心,由农村邮路连接各乡镇邮政支局所、服务点所组成的传递邮件的网路体系。

**1. 县内网的作用**

(1) 县内网是繁荣我国农村经济的基础设施。

(2) 县内网是全国农村邮政的物质技术基础。

(3) 县内网是全国邮政网的重要组成部分。

**2. 县内网的特点**

(1) 邮政业务发展极不平衡

由于我国经济发展水平之间存在很大差别,不同省份,县内网之间存在很大的不平衡性，即使同一个省，不同的县之间邮政业务发展条件和水平也存在很大差别。

(2) 经济效益差

由于农村经济发展落后，农村人口分布分散，产业布局分散，致使单个局所的业务量小，规模经济效益差。

(3) 邮政基础薄弱

农村经济发展水平低，基础设施差。

### (二) 农村邮路组织形式

**1. 辐射形邮路**

从起点到终点，去程和返程沿着同一条直线或曲线行走的路线。

**2. 环形邮路**

从起点出发，沿曲线行走一圈，仍然回到原来出发点的路线。

**3. 混合邮路**

直线形邮路与环形邮路相结合的路线。

### (三) 农村局所建设与发展方向

农村要大力发展村级委代办局所，以提高营业网的覆盖面，方便广大农民用邮，提高农村地区的服务水平，增加业务收入。

具体措施和发展方向有以下几点。

(1) 业务量较大的乡、镇政府所在地、规模较大的厂矿、林区、畜牧区、农场应设置自办局所。

(2) 地理位置适中的农村邮路和投递路线组织的中心应设置投递局所。

(3) 自办与委办相结合，大力发展委代办局所。

(4) 定点服务与流动服务相结合。

(5) 营业与投递相结合。

(6) 实行局所承包经营。

### (四) 农村投递路线的组织原则和方法

**1. 农村投递路线组织的原则**

(1) 经济原则：选择最短路线、连接尽可能多的局所。

(2) 重点原则：先党政机关、厂矿企业、学校，后行政村和居民点。

**2. 农村投递路线组织的方法**

(1) 调查研究，掌握数据

① 乡镇、机关、厂矿、农林场、行政村、居民点的分布状况。

② 现行邮路、支局所、代办所、邮票代售处、信报站、信报接转点的分布情况。

③ 邮件报刊的流量、流向，重点投递点的邮件量和报刊量。

④ 铁路、公路、河流、湖泊、山脉、丘陵、桥梁和渡口情况。

⑤ 农民用邮习惯，集贸市场的时间、地点，乡镇的生产特点和产品特点。

(2) 分析研究，绘制路线草图

(3) 测定试行，复查修正定案

(4) 正式开班，编制“邮运时间表”

## 六、邮政网的管理与指挥调度

邮政网是一个动态的网路系统，由于邮件的流量和流向经常处于变化之中，尤其是干线网对铁路、航空有较大的依附性。因此，要特别重视和加强邮政网路管理和指挥调度。

### (一) 邮政网管理的目标

邮政网管理的重要目的就是保证各类邮件迅速、准确、安全、方便、经济的运递，并在此基础上使整个邮政网的运行成本最小，提高邮政网的运行效益，并能够满足社会的需要。

**1. 时限目标**

根据社会需要和业务发展需要，科学地确定各类邮件的全程运递时限，并以时限为中心，使邮政生产的各个作业环节紧密衔接，协调运行，保证各类邮件全程时限的完成。

**2. 能力目标**

邮政网的能力是邮政网畅通运行的基础。邮政网管理的另一个重要目标是：根据邮政业务发展的需要，进行网路规划和网路管理，提高邮政网的能力，支撑邮政业务的发展。

**3. 效益目标**

邮政网上运转着邮政大量设备。因此，固定成本是非常高的，如何科学合理地进行网路资源的配置，充分利用邮政网的资源，降低邮政网的运行成本，提高邮政网的效益，也是邮政网管理的重要目标之一。

### (二) 邮政网管理的分类

邮政实物传递网由两部分组成，一是网的实体部分，包括营投局所、邮件处理中心、邮路及车辆、设备、邮件、人员等，这是邮政网的硬件部分；二是邮政网的运行机制部分，即规范邮件在网上运行的规章制度及要求，这属于组织管理的范畴，是邮政网的软件部分。

**1. 邮政网实体管理的主要内容**

(1) 营业网点的增、撤、并、停及局所布局的调整、改建、扩建。

(2) 处理中心的选址、规划、设计、功能确定、技术改造、设备配置等。

(3) 邮路的规划、调整、撤并、邮运工具的选择。

(4) 人员的调配、培训及安置。

**2. 邮政网运行管理的主要内容**

(1) 邮件时限、频次、赶发关系的制定、修改和实施。

(2) 各类邮件的收寄及封装规格的制定和执行。

(3) 各类邮件的运行方式及运行次序的修订和实施。

(4) 各类邮件运行成本的核算和控制。

(5) 协调网路运行各个环节出现的矛盾，研究解决运行不畅的改革措施。

(6) 日常的指挥调度。

### (三) 邮政网管理机构的设置及权限

我国邮政网管理实行统一领导，分级负责的管理体制，实行三级管理，即全国干线网的组织管理、省邮政网的组织管理、邮区邮政网的组织管理。

(1) 全国干线网的组织与管理由中国邮政集团公司负责，属于全国干线网实体部分的投资、建设、发展、调整、车辆设备、一级干线邮路的撤并和开辟等，都由中国邮政集团公司统一掌握、安排和管理;全国干线网的运行,包括时限、频次、邮件发运计划、邮件规格标准、日常指挥调度等,都由中国邮政集团公司统一规定并监督执行。

为加快实施邮区中心局体制,强化中国邮政集团公司对全网运行的指挥调度,提高网路运行效益,撤销中国邮政集团公司网路指挥调度中心和各大区指挥调度中心,自 2002 年 8 月 20 日起成立中国邮政集团公司网络运行部总调度室。

(2) 省邮政网由省邮政公司负责管理,负责省内干线邮路的组划、增撤和运行管理,负责省内各类邮件分拣封发关系的制定、调整以及省内邮件封发计划和发运计划的编制。

(3) 邮区网是邮政网的第三个层次,市(县)网统一纳入邮区邮政网的管理之下,具体由邮区中心局所在的市局负责。

**(四) 邮政网的指挥调度**

邮政通信生产具有全程全网、联合作业的特点,协调运转和解决瓶颈问题是保证全网畅通运行、邮件快速流动的关键,因此,必须从全网着眼,建立自上而下的网路指挥调度系统。

**1. 邮政网指挥调度的概念**

邮政网的指挥调度就是结合邮政通信的特点,根据邮政通信的预定目标,按照邮政通信生产作业计划,对邮政实物传递网运行的全过程实行集中统一调度,以确保邮政通信生产活动有计划、有秩序、高效率的进行。

**2. 邮政网指挥调度的分类**

邮政网的指挥调度工作主要包括邮政企业生产指挥调度和邮件运输指挥调度两大类。具体包括邮件处理中心的指挥调度,邮件作业现场指挥调度,一级干线邮件运输指挥调度,省内邮件运输指挥调度,邮区邮件指挥调度等内容。

**3. 指挥调度的基本原则**

(1) 一般情况下不进行越级指挥,发生突发事故时,上一级调度机构可以做现场指挥。

(2) 坚持准确、及时的信息反馈和定期指导检查。

(3) 值班调度人员有紧急处置权,先调度后汇报。

(4) 指挥调度命令具有强制性和权威性,必须执行。

(5) 指挥调度的权限及责任必须明确到人。

**4. 邮运指挥调度体系**

为了达到全国邮政网畅通无阻,必须从全网着眼,自上而下建立统一的强有力的网路调度指挥系统。

(1) 指挥调度系统的中心的任务有以下几个方面。

① 对本辖区内的邮政局所、分拣封发中心和邮路进行统一规划和指挥调度。

② 贯彻统一的邮政业务规章制度,并对制度执行情况进行督促检查。

③ 调查和掌握本辖区内邮政网路上的邮件流向、流量,有效地进行邮件封发和运输指挥调度工作,及时处理本中心管辖范围内所发生的问题。

④ 正确编制和执行邮件封发和发运计划,对计划的执行情况进行监督检查。

⑤ 监督检查本辖区内各局所内部作业是否合乎要求,分段时限是否得到保证。

根据邮政运输实行分级管理的原则,干线邮运调度实行两级调度体系。中国邮政集团公司设立总调度室,省邮政公司设邮运调度室。各级调度部门在业务上实行统一的指挥调度和垂直领导。

（2）中国邮政集团公司总调度的职责

① 负责全网的指挥调度。

② 负责邮运业务规章制度的制定，对各级邮运调度部门实行业务领导。

③ 负责编制干线邮件发运计划。

④ 负责一级干线邮路开辟、增撤等规划管理工作。

⑤ 负责邮件运输的安全工作和监督检查工作。

⑥ 负责邮袋的制作管理工作。

（3）省邮政公司邮运调度室的主要职责

① 贯彻执行上级邮运指挥调度部门下达的各项调度命令和调度通知。

② 根据省内邮政业务发展需求和总包邮件流量、流向，对干线运能利用提出调整优化意见。

③ 负责组织省内各局邮件发运计划的编制和调整。

④ 负责特殊和紧急情况下邮运指挥调度和邮件疏运工作。

⑤ 负责检查省内邮运生产和计划执行情况。

**5. 指挥调度工作制度**

（1）调度值班制度

各级邮运指挥调度部门要建立调度值班制度，实行 24 小时值班，值班人员要坚守岗位，随时掌握所属地区的邮运生产动态情况，对出现的问题要及时妥善处理，当发生邮路阻断，铁路邮车停运、折返或摘挂等邮运重大安全事故和特殊紧急情况时，要在 2 小时内向上级调度部门报告。

（2）邮运检查制度

各级邮运指挥调度部门要经常派人跟车上线和深入重点局进行不定期检查，重点检查规章制度、邮运调度命令、邮运调度通知、发运计划和邮运生产纪律的执行情况，解决邮运生产中出现的问题。

（3）调度例会制度

各级指挥调度部门要建立调度例会制度，定期对邮运生产进行分析，研究解决邮运生产中出现的问题，交流邮运生产管理的经验。

（4）邮运日报制度

各级邮运生产和管理部门，要按照上级调度部门要求，认真做好各项邮运原始数据的统计和上报工作，为全网动态管理提供依据。

# 第四节 邮政网的发展思路与建设重点

## 一、邮政网建设发展的思路

### （一）主动支撑经营

网运工作能否满足邮政经营的需要，促进邮政业务发展是衡量网运工作的首要标准。根据集团公司大力发展邮务类业务，加快发展速递物流业务，进一步促进业务协调发展的总体要求，主动为经营所想，做经营所需，加强与经营部门的沟通，适应业务发展的需求，主动为经营提出一揽子支撑方案、快速应急方案和服务质量保障措施。根据经营发展的趋势，加大对经济发达、市场竞争激烈地区的支撑力度，加大对邮政高效、长效业务的支撑力度，在有力支撑和促进邮政经营和发展中体现新时期网路运行工作的重要价值，发挥更大的作用。

### (二) 解放思想，创新发展模式

积极转变观念，努力实现网路运行由内部生产型向生产经营型的转变，扎实推进发展方式进一步向现代集约型转变，努力构建起适应公司化运营发展要求的结构合理、层次清晰、运行高效、具有较强竞争力的网路组织管理体系。

### (三) 分层运作、统一管理、资源共享

邮政是网络型企业，其特点是全程全网联合作业，其独特优势是拥有覆盖全国、遍布城乡的完整、统一的网路。邮政网路的建设和优化工作只有以满足业务发展需求、提高全网效益为目标，按照“分层运作、统一管理、资源共享”的原则开展，才能将网路的潜在优势尽快转为现实的竞争力和经营的优势。根据区域经济的发展、市场竞争的需求以及邮政产品的不同定位，开通专线、组织局部区域专网，通过分层运作来满足各类业务、特别是竞争性业务个性化的需求，组建的专线、专网是邮政大网的补充和完善，是邮政大网的重要组成部分。完整的邮政网路要求统一管理。一方面要统一规划建设，要强化全网一盘棋的观念，避免条块分割、各自为政、重复建设；另一方面，要打破专业、部门资产归属界限，实行全网统一指挥调度，及时有效地协调、配置各类邮件的运能运量，形成有效生产能力和规模效益。要采取强化管理、改进技术和优化流程等措施，综合利用邮政网路现有资源，实现全网资源共享和规模效益的最大化。

## 二、邮政网建设重点

### (一) 优化邮区中心局资源，提高资源利用率

#### 1. 综合利用邮区中心局生产场地、人员和设施

集团公司将适当调整普通邮件传递时限、频次规定。首先，普通邮件传递时限、频次的调整要在确保普遍服务水平的基础上，兼顾便于整合邮政网路资源，根据邮政业务产品体系，统筹确定信函、印刷品、普包、快包和特快邮件的传递时限，按照优质优价的原则，适当拉开服务水平，逐步推广普通邮件以白天作业为主，速递邮件以夜间作业为主的生产组织方式。其次，因地制宜，实行各类邮件综合处理。要对一、二级中心局的处理场地和速递分拣场地采用多种管理方式，实现中心局处理场地综合利用。各省公司要加强领导，加大组织协调力度，根据调整后的普通邮件传递时限、频次规定，调整各类邮件作业流程和作业方式，合理安排现有设备和生产场地的使用时段，创造条件，逐步推行速递、普邮各类邮件在中心局综合处理。特别是要继续改造分拣设备，充分利用现有包裹分拣机进行物品型速递邮件的处理，实现“一机多能”，综合利用，以达到提高邮件处理质量和速度，降低劳动强度和邮件处理成本，提高邮区中心局生产效率和资源利用率的目的。

#### 2. 推行邮区中心局“全能工”制

按照“双定”的原则，实现中心局员工一岗多能的“全能工”制，逐步推行中心局全员满负荷工作管理。通过邮区中心局全员劳动生产率指标全面衡量各中心局在单位劳动时间内的

每一名员工所创造的劳动成果。一是以各一、二级中心局邮件处理量、总包经转量和从业人员总数之比计算出中心局全员劳动生产率；二是采用中心局邮件处理量、总包经转量与中心局当年占用总资产之比作为评价中心局资产利用率的参考指标，定期分析，努力实现在安全、快速处理邮件的前提下，各中心局成本最小化。

**3. 加强车辆运行管理，提高车辆利用率**

一要积极利用GPS技术，在干线汽车上安装GPS车载终端，加强运输监控管理，提高邮路准班准点率。二要改革车辆使用管理模式，努力挖掘车辆潜能。在严格车辆保养、检查和交接班制度，提高车辆使用管理和维修水平的基础上，在干线汽车邮路上，推行"人休车不休"、"邮路套跑"等运行管理方式，努力提高车辆利用率。三要加强全网的车辆运行管理。逐步做到对一、二级干线邮运汽车实行单车日均行驶里程考核。四要推行邮政生产车辆单车费用核算。制定邮政生产车辆单车费用核算办法，逐步实施车辆运行单车费用核算管理，控制运行成本，提高车辆运行管理水平。

### （二）优化邮政网结构，增强企业核心竞争力

**1. 调整完善邮区中心局布局和功能定位**

邮区中心局是邮政网的基本节点，邮区中心局的设置是否合理，直接影响邮政网路整体运营效率和效益。随着全国运输条件、经济发展以及邮件流量流向的变化，在邮政信息技术的广泛应用和邮件标准化程度不断提高的情况下，有必要对邮政干线通信网路结构进行系统研究，确定干线网路节点优化方案，并逐步实施。

(1) 从提高全网运行效率和效益出发，打破行政区划，根据邮件流量流向和运输条件，充分考虑东、中、西部地区差异，合理确定邮区中心局的覆盖半径，调整各级邮区中心局的集散范围，优化中心局布局和功能定位，适度调整二、三级邮区中心局数量，提高中心局的处理规模。

(2) 按照各邮区中心局承担的业务功能，合理确定中心局的分类。原则上一、二级邮区中心局应为全功能中心局，具有多种邮件的省际分拣封发功能以及一级干线邮件接发和转运功能；三级中心局应至少具有特快省际分拣封发、报刊省际分发或一级干线邮件接发转运中的一项功能。

**2. 优化干线普通网路结构**

(1) 继续深化与铁路的合作，逐步调整优化干线运输网路布局和结构，努力解决长途运能缺口，减少邮件的经转次数，缓解铁路沿线邮件交接压力。主要措施：一是将一级干线网路和省内网路有机结合，调整干线运输网路布局，增加部分非省会铁路经转局的吞吐能力，使全网运行协调有序；二是积极争取增加华东至西南的运能，租用部分1 000 km以上的长途行李车，增加邮件直达运输能力；三是力争恢复北京至哈尔滨行邮专列沈阳交接频次和北京至广州行邮专列武汉站物流交接频次。

(2) 研究和探求邮政铁路运输的发展方向。积极应对铁路提速、客货分离，立足于建立铁邮长远发展协作关系，研究和探求邮政铁路运输的发展方向。在目前铁邮合作协议的基础上，进一步巩固与铁路在行邮专列、行包专列、行李车、处理场地等方面的合作关系。在京沪、京哈、京广行邮专列增加运力的基础上，争取增加华北、华东到西南、西北的运输能力，完善行邮专列骨干网路，满足业务发展的需要。

**3. 加快邮政快速网路建设与调整**

一是继续扩大完善"全夜航"网路。进一步扩大"全夜航"覆盖范围,建立以南京为中心,基本覆盖全网的特快邮件"次日递"网路平台。二是调整区域快速网。在特快邮件量较大的发达地区增开邻省、区域快速汽车邮路,进一步完善环渤海、长三角、珠三角等区域快速网。三是增开陆运快速汽车邮路,重点服务经济快递业务。以 600 km 为覆盖范围,调整并增开短途多交换频次干线汽车邮路,缓解铁路干线沿途交接压力,支撑经济快递业务的发展。下一步,集团公司将加强对经济快递网路的研究,进行统一规划,目标是利用 2～3 年时间,逐步调整、完善陆运快速网。四是加快完善省内快速网的建设。东部地区进一步调整优化省内快速网,加强省内快速网与干线快速网的紧密衔接,对业务量较大的县级重点城市增开省内专线;中部地区继续扩大省内快速网,根据市场竞争需要,突出重点,加大省内快速网的覆盖密度,扩大网路覆盖范围;西部地区要充分利用现有资源,在省会城市和重点城市间组开省内快速邮路,抓紧组建省内快速网。实现省内快速网、区域快速网和干线快速网的紧密衔接。

**4. 优化干线物流集散网**

根据物流业务发展要求,优化干线物流集散网,支撑物流业务可持续健康发展。一是扩大物流干线运输能力。在区域集散中心间通过扩大现有行邮专列运能,增强物流邮件的干线运输能力。在行邮专列未能覆盖的节点间,根据业务发展的需要,组开物流专线、利用行包专列和社会运输资源,加快物流邮件运输时限。二是进一步优化干线物流汽车邮路。对于跨区域、非区域集散中心间的运输,达到整车条件的,或季节性、突发性、单向性物流,利用自有运力或社会资源组织临时直达运输,以减轻区域物流集散中心压力,确保物流邮件运输正常有序。三是进一步加大对高端一体化项目的支撑力度。要加强指挥调度与协调配合,强化出货、内部分拣、转运、运输与投递等环节的紧密衔接;要有效地整合邮政速递、航空、社会运力等内外部资源,满足部分高端客户限时服务需求。要加强项目运行监控与突发异常信息反馈等工作,保持与客户的及时沟通,赢得客户的信任和理解。通过重点支撑一体化项目,打造邮政物流的精品业务,带动物流集散网能力的发展和物流业务品质的提高。四是适时推进物流邮件在运输中的分层运作,在集散中心内部生产和省际干线运输中对于 A 类中邮快货做到优先处理、优先发运、优先疏运,体现差异化服务,满足物流业务发展的需要。

## (三)优化生产作业流程,提高生产效率

**1. 优化中心局进口分拣流程,提高分拣深度**

在两网互通二期工程和全国邮编地址库建设的支撑下,配合投递网的优化,逐步提高邮区中心局进口邮件的分拣深度,减少投递环节二次分拣的工作量。在进口分拣基本实现市区分拣到投递支局,农村分拣到县的基础上,有条件的中心局要逐步实施对部分重点城区分拣到段的工作。

**2. 优化中心局出口分拣流程,推进大宗邮件分拣前置**

以提高全网运行双效为目标,实行大宗邮件的全流程优化。一要积极推广出口邮件分拣预处理,大宗函件在收寄环节就地封发,外埠邮件直封到一、二级中心局;本埠邮件按照邮政编码排序,同码封装,直封到投递局或段道。二要规范包裹临时直封处理流程,研究确定和规范大宗包裹就地封发处理模式。各邮区中心局要以客户需求为核心,积极与营业部

门、邮政商函制作部门及邮政大客户紧密联系,派驻相关分拣人员到营业部门,协助、指导、实施分拣前置工作。通过全流程优化,形成商函和商业包裹专业营销、收寄、分拣处理三个环节紧密衔接,互为支撑,简捷高效的大宗邮件处理模式。

**3. 优化包裹分拣流程,实现给据邮件高速自动分拣**

重点解决开拆作业瓶颈问题。一是按照生产作业流程调整的要求,改进信息系统功能。探讨实施出口邮件信息批量接收,批量开拆,邮件直接上机处理的业务技术可行性,减少人工处理作业量。二是完善两网互通工程的指标统计功能。在网运信息系统中提供互通工程考核监控指标数据,集团公司将重点监控中心局包件网络化分拣率等指标,以确保互通工程达到预期效果。三是全面落实进口邮件信息预处理作业,提高开拆环节的作业效率,保证网络化分拣作业模式的顺利推进。

**4. 优化快速网生产作业组织流程**

优化速递生产作业流程。为逐步向以南京为集散中心的新的作业流程过渡,加快调整优化速递邮件揽收、趟车、分拣封发、交接、运输、投递全流程作业组织,以适应快速网发展和新业务流程的需要。一是拟对部分条件成熟的邮航邮路实行集装箱运邮,从市内转趟装卸到干线运输全部推行集装化,减少中间处理环节,压缩处理时间,提高邮件的处理效率。二是对陆运快速汽车邮路尝试新的运作模式,增加交接点,大件物品型邮件取消邮袋,采用集装箱进行交换。三是充分发挥邮航二频次航班的作用,认真研究调整速递邮件的揽收、市内转趟组织和作业处理流程,增加揽收和趟车回局频次,加快作业处理,提高邮航飞机利用率。此外,扩大邮航通达局自主安检的范围,提高快速网的自主性和稳定性。

## (四)优化生产管理方式,提高生产效益

**1. 规范分拣封发关系维护体系,实施分拣封发动态管理**

(1) 利用信息系统规范分拣封发关系两级维护体系,加大集中管控力度。通过信息系统直接控制生产,保证邮件处理有序进行,有效遏制邮件乱封乱发现象的发生。重点做好普通邮件、报刊、速递邮件分拣封发关系维护模块的开发、推广和使用工作。

(2) 实施省际邮件分拣封发动态管理。根据各类邮件的流量、流向数据,与运输环节紧密衔接,动态调整省际分拣封发关系,提高邮件分拣封发效率。

(3) 加强各类邮件内部作业时限管理。各中心局通过网运信息系统维护各类邮件的封发作业计划,通过系统监控计划完成情况,实现对各中心局邮件内部作业时限完成情况的掌控,保证邮件处理与发运的有效衔接。

**2. 强化邮运生产动态调度**

进一步强化全网邮运生产动态指挥调度,通过对干线运输网的有效监控,按照时限频次要求及总包邮件发运次序,合理调配运力资源,动态组织运行计划,提高全网干线运输效率和效益。一是根据邮件流量流向,动态调整火车邮路接发频次、汽车邮路运行班期、邮路发运计划等,保证各类邮件运输的质量。二是密切关注业务发展,适应业务结构的调整,根据邮件重量、体积、运距和不同时限要求,动态、分层次组织运输。三是在全国各省损益核算工作的基础上,逐步理清网运责任中心的收入与成本关系,将网运成本核算的成果回馈到网运生产组织、指挥调度工作中,进一步提高网路运行效率与效益。

**3. 强化成本意识,发挥整体效益**

完善自主航空网成本分摊办法。拟对邮航航班全面推行"包舱制",提高邮航飞机利用

率。“包舱”初期,集团公司、省公司、邮航公司三方共同分摊运营成本。随着业务的发展,通过做大市场份额,逐步提高自主航空网的运营效益。二要加强网路与市场的联动,根据市场竞争需要建设网路,统筹考虑成本、市场、收入等因素,市场与网运部门共同制订专项营销方案,整体推进实施。

### (五) 强化科技支撑,提升网络运行信息化水平

#### 1. 开展两网互通工程二期建设

两网互通二期工程建设的主要内容有投递系统、给据邮件跟踪查询系统、GPS 系统,实现真正意义上的邮件从收寄到投递全过程信息一次录入、全网共享、全程共用,继而实现邮件信息的跟踪查询监控管理和邮件处理全过程的实物流与信息流的有机融合。一是建设网运车辆 GPS 系统平台,及时掌握邮车的运行情况,实现邮车监控、邮运业务管理分析、作业计划控制、运能分析、油耗分析等高效网运调度和精细化管理功能,形成快速反应的全国车辆调度管理体系,提升邮政汽车运输经营管理水平。二是按照投递系统与跟踪查询系统建设要求,调整完善网运信息系统相关功能,形成邮件从收寄、分拣、运输至投递的全过程信息管理与查询。

#### 2. 启动网运信息系统大集中工程

网运信息系统大集中工程,系统将采用数据全国大集中的模式进行建设,建立一个全国网运综合信息平台,在全国中心存储系统的全部数据,部署系统运行所需的全部核心应用。大集中工程建成后,将能够稳定地支撑网运的发展,为管理决策提供全面、准确的依据,提升生产作业的整体效率。

#### 3. 改造包件分拣机,提升设备运行效率

两网互通后,实现了给据邮件的网络化分拣作业。对于交叉带式包件分拣机,实现邮件自动供件后,分拣效率明显提高,但部分不具备自动封发功能的分拣机在封发环节需手工扫描抄登,处理效率低。为提高交叉带式包件分拣机的分拣效率,要改造分拣机的格口控制方式,实现格口锁格、解锁等控制功能;增加分拣机的格口大屏显示装置;改造分拣机的供件台体积测量装置,调试供件台动态称重装置,提高体积、重量测量精度。通过分拣设备的技术改造,实现包状邮件分拣入格后,自动齐格、打印清单袋牌,完成邮件的自动封发功能,提升设备的运行效率。

### (六) 强化全网运行监控,提高网路服务质量

#### 1. 加强全网运行时限质量管理

一要加强速递、物流邮件运输时限和质量的监控管理。国内时限承诺服务实行分段时限质量考核。各级网运部门要完善国内速递邮件运输时限质量指标体系,加强对邮件运输过程的有效监控,实现对速递超时邮件预警报警。加强对重点环节的监控,特别是“全夜航”运行、航站作业规范等。二要加强各类邮件日常时限质量监控管理。强化火车、汽车邮路管理,保证火车运行高效有序,提高汽车邮路运行的准班准点率。继续做好邮车运输量、总包运输时限、邮件滚存量、发运计划执行情况、网上验单等生产情况的监控分析工作,严格控制各类邮件的滚存量,杜绝验单的重复出现,及时解决生产中出现的各类异常问题。

#### 2. 坚持以人为本,建设高素质网运人才队伍

各级网运部门要特别重视网运人才队伍的建设,采取切实措施,拓宽人才引进渠道,鼓

励员工自学成才，努力营造尊重人才、爱惜人才、吸引人才、人尽其才的良好环境。

【阅读资料】

## 美国邮政网路组织概况

1. 美国邮政总部网路组织基本情况

美国邮政(United States Postal Service——USPS)总部设立了一个分管全美邮政网路运营的副总裁；其下拥有一支170人的管理团队，分布在总部有关网路运行管理的四个部门(运输管理、处理中心管理、网路财务预算管理、网路规划设计)；USPS的网路运营副总裁通过上述四个部门对FedEx，UPS等货运航空公司、商用航空公司、17 000个合同运输公司、269个邮件处理中心、网路财务预算及邮政网路规划设计等进行高度集权的管控。做到了从每一个邮件的收寄、分拣、邮件发运、运输方式的动态调度(航空/陆运)、投递信息反馈，到邮编管理、名址信息录入和信息修复等环节的全过程管理。在全国9个大区(Area)和80个地区(District)中也对应总部网路管理分设了相应的部门和岗位，协助进行工作。

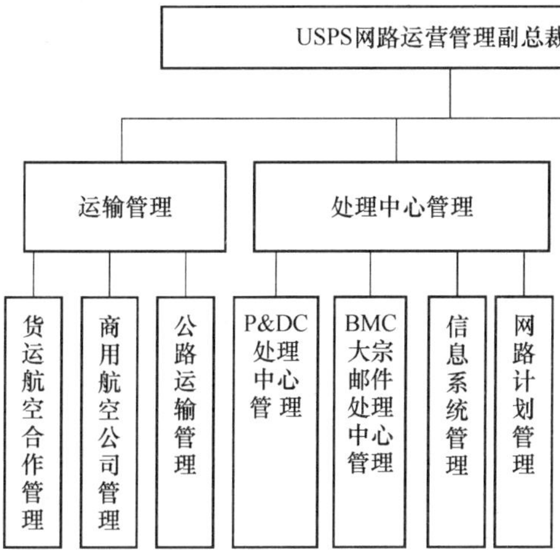


美国全国邮政邮件处理、服务机构分设在全国9个大区(Area)和80个地区(District)之中；这些生产和服务机构承担着全国各类邮件的分拣、运输任务。全国从事网路管理、生产管理和邮件内部处理的人员85 000余人。各邮件处理机构如下：

269个邮件处理中心（P&DC）

195个客户服务机构（CSF）（小型邮件处理中心）

21个大宗邮件处理中心（BMC）

14个邮件集散中心（L&DC）

14个陆路转运中心(STC)

29个航空邮件处理中心（AMC）

5个国际业务中心（ISC）

**2. 美国邮政网路管理的基本思路**

(1) 在坚持以服务标准与价格相统一的理念为客户提供服务，按价格和时限划分邮件种类，并以此安排邮件的处理和运输次序；

(2) 以高度集权的管控方式指挥全国邮政的生产和网路资源的利用；

(3) 在各类邮件业务量近十年稳定在±2%变化范围和人工成本连年攀高的情况下，以邮件标准化为保证，通过购置和利用设备来增加生产能力，从而减少人工工时和成本；

(4) 根据不断变化的公路、航空运输情况及邮件种类和其相应的服务标准，来优化全国邮件处理中心场地设置布局。

3. 美国邮政网路组织的基本原则

(1) 处理能力与业务量相适应。

(2) 节约运能和降低指挥调度难度，追求运营的简单化。

(3) 在不断改善服务质量的同时，力求美国邮政和客户的共同成本降至最低。

美国邮政网路组织的优化主要基于交通运输基础设施（铁路、机场、高速公路）、人口增长（城市地铁的延伸、城郊社区居住变化）和邮件种类及相关服务标准的改革等。

4. 美国邮政生产组织管理的原则

(1) 基于邮件的价格来明确邮件优先等级和处理频次时限。

(2) 次日递的一类邮件遵循以"邮件处理中心—邮件处理中心"为主的网路节点布局模式。即269个处理中心之间形成封发矩阵，倒推出每个邮件处理中心出口的次日递邮件的内部处理时长，严格明确时限标准。

(3) 对于2～3日递的邮件虽然也是以邮件处理中心为交换节点，但相比于次日递一类邮件，其网路纵深和时限明显加长。

(4) USPS的调度系统会及时调整其他邮件种类的发运计划，从而保证一类邮件在规定时限内完成。

(5) 在全程时限的范围内，处理中心采用色彩管理的办法，将不同邮件种类用彩色单式或彩色标志区分在处理中心的最迟发运日期（如用红、黄、蓝、绿、紫、粉红、浅蓝等标注为周一—周日）；这样可以清晰醒目地控制邮件在处理中心的停留、处理、发运。

**美国邮政各类邮件时限标准**

| 邮件种类 | 时限标准 |
|---|---|
| 一类邮件（账单、明信片、信件、票据） | 1～3天 |
| 期刊 | 1～9天 |
| 标准邮件（广告邮件、印刷品、小包） | 3～10天 |
| 包裹 | 2～8天 |
| 优先邮件 | 1～3天 |
| 特快邮件 | 1～2天 |

5. 邮件内部处理原则

(1) 优先自动化处理原则：其目的是使机械分拣发挥最大功效，尽可能地减少人工成本。

(2) 设备能力与工作量互相适应原则：处理中心作业班次实施三班倒工作制，设备连续运转，并动态调整设备处理能力，使之与每日进出口邮件量匹配，按处理时限要求完成当班应处理的工作量，并及时发运基本无积压。

(3) 设备利用率最大化原则：在于邮件从支局收寄开始坚持标准化，目前 USPS 的各类邮件上机率达 97%～98%，自动分拣准确率可达 90%。对于邮编不准、名址有误的邮件通过照相技术(邮政名址自动修复系统 PARS)，将原邮件照片发至名址中心，通过人工视频补码功能校正地址，将正确的地址信息发回处理中心打印到邮件上，再按正确的地址信息处理。

(4) 邮编管理与分拣：美国邮编按照五十四位编制推行使用，目前共启用 42 000 条邮编；客户填写 5 位邮编，另外 4 位码(2 位段道加 2 位门户号)在处理时由系统填补；包件出口按邮编前 3 位分拣；包件进口通过处理中心分拣到投递局，投递局再按名址或后补 4 位地址码进行二次分拣到户(信箱)；函件进口在处理中心内按照 5 位邮编加 4 位地址码进行 2～3次分拣，直接分拣到户(信箱)，由投递局直接投递到户。

6. 邮路组织的原则

(1) 成本最小化并以改善运输准点率为前提。

(2) 注重于网路资产优化：选择最合理的运输网路。

(3) 使各运输网路的效率最大化。

(4) 重视历史数据和技术对生产的控制。

(5) 按照业务需求：针对一类邮件和客户的业务需求决定最佳的组网方式(如航运网、点对点陆运网或零散邮件集散网等)。

(6) 按照成本：航空转陆运，零散邮件在陆路转运中心拼箱中转，大宗邮件集中发运。

① 航空管理

商用航空公司和货运航空公司：利用商用航空公司(如美国联合航空公司)和货运航空公司(如联邦快递 FedEx、美国联合包裹服务 UPS)的运能运力。提高一类邮件的服务水平；严格遵守美国交通安全管理局(TSA) 的各项管理规定。

② 陆运管理

追求运输车辆效率的最大化，降低无效运输里程，保证服务质量；陆运邮路各类邮件封发量必须达到 70% 的运载率时即可开通点对点运输；加强零散邮件的集中运输(对于封发量不足整车 20%的邮件时，采取二次集中的方式发运)。

7. 邮政网的质量控制

(1) 绩效评价体系

- 外部评估系统(EXFC)
- 从顾客角度评估服务业绩
- 产生准确、独立的外部评估效果
- 按季度提供一类邮件服务业绩评估预测报告

(2) 美国邮政内部评价体系(NPA)

从每件邮件进入邮政网路的第一点开始，一直到它被投递到户；(NPA)评估系统肩负着全程每一点的服务评估工作，它是能够对信函和扁平件等各类邮件进行点对点全程跟踪的评估系统。

8. 生产运行计划控制体系

制订并公示 24 小时作业计划，明确各类关键运行指标以显示各环节之间的关联性，使各环节相互影响和制约，并最终达到改善服务质量的目的。

所有的邮递员必须在 18:00 点前返回；进入处理中心的邮件必须在 20:00 前处理完 80%的邮件。

23:0Q 前处理完第一频次的邮件

24:00 前处理完第二频次的邮件

24:00 前清理完所有的 MMP(按照邮件计划)

2:30 前配发相应的商业航班或联邦快递等货运航班

7:00 前处理完所有第二轮到的 DPS(优先投递的邮件)

4:00—9:00 期间完成邮件从处理中心到投递局的配发

8:30—18:00 处理进口及非优先级的邮件

**2007 年美国邮政各类邮件业务量**

| 邮件种类 | 邮件业务量/亿件 |
|---|---|
| 一类邮件(账单、明信片、信件、票据) | 958.98 |
| 期刊 | 87.96 |
| 标准邮件(广告邮件、印刷品、小包) | 1 035.16 |
| 包裹 | 11.63 |
| 优先邮件 | 8.97 |
| 特快邮件 | 0.55 |

**2007 年美国邮政设备情况**

| 设备种类 | 设备数量/台 |
|---|---|
| 高级理信盖销机(简称 AFCS) | 1 086 |
| 条形码信函分拣机(简称 DBCS) | 9 612 |
| 扁平件分拣机(简称 AFSM 100) | 534 |
| 包裹自动分拣机(简称 APPS) | 74 |
| 小型包件分拣机 (简称 SPBS) | 300 |

9. 美国邮政长途运邮情况

USPS 长途运邮目前主要是航空和公路汽车运输。航空主要是 FedEx、UPS 和美国的其他多家航空公司。公路汽车运输分为两种，一是运输时间四小时之内可完成运输任务的邮路自己承担，二是运输时间超过四小时的邮路全部外包给运输公司。美国的公路汽车运输费用集中在总部控制，每年约 30 亿美元，其中 30%是自办运输费用，70%付给委托社会运输公司。USPS 与社会约 1.7 万多个合作运输商合作，在这 1.7 万个运输商中，有 25%的合作运输公司每年要重新签订运输承包合同，每四年轮回一次。这些合同由大区向总部提出并汇报到总部，其所有合同全部由总部集中签订和管理。

10. USPS 长途干线汽车外包主要原因

(1) 由于美国的社会分工比较精细化、专业化。

(2) 可按照不同邮件时限更加灵活确定网路组织，当两个处理中心之间邮件量较大时，可每日多频次发运，减少对处理中心场地的占用需求。

(3) 在美国使用公路汽车比使用铁路运输价格便宜，特别是作为 USPS 的长期合作伙伴，运输公司提供给 USPS 的运输单价仅为市场价的 60%左右，成本低。

(4) 遇到运量突增时，可随时由运输公司增派加车(这在合同中已谈妥)，但需支付高于平常的运输费用。一般在圣诞节的前后两周，USPS 业务量会很大，此间两周时间花费汽车运输费用达 5 000 万～6 000 万美元。即使如此，USPS 平时也不必储备过多运能，避免资产闲置。

11. 中美两国网路运行情况比较

(1) 邮件处理方式

比较两国邮政的内部处理中心在邮件处理上的做法是完全不同的；美国邮政以增加设备减少用人的形式来提高生产效率，降低成本；而中国邮政在人工成本相对较低的前提下，往往以人员投入代替设备的投入，而其效率就相对较低。

(2) 标准化与分拣效率

USPS 将各类邮件按照其价格分成不同层次、不同优先级的邮件，其营运的效率和效益更多的来源于邮件的标准化。从收寄的外包装，邮件书写，邮编的使用和名址库对处理环节的支撑；从资费的设计与分拣频次的划分无不体现标准化带来的效率，各类邮件上机分拣率就达 97%～98%，分拣成功率达 90%以上。但中国邮政由于受用户邮编书写不标准、邮件封装规格不规范等邮件标准化方面因素的影响，使得函件上机率仅在 20%左右。

**2007 年中美各类邮件处理量对比表**

| | 中国 2007 年/亿件 | 美国 2007 年/亿件 |
|---|---|---|
| 平信与平刷 | 102.83 | 958.98 |
| 挂信 | 3.28 | 1035.16 |
| 期刊 | 9.00 | 88.00 |
| 包裹(含挂刷) | 1.34 | 11.63 |
| 快包 | 0.66 | 8.97 |
| 合计 | 117.12 | 2 100 |

**2007 年中美邮政设备数量对比表**　　单位：台

| | 信函分拣机 | 包裹分拣机 | 扁平件分拣机 |
|---|---|---|---|
| 中国 | 98 | 66 | 19 |
| 美国 | 9 612 | 74(大型)+300(小型) | 534 |

**2007 年中美邮政从业人员及人工成本情况对比表**

| | 美国 | 中国 |
|---|---|---|
| 从业人数 | 85 000 人 | 58 000 人 |
| 单位人工成本 | 5.5 万美元/年 | 4.0 万元/年 |

# 思考题

1. 比较传统体制与邮区中心局体制的特点。

2. 结合我国邮政实际探讨邮区中心局管理体制的实施对邮政网管理产生的作用和意义。

3. 论述邮政网今后发展的趋势和建设重点。

4. 什么是邮政网？其组成要素是什么？

5. 中国邮政网是如何分级和分类的？

# 第三章 邮政生产组织管理

**本章摘要：**邮政企业的生产组织管理从宏观角度分析，包括空间组织管理和时间组织管理；从微观角度分析，邮政企业生产组织管理分为收寄环节的组织管理、分拣封发和邮件运输环节的组织管理以及邮件投递环节的组织管理，本章主要介绍邮政生产活动的空间组织、时间组织、收寄作业组织、分拣作业组织、运输作业组织、投递作业组织以及邮政生产质量管理和生产现场管理等内容。

## 第一节 邮政生产组织管理概述

邮政企业的生产过程是指邮政企业从接收用户提供的邮件开始到邮件投递给指定的收件人手中为止的全部过程。邮政企业的生产过程的组织包括空间组织和时间组织两个方面。邮政生产过程的空间组织是对生产流程在空间上进行合理安排，通过各生产单位和设施的布置，使劳动对象具有最短的流动路线；时间组织主要研究劳动对象在生产过程之间的移动与衔接方式，目的在于提高产品在生产过程中的连续性，缩短生产周期。

### 一、邮政生产组织与管理的任务

邮政企业的生产活动可分为两部分，一是营投局所的生产活动，二是市（县）局内及市（县）局间的生产活动。对营投局所、处理中心和运输部门生产活动的组织与管理，称为邮政作业组织与管理，对市（县）局内及市（县）局间生产活动的组织与管理，称为邮政生产过程组织与管理。

邮政生产组织是在全国范围内，对邮政在经办各类业务的整个过程中各个生产活动进行合理安排。邮政生产管理是邮政部门为确保通信生产正常进行和全程全网的畅通而开展的一系列的管理活动。

邮政生产组织与管理主要有以下几项任务：

**1. 生产过程流程设计**

邮政生产流程设计就是要根据邮政生产的特点和规律，确定生产过程的组成与结构、生产作业的设置与组成。要选择先进的生产方式和生产手段，合理安排各生产环节及其相互衔接关系，合理确定作业和有效作业因素，按流水线的要求组织邮政生产过程。

**2. 生产过程空间组织**

邮政生产过程的空间组织是对生产流程在空间上进行合理安排，通过确定局内各生产单位的设置和生产单位及其内部作业的空间位置，确定邮件的最佳流动路线，使其具有最畅通、最快捷、最经济的路由，避免邮件传递的无效交叉、重复和倒流。

**3. 生产过程时间组织**

生产过程时间组织包括两个方面，一是确定邮件传递的全程时限；二是依据全程时限的要求和时限管理的规定，确定各生产环节的作业时间，确定局内邮件处理和传递的时限和频次，使邮件的局内传递在时间上保持紧密衔接。

**4. 生产组织结构设计**

为完成邮政生产任务，除对生产过程进行流程设计外，还要对生产结构进行设计，并为生产过程合理配备人员，也就是通常所说的劳动组织。进行生产组织结构设计，首先要明确生产组织机构；其次要确定各工作岗位和各岗位的职责；再次要研究每个岗位（每项工作）的最佳工作方法并以此来训练职工；最后要在此基础上进行时间研究，制定先进合理的劳动定额，以此作为各岗位定员的依据，同时也作为职工绩效考核和劳动报酬分配的尺度。

## 二、邮政生产组织与管理的原则

邮政生产组织与管理的合理与否，直接关系到邮政企业生产任务能否顺利完成，也决定着邮政通信的传递速度和服务质量，并在很大程度上影响着邮政生产过程的科学性。因此，合理组织与管理邮政企业生产需要遵循以下基本原则。

（1）邮政生产组织与管理应该适应市场经济发展的要求和开办各种邮政业务的需要，按照需要组织邮政生产。

（2）按照系统原理，从组织与管理邮政企业生产过程着眼，根据各类邮政业务的特点，把邮政生产过程组织与作业组织结合成统一协调的有机整体。

（3）以全国一盘思想为指导，坚持地方服从中央，局部服从整体，保证全程全网联合作业的顺利进行，以取得预期的通信效果。

（4）以时限为主线，质量为准绳，抓住分发和运输，带动营业和投递，做到环环相扣，紧密衔接。

（5）从提高邮政通信的传递速度出发，力求减少不必要的环节和层次，并尽可能地压缩邮件在传递过程中的停留时间。

（6）为确保邮政生产任务的完成，要使各个环节的生产能力互相匹配，并使各阶段的生产作业安排和劳动力的组织，与处理运递不同时间的不均匀邮政业务量需求相适应。

## 三、合理组织邮政生产过程的基本要求

合理组织邮政生产过程是指把邮政生产过程从空间和时间上很好地结合起来，使邮政服务以最短的路径、最快的速递通过邮政生产过程的各个阶段，并使邮政企业的人力、物力、财力得到充分的利用，达到高质量低成本的水平。合理组织生产过程使其始终处于最佳状态，是保证邮政企业获得良好经济效益的重要前提之一。合理组织邮政生产过程需要做到以下几点。

（1）连续性，是指邮政企业的产品——邮政服务以及邮件在邮政全程生产过程中的各个阶段之间的流动在时间上是紧密衔接、连续不断的。即邮政服务和邮件在生产运作过程中始终处于运动状态。尽可能地减少邮件在处理场地的停留时间和运输过程中的等待时间。

(2) 比例性，是指邮政生产过程的各个阶段在生产运作能力上要保持一定的比例关系。尽可能不要出现处理能力大，而运输能力小，或者收寄能力大，而投递能力小的情况，造成各个环节之间能力不匹配，互相脱节的现象。

(3) 柔性，是指邮政生产过程的组织形式要灵活，能够快速的反映用户需求的变化，满足用户的最新需求。为了提高邮政企业生产运作过程的柔性，邮政企业可以采用柔性生产单元组织生产运作。

上述组织生产过程的三项要求是衡量生产过程组织是否合理的标准，也是取得良好经济效益的重要条件。

## 第二节　邮政生产过程的空间组织

邮政生产过程的空间组织是指邮政生产过程中基础设施的空间布局，即邮政生产设施的选址与布局。

### 一、邮政基础设施选址的意义

选择理想的地址建设邮政基础设施是邮政企业发展的基础和关键步骤。由于在实际工作中，邮政设施的选址面临很多问题，而且很难获得理论上的最理想的地点，需要做很多方面的衡量和协调工作。如何进行科学的选址，是邮政企业管理者所面临的一个决策问题。它会在以下几个方面对企业产生直接的影响。

**1. 直接影响邮政企业生产的运行**

邮政设施的地址一旦选定，就很难在短期内改变。而且，邮政设施建设需要大量的投资。如果地址选择不当，不仅会影响生产运作，还会给邮政企业带来不便甚至损失。如邮政营业局所选择不当给用户和企业造成不便，邮件处理中心选址不当，则给邮件运输造成很大压力等。

**2. 影响邮政企业的服务质量**

邮政企业是服务型企业，邮政企业的服务质量是企业的生命线，而邮政基础设施的布局直接影响邮政服务的质量，例如，邮政营业厅如果数量过少或者地理位置偏僻，用户就会感到用邮不方便。同时，对邮件传递时限、邮件的安全等方面也会造成不利影响，进而影响邮政企业邮政服务的便利性和服务形象。

**3. 影响邮政企业的建设成本和运行成本**

邮政基础设施建设需要较大的投资，而邮政设施选址的好坏直接影响到建设成本和维护成本。如果选址不当，可能会使得建设和运维的成本相对较高，并影响到邮政企业的投资效益。同时，邮政设施的布局不合理也会对生产运行产生不良影响，进而影响邮政通信质量。

### 二、邮政设施选址遵循的原则

**1. 整体性原则**

邮政基础设施通常是一个有机的整体。因此，邮政基础设施的布局、选址应考虑到邮政网的整体性和全局性。例如，邮区中心局的邮件处理中心的选址既要考虑到方便市内邮件的运输，同时，还要考虑到与外界运输工具衔接的方便。既要考虑到干线运输的方便性，也要考虑到市内运输的便利性。

**2. 综合性原则**

邮政基础设施的建设涉及多个方面，基础设施的选址应避免片面性考虑多个方面的因素。如邮区中心局的建设要考虑经济、技术、地理环境、人口和城市规划等多个方面的因素。需要全面了解有关信息，经过技术、经济等方面的可行性论证后才能做出决策，否则，可能会造成经济上的重大损失，付出昂贵的代价。

**3. 服务性原则**

邮政企业是服务型企业，承担着普遍服务的义务，邮政基础设施建设不仅要考虑经济效益，而且还要考虑到社会效益。如部分农村邮政服务网点经济效益不佳。但是，考虑到普遍服务的要求，仍然需要设置邮政服务网点。随着政府普遍服务基金的引入，在邮政基础设施建设上面临的普遍服务与企业效益之间的矛盾将更多地依赖于向市场经济服务的原则来解决。

**4. 前瞻性原则**

由于邮政业务发展迅速，邮政基础设施不仅要考虑到当前邮政业务发展的需要，而且还要考虑到未来一个时期业务量增长的需要，例如，邮件处理中心的处理能力至少应满足未来20年邮政业务量发展的需要。因此，基础设施的建设要具有一定的前瞻性。

## 三、邮政基础设施选址的影响因素

**1. 地理条件**

地理条件是影响邮政设施选址的基本条件之一。地理条件包括地理位置、地形、地貌、地质等多种条件。不同的邮政设施对地理条件的要求也不相同。例如，邮政营业局所要求选择在交通方便、人口密度较大的地方。邮件处理中心要求选择在干线运输条件方便的地方，而且地质条件要好。

**2. 经济条件**

经济条件主要是考虑邮政设施建设和运行的成本，如所选地址的地价、租金、施工成本、维护费用等。这种成本问题不能只从短期来考虑，而必须有长期的考虑。因为在一个地方建设邮政设施的成本可能很低。但是，也许今后会面临搬迁的问题，这样不仅会给企业带来搬迁成本，而且，还可能因此对邮政服务带来影响，并导致其他方面的成本增加。

**3. 交通条件**

邮政基础设施的选址与交通条件密切相关。无论是邮政局所选址，还是处理中心选址都必须重点考虑交通运输条件。邮政营业局所的布局要考虑到市内道路运输条件，邮件处理中心的选址必须综合考虑海、陆、空干线运输条件，尽可能将邮件处理中心选择在与外界运输容易衔接的地方。

**4. 政策条件**

邮政企业是服务型企业，承担着普遍服务的职责和为“三农”服务的重任，为保证全社会普遍服务的水平，政府对邮政的服务设施做了较为明确的规定，如政府对城市信报箱安装率、邮政局所服务半径、服务人口、农村村邮站的建设等方面都有了具体的标准，邮政基础设施的选址首先应满足普遍服务的最低标准。同时,邮政企业也要充分利用国家对邮政行业的相关优惠政策,争取地方政府对邮政基础设施建设的扶持力度,加快建设步伐,以便更好地履行普遍服务的职能。

## 四、邮政基础设施的布局

### (一) 邮政营业网点布局

#### 1. 邮政营业网点布局的基本步骤

作为邮政企业的决策者,其网点布局一般分为两个层次:一是对城市内特定区域的选择;二是对具体区位地点的选择。

在选择某一城市内部区域时,决策者要分析以下几个因素。

① 服务区和具体服务设施对顾客的吸引力。

② 竞争企业的数量、质量和规模。

③ 到达服务设施的交通通达性。

④ 该区域的居民特性、风俗习惯、人口数量和消费偏好。

⑤ 总体消费能力和消费量的分配状况。

⑥ 该区域的空间发展方向。

⑦ 该区域的基本概况。

根据上述因素分析,企业决策者可以作出合理的企业定位,确定要布局网点的规模、服务档次、服务种类、客户群等。上述因素对确定邮政网点在一个城市某个区域布局具有重要的作用,是具有针对性的区位选择分析。

准确确定地点是邮政网点在空间上的具体落实,是区位决策的最终阶段,在选择具体地点时要考虑以下几个因素。

① 经过该地点的交通状况和交通发展潜力。

② 相邻企事业单位的基本情况。

③ 在该地点布局的综合费用等。

对于大多数邮政网点而言,“最佳”区位是在市场潜力较高的地方。交通流量和人口密度等条件对邮政网点区位选择具有重要的意义,一般趋向于在交叉路口和其他交通便利的地点布局。可达性也同样重要,因为在交易中也存在着距离衰减规律,但接近市场是一个很重要的区位因素。

#### 2. 营业网点选址的主要参数

(1) 人口和经济指标:应充分考虑当地及周边地区的人口数量和经济发展结构,考虑人口的分布状况和人口质量状况,按照人口数量与商业经济网点配置的对应关系进行网点的布局。

(2) 商业聚集效应:集聚效应,就是各种商业网点在空间的集中往往带来聚集经济,产生规模效应,也就是说“扎堆效应”。但是,如果旧的集聚区饱和,势必促进新的网点聚集区的产生。因此,新的聚集区将会吸引更多的网点进入。

(3) 地理交通条件

主要考虑和评价因素有以下几个方面。

① 路面、地势。一般情况下,网点选址都要考虑所选位置的道路及路面地势情况,因为

这会直接影响网点的建筑结构和客流量。通常,网点地面应与道路处在一个水平面上,这样有利于客户出入店堂,是比较理想的选择。但在实际选址过程中,路面地势较好的地段地价都比较高,在选择位置时竞争也很激烈。所以,在有些情况下,不得不将网点位置选择在坡路上或路面与网点地面的高度相差很多的地段上。这种情况,最重要的就是必须考虑网点的入口、门面、阶梯、招牌的设计等,一定要方便客户,并引人注目。

② 地形、地貌。地形、地貌对网点位置的选择的主要影响表现在以下几个方面。

• 方位情况。方位是指网点坐落的方向位置,以正门的朝向为标志。方位的选择与网点所处地区气候条件直接相关。以我国北方城市为例,通常以北为上,所以一般商业建筑物坐北朝南是最理想的地理方位。

• 走向情况。走向是指网点所选位置客户流动的方向。比如,我国的交通管理制度规定人流、车流均靠右行驶,所以,人们普遍养成右行的习惯,这样,网点在选择地理位置进口时就应以右为上。如网点所在地的道路如果是东西走向的,而客流又主要从东边来时,则以东北路口为最佳方位;如果道路是南北走向,客流主要是从南向北流动时,则以东南路口为最佳。

• 交叉路口情况。交叉路口一般是指十字路口和三岔路口。一般来说在这种交接地,网点建筑的能见度大,但在选择十字路口的哪一侧时,则要认真考察道路两侧,通常要对每侧的交通流向及流量进行较准确的调查,应选择流量最大的街面作为网点的最佳位置和店面的朝向。如果是三岔路口,最好将网点设在三岔路口的正面,这样店面最显眼;但如果是丁字路口,则将网点设在路口的"转角"处,效果更佳。

③ 客流状况:主要指人流量测定。

④ 人行道、车道是否有区分。

⑤ 过往车辆的数量及类型。

(4) 物业成本

主要包括地价、租金、配套成本、竞争店数等等。

(5) 潜在商业价值评估

潜在商业价值评估是指对拟选开业的网点位置的未来商业发展潜力的分析与评价。评价网点位置的优劣时,既要分析现在的情况,又要对未来的商业价值进行评估,这是因为一些现在看好的网点位置,随着城市建设的发展可能会由热变冷,而一些以往不引人注目的地段,也可能在不久的将来会变成繁华闹市。因此,网点在选址时,更应重视潜在商业价值的评估。对此,可以从以下几个方面进行评价。

① 所选的网点地址在城区规划中的位置及其商业价值。

② 是否靠近大型机关、单位、厂矿企业。

③ 未来人口增加的速度、规模及其购买力提高度。

**3. 邮政营业网点选址的主要方法**

(1) 逻辑推理法

先在全省范围内进行普查,确定可以作为选点对象的地区,然后对候选区进行详细的分析研究。

其步骤分以下几点。

① 确定服务区域,通常将邮政网点设在商店和工厂附近,以便向潜在的客户提供方便的服务。要分析候选区有无不利的限制因素,候选区与周围城镇的距离和人口密度等。

② 搜集该区的原始数据，分析候选区的业务潜力。

③ 计算候选区设立网点的投资收益值。

经过上述三个步骤分析论证，就可做出最后选点决策。

(2) 区域识别法

主要依靠区域经济发展特征（如 GDP 及增长率、企业数量、产品结构等）和人口特征（如受教育水平、收入特征、职业特征），可以把市场分为下列 4 个区域。

① 网点建设重要区域。

② 网点建设次重要区域。

③ 网点建设考察区域。

④ 网点建设暂缓区域。

分析各区域网点资源的配置次序，如表 3-1 所示。

**表 3-1　区域网点识别特征**

| | 网点密度高 | 网点密度中 | 网点密度低 |
|---|---|---|---|
| 重要区域 | 合理优化 | 亟需设置 | 亟需设置 |
| 次重要区域 | 合理优化 | 合理优化 | 计划增设 |
| 考察区域 | 精简整编 | 合理优化 | 计划增设 |
| 暂缓区域 | 精简整编 | 精简整编 | 合理优化 |

### (二) 邮件处理中心的布局

#### 1. 邮件处理中心的布局要求

邮件处理中心是邮区中心局的重要组成部分，邮件处理中心是邮件的集散中心，其主要功能是完成各类邮件的分拣封发任务。一般来说，邮件处理中心内部的空间布局与处理中心的规模和承担的功能有很大的关系。在我国邮政企业中，处理中心的规模大小相差很大，分为一、二、三级。处理中心的功能也有所不同，多数处理中心为综合性的处理中心，有少部分的处理中心为单一功能的处理中心。如速递邮件处理中心、国际邮件处理中心。对于规模较小的处理中心，只需要按照不同的业务种类，分别安置到不同的处理地点即可完成分拣封发任务。而在大型邮件处理中心，由于邮件处理量很大，有的处理中心的不同业务分散在不同的场地进行处理，大部分大型邮件处理中心在同一个场地进行处理，因此，不同种类业务的分拣场地则需要根据业务的特点和处理中心的建筑结构、建筑面积综合考虑，统筹安排，具体的原则和要求有以下几点。

(1) 方便车辆进出邮件处理中心的原则。

(2) 总进总出的原则。各类邮件总包实行总进口和总出口，即一个处理中心只有一个接收邮件总包的入口，只有一个发出邮件总包的出口。

(3) 下重上轻的原则。即当处理中心为两层以上的建筑时，处理场地的安排遵循重件在下，轻件在上的原则。

(4) 紧密衔接的原则。即同一类邮件各道工序的处理场地应紧密衔接，就近安排，避免邮件在工序间传递距离过长。

#### 2. 布局的方法

根据上述原则和要求，邮件处理中心内部各个处理场地的布局方法有以下几个。

(1) 首先要根据邮件处理流程合理安排进出口邮件进入处理中心的顺序，一般来说，采取南(北)进、北(南)出或者东(西)进西(东)出的规律安排进出口邮件的作业流程。

(2) 如果处理场地是一个大平面，即所有邮件都在一个平面进行处理，此时，总进口和总出口场地(转运场地)安排在大平面的两侧。中间是邮件分拣封发场地，其场地安排的顺序一般是总进口、挂号信函、平常信函、包裹、平刷、总出口。

(3) 按照邮件处理流程的顺序排列各个工序和设备。如包裹处理场地安排按照接收、开拆、分拣、封发的顺序进行。

(4) 结合处理中心的建筑结构，充分利用已有的传递设备。如对于两层以上建筑结构的处理中心，总包处理车间在一层，信函处理车间在二层，可以将总包开拆处理场地设在升降机附近，并按照接收、开拆、分拣、封发的顺序依次排列，以便将封好的邮袋用滑槽迅速从二层运至一层，装车发运。

(5) 根据发运路向安排各个工序的工作席位，并将粗分和细分排列成线，以利于邮件的传递，而封发席位要求设置在细分台席和设备附近，以方便封发作业。

## 第三节　邮政生产过程的时间组织

### 一、邮政企业工作研究概述

工作研究是邮政企业生产运作过程方法优化的总称，它是指在一定的生产运作技术和组织条件下，运用系统分析的方法把工作中不合理、不经济、混乱的因素排除，研究资源的合理利用，以提高系统的劳动生产率。

工作研究的途径是通过方法研究制定标准作业，通过时间研究制定标准时间。方法研究和时间研究是相互联系的。方法研究是时间研究的基础，是制定工作标准的前提；而时间研究是选择和比较工作方法的依据。一方面，在确定了合理的工作方法后，才能建立起科学先进的劳动定额；另一方面，有了科学先进的劳动定额，才能培训邮政企业的员工使他们掌握更好的工作方法。

工作研究的基本内容包括方法研究和时间研究。以邮政投递工作为例，对投递工作进行研究包含两个方面：一是投递方法研究，包括三个方面的内容：整个投递过程分析、邮政投递工作作业分析、投递人员的动作研究。通过这三项研究，最后制定出标准的投递作业(包括标准步骤、标准动作)；二是投递时间研究，主要任务是进行投递工作的定额制定和工作抽样，通过以上两项工作，制定出投递工作的标准时间。最后，标准作业过程和标准时间合起来就是投递工作新的工作标准。新的标准出台后应立即对员工培训，培训成功后各邮政企业就可以实施新的投递工作标准。

工作研究以避免浪费、提高工作效率为目标。通过工作研究，确定科学的工作程序和方法，确定先进的劳动定额，对避免时间、人力、资金等多种资源的浪费十分有效。

### 二、工作研究的步骤

工作研究包括以下几个步骤。

**1. 选择研究项目**

一般来讲，工作研究的对象主要集中于系统的关键环节和薄弱环节，或者带有普遍性的问题。因此，应选择效率明显不高、资金耗费较大、急需改善的工作为研究对象。研究对象可以是一个生产系统，也可以是一个特定的过程，或者是某些工作岗位的某些工作人员的具体动作。综合起来，可以从以下三个方面考虑选择适当的研究项目。

(1) 经济因素。研究经济价值较高的工作，如利润率高的服务项目。

(2) 技术因素。即进行研究所应具备的各种知识、方法、技能是否齐全，即该项目的研究是否具有技术可行性。

(3) 人的因素。是否有合适的研究人员能够胜任这个项目的研究。

**2. 确定研究目标**

工作研究的目的是减少浪费，提高工作效率。具体研究目标包括以下几点。

(1) 减少作业所组需要的时间。

(2) 减少生产运作过程中的资金占用。

(3) 提高邮政服务质量的稳定性。

(4) 增强职工的工作安全性、改善工作环境和工作条件。

(5) 改善员工的工作方法，减少无效劳动。

(6) 提高员工对工作的兴趣和积极性。

**3. 记录并分析现状**

选择了研究项目，确定了研究目标后，就要对选定的目标目前的操作过程进行详细如实的记录。如果遇到复杂的项目，用文字记录显得很烦琐，这时可以借助于各类专用图表工具来记录。

在现行方法的全部过程被记录下来以后，就要详细分析现行工作方法中的每一个步骤和每一个动作是否合理，是否必要。这种分析可以借助于"5W1H"或"六何法"。5W1H 对一项操作或者一个工序从原因、对象、时间、人员、方法等六个方面提出问题、进行考察，其中的"WHY"最为重要，一般认为要解决某个问题，至少问 5 个"为什么"。如表 3-2 所示。

**表 3-2 "六何法"的内涵**

| | 第一轮提问 | 第二轮提问 | 第三轮提问 | 结论 |
|---|---|---|---|---|
| | 现状 | 为什么 | 能否改善 | 新方案 |
| 原因(WHY) | 干的必要性 | 理由是否充分 | 有无新的理由 | 新的理由 |
| 对象(WHAT) | 干什么 | 为何是这个对象 | 有无合适的对象 | 应该干什么 |
| 地点(WHERE) | 何地干 | 为何选在此地 | 有无合适的地点 | 应该在哪儿干 |
| 时间(WHEN) | 何时干 | 为何此时干 | 有无合适的时间 | 应该何时干 |
| 人员(WHO) | 何人干 | 为何此人干 | 有无合适的人选 | 应该何人干 |
| 方法(HOW) | 怎样干 | 为何用这种方法 | 有无合适的方法 | 应该怎么干 |

**4. 工作研究的核心步骤(设计、试用、评价)**

在对上述 6 个方面的问题进行逐个分析之后，就可以设计出新的方案，并进行试用和评价。这是工作研究的核心部分。具体操作方法是通过运用"取消、合并、重组、简化"四项技术进行改造。这四项技术在工作研究中被称为“四巧”(ECRS)。其具体内涵包括以下几个方面。

(1) 取消(Elimination)

① 取消不必要的工序、不必要的步骤和动作。

② 取消工作中的不规则性,比如确定物品的固定放置地点,形成习惯性机械动作。

③ 取消不必要的一切怠工和闲置时间。

(2) 合并(Comination)。当生产过程被划分之后,它们之间的能力不平衡或者分工过细会引发不必要的忙闲不均现象。这时可考虑进行调整合并。包括以下两点。

① 对于多个方面突变的动作合并,形成一个方面的连续动作。

② 有时生产过程中工序设置过细或者过多,造成效率低下,如将粗分和细分两个工序合并。可将效率提高一倍。

(3) 重组(Rearrangement)。指对工作的顺序进行重新设计。

(4) 简化(Simplification)。指工作内容步骤方面的简化,也指动作方面的简化。

以上四个技巧虽然有一定的顺序。但是,实际应用时,常常需要反复循环,寻求更优的方案。

通过循环使用四巧分析法,所设计的工作方法可能不止一种,必须从中选出相对优化的方案来实施。这就需要通过试用来进行评价。即对新的工作方法在技术、经济、安全、管理等几个方面进行分析。

**5. 实施新方法**

实施新的工作方法不是一件容易的事。因为,人们对于一个新事物的接受需要一个过程,开始时,员工肯定不适应,这就给新方法的推行带来一定的困难,为了确保在规定的试用期后执行新方法,就要进行新方法的宣传推广工作,特别是应对相关人员进行培训。

**6. 方法再评价**

这一阶段主要是由管理人员考察新方法执行的情况以及带来的种种后果。同时记录实际操作中的情况与所制定的标准之间的差异。探讨原因,并决定要不要进入该工作研究的下一个循环。工作研究的步骤如图 3-1 所示。

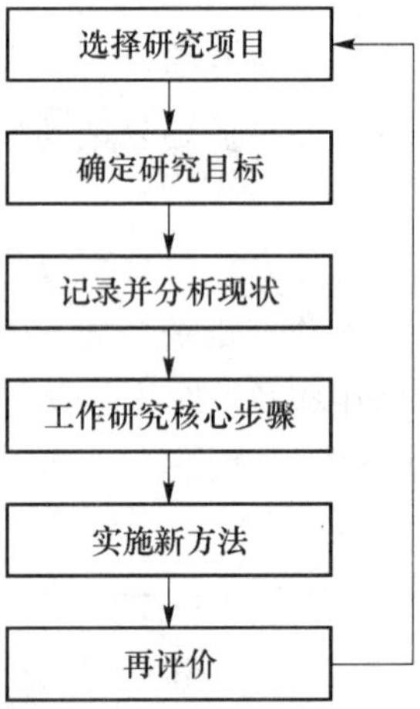


图 3-1 工作研究的流程

## 三、邮政企业的时间研究

时间研究就是以时间为尺度,对作业系统进行评价、设计和生产运作,并把作业分解为适当的作业要素,测定作业要素所需要时间的方法。它是进行工作研究、作业改进、标准时间设定和提高作业效率的重要管理方法。

时间研究是用时间定量表示作业的状态。时间研究的一般步骤分以下几点。

(1) 分解工作单元。将工作分解成若干单元。每一个工作单元都应该有明确的开始和结束标志。

(2) 测量各工作单元的时间。

(3) 确定样本的大小。可以根据正态分布推导的公式 $n=[(1.96/p)(S/t)]^2$ 来计算需要的样本数；$p$ 为精确度，以与真正时间值的偏离度（%）来表示；$t$ 为某单元测量时间平均值；$S$ 为某单元样本标准差。由于各单元的样本标准差和测量时间平均值不同，样本有可能不同，因此，为了达到所希望的精度，应当选用其中最大样本数。

（4）确定标准时间。首先决定一个正常时间（NT），由被观察者的工作速度进行判断和评价决定。这种评价用一个“绩效评估因子”（RF）来表示。这是研究人员的一种主观评价。决定正常时间需要考虑的另一个因素是在一个工作循环内各个工作单元动作平均发生的频数 $F$。

将测量的平均值、发生的频数以及绩效评估因子三者相乘，即可以得出一个单元 $i$ 的正常工作时间 $NT_i$ 和一个工作循环所组需要的正常时间 $NT_c$，可以用如下公式表示：

$$NT_i = tF_i RF_i \tag{3-1}$$

$$NT_c = \sum NT_i \tag{3-2}$$

正常的时间并未考虑到人的疲劳因素和偶然事件导致的延误等因素。因为，还需要在正常的时间基础上加上一部分宽放时间（Allowance Time）因素，这样才能得出有实际意义的标准时间（ST，Standard Time），$ST = NT_c(1+A)$。其中，$A$ 是宽放时间因子，通常取值为 10%～20%。

下面以包裹收寄为例说明上述几个步骤。

（1）将收寄工作分解成审核详情单、称重计费、封装放置三个工作单元。如表 3-3 所示。

（2）测量并记录各个工作单元的时间，记录各工作单元的时间，如表 3-3 所示。

**表 3-3　EMS 收寄工作时间测定**

| 工作单元 | 时长与结束时刻 | 样本 1 | 样本 2 | 样本 3 | 样本 4 | 样本 5 | 平均时长（$t$） | 工作单元数量（$F$） | 绩效评估因子（RF） |
|---|---|---|---|---|---|---|---|---|---|
| 审核详情单 | $t$ | 20 | 22 | 21 | 18 | 19 | 20 | 1 | 0.95 |
| | $r$ | 20 | 22 | 21 | 18 | 19 | | | |
| 称重计费 | $t$ | 25 | 23 | 20 | 20 | 20 | 21.6 | 1 | 0.9 |
| | $r$ | 45 | 45 | 41 | 38 | 39 | | | |
| 封装放置 | $t$ | 10 | 11 | 9 | 12 | 11 | 10.6 | 1 | 1.05 |
| | $r$ | 55 | 56 | 50 | 50 | 50 | | | |

其中，$t$ 为时间长度；$r$ 为各个工作单元结束时刻；$F$ 为在一个工作循环内工作单元的数量；RF 为绩效评估因子。

（3）决定样本的大小。

在以上的例子中，假设评估偏离真正的时间值的程度不超过 5%，即评估精确度为 5%，由上面给出的样本公式，计算所需样本数量。

由于各个单元样本标准差和测量时间平均值不同，样本数有可能不同。因此，为了达到所希望的精度，应选用最大的样本数，首先，需要求出样本标准差，可按式（3-3）计算。

$$S = \sqrt{\frac{\sum_{j=1}^{n}(t_j - \bar{t})^2}{n-1}} \tag{3-3}$$

式中，$t_j$ 为第 $j$ 个工作循环的测量时间值，$n$ 为测量次数，为 5 次。

计算出样本标准差 $s$ 后，可以按照以下公式确定样本数 $n$：

$$n=\left[\left(\frac{1.96}{p}\right)\left(\frac{s}{\bar{t}}\right)\right]^2$$

式中，$p$ 为评估精度，$\bar{t}$ 为某单元测量时间平均值。上述例子的样本计算结果如表 3-4 所示。

**表 3-4 样本计算结果**

| 工作单元 | $s$ | $\bar{t}$ | $s/\bar{t}$ | $n$ |
|---|---|---|---|---|
| 1 | 1.58 | 20 | 0.078 | 10 |
| 2 | 2.3 | 21.6 | 0.106 | 18 |
| 3 | 1.14 | 10.6 | 0.107 | 18 |

为了保证每个单元的评估精度都在 5% 以内，所需要样本数为 Max[10，18，18]＝18。因此，必须再进行 18－5＝13 次测量。

（4）决定标准时间。

假定在上述例子中又做了 13 次测量，得到如表 3-5 所示的数据。

**表 3-5 各个单元 13 次测量值**

| 工作单元 | $T_i$ | $F_i$ | $RF_i$ |
|---|---|---|---|
| 1 | 19.8 | 1 | 0.95 |
| 2 | 21.3 | 1 | 0.9 |
| 3 | 10.8 | 1 | 1.05 |

每一个单元的正常工作时间和工作循环的正常时间的计算如下所述。

$$NT_1=19.8\times1\times0.95=18.81$$

$$NT_2=21.3\times1\times0.9=19.17$$

$$NT_3=10.8\times1\times1.05=11.34$$

$$NT_C=18.81+19.17+11.34=49.32$$

在加上宽放时间因子 $A$，$A$ 取 15%。

标准工作时间：

$$ST=NT_C(1+15\%)=56.8\ s$$

# 第四节 邮政生产作业组织与管理

## 一、邮政收寄作业组织与管理

邮件收寄是邮政生产过程的首要环节。为了适应不同条件下用户寄递各类邮件的需要，邮政部门可采用邮政营业局所窗口收寄、箱筒收寄、上门收寄、代办处收寄、流动服务收寄等多种方式进行邮件收寄作业。

### (一) 邮政营业组织的任务

组织邮政营业的首要任务是通过为用户提供满意的服务，搞好邮政市场营销，树立良好的邮政形象，增强市场竞争能力。而对于邮政营业作业，其基本任务是在营业窗口接受用户委托，收寄各类邮件，开发兑付汇票，窗口投递包裹和存局候领邮件，收订各类报刊，办理集邮业务，提供查询服务，办理邮政储蓄和代理兼营业务等。

### (二) 组织邮政营业的要求

在市场经济条件下，邮政企业已从过去单纯的生产管理型，逐步向经营服务型转变。在这一转变过程中，营业局(所)的作用也相应地发生了变化。

邮政营业组织的基本要求有以下几点。

(1) 尽可能地为用户提供使用邮政业务的便利条件，体现用户第一的服务宗旨，全面满足用户的需求，热情服务，保证服务水平，增强服务竞争能力。

(2) 营业场所的布置应美观大方，营造文明舒适的环境。

(3) 应根据业务的种类和性质、业务量的大小、使用频次和处理时限要求等，合理设置营业窗口。

(4) 邮政营业应严把质量关。要严格按照邮件收寄作业处理规则规定的收寄范围、封装规格和资费标准办理收寄手续，提高窗口收寄工作质量。

(5) 充分利用现有场地、设备和人员，提高工作效率，提高经济效益。

### (三) 邮政营业组织的主要内容

邮政营业组织的主要内容包括营业时间的确定、场地布局、作业的组织以及劳动组织等。

#### 1. 营业时间的确定

营业时间的确定原则上应从满足用户需要，提高邮政服务水平和企业经济效益两个方面来考虑。既要适应当地日常生活情况、季节的变化方便用户用邮，又要考虑营业人员的工时利用率并照顾相关分拣、运输、投递部门的作业时间。

#### 2. 营业场地的布局

营业场地的布局主要指营业厅的布局，要根据局房的建筑面积和建筑格局，合理布置公众活动部分和营业人员活动部分，既要方便用户用邮，又要便于营业人员工作，确保通信秘密和票款安全。

#### 3. 营业窗口设置

营业窗口是邮政企业为用户办理邮政业务的服务系统。主要有分台(专业)窗口和综合窗口两种形式。目前以“一台清”作业的综合服务窗口为主流设置。

### (四) 开箱作业组织

开取信箱作业组织的内容包括确定开箱方式、路线、频次、时间以及编制开箱作业时刻表并配备人员。

#### 1. 开箱取信的作业方式

市内开箱取信的作业方式主要有两种：集中开箱制和分散开箱制。

集中开箱制：由市局集中组织开箱工作。这种方式可以减少信函的传递层次，加快信函处理封发速度。这种方式适用于小城市。

分散开箱制：由市局和部分支局按照规定的开箱路线开取信箱。其中，市局开取出来的信函由市局直接进行分发处理，支局开出的信函交转趟车运至市局一并处理。这种方式适用于大中城市。

**2. 制定开箱时间表**

制定开箱时间表要按照规定时限、频次要求和局内作业时限分配，确定开箱时间。即确定开箱的出班时间、每条路线开箱的时间长度和每次回局时间，然后编制开箱时间表。

## 二、邮政分拣封发作业组织与管理

邮件分拣封发工作，是邮件传递过程中的重要环节。在分拣封发过程中，各局必须严格执行统一规定的邮件传递频次和时限，严格执行统一确定的邮件直封和经转关系，严格执行统一制定的邮件处理规格标准；认真执行交接验收、勾挑核对、平衡合拢三项基本制度。

### （一）关于邮件分拣封发的基本概念

**1. 邮件的分拣封发**

邮件的分拣封发是按照邮件的寄达地点，根据直封经转关系，按照分拣格口的设置，把邮件逐件分入相关格口，封成袋套，交发邮运的一项作业。

**2. 直封**

直封是发寄局按寄达地点把邮件直接分发给寄达局的一种分拣方式。它不再由中途局重复处理，可以加快邮件的传递速度，节约人力、物力。

**3. 经转**

经转是发寄局对寄达局的邮件不直封，而是发给相关转口局，经重分后转发到寄达局的一种分拣方式。

**4. 封发频次**

封发频次是一昼夜内对出(转)口邮件和进口邮件封发的次数。

**5. 合封**

合封为减少外走袋和简化交接手续，将寄往同一寄达局量少的不同种类的邮件合封成一个总袋，如在市(县、局)与其分支机构之间，平挂邮件可以合封成一袋(套)。

**6. 混封**

混封对于寄往不同寄达地点本应分别封发的同类邮件封成一个总袋。如本转平挂信函可以混封。

### （二）分拣封发作业组织的任务和要求

**1. 邮件封发系统的任务**

(1) 查明邮件流量流向

① 设置分拣格口

按邮运路线、运邮车次、行政区划等划分分拣路段，组成一组细拣格口群。然后按路段设置初拣格口，这样一个初拣分拣格口就对应一组细拣格口群。在设置初拣格口时，邮件量大的城市应设置直封格口，以便一次分到位，这样既可以节约工时又可加快分拣封发速度。

② 实行计划封发

合理选择邮运路线、衔接关系和有效车次，以及适合寄达局的投递班次，有目的、有计划地封发邮件。通过计划封发，可使函件发出最多，经转最为适当，邮运途中历时最短，又能衔接投递局的投递班次。

(2) 查明邮件工作负荷

掌握到达的不均匀规律，合理编制生产程序，使人力配备与各个时间内不同的工作负荷相适应。

① 根据一次性调查资料和日常统计分析，核定一昼夜中各个时间到达邮件的数量和流向，预计各个时间段内的工作负荷，制订工作负荷计划。

② 规定各种作业时限，并按流水作业方式编排生产。

③ 核定生产定额。

(3) 编制生产作业计划

逐日的作业计划——按生产班组编制，具体到每个工作席位，每道生产工序，主要是对工作负荷、工作席位、劳动力以及生产能力进行综合核算。封发部门的作业指示图表——作业指示图和值班指示图。

**2. 邮件分发系统的基本要求**

使整个车间及其每个生产班组不仅都具有高度的生产效能和优良的工作质量，保证邮件的处理达到迅速准确和安全完整，而且整个车间及每个生产班组和工序的生产能力要等于或大于平均的工作负荷，以保证能够顺利完成生产任务。

### （三）邮件分拣封发组织的主要内容

邮件的分拣封发是按照邮件的寄达地点，根据直封经转关系，按照分拣格口设置，把邮件逐件分入相关格口，封成袋套，交发邮运的一项作业。邮件的分拣封发作业按照邮件的流动方向可以分为进口、出口、转口、本口分拣封发作业。

在出口和转口邮件的分拣封发作业中，要根据规定的直封关系，确定直封格口，并按照直封格口，将寄往同一地点及其经转范围内的邮件分拣在一起，封成袋套准备发运。

在进口和本口邮件的分拣封发作业中，要按照投递局和投递段进行分拣，然后交给市内转趟，运往支局所进行投递。

**1. 确定封发方式**

邮件封发是按照规定的封袋标准和要求，把分拣好的邮件装入邮袋或套内，并封装好，准备交给运输部门的一项作业。为保证邮件安全，所有邮件必须进行封发，不得以散件运送。

**2. 确定编制封发计划的原则**

组织计划封发的方法就是编制封发计划，作为各局分拣封发人员进行分拣封发作业的主要依据，计划封发就是通过编制和执行封发计划来实现的。编制封发计划的依据有两个方面：一是集团公司确定的各类邮件的封发频次；二是各局的发运计划，具体的依据和原则是分为以下几点。

(1) 各类邮件发运频次和时限的规定。

(2) 发运计划所规定的发运范围。

(3) 尽可能选择直达车次，无直达车次的，选择经转次数少的车次。

(4) 邮件到达时间尽可能赶上寄达局投递出班时间。

(5) 到寄达局效果相同的多趟车次中，要尽可能选择发车时间晚的。

### 3. 编制封发计划表

对每一个直封处所选择好车次后，就可以编制封发计划表，明确规定发往各个局的邮件封交的车次、航次，并按此进行封发作业。

（1）了解本局可以选择的发运路由

根据邮区中心局作业系统全国干线邮路联系示意图，研究由本局起点和路经本地的车（航）次，在沿途和终点站与各运邮工具的衔接情况，形成以本地为中心，联结全国各直封处所的本地发运路由。

（2）为每个直封处所（邮区中心局）选择适宜的封发车次

根据邮运工具的运行区间、时间与衔接关系，以及有关时限与频次的规定，对每个直封局都要选择从本局封发到该局投递或转发全程历时最短的路线和车次。

（3）编制封发计划表

对每一直封局都选定封发车次后，作业系统自动生成封发计划表，明确规定发往各个局的邮件封交的车次、航次，并按此进行封发作业。封发计划表的格式如表 3-6 所示。

**表 3-6　信函封发计划**

<table>
<tr><th>区间</th><th>车次</th><th>开车时间</th><th>交运时间</th><th>封发局名</th></tr>
<tr><td>兰州—北京</td><td>T76</td><td>13:18</td><td rowspan="2">11:30</td><td>北京本、北京转、呼和浩特、大同、银川</td></tr>
<tr><td>北京—太原</td><td>K609</td><td>14:29</td><td>太原、侯马</td></tr>
</table>

### 4. 制定分拣封发作业时间表

分拣封发作业时间表的制定，就是对邮件处理生产过程在时间上的组织，用作业时间表的形式把各道工序的作业起讫时间详细固定下来，以便按时进行作业和对作业的进度进行监督。

制定作业时间表的方法，就是将每批邮件到达时刻和赶发车班开行时刻作为两关，从两头逐步向中间推行，然后根据各批邮件业务量的大小、生产定额、规定作业时限和技术措施等诸因素，计算出各道工序所需时长，并确定出各道工序的开始时刻和结束时刻。作业时间表的格式如表 3-7 所示。

**表 3-7　出转口平常函件作业时间表**

<table>
<tr><th rowspan="3">时间阶段</th><th colspan="2">到达车次</th><th colspan="8">作业时间</th><th colspan="3">赶发车次</th></tr>
<tr><th rowspan="2">车次</th><th rowspan="2">到达时间</th><th colspan="2">开拆</th><th colspan="2">初拣</th><th colspan="2">细拣</th><th colspan="2">封发</th><th rowspan="2">车次</th><th rowspan="2">交运时间</th><th rowspan="2">开行时刻</th></tr>
<tr><th>起</th><th>止</th><th>起</th><th>止</th><th>起</th><th>止</th><th>起</th><th>止</th></tr>
<tr><td>Ⅰ</td><td></td><td></td><td></td><td></td><td></td><td></td><td></td><td></td><td></td><td></td><td></td><td></td><td></td></tr>
<tr><td>Ⅱ</td><td></td><td></td><td></td><td></td><td></td><td></td><td></td><td></td><td></td><td></td><td></td><td></td><td></td></tr>
<tr><td>Ⅲ</td><td></td><td></td><td></td><td></td><td></td><td></td><td></td><td></td><td></td><td></td><td></td><td></td><td></td></tr>
<tr><td>Ⅳ</td><td></td><td></td><td></td><td></td><td></td><td></td><td></td><td></td><td></td><td></td><td></td><td></td><td></td></tr>
</table>

## 三、邮政运输作业组织与管理

由于受交通运输条件的限制，目前邮政运输仍然是邮政通信的耗时环节，邮政的全程传递速度，在很大程度上取决于邮政运输的速度。因此，必须认真组织好邮政运输工作。

### (一) 关于邮政运输的几个基本概念

**1. 邮运频次**

邮运频次是邮路上的运邮工具运行(发班)的次数。干线邮路的邮运频次每昼夜不少于一次;省内邮路和农村邮路的邮运频次在保证邮件及时传递和紧密衔接干线邮运频次的原则下,由各邮政局自行规定。

**2. 运递时限**

运递时限是特快、信函、报纸两地之间从收寄到投递的全程时限。包件、印刷品、刊物等暂不统计全程时限。

### (二) 邮政运输组织的任务和要求

**1. 邮政运输的任务**

邮政运输是邮政生产的重要环节,邮政运输的任务就是综合利用各种运输工具,在各地邮政局所之间,按照规定的路线、时限和频次,有计划地运送各类邮件总包。

**2. 邮政运输的具体要求**

(1) 制定并认真执行邮运计划。

(2) 运输作业要做到准班、准点,遇到特殊情况,尽可能保证邮运畅通。

(3) 在邮政运输中必须保持各类邮件的完整无损,保证通信质量。

(4) 不断提高邮运设备利用率和生产人员的劳动生产率。

(5) 加强邮运工作的指挥调度,提高邮运工作的预见性和应变能力。

### (三) 邮政运输作业组织的主要内容

组织邮件计划运输,是一项非常复杂而细致的工作,必须遵循统一的原则,即组织邮件计划运输的总原则是:“全面规划,统筹安排,分层负责,统一调度”。在上述总原则的指导下,确定不同种类邮件具体的编制原则。

**1. 发运计划的分类**

编制邮件发运计划就是为本局发往全国各地的邮件选择合适的发运路线,选择有效车次,进行合理的运量分配,并用计划表的形式固定下来,作为发运邮件的依据。邮件发运计划包括两个方面的计划,即发运路向计划和运量计划。发运路向计划是规定各类邮件发运路由的计划,也称发运计划。运量计划是对地面局实施运量控制的计划,也称量计划。

邮件发运计划的分类如下。

(1) 按照计划作用的范围,分为干线邮件发运计划和省内邮件发运计划。

(2) 按照作用对象,分为地面局邮件发运计划和车次邮件发运计划。

地面局邮件发运计划是以同铁路邮车停站交换邮件的地面局为主体的邮件发运计划,也称局计划。车次邮件发运计划是以邮车为主体的邮件发运计划,也称车计划。

(3) 按照邮件种类,分为快递邮件发运计划(航空邮件发运计划)和普通邮件(火车邮件发运计划)发运计划。

**2. 编制邮件发运计划应遵循的原则**

(1) 快递邮件发运计划的原则

① 考虑最快运输方式

由于快递邮件对时限要求较高,为保证快递邮件的时限,必须采用速度最快的运输方式。

② 如果航空运输与陆路运输时限效果相同(赶同一个投递频次),采用陆路运输,按照普通邮件中轻件发运计划发运。航陆互转与航空直达、联航运输时限效果相同时,采用航空直达、联航运输。

③ 各干线航空通运局之间在选择联航中转站和经转局时应按照国家邮政局指定的中转航站和经转局进行转航和经转,非干线航空通运局如果就近发其他干线航空通运局转航速度较快时,也可以发运。

(2) 普通邮件发运计划编制的原则

普通邮件是指除特快专递以外的所有邮件。编制普通邮件发运计划的原则有以下几点。

① 实现固定路线发运,按照全国干线邮件发运路线示意图编制。

② 轻件以迅速有效为基本原则,在时限效果相同时,尽可能选择直达车和经转次数少的车次发运,确保时限的完成。

③ 重件以发直达车为主,无直达车的应选择经转层次少的路由发运。

**3. 邮件转运作业组织**

邮件转运部门接收出(转)口邮件总包后,要进行抄登出口总路单,并将路单与袋进行勾挑核对,按发运路向、预定的路线、车次(船次)和发运计划有秩序地交运。邮件转运生产过程包括以下几个工序。

(1) 接收工序:向分拣封发单位或市外运输工具接收进、出口、转口邮件总包以及相关路单,并根据路单节目进行交接验收。

(2) 处理工序:对出口总包邮件按照发运计划进行分拣和堆码,等待发运;对于进口、转口总包邮件,按照进口处理单位和各车次分别进行分拣堆码,并填制分口路单和总路单,随同邮件进行交接。

(3) 运送工序:将出口、转口邮件运往车站、码头、机场;将进口邮件总包装上运输工具,送交市内邮运工具。

(4) 交接工序:将出口、转口邮件总包同押运人员或运输部门进行点交发运;将进口邮件交给分拣封发部门进行处理。

## 四、邮政投递作业组织与管理

### (一) 投递作业的任务和要求

**1. 投递的任务和方式**

(1) 投递的任务

投递是邮政生产的最后一个环节,其任务是把本口和进口邮件报刊按照规定的时限和频次准确而完整地投交给指定的收件人。

(2) 投递的方式

邮件投递方式主要有按址投递和窗口投递。按址投递是按照邮件封面书写的地址将邮件投交给收件人的投递方式,它是邮件投递的最主要方式。按址投递还可以分为到户投递、信报箱投递和委托代投等多种形式。窗口投递是用户凭邮件领取通知单到指定的邮局办理领取邮件的一种投递方式。

**2. 投递作业的要求**

投递作业具有以下几个方面的特点。

① 以室外单独作业为主，工作条件差，劳动强度大。

② 投递质量要求高，因为如果投递工作发生差错或延误，将使前面各个工序的生产劳动全部前功尽弃。

③ 投递人员多，服务面积大。

④ 投递范围广，投递环境差别大。

根据投递作业的特点，以及用户不断增长的需求，对投递作业组织提出了如下几点要求。

① 要根据邮政通信生产全过程的时限要求和不同地区的用邮情况，确定邮政投递频次和投递深度，合理安排投递班次和作业时间，加快投递速度。

② 保证投递邮件完整无损，避免错投、漏投、丢失、损毁、延误和泄密等事故发生。

③ 不断改善服务，力求用户方便，树立邮政良好形象。

### （二）投递作业组织的主要内容

**1. 投递作业流程**

投递作业的主要工序有：接收、开拆、过戳、按段分拣、排信、出班投递和回局交班。

**2. 投递作业组织的主要内容**

邮政投递作业组织包括：确定投递制式、投递频次和投递深度，划分投递区和投递段，组划投递路线、配备投递人员，制定投递作业时间表。

（1）投递制式的选择

① 集中投递制

集中投递制就是在市区范围内，由一个投递局进行集中投递。采用集中投递制可以一次分拣到段，避免重复分拣，提高作业效率。

很多中小城市，城区范围小，居民居住比较集中，由一个投递局进行集中投递，能够完成投递时限并不会产生空白行程，比较适合采用集中投递制。

② 分散投递制

分散投递制是将投递范围划分为若干投递区，在每个投递区选定一个投递局，由市局将全市的邮件报刊通过市内转趟邮路运送到各个投递局，再由投递局按段分拣进行投递。

对于城区范围大、居民居住广泛的大中城市适合采用分散投递制。

（2）划分投递区和投递段

① 划分投递区

投递区是在分散投递制下，一个投递局负责投递邮件的区域范围，中小城市采用集中投递制的，只有一个投递区；较大城市采用分散投递制的，则要划分多个投递区。

划分投递区的原则有：

- 便于组织投递作业；
- 减少投递人员无效行程；
- 投递局的位置应适中，而且要有作业场地；

- 投递区一经划定，要保持相对稳定；
- 有利于业务的监督和管理。

② 划分投递段

投递段是一个投递员负责投递邮件的范围。为了便于划分责任，熟悉投递情况，每个投递段原则上配备一个投递员。

划分投递段的基本要求：

- 投递员每班都能在规定的作业时间内，将邮件报刊投送完毕；
- 使各投递段的工作符合基本平衡，避免劳逸不均；
- 投递段的起点，应尽可能从靠近投递局的地方划起，力求减少上段的无效行程；
- 段与段之间界限清楚，避免犬牙交错，互相跨越。

为便于投递员熟悉段内情况，积累经验，投递业务大户也在不断增加。大户投递段就是专为投递业务大户划定的投递区域范围。

在一个投递区内，对业务量很大的单位和个人，如不单独划段，就会使相关的投递段负荷过大，带运不安全，而且投递费时，难以完成规定时限。将这些业务大户单独划成大户投递段，既解决了上述问题，又可加快这些大户的邮件投递速度，保证重点地位能尽快收到邮件。因大户段的投递负荷大，通常使用机动车辆进行投递。这既加快了邮件的传递速度，又改善了职工的劳动条件，减轻了劳动强度。

# 第五节　邮政生产质量管理

## 一、质量管理

质量是指产品或服务的特性和特征对于用户的一种关系，是产品或服务在营销、设计、制造、维护中各种特性的综合体，借助于这一综合体，产品或服务在使用中就能满足用户的需求。可以给质量一个简明的定义：适用性、满足需求者的需求程度。

### (一) 质量管理的概念

质量管理是确定质量方针、目标和职责并在质量体系中通过诸如质量策划、质量控制、质量保证和质量改进使其实施的全部管理职能的所有活动。它是为使产品和服务质量能满足不断更新的质量要求而开展的策划、组织、计划、实施、检查、监督审核、改进等所有管理活动的总和。质量管理应由企业的最高管理者负责和推动，同时要求企业的全体人员参与并承担义务。只有每一位员工都参加有关的质量活动并承担义务，才能实现所期望的质量。

### (二) 质量管理的意义

质量管理的目的是通过组织和流程，确保产品或服务达到内外顾客期望的目标；确保企业以最经济的成本实现这个目标；确保产品开发、制造和服务的过程是合理和正确的。

通过质量管理，可以提高企业产品和服务的质量，从而不断满足市场需求的变化；可以提高企业的市场竞争力，进而提高企业的经济效益；可以规范经营秩序，树立企业的良好社会形象。

## 二、邮政服务质量管理

### 1. 我国邮政服务质量管理

我国邮政部门的服务宗旨是“迅速、准确、安全、方便”，为保证邮政服务质量，邮政部门建立了健全的监督检查工作系统，并落实了组织机构和人员配备。

(1) 组织机构

邮政系统内部建立了中国邮政集团公司、省(直辖市、自治区)邮政公司、地(市)局、县局各级业务视察机构或视察、检查人员，通过业务视察部门进行互查、抽查和自查，形成了由上到下的邮政业务监督检查工作系统。

在邮政系统外部，重视招收的社会监督员所起的作用，使社会监督员真正起到邮政服务的客观监督检查的作用。正确对待向社会提供的全国邮政服务监督电话及各省的邮政服务监督电话，及时处理用户的意见。

(2) 监督检查工作

通信质量监督方面：各级业务视察机构或人员每年都按年度制定视检工作计划并实施，最后写出视检工作总结和视检工作通报。不同级别的视察机构和视察人员都有不同的任务和权限，都要有明确的邮政业务视察项目内容和视察方法。

服务质量监督方面：通过邮政用户名址库资源，有计划地向邮政用户发出服务质量评价函。通过市场调研，科学地设计评价函的内容，及时、公正地整理用户反馈的信息。

(3)建立质量指标

我国邮政通信质量指标分为三类。

① 危害邮件安全类，包括因邮件丢失、被盗、被冒领、焚烧、水湿、污染、腐蚀、爆炸而使邮件受到损失。

② 影响邮件时限类，包括因局内积压、延误班期、误发等而造成邮件超过规定的全程时限。

③ 造成邮件损失、延误隐患类，包括处理邮件不执行规章制度，不符合规格标准。

对外的服务质量方面的评价指标主要是满意度，并分为以下几级：很满意、满意、较满意、不满意和很不满意。

### 2. 国外邮政服务质量管理

许多国家的邮政部门都建立了邮政业务视察组织，以此来提高邮政通信的内部服务质量。各国邮政业务视察组织的任务大同小异，一般都是：全面视察邮政系统各个生产和管理部门，检查内容包括业务、会计、金库和人事；生产和业务视察，着重研究人力、物力、场地、设施、生产作业方式、通信质量和服务；调查研究性视察，发现和处理不法行为；监督检查，许多国家的视察员检查生产场地、设施是否满足需求和符合标准等。

一些国家的邮政部门也比较注重邮政的对外服务质量的提高，以下是部分国家邮政的对外服务质量管理情况。

(1) 日本

日本邮政具有完备的邮政监察系统，具有搜查、调查和考察功能。从对局所的考察内容看，一般是按以下步骤进行的。

① 明确考察的目的、对象和种类。

② 制定考察方针和计划。

③ 作出考察结果的处理。

(2) 泰国

泰国邮政以邮件传递时限为质量管理的核心，制定了邮件的传递时限标准，并在各营业场所向社会公布。国内信函时限，市内为次日或次二日递，首都至各省会为次日至次三日递，首都至其他城市为次日至次四日递，最大时限为次五日递。泰国发测试信件，加强对时限的监测，国内测试信件，平信每月一次，印刷品每年 2 次，每次 5 000～6 000 件，EMS 每月一次 1 000 件。同时，还在现场随机抽样检测时限，平信每月 1.3 万件，印刷品每年 3 次 1.5 万件。对国际邮件，泰国发测试信和控制卡进行监测。

(3) 荷兰

荷兰邮政将邮政质量管理分为三部分：产品质量、服务质量和全面质量。其对质量的定义就是满足客户的需求，而且定义了质量的客观标准，即客户主观上的满意程度、邮政客观上的工作表现。

其制定的邮件质量标准包括：运递时限——要求准时、迅速，运输和投递均应在规定时限内完成；准确投递——要求妥投率应达到一定比例；丢失破损——要求将邮件的丢失和破损率控制在一定的比例之内。为了准确测量以上数据，荷兰邮政监察部门平均每三个月要发出 45 000 封试信邮寄到 3 400 个不同的地址，请这些收件人长期做好记录；另外，每三个月要向 1 000 名私人用户及 1 000 名商务用户进行调查，以检查邮件的运递时限、妥投以及丢失或破损比例和全面情况。

其制定的窗口服务标准包括：等候时间——如果让客户在邮局内等候时间过长，客户就会失去耐心，邮政就有可能失去一笔业务。为此，规定在邮局内 80% 客户在 4 分钟之内得到服务。为了达到这一指标，就要求邮局想办法以不同的方式缩短客户实际等待的时间；服务的专业水平——窗口服务水平的专业水平如果欠缺，同样无法留住客户；保障客户的隐私权——客户在邮局内接受服务时，其隐私权应当得到保障。它们每三个月都要在各地主要邮局的外面做 450 000 次的问讯调查，直接听取客户对以上三个方面的评价。此外，还利用暗访的方式进行调查。

## 三、邮政服务质量管理方法

邮政部门作为服务部门，应重视服务质量管理，既包括在营投环节对用户的服务质量，也包括整个过程完成后满足用户需求的程度。

实际上，不仅服务部门在讲服务质量，整个企业界都重视服务质量管理。许多公司的高层管理人员都积极地在各自的经营管理工作岗位上，探索具有本企业特点的服务质量管理模式和方法，总结出了一些有益的经验和教训。在服务质量与企业效益的关系、服务质量管理框架、质量差距分析和服务质量形成模式诸方面进行了有益探索，总结出一些体现各行业、各企业服务质量共性的方法和模式。

目前，国际上对服务质量研究的前沿内容有如下几点。

**1. 服务质量的评估**

美国营销学派拉索拉曼等三人在顾客评估服务质量问题上提出了“差距理论”(Gap Theory)，认为顾客的感知服务质量(Perceived Service Quality)高低决定了顾客对服务质量的评估，而顾客的感知服务质量取决于服务过程中顾客的感觉(Perception)与顾客对服务的期望(Exception)之间的差异程度。

他们建立了服务质量模型 SERVOUAL 来评估企业的服务质量。他们认为,正确评估服务质量首先应对顾客评估服务质量的内在情况进行研究。为此,他们将顾客感觉中的服务质量归结为五大要素:可感知性、可靠性、反应性、保证性和移情性。SERVOUAL 模型主要是分析了造成各类服务失败的五大差距,并提出消除这五类差距的策略。这五类差距为:①顾客期望与管理人员期望之间的差距;②管理人员的认识与服务质量标准之间的差距;③服务质量标准与提供的实际服务水平之间的差距;④提供服务与外部沟通之间的差距;⑤认识的服务与期望的服务之间的差距。如图 3-2 所示。

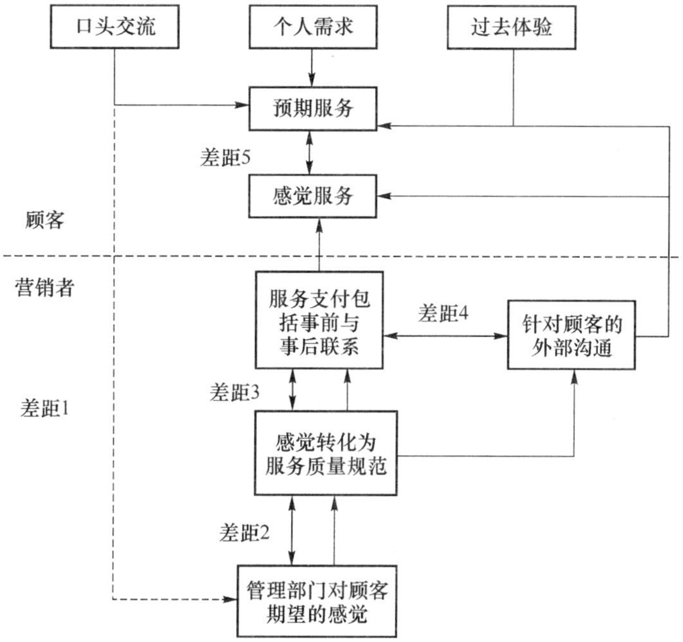


图 3-2　服务质量的差距分析模型

服务吸引顾客的差距分析可以指导管理部门发现质量问题产生的原因,并找到适当的方法缩小这种差距。

**2. 通过设计改进服务质量**

作为西方服务营销学的研究成果,"服务质量阶梯"概括了服务质量管理的理论方法和步骤:质量检查是第一步,其后依次是服务质量控制、质量责任管理、质量成本管理、无条件服务保证、服务设计等。质量机能展开是质量管理的最高层次。

**3. 顾客满意评估**

进入 20 世纪 90 年代之后,CS 即顾客满意战略勃然兴起,成为广大服务企业广泛采用的营销战略。对顾客满意度的评估和分析,主要是沿用效用和心理两个层面建立研究框架。对顾客满意度的效用分析,表示为顾客消费服务而获得的总价值与消费服务所付出的总成本之比,并从这两个方向对顾客满意度进行拓展评估;对顾客满意度的心理分析,是将用户满意度定义为顾客将服务消费的预期和实际经历的服务加以比较所获得的感受,并从顾客满意这一心理感受形成的相应过程对顾客满意度进行拓展评估。

邮政部门在进行质量管理时,应利用科学的方法,首先分析用户的需求、期望,通过缩小本企业所能提供的服务水平与用户期望的差距来提高邮政通信服务质量。

# 第六节　邮政生产现场管理

## 一、现场管理的基本理论

### （一）“6S”管理内涵

目前，较为先进的现场管理的理论是“6S”管理。“6S”管理是加强企业基础管理的必要手段，是清理、整顿、清扫、安全、规范、素养六方面进行现场管理的方法。其基本目标是使生产现场达到“门类清楚、区隔整齐、标识分明，洁净安全”的状态。其内涵和实施要点如表 3-8 所示。

表 3-8　“6S”管理实施要点

| 要素 | 含　义 | 实施要点 |
| --- | --- | --- |
| 清理 | 清理现场空间和物品 | （1）清除垃圾或无用、可有可无的物品；<br>（2）明确每一项物品的用途、用法、使用频率；<br>（3）现场只保留必要的物品 |
| 整顿 | 整顿现场次序、状态 | （1）在清理基础上，合理规划现场的空间和场所；<br>（2）按照规划安排好现场的每一样物品，使其各得其所；<br>（3）做好必要的标识，使所有人都感觉清楚明白 |
| 清扫 | 进行清洁、打扫 | 在清理、整顿基础上，清洁场地、设备、物品，形成干净、卫生的工作环境 |
| 安全 | 采取系统的措施保证人员、场地、物品等安全 | 系统地建立防伤病、防污、防火、防水、防盗、防损等保安措施，加强摄像监控和封闭作业管理 |
| 规范 | 形成规范与制度，保持、维护上述四项行动的方法和结果 | （1）检查、总结，持续改进；<br>（2）将好的方法与要求纳入管理制度与规范，明确责任，由突击运动转化为常规行动 |
| 素养 | 建立习惯与意识，从根本上提升人员的素养 | 通过宣传、培训、激励等方法，将外在的管理要求转化为员工自身的习惯、意识，使上述各项活动成为发自内心的自觉行动 |

### （二）“6S”管理的作用

（1）改善和提高企业形象。

（2）促成效率的提高。良好的工作环境和工作气氛，有修养的工作伙伴，物品摆放有序，员工可以集中精神工作，工作兴趣高，效率自然会提高。

（3）减少直至消除故障。保障品质优良的品质来自优良的工作环境。通过经常性的清扫、点检，不断净化工作环境，避免污物损坏机器，维持设备的高效率，提高品质。

（4）保障企业安全生产。储存明确，物归原位，工作场所宽敞明亮，通道畅通，地上不会随意摆放不该放置的物品。如果工作场所井然有序，意外的发生也会减少，当然安全就会有保障。

（5）降低生产成本。通过实施“6S”管理，可以减少人员、设备、场所、时间等的浪费，从而降低生产成本。

(6) 改善员工精神面貌,使组织活力化。人人都变成有修养的员工,有尊严和成就感,对自己的工作尽心尽力,并带动改善意识(可以实施合理化提案改善活动),增加组织的活力。

(7) 缩短作业周期,确保交货期。由于实施了“一目了然”的管理,使异常现象明显化,减少人员、设备、时间的浪费,生产顺畅,提高了作业效率,缩短了作业周期,从而确保交货期。

## 二、生产场地布局与现场定置管理

### (一) 生产场地布局

生产场地布局是邮政企业生产空间组织的一项重要内容,它包括生产设备工作席位、用品用具、邮件和通道的布置和安排。在邮政企业中,生产场地按作业环节可以分为营业场地、分拣封发场地、转运场地、投递内部处理场地等,其中分拣封发处理场地又可按业务种类分为信函分拣车间、包裹分拣车间、报刊分拣车间等。

生产场地布局总的要求,是要根据邮政生产规模和生产特点,合理利用生产场地,有效安排生产设备和人员,提高邮件处理和运行效率,保证邮件安全,实行文明作业。

生产场地布置应遵循以下原则。

(1) 顺序原则:按生产流程和作业流程安排工序和设备,规划各工种作业面积和工序作业位置,做到上下工序衔接,缩短邮件的传递时间。

(2) 就近原则:将生产协作关系密切的工序或生产环节就近布置。

(3) 最短距离原则:在符合生产流程的前提下,使邮件的传递路线尽可能短。

(4) 单向流原则:使生产流程尽可能不存在迂回曲折和平面反复交叉现象。

(5) 安全原则:生产场地布局方案,要保证邮件安全和生产人员的安全,并尽可能为生产人员创造良好的工作环境,使采光、照明、通风、取暖、防尘、防噪音等条件,符合环境保护的要求。

(6) 隔离原则:与作业现场有关的生产辅助现场,要靠近作业现场,又要便于作业现场管理。

(7) 方便原则:营业场地布局要注意既方便公众用邮,又方便作业,使邮件票款的安全和通信保密有保障。

(8) 弹性原则:随着生产技术的进步和业务量的增加,企业的生产始终处于动态的发展之中。因此,生产场地的布局要考虑长远发展的需要,应留有余地。现场定置管理是为了便于组织生产、方便操作、提高工作效率而合理固定生产现场设备、用品用具、邮件等放置位置的管理活动。

### (二) 现场定置管理

现场定置管理是生产过程空间组织的重要组成部分,它是企业在生产活动中研究人、物、场地三者之间关系的一门学科。定置管理通过对生产过程、作业要素进行相同分析,按作业流程需要,科学、合理地确定生产作业中人、设备、邮件、工具在现场中的相对位置,充分利用生产空间,改善作业环境,进行文明生产,以保证井然有序的生产秩序,减少操作中寻找和等待时间,排除无效劳动和不安全因素,加速邮件传递,从而提高劳动生产率,保证通信质量。

按照“6S”管理中“清理”、“整顿”、“清扫”的基本要求,对生产作业现场进行定置定位管理。按照科学、合理、方便的原则，依据作业流程和环境条件绘制定置图，将场地划分区域，物品定(位)置存放，减少生产现场的不安全因素；生产用品、用具严格按定置图所标位置摆放，如有变动，应及时更改，报相关部门备案；设备、设施一经安装投入使用，不能随意挪动其位置；工作终了，所有用品、用具要及时归位，设备、物品定置图以外的用品不得进入定置区，达到“有物必有区，有区必挂牌，挂牌必分类，按图定置，图物相符”、“以物对号，以号对图，图号相符”。

定置过程是在进行作业分析和动作研究的基础上，实现人与邮件、机器的最佳结合的过程。其目的是要使作业者感到顺手、方便、安全、省力、避免忙乱。

定置管理的范围主要包括营业、分拣封发、转运和投递等在内的各生产现场。其内部区域又包括处理场地、存放邮件场地、待发邮件区、生活区和通道等。

**1. 定置管理的工作内容**

(1) 根据作业现场总体布局的要求，设计各封闭作业现场定置图，划分工序、台席作业区域。

(2) 设计设备、工具、台席、桌、椅、柜等的放置位置和动态物(车辆)的活动通道及停用时放置位置。

(3) 设计按岗位应配置作业时用品摆放位置和工作终了时保管位置。

**2. 定置管理的工作方法**

(1) 调查分析现状，提出总体设计方案。组织人员对定置单位的生产现场、作业流程、操作方式及邮车和物品的存放现状进行调查、分析，找出影响安全、质量、效率的因素。运用相同优化方法进行科学的分析，提出调整布局的总体设计方案。

(2) 在作业组织优化的前提下，根据作业组织要求，划分作业区域，按照作业流程和确定的生产岗位，对各种专用设备进行定置。

(3) 在研究操作方法的基础上，消除无效劳动和多余动作，确定合理的工作方法，并在此基础上设计定置方案，将工具、材料定置到设备或工作台内。

(4) 设计和绘制定置图，并在定置图中标明企业界定、定置物位置、数量，各种符号应标准化。

(5) 定置物确定后，不得随意增减变动，定置标准外的物品不得进入定置区域，改变定置须经批准。

## 第七节　邮政生产其他管理

### 一、邮政设备管理

邮政设备管理是邮政部门为了保证邮政设备的正常运转，保障邮政通信市场的稳定、高效发展，推进技术进步，提高技术装备水平和企业技术素质而发展的一系列活动。

#### (一) 邮政设备管理的任务

邮政设备管理的任务是通过相关的计划、组织以及一系列的管理体制和措施，达到经济、合理地选购设备，准确有效地使用设备，充分发挥设备的效能；精心维护，使之经常处于最佳状态，保证企业市场运作的正常进行，在提高企业技术装备水平的同时，使企业实现从劳动密集型向技术密集型的转化，不断提高劳动生产率，改善市场环境和劳动条件，提高技术进步，使之充分发挥综合效益和经济效益。

### （二）邮政设备管理的主要内容

邮政设备管理的主要内容包括：设备的配置和选型，使用与维护，设备的修理、改造、更新，建立设备经济管理制度等。

**1. 设备的配置和选型**

在设备选型时，要以我国的邮政技术政策和技术体制为依据，选择适合业务发展需要，适合全程全网作业，符合进网要求的设备种类。要考虑设备的实用性、可靠性、可维修性、先进性、经济性等，做好技术经济可行性论证和投资决策。

邮政设备的配置，应根据邮政通信业务的需求确定主要机械设备配置的起始量标准，如信函分拣设备上机处理量为 20 万件/日；包裹分拣设备上机处理量为 0.3 万件/日。

**2. 设备维护、维修**

机器设备在使用过程中难免发生故障，设备管理的主要任务就是掌握设备的运行和故障规律，采取相应的措施，减少故障的出现，使设备可靠地进行工作。同时还要注意合理使用能源，延长设备的使用寿命，降低维修费用。

**3. 设备的更新和改造**

设备的更新是指用新的设备代替技术性能落后、经济效益差的原有设备。设备的使用过程中，由于各部分之间的摩擦及材料的疲劳和老化，效能逐渐劣化，通常可借助于维修的方法全面或局部地补偿这种物理的磨损和效能的劣化。

设备更新有两种形式。

(1) 原型更新

即用系统型号的新设备把使用多年、大修多次、再修复已不经济的旧设备更换下来。这种更新方式只适宜在能够满足工艺要求、暂无新型号可替换或市场上一时买不到新型号设备的情况下使用。

(2) 技术更新

即选用技术先进、效能好、效率高、耗能少的设备，替换技术效能落后又无修复、改造价值的老设备。技术更新是设备更新的主要方式，是技术发展的基础。

**4. 建立设备经济管理制度**

设备经济管理要反映设备寿命周期发生的各项费用（如购置费、维持费、拆除费、残值）的管理，根据企业的经营方针、目标，建立经济管理责任制度。

## 二、劳动组织管理

邮政生产的劳动组织是以邮政企业主要生产环节或车间为单位，根据作业量的大小和劳动定额标准核算生产人员的数量。其原则是忙时人多，闲时人少，合理兼职，协作配合。

由于用户使用邮政业务的时间和业务量具有很大的随机性，邮运也具有间断性，在各个时间段到达邮政部门的作业量通常是很不均匀的。因此，在劳动组织中必须预测一定时间段内的工作负荷量，根据负荷量的大小合理安排人员。

### （一）工作负荷的计算

工作负荷分为实际负荷和计划负荷。

**1. 实际负荷**

实际负荷是指一定时间内实际来到的工作负荷。获取实际负荷量通常是采用日常统计的方法。根据业务量统计结果，在一定时期内，某一生产部门的负荷量(业务量)是不均匀的。为了找出一定时期内某生产部门负荷量的波动情况，可以用某些系数或指标来反映工作负荷量的集中程度。例如：

$$\text{小时集中系数}=\frac{\text{某小时的业务量}}{\text{全天的业务量}}\qquad \text{日不均匀系数}=\frac{\text{某天的业务量}}{\text{全周(月)日业务量平均值}}$$

$$\text{最繁忙小时的集中系数}=\text{一天中最大的小时业务量}/\text{一天的总业务量}$$

**2. 计划负荷**

计划负荷就是在一定时期内预计到达的工作负荷量。有了计划负荷，才有可能根据需要合理配备生产设备和人员，使生产能力能够适应负荷量的需要。

**3. 时限负荷**

工作负荷的大小，不仅取决于到达邮件的数量，同时也受规定工序时长的影响，这就引出了时限负荷的概念。时限负荷就上把计划负荷纳入工序时长范围内的工作负荷。它同到达邮件的数量成正比，同工序时长成反比。时限负荷的计算公式如下：

$$\text{时限负荷}=\frac{\text{计划负荷}}{\text{工序时长}}$$

### (二) 工作席位和生产人员的配备

**1. 工作席位和生产人员的计算**

工作席位的数量，可以根据计划负荷来计算，也可以根据时限负荷来计算，计算公式为：

$$\text{工作席位数}=\frac{\text{计划负荷}}{\text{生产定额}\times\text{工序时长}}$$

或

$$\text{工作席位}=\frac{\text{时限负荷}}{\text{生产定额}}$$

由于工作负荷的不均匀性，工作席位又不能每天每小时随时增减。所以，工作席位必须按照计划期内最大日和最大小时负荷需要来配备。

生产人员的计算方法与工作席位的计算方法相同。生产人员的需要量也同样受负荷不均匀的影响。但是，由于生产人员的组织调度，比配备设备有较大的灵活性。应该采取各种措施，尽可能在工作负荷大的时候多配人员，工作负荷小的时候少配人员，而不能简单地按最大负荷来配备，以便减少人力浪费，提高人员的工时利用率。

下面以营业部门为例来说明如何安排工作席位和核定营业人员的数量。

**例 3-1**　某市邮政支局小时工作负荷为 180 件，单位工时定额为 2 分钟，即每小时有用户 180 人，服务每一个用户的时间定额为 2 分钟，则处理全部工作负荷所需要的时间 $Y=180\times 2/60$(人时)。即如果要想在一个小时内处理完 180 件邮件的收寄工作，应安排的工作席位数量 $R=Y/1$ 小时 $=6$(人)。

**2. 合理配备生产人员的方法**

合理配备生产人员的方法有合理兼职和合理组织班组两种。

(1) 合理兼职

所谓合理兼职，就是一个工种的生产人员利用空闲时间兼做另一个工种的工作。由于工作负荷的不均匀性，同一工序在不同时间内或同一时间内的不同工序的忙闲情况不一样。

这样就有可能也有必要在不同工种的生产人员之间彼此实行兼职。实行兼职可以通过交叉作业,节省生产人员。

(2) 合理组织班组

在多数邮政企业中,生产人员多实行多班制的劳动组织形式,但要注意以下几点。

第一,每班人数尽可能相等,全班人员上下班时间一致。

第二,前后班在工作告一段落时要彼此交接,便于分清责任。

第三,符合工时、公休的规定,不断改善劳动条件。

第四,各班组的工作条件相同。

总之,合理配备生产人员应尽可能提高工时利用率,减少工时损失,为此应从作业起讫时间、生产人员上下班、用膳、休息等时间的确定,以及合理兼职等方面综合考虑,制定用工利用率的指标来衡量。

## 三、安全管理

从不同的角度考虑,安全管理包括以下几个方面:邮件的丢失、损毁等方面的管理,邮政资金管理和安全生产作业管理。这里仅讨论在生产过程中的安全生产管理。

### (一) 邮政安全生产总方针

邮政安全生产应坚持"安全第一、预防为主"的方针。邮政各生产单位必须遵守《中华人民共和国安全生产法》和其他有关安全生产的法律、法规的要求。各生产单位的主要负责人对本单位的安全生产工作全面负责。各生产单位应建立、健全本单位安全生产责任制;组织制订本单位安全生产规章制度和操作规程;保证本单位安全生产投入的有效实施,具备安全生产条件所必需的资金投入;督促、检查本单位的安全生产工作,及时消除生产安全事故隐患;组织制订并实施本单位的生产安全事故应急救援预案;及时、如实报告生产安全事故。

### (二) 安全生产管理措施

#### 1. 建立、健全本单位安全生产责任制

坚持"安全第一、预防为主"的安全工作方针,各生产单位应当设置安全生产管理机构或配备专职安全生产管理人员。落实各级人员安全责任,逐级签订安全生产、治安保卫目标责任书和防火安全责任书。各级邮政安全保卫部门要会同人教等相关部门定期对重点部位人员进行考核,及时了解掌握其思想动态和工作情况。制定安全生产考核办法,做到安全工作警钟长鸣,常抓不懈。生产单位发生重大生产安全事故时,单位的主要负责人应当立即组织抢救,并不得在事故调查处理期间擅离职守。

#### 2. 加强生产安全教育工作,严格执行生产安全管理制度

对各生产单位的从业人员进行安全生产教育和培训,保证从业人员具备必要的安全生产知识,熟悉有关的安全生产规章制度和安全操作规程,掌握本岗位的安全操作技能。

定期召开安全生产例会,分析本部门安全动态,制订对策措施。加强用电管理,做到规范用电、安全用电。电工、铲车、牵引车驾驶员等特殊工种需培训考核合格才能上岗。

#### 3. 组织制订与实施安全生产规章制度和操作规程

各生产单位应建立安全值班制度,人员、车辆出入实行登记。

对于邮区中心局,特别是二级以上邮区中心局安全保卫部门,应配备治安人员、建立监

控室，负责局内各重点部位安全。对邮政通信枢纽及邮件分拣、封发、转运等重点部位安装的火灾报警灭火系统，防盗报警系统、电视监控系统、门禁系统，实行集中监控制度。

邮件在处理过程中，禁止在光亮处透照，不准私自摘录和涂改邮件上的姓名、地址和对外泄露用户用邮的情况。在邮件处理过程中，发现有未封口、破裂或有明显拆动痕迹等情况应及时汇报。对于航空安检不合格的邮件和禁寄物品、易燃易爆物品，加以隔离，落实安全措施，按有关规定及时处理上报。

邮运押车人员在执行押运任务时，应认真执行邮件交接手续，遵守押乘纪律，严禁为他人捎带物品和私自带乘无关人员，严禁将易燃易爆物品带入邮政车厢。要加强对车厢邮件安全巡视，并要检查车厢门窗搭勾、插销是否完好，在邮件交接完毕后，要检查是否有遗留、丢落的邮件，火车到终点站，必须留押车人员值守。

**4. 生产场地安全生产消防措施**

各生产单位安全保卫部门应配备专职防火干部，并建立义务消防队。各级邮政安全保卫部门应组织干部职工学习消防知识，制定处置火险预案，并进行演练。

落实消防器材定期维护保养制度，定期组织消防演练，提高义务消防队员的灭火技能，确保处理突发事件的能力。

## 四、信息管理

邮政企业信息管理是指利用现代信息技术，通过信息资源的广泛利用，不断提高生产、经营、决策的效率和水平，进而提高企业的经济效益和企业竞争力。进行信息管理，要从邮政企业的实际出发，充分考虑邮政企业的特点，结合用户的需要和企业的各种资源分布情况，提高邮政企业的管理水平。进行信息化管理的要求有以下几点。

### (一) 有计划、有步骤地推进企业信息化进程

企业信息化是指信息技术应用于企业生产、业务开发、经营管理等各种领域，不断提高信息资源的开发效率，从而提高企业的管理水平、业务开发能力和经营效益的过程。企业信息化包括三个阶段：一是利用计算机实现对业务生产过程的自动控制；二是利用计算机系统实现企业内部管理的系统化；三是利用互联网开展电子邮政业务。因此，有计划、有步骤地推进企业信息化进程直接影响企业管理的水平。

### (二) 集成企业内部信息系统

邮政企业要有效地进行信息管理，必须把用户信息与业务管理信息、财务信息、业务开发信息、运输信息等系统有机集成。否则，就无法对用户的需求做出及时响应，导致效率下降。

内部信息系统的集成包括以下几点。

(1) 业务管理信息系统：包括企业收寄处理、分拣封发处理、邮件运输和投递处理的各种有关数据、质量管理、成本管理等各种信息的集成。

(2) 财务管理系统：包括企业资产负债信息、流动资金信息、应收应付账款信息、财务分析等信息的集成。

(3) 用户关系管理系统：建立企业用户的数据库可以密切与用户的联系，及时分析用户的需求变动，更好地为用户提供服务。用户信息的集成是提高用户满意度的重要因素。

(4) 决策支持分析系统：这主要是对企业取得的各种经营数据进行系统分析，及时为企业

的经营决策提供支持，提高企业经营决策的效率和准确性。内部信息系统的集成应按照不同部门、不同人员的信息系统，设置访问权限，既做到信息实时共享，又保证信息安全可靠。

### （三）逐步向网络化经营过渡

随着企业信息化管理的深入，应逐步向网络化经营过渡，把企业管理活动的计划组织、控制、领导等职能转移到网络上，实现企业生产经营活动的全面升级，网络化经营涉及企业管理的各个环节，包括网络对传统的业务处理方式进行全面变革，完成传统企业向网络化企业的转型。

### （四）实现企业业务流程重组

业务流程重组是指企业为完成某一个目标或任务而进行的一系列跨越时间和空间的逻辑相关活动的有序集合，它是把渗入转化为输出的一系列相关活动的结合。企业是通过业务流程来运作的，业务流程是组织设计的基础，所以，组织创新必须先从业务流程重组开始。

企业流程重组的根本目的是以信息化、网络化和知识化为基础，以市场为定向，以具有创造性的合作关系为纽带，以效率和效益为核心，对企业工作程序进行关键性的重新设计和根本性的变革整合，从而建立起能够充分体现个人价值和合作精神的团队性组织，并层层扩大这种组织，直到整个企业都能够按照新的原则构建起来，最终形成新型的企业组织。业务流程重组后的企业应该做到以下几点。

（1）以用户利益为中心，以提高效率、市场占有率和企业的经济效益为最终目标，改变过去把邮政的业务流程分成若干任务而导致的忽视满足用户需要的做法。

（2）经营快速、灵活、高效，能对市场需求的变化迅速做出反应。

（3）通过网络的连接，使企业内部和合作伙伴之间做到信息实时共享。

（4）各种市场要素得到优化组合，形成新的以员工为中心的团队组织模式。

（5）重组企业的组织结构，建立起灵活多样的正式组织和非正式组织，彻底改变传统的以大量中层管理人员为特色的“金字塔”型的组织结构，使其成为扁平化的、没有层级观念的新型组织结构。

### （五）进行适应信息化要求的管理创新

管理创新要适应企业信息管理的要求，需要从涉及企业管理的方方面面入手。具体说主要包括以下几个方面。

#### 1. 观念创新

企业传统的经营观念是建立在物质和能源生产过程的基础上的，过分地强调实物资产的决定作用，形成了“以产定销、以我为主”的经营思想，具有明显的封闭性，很难树立“以用户为中心”的理念，而其在效益增长上也主要依赖增加规模、降低成本以及通过增加业务种类来实现。

在全球经济一体化的今天，邮政企业在变化多端的市场和激烈的竞争中生存、发展，保持竞争优势，必须在经营思路上有所创新，必须有开放、超前的意识，确立知识管理和以人为本的观念，特别是对于企业的决策者和管理者，一定要具有竞争和合作相结合的意识、经济效益和社会效益相统一的意识、不断超越自我的创新意识、企业可持续发展的意识等。存在决定意识，意识指导行动。要搞好企业信息管理，实施管理创新，必须以转变传统的经营观念为前提。

**2. 模式创新**

适应企业信息管理发展的管理模式要求在计算机技术和网络技术支撑下，把技术、知识、管理和人力等多种资源整合于一体，使各生产要素紧密结合，协调运作，充分发挥各种资源的优势，使其在保证服务质量，降低成本，提供及时服务，提高企业的竞争力等方面起到应有的作用。

**3. 制度创新**

在信息管理过程中，企业要根据管理的基本原则，结合企业自身的特点，对企业原有的一些内部制度进行必要的创新，比如原有的建立在精细分工基础上的、已不适应市场竞争需要的一些管理制度、企业业务流程设计方面的制度、系统化管理方面的制度和议事决策等方面的制度。

## 思 考 题

1. 邮政企业生产组织与管理的原则是什么？
2. 邮政企业生产组织与管理的任务和要求是什么？
3. 什么是小时集中系数？什么是时限负荷？什么是日不均系数？
4. 邮政基础设施选址应遵循哪些原则？
5. 邮政营业网点布局应考虑哪些因素？
6. 什么是直封？什么是经转？
7. 么是封发计划？什么是混封？什么是合封？
8. 什么是发运计划？发运计划是如何分类的？
9. 编制发运计划应遵循哪些原则？
10. 什么是全程时限？什么是邮运频次？
11. 什么是投递频次？什么是投递深度？
12. 简述我国投递方式和投递制式。
13. 简述“6S”内涵。
14. 简述邮政生产现场布局的原则。
15. 阐述质量管理的含义。
16. 用服务质量差距模型分析你所在企业的服务质量。
17. 分析质量管理和信息管理的重要性。
18. 简述邮政设备管理和安全管理的内容。

# 第四章 邮政企业经营管理

**本章摘要**：邮政企业经营管理是对邮政企业的资源进行有效整合以达成企业既定目标与责任的动态创造性活动。邮政企业通过整合企业内部的资源，在详细分析外部环境的变化的基础上，抓住机会，避免威胁，制定出邮政企业的发展战略和主要邮政业务的市场定位策略及经营策略，从而实现邮政企业经营管理的目标。

## 第一节　经营管理概述

### 一、经营管理的含义

在市场经济条件下，企业是市场竞争的主体。一个企业要想在市场竞争中生存和发展，必须赢得竞争优势。只有进行有效的经营管理，才能使企业在市场竞争中创造和保持优势。

企业存在最基本的目标是赢得利润，否则企业无法生存与发展，更谈不上为社会创造财富、双赢甚至共赢等。作为企业经营管理者，要能够运用其拥有和可支配的人力、财力、物力和信息等各种资源，对企业的生产经营活动进行计划、组织、指挥、协调和控制，以适应外部环境变化，实现企业经营目标。因此，经营管理是对企业的资源进行有效整合以达成企业既定目标与责任的动态创造性活动。经营与管理活动渗透到企业发展的整个过程中，但两者从概念上去理解还是有一定区别。

#### （一）经营的基本概念

经营的概念是随着市场经济的出现而产生的。商品生产者不仅要通过生产过程把产品生产出来，使其具有一定的使用价值，而且还要进入市场，通过商品流通，以最有利的条件把产品销售出去，从而获得它的价值，为进一步扩大再生产和企业更好的发展做好准备。因此，企业生产的产品必须适销对路，生产过程要经济有效，销售要有策略。从生产到销售，要进行市场预测和管理决策，制定战略和策略，协调企业内外环境等，这一系列的经济活动就引出了经营的概念，即企业为了满足市场需要，争取最好的效益，使企业的外部环境、内部条件、预期目标三者之间达到动态平衡的一系列有组织的经济活动。

上述对经营的定义有以下三层含义。

其一，经营要以企业外部环境和内部条件为立足点。内部条件是企业的人、财、物等资源；外部环境是企业发展的宏观环境。企业经营者要使企业内部活动变化的速度适应以至超过外部环境变化的速度，企业才能立于不败之地。

其二，企业经营是动态的经济活动过程，企业不能离开外部环境而独立存在。企业要有效地利用各种有利条件，避开各种不利因素使内部资源相互协调、平衡并发挥最大作用，取得尽可能好的效果，及时适应变化的环境。

其三，实现企业目标是企业经营活动的目的。

由此我们可以看出，企业经营必须具备三个基本要素：内部条件、外部环境和经营目标。

**1. 经营的内部条件**

企业经营的内部条件主要是能够运用或者说可以进行整合的资源，包括人力、财力、物力等有形资源及信息和其他无形资源。

(1) 人力资源

人力资源是指企业内员工的学历、经历、技能、能力、士气、沟通以及协调能力、组织结构、领导能力等，代表并决定着企业的发展潜力。人力资源是任何一个企业必需的资源，而且是最重要的资源。

(2) 财力资源

财力资源，又称金融资源，指货币资本和现金，通过它可以取得土地、劳动力、建筑物、机器等有形资源或支付各项必需的费用。同时，货币资本和现金还可以迅速流通以捕捉机会，获得收益。

(3) 物质资源

物质资源是指企业发展所需要的诸如土地、厂房、办公室、机器设备和原材料等。

(4) 信息资源

现代社会是信息社会，充分掌握信息对企业的发展是非常重要的。

(5) 其他资源

除上述资源外，企业文化、品牌、专利权、公共关系等也是企业发展的重要资源。例如，“百年邮政”就是中国邮政重要的品牌资源。

**2. 经营的外部环境**

企业经营的外部环境主要指的是宏观环境，如经济环境、政治法律环境、科学技术环境、竞争环境等。

**3. 经营目标**

企业经营目标，是在分析企业外部环境与内部条件的基础上确定的企业各项经济活动的发展方向和奋斗目标，是企业经营思想的具体化。企业经营目标不止一个，其中既有经济目标又有非经济目标，既有主要目标又有从属目标。它们之间相互联系，形成一个目标体系。

(1) 经营目标的作用

经营目标在企业中主要有以下几个方面的作用。

① 经营目标反映一个企业所追求的价值，是衡量企业各方面活动的价值标准，也是企业生存和发展的意义所在。

② 为企业各方面活动提供基本方向，是企业一切经济活动的目标和依据，对企业经营活动具有指导作用，可以使企业有选择、有针对性地部署各种资源，发挥企业优势。

③ 实现企业与外部环境的动态平衡，使企业获得长期、稳定、协调的发展。企业在反复权衡内部条件和外部环境、科学预测和把握外部环境发展趋势的基础上确定的经营目标，既

能在一定时期、一定范围内适应环境趋势，又能使企业的经营活动保持稳定性和连续性。

(2) 经营目标的基本内容

每个企业在其不同的发展时期，都有不同的经营目标。其基本内容有三个方面，即成长性目标、稳定性目标和竞争性目标。

① 成长性目标

它是表明企业进步和发展水平的目标。这种目标的实现标志企业的经营能力有了明显的提高。成长性指标包括：销售额及增长率、利润额及增长率、资产总额以及设备能力、品种和生产量。其中销售额与利润额是最重要的成长性指标。销售额是企业实力地位的象征，而利润额不仅反映了企业的现实经营能力，同时也表明了其未来发展潜力。

② 稳定性目标

它表明企业经营状况是否安全，有无亏损甚至倒闭的危险。稳定性指标包括：经营安全率、利润率和支付能力。

③ 竞争性目标

它表明企业的竞争能力和企业形象。具体包括：竞争领域、市场占有率和企业形象。其中市场占有率指标是非常重要的，它不仅表明企业的竞争能力，同时也表明经营的稳定性。市场占有率过低，是很不稳定的。特别是当产品进入新的市场或国际市场时，绝不能只满足于本企业的产品销售到多少地方，而必须通过提高市场占有率来站稳脚跟。否则，很容易被竞争对手排挤出来。

除了基本目标外，企业还必须满足所有者、经营管理者和员工这三个基本方面的目标或要求。这些目标必须与基本目标一致，要与基本目标结合起来，形成一致的目标体系。

企业的社会责任，并不属于企业目标的组成部分，而是企业正常经营，实现企业经营目标的一个基本约束条件。邮政企业作为社会公用性企业，除要承担政府规定的普遍服务等义务外，同其他企业的基本目标是一样的，具有一切企业的共性。

### (二) 管理的基本概念

历来不同的学者对管理的解释不一，通常人们认为管理是管理者为有效地达到组织目标，对组织资源和组织活动有意识、有组织、不断地进行的协调活动。从一般的管理过程来讲，管理职能包括计划、组织、指挥、协调和控制；从资源整合的角度来讲，计划、组织、指挥、协调和控制也是帮助企业进行资源的有效整合，降低不确定性和风险以达成目标的基本手段。

#### 1. 计划职能

计划是管理者对企业未来生产经营活动所作出的安排和筹划。计划职能是指为适应市场需要，通过分析、预测企业的外部环境和内部条件，对企业的经营目标、经营方针作出决策，制定长期规划和短期计划及实施方法，并将计划指标层层分解落实到各个环节、各个部门并实施。

#### 2. 组织职能

组织是指企业为实现经营目标而把企业生产经营活动的各个要素、各个环节和各个方面，从劳动的分工和协作上、从纵横交错的相互关系上、从时间和空间的相互衔接上，合理地组织起来，使组织资源有序化，从而有效地配置各种资源进行生产经营活动。

**3. 指挥职能**

指挥是指对企业各层次、各类人员的领导、沟通或指导，使企业内的所有人员齐心协力去执行企业的计划，从而保证企业生产经营活动的正常进行和既定目标的顺利实现。具体来讲，要及时根据外界环境的变化，指挥企业员工与资源配合去适应环境，采取适当的行为；调动员工的积极性，激励员工，给他们创造发展的机会；有效地协调企业内的人际关系，使企业内部有一个良好的工作氛围，降低内耗，提高效率；督促员工尽自己的努力按照既定的目标与计划做好自己职责范围内的工作。指挥职能也是降低企业运作过程中不确定性的手段。

**4. 协调职能**

协调是指将资源按照规则和配比安排的一种活动，也是将专业化分工条件下各自的工作行为成果有序统一的活动。协调企业内部各层次、各职能部门的工作，协调各项生产经营活动，使它们能建立良好的协作关系，消除和减少工作中的脱节现象和存在的矛盾以及由分工所产生的不确定性，产生合力，以有效地实现企业的目标。

**5. 控制职能**

控制是指根据既定计划、目标或标准对企业生产经营活动各方面的实际完成情况进行跟踪检查和修正，使之向着既定目标方向行动并实现预想的成果或业绩。由于现实行为是在各种不确定性因素下作用的，因此每一种行为都有可能会偏离预定目标和运行轨道，从而可能使既定目标或业绩难以达成，这显然是企业所不愿见到的。为了防止这种状况的产生，对其进行控制就非常必要，可以降低工作行为及其结果与企业既定目标和要求的不一致性。

管理的各项具体职能构成一个统一整体。通过计划职能，明确企业的目标和方向；通过组织职能，建立实现目标的手段；通过指挥职能，建立正常的生产工作秩序；通过协调职能，及时解决内外矛盾，和谐一致地进行生产经营活动；通过控制职能，检查计划的实施情况，保证计划的实现。上述五种职能相互联系，缺一不可。

### （三）经营与管理的关系

经营与管理既有内在的密切联系，又有明显的区别。在当代社会，企业如果不讲经营，没有明确的经营目标和有效的决策，企业就会失去方向。同样，企业缺乏科学有效的管理和手段，目标也不能实现。可见，经营与管理都是实现企业目标并取得效益不可或缺的重要职能。经营与管理在企业生产经营活动过程中同时存在、相互渗透，既有内在联系，又有质的区别，为共同的基本目标实施着不同的功能和作用。经营与管理的主要区别如表 4-1 所示。

**表 4-1　经营与管理的主要区别**

| 项　目 | 经　营 | 管　理 |
| --- | --- | --- |
| 产生的根源不同 | 是市场经济的产物 | 是集体劳动的产物 |
| 职能不同 | 具有决定方向、目标、方针、策略等关系企业生命前途的战略性决策，解决干什么和为什么干的问题 | 具有实现企业经营目标的战术性执行职能，含计划、组织、指挥、协调、控制等，解决怎样干的问题 |
| 作用不同 | 调节企业经营目标、内部条件、外部环境三者之间关系，使企业具有适应性 | 调节企业人、财、物等要素之间的关系，使之有效结合以保证企业生产活动正产运转 |
| 所涉及的范围不同 | 包括商品经营、资产经营、资本经营，涉及企业外部环境、市场营销和内部生产组织等全部经营活动 | 主要是企业内部生产活动 |

## 二、经营管理的过程

经营管理过程总的来讲包括经营决策、经营计划和控制三个阶段。

### （一）经营决策

经营决策又称企业战略决策，对企业来说是最重大的决策，经营决策是指企业适应时刻变化的外部环境的一种决策，具有全局性、长期性与战略性的特点。经营活动的全过程，都是不同层次的决策过程。对企业来讲，企业经营的各个环节，各个层次，都有决策问题。

所谓经营决策，是企业决策者在拥有大量信息和个人丰富经验的基础上，对未来行为确定目标，并借助一定的计算手段、方法和技巧，对影响决策的因素进行分析研究后，从两个以上可行方案中选择一个合理方案的分析判断的过程。经营决策包含四个方面的含义：第一，确定目标。决策必须要有明确的目标，而且必须将局部的目标置于企业总体目标体系中，如果目标模糊或整个目标体系杂乱无章，合理的决策就无从谈起。第二，有两个以上的备选方案。决策要有可供选择的备选方案，如果只有一个方案，那就不用选择，也就不存在决策。第三，分析判断。每个备选方案都有其优缺点，管理者必须掌握一定的信息，并运用一定的科学手段、方法和技巧，根据一定的评估标准，才能在多个备选方案中选择一个较为理想的合理方案。当然在拍板决定的关键时刻，由创造力或直觉产生的判断也十分重要。第四，决策是一个过程。决策不是决定采用哪个方案的一刹那的行动，而是一个科学的分析、评价和选择的过程，没有这个过程就很难有合理的决策，决策贯穿于整个管理活动的始终。简言之，决策是为实现一定目标，在两个以上的备选方案中，选择一个方案的分析判断过程。

### （二）经营计划

经营计划是对未来应采取的行动所做的规划和安排，即按照经营决策所确定的方案对企业经营活动及其所需各种资源从时间和空间上做出具体统筹安排的工作。控制是在计划执行过程中出现偏差时予以调整和修正的过程。企业是以经营为基本职能的经济组织，计划与控制工作贯穿于企业经营管理全过程，企业所有管理活动都与计划和控制过程相联系。

企业经营计划的基础应以市场为导向。企业各部门制订计划的程序始于销售预测及销售目标，而后制订生产计划、营销计划、研究发展计划、人力资源计划，最后编制财务计划。

**1. 经营计划的种类**

（1）按计划的期限划分

可分为短期计划、中期计划和长期计划。一般来讲期限在一年以内的称为短期计划，亦称年度计划，期限在五年以上的称为长期计划，介于两者之间的称为中期计划。当然，这个划分标准并非绝对，在某些情况下，还受计划的其他方面的因素的影响。

（2）按计划范围的广度划分

可分为战略计划和作业计划。战略计划是解决带有全局性、开拓性，对企业长远发展起关键作用的计划，是企业战略管理的重要组成部分。作业计划是规定总体目标如何实现的细节计划，这种计划的周期一般较短，它与战略计划的最大差别在于：战略计划的一个重要任务是设立目标，而作业计划则是假设目标已经存在，而提供一种实现目标的方案。

（3）按计划形态划分

可分为综合计划和单项计划。综合计划是协调企业所有技术经济活动的经营计划。中国邮政第十一个五年计划总册属于综合计划。单项计划，即指企业某一职能的计划，如生产计划、营销计划、财务计划、人力资源计划等。中国邮政第十一个五年计划中的发展战略与改革分册、业务发展分册、网络建设与发展分册、支撑系统分册和财务管理与效益分册五个分册属于单项计划。

**2. 经营计划的内容**

经营计划是对企业未来经营发展过程的统筹设计。根据企业的状况、面临问题的复杂程度,企业的经营计划既有用数字表示的,也有用文字表示的。

(1) 长期计划

长期计划主要内容包括确定企业总体战略目标和企业发展方向以及企业基本政策与策略,涉及企业各方面活动。如资金使用、员工关系、生产、营销、财务、公共关系、广告、研究开发、人员招聘、培训等。

(2) 中期计划

中期计划由长期计划衍生而来,是长期计划的具体化。重点是确定各职能部门要达到的目标,着重于各计划之间的配合协调,是用以执行长期计划和指导年度计划编制的计划。中国邮政第十个五年计划属于中期计划。

(3) 年度计划

年度计划是短期计划,是企业在计划年度内的行动纲领,也是实现企业中长期计划的保证和具体化。年度计划不仅是企业的执行计划,而且也可指各部门的半年、季度、每月甚至每周的计划。年度计划不仅仅含有数字,更重要的是应含有工作目标、方法、进度、负责人及经费等实质内容。

**3. 计划方法**

计划工作效率的高低和质量的好坏在很大程度上取决于采用的计划方法。计划方法有很多,下面简要介绍滚动计划法。

滚动计划法是一种定期修改未来计划的方法。在编制计划时,一般难以对未来一个时期(计划期)影响计划实现的多种因素做出准确的预测,因而制定出来的计划往往不能完全符合未来的实际。为提高计划的有效性,可以采用滚动计划法。在滚动计划法中,采用远粗近细的方法,也就是把近期的详细计划和远期的粗略计划结合起来,近期计划完成后,再根据执行结果的情况和新的环境变化逐步细化并修正远期的计划。具体做法如图 4-1 所示。

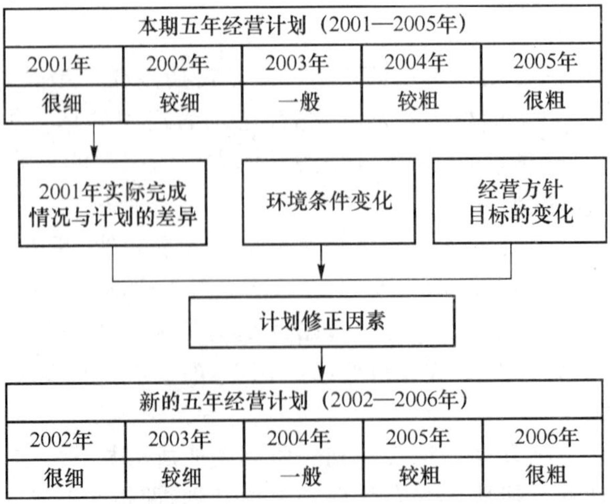


图 4-1 滚动计划法

从图 4-1 可以看出，近期详细计划执行完毕后，根据执行情况和内外部因素的变动情况对原计划进行修正细化，此后便根据同样的原则逐期滚动，每次修正都向前滚动一个时段，这就是滚动计划法。滚动计划法能够根据变化了的组织环境及时调整和修正组织计划。体现了计划的动态适应性。而且，它可使中长期计划与年度计划紧紧地衔接起来。滚动计划法既可用于编制长期计划，也可用于编制年度、季度生产计划和月度生产作业计划。不同计划的滚动期不一样，一般长期计划按年滚动；年度计划按季滚动；月度计划按旬滚动。

滚动计划法适合于任何类型的计划。这种方法虽然加大了计划的工作量，但随着计算机的广泛应用，该方法的优点是十分明显的：第一，推迟了对远期计划的决策，缩短了计划期，增加了准确性，提高了计划质量，能更好地保证计划的指导作用。第二，这种方法使长期计划、中期计划和短期计划相互衔接协调，既保证了长期计划的指导作用，又使各期计划能够基本保持一致。第三，保证了计划应具有的弹性，这对环境激烈变化的今天尤其重要，它可以及时预测环境的变化，并采取应对措施，从而有助于提高企业的应变能力。

### （三）控制

控制与计划是密不可分的，离开了控制，一切计划都只能是空想。不论计划制订得多么周密细致，受各种不可控因素的影响，实际过程中总会出现与计划偏离的情况。所谓控制，就是监督各项活动，以保证它们按计划进行并纠正各种重要偏差的过程。

#### 1. 控制的内容

控制的内容也就是控制的对象，美国管理学家斯蒂芬·罗宾斯将控制的内容表述为对人员、财务、作业、信息和组织的整体绩效五个方面的控制。

（1）对人员的控制

企业的目标是由人来实现的，员工应该按照管理者制订的计划去做，为了做到这一点，就必须对人员进行控制。对人员控制最常用的方法是直接巡视，发现问题马上进行纠正；另一种有效的方法是对员工进行系统化的评估，通过评估，对绩效好的予以奖励，使其维持或加强良好表现，对绩效差的管理者应采取相应的措施，纠正出现的行为偏差。

（2）对财务的控制

为保证企业获取利润，正常运作，必须进行财务控制。主要包括审核各期的财务报表，以保证一定的现金存量，保证债务负担不致过重，保证各项资产都得到有效的利用等。预算是最常用的财务控制衡量标准，因此也是一种有效的控制工具。

（3）对作业的控制

所谓作业，就是指从劳动力、原材料等资源投入到最终产品和服务产出的转换过程。企业中的作业质量很大程度上决定了企业提供的产品或服务的质量，而作业控制就是通过对作业过程的控制，来评价并提高作业的效率和效果，从而提高企业提供的产品和服务的质量。

（4）对信息的控制

信息在企业运行中的地位越来越重要，不精确的、不完整的、不及时的信息会大大降低企业运行效率。因此，现代企业中对信息的控制显得尤为重要。对信息的控制就是要建立一个管理信息系统，使它能够及时地为管理者提供充分、可靠的信息。

（5）对组织绩效的控制

绩效是管理者的控制对象。要有效实施对组织绩效的控制，关键在于科学地评价、衡量组织绩效。一个组织的整体绩效很难用一个指标来衡量，生产率、市场占有率、员工福利、组织的成长性等都有可能成为衡量指标，这里关键要看组织的目标取向。

**2. 控制过程**

虽然控制的对象各有不同，控制工作的要求也不一样，但由于控制的基本任务是发现偏差和纠正偏差，因此控制工作的过程基本是一致的。

(1) 确定标准

在计划的全部内容中，需要衡量的标准很多，即使是一项简单的计划，管理者也很难将所有的结果与标准进行对照衡量，而在复杂的经营活动中，这就更加难以实现了，况且在很多情况下，衡量所有的活动不仅是不现实的，而且也是不必要的。因此，管理者所要做的并不是去观测所有的活动，而是挑选出一些关键的控制点，并确定可衡量、可比较的标准，通过它们对全部活动内容进行控制。

① 实物标准：这是非货币衡量的标准，在耗用原材料、雇佣劳力、提供服务以及生产产品等操作层中运用。例如邮件全程时限、货运吨里数、总包损失个数等，它们既可以反映数量，也可以反映品质。

② 费用标准：这是用货币衡量的标准，像实物标准一样，也是适用于操作层。这些标准以货币价值形式来表示经营费用。如每小时的人工成本、每百元销售额的销售费用、邮政业务的成本等。

③ 资本标准：用于货币计量实物的项目，但它们只与企业投入的资本有关，而与经营费用无关。对于一笔新的投资和总体控制而言，使用最为广泛的标准就是投资报酬率。

④ 收益标准：就是以货币衡量的销售额，如企业每售一件产品的收入，在一定市场范围内的人均销售额等。

⑤ 计划标准：就是以管理者编制的计划质量作为衡量标准，如计划的完成时间、可行性程度以及实际执行情况的吻合程度等。

⑥ 无形标准：是指难以确定的既不能以实物又不能以货币来衡量的标准。如员工潜力的发挥、员工的忠诚度以及实际执行情况的吻合程度等，如邮政通信纪律、岗位责任制等。

⑦ 指标标准：这是以可以考核的数量或质量目标作为标准，如顾客满意率、邮件逾限率等。目前的趋势是要在各级管理部门建立一个指标标准的整体网络，以实施有效控制。

(2) 根据已建立的标准衡量工作，分析衡量结果

① 衡量工作：衡量工作是整个控制过程的基础性工作，而获得合乎要求的信息又是整个衡量工作的关键。管理人员所获取的信息，必须正确、及时、适用和有效。如果获取信息失真，对实际工作结果就无法作出准确的评价；如果是不适用的信息，就无法认定工作结果的好坏。信息和数据是否真实，也要通过自检或互检系统来控制。另外，尽可能多地使用计算机进行控制和分析，也是一种可选用的办法和今后检查工作的方向。

② 分析衡量结果：分析衡量结果的工作就是要将标准与实际工作的结果进行对照，并分析其结果，为进一步采取管理行动做好准备。比较的结果无非有两种可能，一种是存在偏差，另一种是不存在偏差。实际上并非与标准不符合的结果都被归结为偏差，往往有一个与标准稍有出入的浮动范围。一般情况下，工作结果只要在这个容限之内就不认为是出现了

偏差。例如，表 4-2 列出了某一级邮区中心局设立的标准及其容限。

**表 4-2　某一级中心局的标准及其容限**

| 标　准 | 容　限 |
|---|---|
| 员工上班必须做到全勤 | 每月允许请 2 天病假 |
| 出口特快专递邮件内部处理时限为 4 小时 | 允许延长 10 分钟 |
| 给据邮件损失率小于万分之五 | 高峰期可放至万分之六 |

一旦工作结果在容限之外，就可认为是发生了偏差。这种偏差可能有两种情况：一种是正偏差，即结果比标准完成得还好；另一种是负偏差，即结果没有达到标准。

是否要进一步采取管理行动就取决于对结果的分析。如果分析结果表明没有偏差或只存在健康的正偏差，控制工作也就可以到此完成了，如果出现负偏差，就需要采取管理行动。

(3) 采取管理行动

控制工作的最后一项工作就是采取管理行动，纠正偏差。偏差是由标准与实际工作成效的差距产生的，因此，纠正偏差的方法也就有两种：一种是改进工作绩效，另一种是修订标准。

① 改进工作绩效。如果分析衡量的结果表明，计划是可行的，标准也是切合实际的，问题出在工作本身，管理者就应该采取纠正行动，以改进工作绩效。

② 修订标准。在某些情况下，偏差还可能来自不切实际的标准，这时就应该及时对标准进行修订。

以上三个步骤可概括为：确立标准、衡量工作并分析衡量结果以及纠正偏差，完成了一个控制周期。通过每一次循环，使偏差不断缩小，企业的活动趋向于其目标。

## 第二节　邮政企业经营环境分析

社会上任何一个企业都是开放的经济系统，它的经营管理必须受到客观环境的控制和影响。党和国家的方针政策、国民经济的发展计划、国家的产业政策、市场的变化等都会直接或间接地影响企业的经营效果。作为服务于社会的公共企业，邮政企业不是孤立存在的，它与社会各方面有着密切的联系。在邮政的发展过程中，影响邮政行业的环境因素很多，这些外部环境可分为宏观环境和微观环境两个层次。从战略角度分析邮政企业的外部环境，是要把握环境的现状及变化趋势，利用有利于企业发展的机会，避开环境可能带来的威胁，这是企业谋求生存和发展的首要问题。

宏观环境分析的主要因素包括：政治和法律环境、经济环境、社会文化环境和技术环境，这些环境因素对邮政企业活动没有直接作用，但经常对企业决策产生重要影响；微观环境分析主要包括行业分析与竞争分析。

### 一、宏观环境分析

#### (一) 政治法律环境

**1. 政治环境**

作为政治环境的政治因素，通常是指对环境产生影响的政府、政党、社会集团、社会势力在国内生活和国际关系方面的活动。政治因素对公关环境的作用,在许多方面是通过其他方面的环境因素作用来体现的。

政治环境因素可以分为国内政治环境与国际政治环境。国内政治环境主要是指政党及其政府的路线、方针、政策和任务的制定、调整和贯彻执行。国际政治环境主要是国家与国家及地区与地区之间的政治、经济等合作关系。当前对公关环境影响较大的主要有制度与体制、改革政策与措施、产业政策及国际政治经济关系等。

(1) 制度与体制

稳定社会主义政治制度、社会主义市场经济体制以及当前实现两个转变的方针,主要是通过创造与维持稳定的政治环境,促进国家经济的整体繁荣与持续发展来刺激社会需求的总体扩大与多样化。经济的整体繁荣增加了社会需要与购买力,使得潜在需求与现实需求都得到了增加。这虽然不是直接针对某个企业或某个行业市场,但对于提供有利于社会经济发展的产品或服务的企业和行业,无疑是良好的市场环境,但同时给竞争者也提供了同样良好的市场环境,因此,对邮政来讲,总体上说是市场扩大的机会与竞争的威胁并存。

(2) 改革政策措施

国家经济体制改革政策与措施的目的是调节经济团体与个人的经济行为与利益,因此对市场产生影响是必然的,每一项政策与措施的出台都要对邮政市场产生正面的或反面的、强或弱的影响。例如劳动人事制度改革中正在进行的养老保险制度改革与医疗保险制度的改革措施给邮政金融业务带来了潜在的机会,而个人储蓄实名制度与个人所得税实施力度的加大,使得个人收入显性化,这给邮政企业代理征收个人所得税业务带来现实的市场机会,同时可能造成个人储蓄存款的减少,对金融业务造成威胁。1996 年保值储蓄的取消、近期利率的连续降低及现在住房制度改革,也对居民存款造成较大的影响。

国家扩大内需和扩张性财政政策的实施以及实施西部大开发的战略都有助于拉动全国经济增长。为配合国企改革和发展,国家出台了一系列配套性政策措施,有利地推动了国企整体走出困境,使国民经济走入良性循环。我国经济将迎来一个新的增长时期,抓住国家经济结构战略调整与西部大开发战略实施的契机,大力调整产业结构,培育新的经济增长点,上述政策与战略措施将为邮政发展提供契机;国家对邮政“8531”的补贴政策结束后,要求邮政企业自我发展,但邮政企业仍要承担普遍服务义务,仍然面临建设资金不足等问题,可持续发展困难很大。因此邮政应积极争取普遍服务补偿政策、减免税收政策、西部邮政基础设施建设补贴政策等,以促进邮政企业的发展。

从 20 世纪 80 年代开始,各国的注意力集中到合作与竞争,以商业化和增进经济效果为主要政策目标。为了追求经济效益,政府在可能的情况下采取了机构改革措施,以激励竞争,减少垄断。作为垄断保护下的国有企业,邮政也不能摆脱改革的压力。政府正在直接或间接地开放国内市场,以引入竞争,并且逐步向国际贸易自由化方向努力。邮政政企分开是国家宏观政治经济改革的一个重要组成部分,是必然趋势,2007 年邮政政企分开,使邮政走出了普遍服务与商业化经营不分明的状态,政府的行业管理职能、普遍服务职能与企业的经营职能明确定位,使邮政企业经营活动有一个规范的政策与法律空间,为邮政商业化经营提供必要条件。

由于邮政服务涉及整个国计民生,因此,国家经济改革的每一项政策与措施,诸如搞活国有大中型企业的各项措施都牵动着整个邮政市场的变化,邮政企业要密切注视每一个具体改革项目可能带来的影响，并应结合市场细分及目标市场的实际情况对有关影响作具体分析。

(3) 产业政策

国家的产业政策及其相关措施首先是通过对产业结构的调整而影响邮政的用户结构及市场构成。其次，加快发展第三产业及基础产业率先发展的战略策略，使邮政企业的发展具有较为有利的条件，通过提高自身素质与完善服务功能，从而影响与刺激社会需求，使潜在需求现实化，同时促成了许多新的潜在的与现实的需求的产生。国家大力发展第三产业及促进传统产业的优化升级的政策及措施，有利于邮政的发展，促进邮政开发新型业务，实现产业优化升级。

(4) 国际政治环境

国际政治环境对邮政市场的影响主要在于国家与国家、国家与地区之间的政治、经济合作关系对国际邮政业务市场的影响。

我国的改革开放政策使我国与世界上大多数国家和地区的经济合作往来日益密切，不仅使政府之间、团体之间、居民之间的信息、资金、物资的流通规模与速度增加，而且大大促进了工商业组织之间信息与实物交流。

通邮是国际关系的重要标志，因此，我国与某一国家或地区的政治关系，特别是经济合作关系就成了相关国际邮政业务的“晴雨表”，经济合作领域及投资动向也就成为国内相关省市预测国际业务市场的依据。作为国际政治、经济合作关系一部分的邮政合作业务领域是研究与相关国家和地区合作的邮政业务市场的依据。

另外，2001 年我国加入世界贸易组织(WTO)以及 2008 年第 29 届奥运会的举办，都对我国国内及涉外经济产生深远的影响，从而推动国内邮政业务市场及国际邮政业务市场的发展。

**2. 法律环境**

法律因素主要是指对市场和企业经营产生影响的法律、法规。现代大多数国家都是通过立法来指导或干预企业的经营活动，其目的主要有三个方面：一是保护企业间的公平竞争；二是保护消费者的权益；三是保护社会的整体利益和长远利益。对企业来讲，法律的作用主要表现在两个方面：一方面是一些限制性的规定，企业必须在其规定的合法范围内活动以保护全社会及消费者权益；另一方面是保护性规则，企业享受其给予的合法权益。企业根据法律因素对用户公众的影响，可以将其分为促进性法律因素与规范性法律因素。

(1) 促进性法律

这类因素促进企业在涉足的整个业务市场中的成长，也使企业在市场中处于更为有利的地位。例如，1987 年实施的《中华人民共和国邮政法》对邮政企业在网点建设用地、运输、验关等方面具有优先权的规定，使邮政企业比竞争者有更多的优越性，从而更易于占领市场；特别是，其规定了信函业务的邮政独家经营，从而确立了邮政企业在信函市场的垄断地位。2009 年 4 月新的邮政法出台，对邮政普遍服务的范围、邮政经营设施、经营范围等进行了重新确定，今后将颁布的邮政法实施细则也将对邮政专营业务进行重新确定。

反不正当竞争法规及一些行业法规的制定与实施，也可能给邮政市场份额的扩大带来契机，例如，目前国内特快业务没有行业规范，市场混乱，同时邮政的竞争者，特别是一些私营企业采取不正当的竞争手段，对这些行为的限制将有利于邮政企业的市场竞争能力的提高。许多地方政府把邮政建设纳入地方国民经济和社会发展的总体规划，全国已有19个省出台了地方性邮政法规或政府规章，许多地区给予了当地邮政企业一些优惠政策，这些都为邮政发展创造了良好环境，提供了有利条件。商业银行法及其他金融法规的颁布与实施，使邮政金融有可能迈出单一储汇业务市场而进入更加广泛的金融业务市场领域。打击“假冒伪劣”力度及其成果的加大，使得市场秩序好转，伪劣商品及商业欺骗行为的大幅度减少，将促进邮购及电视、计算机网络及电话购物的发展，从而促进邮政包裹市场的扩大等。

总之，我们可以从每一种有关法律、法规中研究与发现给邮政市场拓展带来的机遇，但是对邮政企业来讲，重要的是走出《邮政法》保护“特权”的误区，在利用法律赋予的权利的同时，把自己放在公平的位置上，在共同的法制环境中寻求发展的机会。

(2) 规范性法律

这类因素规范了企业的业务活动范围，限制了企业的业务活动能力，从而使企业在开拓市场方面受到限制。例如，邮政包裹不能收寄国家禁止买卖流通的物品，邮购业务亦不能为“假冒伪劣”开绿灯，邮送广告及商业信函亦不能为不符合广告法等有关法规的企业或产品做宣传。

这两类因素是法律对邮政市场影响的两个方面，有些法规侧重于前者，有些侧重于后者，更多的则是两方面的影响兼而有之，邮政企业应深入研究每一项法律可能造成的各种影响。

## (二) 经济环境

经济环境因素主要有经济总体发展水平和经济结构。

### 1. 经济总体发展水平

国家总体经济的繁荣与发展，带动了总体市场的繁荣，因而推动了社会对邮政服务的总需求的扩大。国内外资料表明：无论是整个国家还是国内各地区，经济总体发展水平与邮政业务总量呈正相关关系，总体经济发展动态反映了邮政业务总体规模与发展趋势。

从国内来看，随着经济体制改革的进一步深化，社会主义市场经济的建立与完善，以及对外交流的进一步发展，我国的经济发展也将突飞猛进、日新月异。社会经济发展必然带来社会各界对通信需求的增加，特别是与商品经济活动有关的通信活动将快速增长，商业性包裹、商业性信函、账单类信函等业务的发展势头看好；物流、电子商务、电子信息等新业务市场潜力巨大。“入世”后，国际间商贸往来更加频繁，对外合作的空间更大，将为邮政提供更广阔的市场。国际、国内贸易的繁荣，将给信息服务、物品流通领域带来商机，这将为邮政提供更多的发展机会。

但是，我们还应看到，由于受到国外经济的影响，当前的宏观经济形势对邮政发展也存在一些不利的方面。农民收入增长放慢、城镇居民收支预期尚未出现明显好转、社会就业形势严峻导致了最终消费需求不旺、社会对信息、资金、商品的需求可能会呈现低速增长的态势，邮政市场的培育发展还需要一定时间，今后一个时期甚至会出现短期疲软。这些都对邮政业务的发展产生很大影响，需要我们结合具体的业务与当前的经济形势进行进一步分析。

### 2. 经济结构

经济结构对邮政市场的影响主要表现在经济总量构成、行业结构及地区结构对邮政业务市场的影响。反映国民经济总量的各项经济指标由于其内涵的构成因素不同，从不同的侧面反映了经济总体发展状况，因此，每项经济指标对各种业务市场的影响各不相同。

研究宏观经济指标与邮政业务的关系，结果表明：对函件业务影响最大的经济指标是国民生产总值；对包件业务影响最大的经济指标是工业总产值；对储汇业务影响最大的经济指标是国民收入；对报刊发行业务影响最大的因素是人口素质，其次是国民收入；对集邮业务影响最大的因素是人口素质。一些因素对邮政业务的影响是显而易见的，更多的则需要进一步开展作用机制及量化的研究。

行业结构对邮政业务的影响也是结构性的，从长远的观点来看，代理业务市场必然受制于委托代办业务的行业发展，例如，个人所得税征收制度的完善是邮政代办个人所得税的前提条件；商包业务的市场与生产体积较小、重量较轻的易于包装邮寄的商品的行业的发展关系密切；在目前邮政对普通函件投递深度有限的情况下，商业信函的发展受到生产某些性能复杂的工业产品的行业及产品需要中间商转销的行业的发展影响等，总之行业结构的变化直接关系到邮政业务结构及每一种业务的用户构成。

### （三）社会文化环境

菲利普·科特勒把市场营销的社会文化环境定义为“人们赖以成长和生活的社会形成的人们基本信仰、价值观和生活准则”。每一种文化都由亚文化组成，亚文化有着共同价值观念体系所产生的共同生产经验或生活环境的人群所组成，他们有共同的信仰爱好和行为。每一种亚文化团体均可表现出不同的需求和不同消费形式，这一点对于企业选择目标市场显然是有用的。

不同的亚文化对于各种邮政市场的影响是明显的，例如就表达情感来说，大中城市中具有较高文化素养的人群易于使用新兴的礼仪业务或者通过电视、电台、电话点歌及贺卡等方式表达祝福；而对于经济较为落后的地区或者颇具“实惠感”的人群，则是更倾向于通过家书或寄递实物。在疆域辽阔、民族众多、地区经济文化不平衡的中国，亚文化具有明显的地域性。邮政企业要特别注意各种文化，特别是亚文化及具有变化性的次文化对各种邮政业务的影响，特别是一些颇具影响力的文化变化，对邮政市场的影响同样具有机遇与威胁两个方面。

众所周知的“平安家书”的通信文化已经受到高度发达的电信技术的冲击，使有些专家发出了通信信函市场走向衰落的警告；新“书信”文化的兴起又给信函业务带来了机会。例如电视台、电台、报纸及各种党政机关和企事业单位的有奖征答都属此列；国内或者国家性的书信节、书信比赛也起到了推波助澜的作用；而奖金及奖品、纪念品的邮寄又给其他邮政业务带来了机会。

教育的多渠道，使函授、刊授、自学考试等多种教育方式的兴起，给函件、包裹、印刷品业务带来了机会。

目前由于部分企业主为获利不惜侵害消费者利益，这使得大多消费者对未亲眼目睹或试用过的产品质量难以信任，为此邮政邮购业务难以形成较大规模的市场。随着精神文明建设及人民整体素质的提高，以及打击假冒伪劣及对市场秩序的有效整顿，大规模的电视、电话购物及邮购等现代购物方式的兴起，将给邮政包裹业务带来极大的市场机会。

### （四）技术环境

科学技术对邮政市场的影响主要是现代机械、电子、光电子通信、信息技术及交通技术对邮政市场的影响。一方面，其他通信媒体对信函的技术替代作用使得邮政业务面临持续的挑战。但是这种挑战是逐渐作用的,工业化国家的情况表明,它是通过使业务增长速度降低起作用的,而不是使业务量降低;另一方面,随着我国国民经济信息化进程的日益加快,各行各业都在大力采用先进的科学技术促进产业的技术升级,不断提高自身的整体实力特别是核心竞争力,技术发展对邮政的影响主要体现在以下三个方面。

**1. 使竞争加剧**

现代光电子通信技术使电信通信比传统的邮政通信在传递信息方面更为快捷方便,各种金融网络均投入了全国性或者地区性甚至世界性的计算机通信网络,使业务处理更方便;交通技术的发展使运输部门对邮包更具竞争力,同时使私营或者其他快递公司的建立与发展更为迅速,从而使邮政业务无论是信息市场、金融市场还是物资运递市场的占有率都受到前所未有的威胁。

**2. 为邮政提供了现代化的处理手段**

对邮政来说,邮件处理与分发活动是劳动密集型的,现代科技的发展同时给邮政提供了前所未有的机会,自动化和信息技术在地址和运输管理方面的广泛应用,以及在投递过程和服务质量控制方面的应用,使邮政依靠科技转变那种传统的手工作坊式生产方式,实现“科技兴邮”,实现邮政现代化,使邮政业务处理能力在现代科技的支持下有了长足的发展,从而极大地提高了满足市场的能力,影响和刺激了消费者潜在需求向现实需求转化。

**3. 给邮政带来了新的业务机会**

现代通信技术给邮政带来了开拓新业务领域的机会,邮政正在运用新技术改造传统业务,开发“新经济”业务,一些邮政已经进入了其他产品或服务领域。对业务的改造尽可能地使用了新技术,所提供的服务或者增加了附加价值,或者更适合于特定细分市场的用户需要。邮政仍然十分积极地开发“新经济”业务:从代办电信业务、短信业务、代理航空客票业务,到通过在家中以电子手段购物的包裹业务、在线金融业务,以及通过互联网的在家中购物、网络贺卡等的出现给邮政的发展注入了新的活力,提供了新业务发展机会。

## 二、微观环境分析

微观环境分析主要包括行业分析和竞争分析。分析行业结构的主要目的是加深对行业环境的认识,得出关于行业长期与短期环境相对吸引力的结论,用以指导企业战略的制定。

波特教授在《竞争战略》一书中,从产业组织理论的角度,提出了行业结构分析的基本框架——五种竞争力分析。如图 4-2 所示,在每一个产业中都存在五种基本竞争力量及潜在的进入者、替代品、购买者、供应者与现有竞争者间的抗衡。这五种力量的强度因行业而异,并随行业的发展而变化。

五种力量中每一种力量的长处都是行业结构或作为行业基础的经济特征和技术特征的一个函数。在任何特定的行业里,并非所有五种力量都同样重要,每个行业都有其独一无二的结构,邮政也有其独特的行业结构。

### (一)邮政客户分析

邮政客户是邮政业务的使用者。关于邮

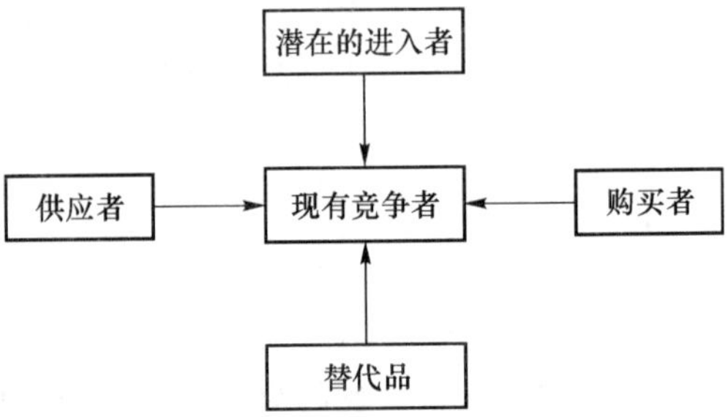

图 4-2 驱动行业竞争的力量

政客户有着不同的分类:①邮政客户可细分为大客户、商务客户和公众客户,提供不同的服务标准和服务方式。大客户包括战略合作伙伴、行业性大客户、党政军重要客户、用邮大户,提供个性化服务。商务客户是介于大客户和公众客户之间的客户,提供优质化服务。对公众客户要提供标准化服务。②根据客户使用业务的特点分为综合大客户和专业大客户。综合大客户是指对邮政产品和服务呈现多样性需求(涉及两种或两种以上的邮政产品或服务)、且用邮量较大的大客户;专业大客户是指对邮政产品或服务呈单一性需求且用邮量较大的客户。

中国邮政[2007]151号《关于下发〈邮政大客户分类分级暂行办法〉的通知》中指出:邮政大客户是指在一定时期内用邮金额达到一定规模(年用邮金额1万元以上),给邮政带来较大收益,且用邮情况保持相对稳定的客户。重要大客户是指党、政、军等国家机关,外国使领馆,新闻机构等对邮政的外部经营环境有重要影响,或与邮政签署战略合作协议,对邮政发展有重要影响的客户;潜在大客户是指没有达到邮政大客户标准,有用邮需求但有待引导、开发或目前使用竞争对手相关业务的客户;重要大客户和潜在大客户视为邮政大客户。按大客户所处的行业类型划分,可分为金融业、教育、房地产业和制造业大客户等;按大客户用邮所涉及的专业范围划分,可分为综合大客户和专业大客户。专业大客户可分为函件大客户、包裹大客户、报刊大客户、集邮大客户、信息大客户、速递大客户、物流大客户等;按大客户用邮涉及的地域范围划分,可分为全网性大客户和区域性大客户;根据大客户的重要程度、用邮金额和分级管理需要,将大客户划分为钻石客户、白金客户、黄金客户、贵宾客户四级。钻石客户是指年用邮金额500万元(含500万元)以上的用邮大客户,以集团公司名义签约的全网大客户,国家级党政军机关等重要客户。白金客户是指年用邮金额100万元(含100万元)以上500万元以下的用邮大客户,省级党政军机关等重要客户。黄金客户是指年用邮金额50万元(含50万元)以上100万元以下的用邮大客户,市(地)级党政军机关等重要客户和潜在客户。贵宾客户是指年用邮金额1万元(含1万元)以上50万元以下的用邮大客户,县(市)级党政军机关等重要客户。

邮政在作大客户识别时一是考虑大客户带来的业务收入(或用邮量),二是识别大客户时考虑了合作时间或合作关系因素,三是识别大客户时考虑了未来发展潜力因素。大客户用邮量在整个邮政业务量中占很大比例,讨价还价的能力比较强,对服务质量要求比较高,转向使用其他企业同类业务的选择余地较大。个人客户虽然用邮量不大,但涉及面和影响面都很宽,部分客户对价格、质量问题更为挑剔。个人客户中边远农村人口用邮量很小,但作为公益企业的邮政不能将他们排除在外。因为无论大客户还是个人客户都要求邮政企业提供优质高效、快捷的服务。用户对邮政业务的使用情况与社会经济的发展、社会文化、科技的发展进步有很大的关系,不同时代、不同业务的用户构成不同。现代营销理念强调以客户为中心,以客户的需求为中心,因而要求邮政企业要深入分析其客户构成、不同客户的具体情况,从而针对不同客户的不同需求提供合适的服务或产品。

### (二)协作商分析

作为网络型企业,邮政在生产经营过程中有众多的协作商,主要包括铁路运输、航空运输、水运等。特别是铁路运输和航空运输,既是邮政的合作伙伴,又是竞争对手。邮政对铁路运输的依赖性很大,所以铁路运输对邮政通信生产的影响也是最大的。

目前我国铁路建设的步伐不断加快,随着铁路及其他交通条件的改善,铁路运输的买方市场将会出现，铁路部门必须寻求运量，这为邮政提供良机。铁路运输虽然受到很多条件的限制，但与自办汽车相比，运输成本还很低，中国作为人口大国，不能像日本那样仅靠汽车运邮，随着经济发展，邮件量的增加和铁路运能的增强，铁路运输将是邮政长期的协作商。

航空运输是特快专递邮件的主要运输方式。经过几十年的建设和发展，中国机场初步形成了以北京、上海、广州等枢纽机场为中心，以成都、昆明、重庆、西安、乌鲁木齐、深圳、杭州、武汉、沈阳、大连等省会或重点城市机场为骨干以及其他城市支线机场相配合的基本格局，中国民用运输机场体系初步建立。2008 年，我国境内民用航空通航机场共有 158 个（不含香港和澳门），2008 年，全国各机场共完成旅客吞吐量 40 576.2 万人次，完成货邮吞吐量 883.4 万吨。20 世纪 80 年代以来，民航也在从事快运业务，成为邮政的一个竞争对手，在各自的经营过程中产生一些摩擦，邮政的时限受到不同程度的损害，也使邮政用户得不到满意的服务。进入 21 世纪，邮政逐步形成了以上海为集散中心的自办快速航空邮运网，2004 年开发了全夜航网络，一级邮区中心局之间民航运邮量大幅减少。但邮航未到的城市，民航仍是速递和国际邮件的主要运输力量，即使将来邮政航空公司有了较大发展，也离不开民航。

经营电信基础网的企业是邮政的重要合作伙伴或供应商。目前邮政综合网运行租用的电路基本是以中国电信和中国网通为主。随着电信市场的进一步完善和中外参与电信基础网竞争的企业的壮大和增多，能为邮政提供租用电路或合作利用的企业也会不断增多，也将有力地推动电子邮政的发展。

### （三）替代品分析

替代品是指与邮政通信企业经营业务的功能相似的其他业务，替代品的存在和发展会使邮政企业的业务发展趋缓或下降。邮政传统的函、包、汇、发业务中，都不同程度存在着替代业务。

函件业务的替代品主要是信息网络支持的电话、传真业务和计算机网络。包件业务没有明显的替代品，但随着商品经济的发展和各地市场物品的丰富，零星用品的流动性减少，亲属之间、朋友之间互寄的零星包裹明显减少，可以认为一部分包件业务被商业经济的发展给“短路”了，换句话说就是被替代了一部分。汇兑业务的主要替代品是各金融机构的信用卡和异地储蓄。报刊发行业务的替代品主要是电视和互联网。

面对行业内的替代品出现，邮政企业需要认真分析，采取相应的对策。如在个人函件业务的市场不断被替代的情况下，将业务的重点放在开发商业函件上。

### （四）竞争者分析

在邮政经办的各项业务中，只有很少一部分是邮政专营的。大部分业务都面临激烈的市场竞争。竞争者对经营的影响主要有两个方面，一方面，由于竞争者的合作，或各自对服务市场能力的提高，刺激了社会对该类业务的总需求，因而导致总的市场规模的扩大；另一方面，由于竞争各方的相互竞争，使得各方的市场占有率相对缩小。

随着国际、国内资本的大量涌入，邮政市场的竞争将更加激烈，竞争对手更多、实力更强，竞争的范围更大、领域更广，竞争的方式和手段更趋多样化。我国邮政企业不仅要与国内众多的私营企业竞争，还要与实力雄厚的国外邮政企业竞争，竞争将集中在区域性业务、国际业务和高附加值业务，并不断向有发展潜力的地区和业务扩展。

#### 1. 速递业务竞争对手分析

目前，中国市场上的快递公司已超过 1 500 家，其中中外合资公司大约 450 家。

FEDEX、UPS、DHL、TNT 等跨国公司依靠其雄厚的实力和成熟的市场经验，大举进攻我国速递市场。这些跨国公司具有强大的竞争实力，一是资金雄厚，DHL 扬言在中国 10 年不赚钱作市场，UPS 提出对在华公司不考核利润，二是独家拥有全球网络，三是具备现代经营理念、运营模式和先进的信息支撑技术、全套标准化生产作业体系和控制监控体系，四是拥有优良的服务功能和服务技能、规范化的服务产品和个性化供应链解决方案，五是具有良好的企业文化和企业高素质人才队伍。他们纷纷在我国实施自己的战略布局，覆盖国内大部分发达城市，如 DHL 覆盖城市数量达到 318 个，FEDEX 超过 550 个，TNT 超过 600 个，UPS 超过 200 个。目前四大家族的重心从网络布局转向市场拓展，国际业务盯上拥有更多中小客户的中国二、三级城市，国内速递市场成为其主战场。

除了四大家族的竞争外，目前，国营和民营的快递公司也构成邮政速递的竞争对手。民航、铁路依托自己得天独厚的运输网络而开办的速递公司，如中铁快运、航空快递等，对邮政 EMS 的大宗业务分流较大；使用外贸执照经营的速递公司如中外运、大通公司、天天等，一般多以经济发达的大中城市为根据地，向周边城市辐射，通达国内主要大城市，对邮政 EMS 业务的蚕食作用不可低估。

**2. 报刊业务竞争对手分析**

邮发合一是建国初就建立的报刊发行体系，是报刊发行的主渠道。但是随着体制的改革，新闻出版业逐渐走向集团化，自主发行的要求日益强烈。自 1986 年《洛阳日报》率先自办后，天津、西安、广州、上海等地的一些影响较大的报刊也陆续走上自办发行的道路。截至 2005 年年底，全国共有 800 余家报纸自办发行，占全国报纸的 42%。

社会上集体、个体发行公司的成立，使得报刊发行市场朝着多元化发展，截至 2004 年年底，全国共有报刊批发企业 272 家，资产共计 14 亿元，全年营业收入 15 亿元。

2004 年 5 月，中国允许外资企业从事图书、报刊和杂志的批发和零售，至今已有 70 多家外资发行企业设立驻华办事处，试水中国市场。

报刊发行多渠道的格局已经形成，成为邮政发行的巨大竞争势力。特别是自办发行在局部地区的联网趋势，对邮政报刊发行业务及一些代投、代送业务造成严重威胁。

**3. 邮政物流业务竞争对手分析**

除铁路、民航等大型国有企业继续抢占市场份额外，将出现大量的小企业和私营企业进入该市场。与此同时，中国加入 WTO 后随着市场的进一步开放，可以预期到，将有更多的跨国物品运输业巨头通过不同途径进入中国市场。

**4. 邮政储蓄业务竞争对手分析**

国内各主要商业银行通过技术进步和推出特色服务，紧锣密鼓地扩充自己的实力：主要商业银行已在全国范围内基本完成规范标准、统一形象的网点改造工作，单点吸储能力进一步提高，同时推出储蓄全国异地通存通取、个人电子汇兑业务、以组合金融产品为主的个人金融服务业务、网上银行服务等。所有这些举措均将使邮政绿卡和汇兑业务受到很大的市场冲击；另外，随着金融服务业的进一步开放，邮政金融将受到间接的影响。这两方面的力量将对邮政储蓄产生巨大压力，使邮政储蓄的优势逐渐减小甚至不复存在。

**5. 其他业务竞争对手分析**

包件业务的竞争对手主要有铁路运输、民航运输、公路运输的直运和零担运输以及水运等。集邮主要是二级市场的竞争。邮政代理航空客票业务面临航空公司以及其他代理人的竞争。

# 第三节　邮政企业经营战略

## 一、邮政经营特征和经营观念

### (一) 邮政经营的主要特征

邮政经营是指邮政企业根据国家方针、政策、计划和市场的需要，在组织邮政业务、邮件运递和经济活动中，以优质的服务，经济合理的投入来创造尽可能大的社会综合经济效益和企业经济效益为目的的运筹决策和动态协调的全过程。

邮政企业经营的对象是邮政通信。邮政生产的经济特性决定了邮政经营的特征，归纳起来主要有以下几个方面。

**1. 邮政经营的服务性特征**

邮政经营的服务性特征是由邮政产品的特征决定的。因为邮政产业向社会提供的产品是“服务”，邮政企业的生产过程就是提供服务的过程。这一特征决定了邮政经营的服务特征。因此，邮政经营方针、目标及决策的制定，都必须体现“服务”这一特征，即要求邮政经营活动要以“迅速、准确、安全、方便”的邮件寄递服务和其他社会服务为基本内容。

**2. 邮政经营的质量意识特征**

质量是企业生产发展的基础。因此向社会提供优质服务是每个企业必须树立的经营思想和作风。对于邮政经营来说，由于邮政服务过程与客户消费过程的同步性，在邮件寄递过程中一旦出现差错就会给用户带来损失，影响邮政形象。这就决定了邮政经营者必须牢固树立服务质量意识和时效观念。

**3. 邮政业务经营的两重性特征**

邮政所经营的业务包括专营业务和其他竞争性业务。邮政法从法律上确定了邮政部门的专营业务，但是邮政企业经办的其他业务都存在竞争，甚至有些业务竞争非常激烈，这就要求邮政企业合理利用专营权，在大力开发专营业务的同时，善于在竞争业务上做文章，依靠优质的服务和科学的营销手段开拓市场，提高市场占有率。

**4. 邮政经营的多层次性特征**

由于邮政具有全程全网、联合作业的特点，邮政属于网络经济范畴，邮政企业属于网络型企业。在邮政经营中，存在着三个层次，邮政集团公司、省(自治区、直辖市)邮政公司、地(市)和县邮政局。不同层次有不同的任务。集团公司主要负责全网规划，制定邮政经营的方针、政策等，属于战略层次。省(自治区、直辖市)邮政公司主要负责本省(自治区、直辖市)的规划，并在集团公司关于邮政经营方针的指导下研究省内邮政发展问题，属于策划层次。地(市)和县邮政局的主要任务是针对地域的地理、经济等条件和客户结构特点发展业务，是邮政这个网络型企业直接面向客户的，属于营销层次。在经营过程中，三个层次只有相互协调，邮政经营工作才能搞好。

**5. 邮政经营的效益特征**

在一般企业中，只有社会效益和企业经济效益两个方面。在邮政经营中还应该考虑到全网效益。从根本利益上分析，三者的利益是一致的，若损害社会和公众利益，就会丧失邮政信誉，最终将损害全网和企业的经济效益；若损害全网利益，局部企业可能会获得一时的经济效益，但赖以生存的网络功能和力量将衰弱，企业的长远利益将受损。也就是说，当全网效益和社会效益发生矛盾时，要以社会效益为重；当企业经济效益和全网效益发生矛盾时，要以全网效益为重。

**6. 邮政经营核算的复杂性特征**

由于邮政网络中运行着多种业务，而每项业务都有多个环节，因此，各业务、各环节的费用分摊成为邮政核算的难点，同时也影响到业务的发展，因此企业确定业务发展和业务开展重点的依据之一是业务的经营核算。

**7. 邮政经营的公共关系特征**

邮政经营涉及国民经济许多产业部门、机关单位以及广大城乡居民，他们不仅是邮政的客户，而且相当一部分是邮政经营活动的协作者，在一定程度上也是邮件寄递过程的参与者，如铁路、民航、银行等。邮政为了确保优质高效地完成邮政服务，邮政经营必须处理好与这些部门的关系，与这些协作者和大客户建立良好的公共关系，做到相互了解、相互支持。

### (二) 邮政经营观念

邮政经营思想是邮政经营者在进行邮政经营实践活动时所坚持的基本指导思想。政企分开为邮政公司化运作开创了条件，目前，邮政企业正抓住发展机遇，以提高经济效益为中心，实现速度效益同步增长和全网协调发展。邮政经营战略方针涉及市场观念、全局观念、创新观念、竞争观念、服务观念、合作观念、人才观念、质量信誉观念和效益观念等。为了贯彻这一战略方针，邮政企业在经营活动中应树立以下几个观念。

**1. 市场观念**

一种产品是否为商品，并不是从理论上界定它为商品后才进入市场交换，而往往是先进入市场进行交换后才被承认为商品的。邮政通信产品虽不具有实物形态，但以服务的形式进入流通和交换，具有商品的属性。市场决定着整个商品经济运动，不仅支配商品的流通，而且支配生产、分配、消费，支配商品运动全过程。

邮政产品既然是商品，同样受市场支配，这就要求邮政企业树立市场观念，坚持以市场为导向，以需求为目标，即“客户需要什么，就发展什么”。市场观念要求邮政企业必须清楚地明白：实现企业各项目标的关键，在于正确确定目标市场的需要和欲望，并且比竞争者更有效地传送目标市场所期望的物品或服务，进而比竞争者更有效地满足目标市场的需要和欲望。

**2. 竞争观念**

市场竞争是在市场经济条件下，企业作为商品生产者和经营者为了争取实现自身的经济利益而发生争夺、较量和对抗的经济关系。在市场经济中几乎所有邮政业务都面临激烈的竞争，正确地树立竞争观念，才能在竞争中生存，这也是经营者成功地实施经营战略，实现企业经营目标的前提。

**3. 服务观念**

服务是邮政企业经营的宗旨。邮政经营的服务观念要求邮政企业牢固树立“客户至上”的观念，一切以客户要求出发，为客户提供优质服务。

邮政服务的水平主要表现在网点数量、邮路频次以及服务态度、服务内容、服务效率、服务环境等方面。与过去相比，无论从网点数量、服务设施，还是服务效率、服务态度、服务质量上都有很大的提高和改善，但用户的要求也在不断提高，因而不仅是各级领导，全体邮政职工都要树立服务观念，要充分认识到，当今社会已进入了全方位的竞争状态，全员服务、全过程服务、优质高效服务已成为服务型企业发展的根本。邮政只有服务得越彻底，市场占有率才会越来越大，企业的效益也会越来越好。

**4. 信息观念**

邮政从事的是通信业务，传递信息是邮政的重要任务。同时，邮政在进行一系列经营活动中又需要大量的信息。邮政经营的信息主要是具有新的内容、新知识、新业务的信息。信息是资源，是有价值的。邮政企业在业务开展过程中时刻离不开信息的获取。这些信息一般来自政府决策、新闻媒体、相关书籍资料、互联网、市场调查、用户调研及某些偶然机会。邮政企业应该时刻注意收集相关资料，了解新闻媒体的相关报道，定期或不定期进行用户调查，了解社会用邮需求，征询用户对邮政服务的意见和建议。同时，还要及时了解竞争对手的信息。占有大量信息是科学决策的基础，因此要求邮政企业内部与客户直接打交道的营业员、投递员、营销员必须具有强烈的信息意识，即使没有与客户直接打交道的其他人员也要有一定的信息意识，能够作信息的提供者和收集者。

**5. 效益观念**

邮政企业从事的是商品生产，必须要强调投入与产出的最佳比例关系，效益直接关系到企业的生存和发展，当然要注重经济效益。所以，应当树立正确的邮政经济效益观念。

邮政设施是社会的基础设施，通信产品是通过服务来实现的。这一特点决定了邮政企业必须把社会效益放在第一位，要摆正经济效益与社会效益之间的关系，摆正行业效益与企业效益之间的关系。所以在生产经营活动中，必须有全局观念，正确处理部门经济效益和社会经济效益的关系，做到部门经济效益服从社会效益。

## 二、经营战略内容体系

### （一）经营战略的基本内容

任何一个战略系统都包括三个方面的基本内容：战略目标、战略方针和战略规划。经营战略也是如此。

**1. 战略目标**

企业经营战略目标的重点是企业的发展方向，包括市场开发、产品开发、企业规模的扩大与兼并、竞争优势的增长。这是经营战略的出发点和归宿。战略目标在经营战略体系中居于主导地位。

**2. 战略方针**

战略方针是为了实现战略目标所制定的行为规范和政策性决策。没有正确的战略方针，任何战略目标都难以实现。因此，战略方针在经营战略体系中居于关键或核心地位，对战略目标的实现起到保证作用。

**3. 战略规划**

战略规划是企业经营战略的实施和执行纲领，把企业的战略目标具体化，把企业的战略方针措施化，制定实施战略目标的具体步骤。战略规划既是企业经营战略的一个重要组成部分，又是指导战略实施的纲领性文件。

### (二) 经营战略的层次

一般来讲,企业经营战略可以划分为三个层次:公司战略、业务战略和职能战略。如果企业整体要想获得成功,必须将三者有机地结合起来。三个层次的战略既相互联系,又有一定的独立性。企业中每一层次的战略构成下一层次的战略环境,同时,低一级的战略为上一层次的战略目标的实现提供保障和支持,但它又有根据自身条件和要求所确定的目标和措施,有其相对独立性。

三个层次的战略之间的关系可用图 4-3 表示。

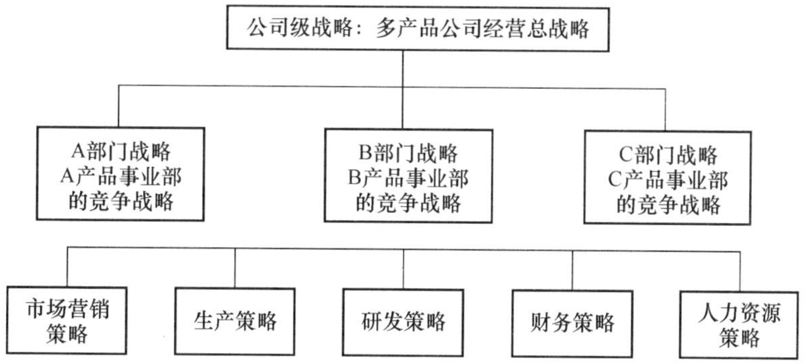


图 4-3　大型企业经营战略系统

**1. 公司战略**

公司战略,又称企业总体战略,是企业经营战略中最高层次的战略。它需要决定企业的目标,决定从事何种事业,合理配置企业经营所必需的资源,使各项经营业务相互支持、相互协调。对于邮政企业来讲,公司战略就是中国邮政的总体发展战略,邮政的总体战略必须使邮政各经营单位能够创建一个有着独特的竞争能力以及竞争优势的程序。因此,邮政企业总体战略主要考虑两个问题,一是邮政企业应该选择从事哪些生产经营活动以使其保持良好的发展态势并步入良性发展轨道;二是邮政应该选择何种战略进入与退出某些领域。

公司战略的特点有以下几个方面。

(1) 公司战略倾向于价值取向,是有关企业全面发展的、整体性的、长期的战略行为。对于邮政企业来说就是中国邮政的总体发展战略或各省的发展战略。

(2) 从参与战略的人员看,公司战略的制定与推行人员通常是企业的高层管理人员。如邮政集团公司及各直属公司、省公司一级的管理人员。

(3) 公司战略的制定具有很大的风险性,成本高,预期收益也大,需要时间长,要求有较大的灵活性和大量外部资源的输入。

公司战略通常包括企业进入战略、整合战略、多种经营战略和重组与撤退战略等。

**2. 业务战略**

业务战略,又称经营单位战略,是战略经营单位、事业部或子公司的经营战略。在仅经营单一事业的公司中,其公司层级和事业部层级实际上是同一个。业务战略是在公司战略的制约下,指导和管理具体经营单位的计划和行动,为企业的整体目标服务。邮政的经营单位战略就是各专业局(公司)和省邮政局及以下各经营单位的战略,是某一专业或某一地区的战略。邮政经营单位战略中业务发展战略是核心,它促使邮政企业根据市场、人员、资金和技术等不同因素的变化决定发展哪些业务，缩减甚至淘汰哪些业务，并促使业务结构优化和新业务的开发，从而最大程度地满足用户的用邮需求，提高邮政企业经营的经济效益和社会效益。

业务战略主要包括竞争战略和市场营销战略。这种战略所涉及的决策问题是在选定的业务范围内或在选定的市场一产品区域内，事业部门应在什么样的基础上来进行竞争，以取得超过竞争对手的竞争优势。

业务战略与公司战略的区别有以下两点。

（1）公司战略是有关企业全局发展的、整体性的、长期的战略计划，对整个企业的发展产生深远的影响；而业务战略着眼于企业中有关事业部或子公司的局部性战略问题，影响着某一具体事业部或子公司的具体产品和市场，只能在一定程度上影响公司战略的实施。

（2）制定公司战略的主要参与者是企业的高层管理者，而制定业务战略的参与者主要是各事业部或子公司的经理。

**3. 职能战略**

职能战略是为实现公司战略和业务战略，对企业内部的各项关键的职能活动做出的统筹安排。通过企业内主要职能部门的短期战略计划，使职能部门的管理者可以更加清楚地认识到本职能部门在实施公司战略中的责任和要求，有效地运用生产、营销、人力资源、研究开发及财务等方面的经营职能，配合执行公司战略及业务战略所确定的目标及策略，保证实现企业目标。职能战略通常包括市场策略、生产策略、研究与开发策略、财务策略、人事策略等。

职能战略基本上是属于作业执行，作业或工作必须做得好才能使经营得到成功；其目标可用具体的数字加以衡量，并进行比较的工作。

由于职能战略主要涉及具有作业性取向和可操作性的问题，因此它所涉及的决策问题时间限度比较短。由于依靠已有资源，职能战略决策风险小，所需代价（成本）不高，所涉及的活动在公司范围内不需要很大的协调性。

例如，邮政人才战略就是一项非常重要的职能战略，人才战略制定实施得好，其他战略目标才有可能实现。“十五”期间，邮政配合管理体制改革，深化人事、用工和分配三项制度改革，创造良好的激励约束机制。推行邮政人才战略可以全面提升和改善企业人力资源结构和水平，提高企业整体素质，以促进企业目标的实现。

### （三）经营态势战略

**1. 稳定战略**

企业稳定战略是指限于经营环境和内部条件，企业在战略期所期望达到的经营状况基本保持在战略起点的范围和水平上的战略。

采用稳定战略的企业不需要改变自己的宗旨和目标，企业只需要集中资源于原有的经营范围和产品，以增加其竞争优势。稳定战略适用于对战略期环境的预测变化不大，而企业在前期经营相当成功的企业。采用这种战略的风险比较小，企业可以充分利用原有生产经营领域中的各种资源；减少开发新产品和新市场所必需的巨大资金投入和开发风险；避免资源重新配置和组合的成本；防止由于发展过快、过急造成的失衡状态。

但是，采用稳定战略也有一定的风险。一旦企业外部环境发生较大变动，企业战略目标、外部环境、企业实力三者之间就会失去平衡，将会使企业陷入困境。稳定战略还容易使企业减弱风险意识，甚至会形成惧怕风险、回避风险的企业文化，降低企业对风险的敏感性和适应性。

**2. 发展战略**

企业发展战略强调充分利用外部环境的机会，充分发掘企业内部的优势资源，以求得企业在现有的战略基础上向更高一级的方向发展。

(1) 发展战略可选择的方向

发展战略可选择的方向可以从两个角度考虑：一是产品、市场的扩张，二是企业的横向、纵向、多样化边界的扩张。

① 产品、市场的扩张(如表 4-3 所示)。

**表 4-3　产品与市场战略组合**

| | | 产　品 | |
|---|---|---|---|
| | | 现有产品 | 新产品 |
| 市场 | 现有市场 | 市场渗透与集中。在单一市场，依靠单一产品，目的在于大幅度增加市场占有率 | 产品改进、产品开发与革新。在现有市场上推出新产品；延长产品寿命周期 |
| | 新市场 | 市场开发。将现有产品推销到新地区；在现有实力、技能和能力基础上发展，改变销售和广告方法 | 以新技术或市场而言，相关多样化<br>与现有产品或市场无关产品的多样化 |

市场渗透与集中。这种战略强调发展单一产品，试图通过更强的营销手段而获得更大的市场占有率。

产品开发与革新。这种战略是在原有市场上，通过技术改进与开发研制新产品。这种战略可以延长产品的寿命周期，提高产品的差异化程度，满足市场新的需求，从而改善企业的竞争地位。

市场开发。这种战略是将企业现有的产品或服务打入一个新的市场，既可以是进入国内其他地区，也可以是进入国际市场。

多样化发展。这是新产品与新市场结合的结果，又可分为相关多样化(相关的技术或相关的市场)和不相关多样化(不相关的技术、不相关的市场)。

② 企业边界的延展方向

产品—市场组合矩阵从产品和市场扩张角度描述了发展战略的 4 个方向。从企业的横向、纵向、多样化边界扩张角度也可将企业发展方向归纳为 4 个方向。

横向一体化。即向产业价值链相同阶段方向扩张。

纵向一体化。即向产业价值链连续的不同阶段方向扩张。

相关多样化。即向具有相关的技术或相关市场的领域扩张。

不相关多样化。即向与本企业原有产业完全不相关的产业扩张。

(2) 战略开发可选的方法

进入新的经营领域，企业一般可以采用两种途径，即内部发展与外部发展。

① 内部发展。内部发展是指企业通过挖掘内部资源，谋求发展的战略。

② 外部发展。外部发展则是指企业取得外部经营资源，谋求发展的战略。购并与战略联盟都是外部发展战略的主要形式。

前面所提及的各种战略开发方向，都可以通过内部发展和外部发展两种途径实现。

**3. 撤退战略**

撤退战略是在那些没有发展或发展潜力很渺茫的企业应该采取的战略。撤退战略包括紧缩战略、转向战略和放弃战略三个部分。

(1) 紧缩与集中战略

紧缩与集中战略往往集中于短期效益，采取补救措施挽救利润下滑，以期立即产生效果，具体做法有以下几点。

① 机制变革：调整管理层领导班子；重新制定新的政策和管理控制系统；以及改善激励机制与制约机制等。

② 财政和财务战略：如引进和建立有效的财务控制系统，严格控制现金流量；与关键的债权人协商，重新签订偿还协议等。

③ 削减成本战略：如削减人工成本、材料成本、管理费用以及削减资产等。

(2) 转向战略

转向战略更多地涉及非企业的整个经营努力地改变。具体做法有以下两点。

① 重新定位或调整现有的产品和服务。

② 调整营销策略。在价格、广告、渠道等环节推出新的举措。如在改善产品包装后提高产品价格，以增加收入；加强销售攻势和广告宣传等。

(3) 放弃战略。放弃战略涉及企业(或子公司)产权的变更，与前面两种战略相比，是比较彻底的撤退方式。如特许经营、分包、卖断和管理层或杠杆收购。

## 三、战略管理过程

战略管理是企业经营管理实践的产物。一个好的方案并不一定会有好的结果，没有有效的机制保证，再好的规划也是一纸空文。因此，战略管理显得尤为重要。企业战略管理是确立企业使命，根据企业外部环境和内部条件设立企业的组织目标，依靠企业能力保证目标的落实，并最终实现企业使命的一个动态管理过程。一般认为，战略管理包括战略分析(了解组织所处的环境和相对竞争地位)、战略设计与选择以及战略实施与控制三个基本环节。

这三个环节既相互联系又相互区别，共同构成一个完整的战略管理过程。三者之间关系如图 4-4 所示，实际上，各环节之间会有重叠。

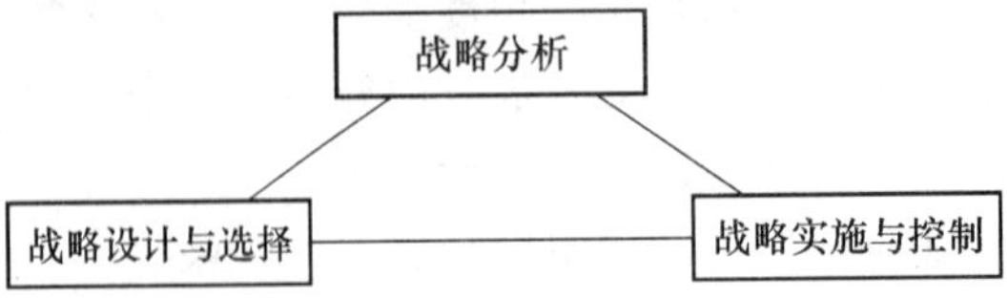


图 4-4 战略管理过程的基本模型

### (一) 战略分析

战略分析的主要目的是评价影响企业目前和今后发展的关键因素，并确定在战略选择步骤中的具体影响因素。战略分析包括以下三个方面。

一是确定企业的使命和目标。企业的使命和目标为企业战略的制定和评估提供依据。

二是外部环境分析。战略分析要了解企业所处的环境正在发生哪些变化，这些变化给企业将带来更多的机会还是更多的威胁。外部环境包括宏观环境和微观环境两个层次。

三是内部条件分析。战略分析还要了解企业自身所处的相对地位，具有哪些资源以及战略能力；还需要了解与企业有关的利益相关者的利益期望，在战略制定、评价和实施过程中，这些利益相关者会有哪些反应，这些反应又会对组织行为产生怎样的影响和制约。

战略分析是制定战略的基础，一种经典且常用的方法是 SWOT 分析方法。SWOT 代表分析企业优势、劣势、机会和威胁，因此，SWOT 分析实际上是将对企业内外部条件各方面内容进行综合和概括，进而分析组织的优劣势、面临的机会和威胁的一种方法。其中，优劣势分析主要地着眼于企业自身的实力及其与竞争对手的比较，而机会和威胁分析将注意力放在外部环境的变化及对企业的可能影响上，但是，外部环境的同一变化给具有不同资源和能力的企业带来的机会或威胁却可能完全不同，因此，两者之间又有紧密联系。

**1. 优势与劣势分析**

所谓竞争优势是指一个企业超越其竞争对手的能力，这种能力有助于实现企业的主要目标——赢利。但值得注意的是：竞争优势并不完全体现在较高的赢利率上，有时企业更希望增加市场份额。竞争优势可以指消费者眼中一个企业或它的产品有别于其竞争对手的任何优越的东西，它可以是产品线的宽度、产品的大小、质量、可靠性、适用性、风格和形象以及服务的及时、态度的热情等。

由于企业是一个整体，并且由于竞争优势来源的广泛性。所以，在做优劣势分析时必须从整个价值链的每个环节上，将企业与竞争对手做详细的对比。如果一个企业在某一方面或几个方面的优势正是该行业中企业应具备的关键成功要素，那么，该企业的综合竞争优势就强一些。需要明确的是，衡量一个企业是否具有竞争优势，不是站在企业的角度上，而是站在现有及潜在用户的角度上。

企业在维持竞争优势过程中，必须深刻认识自身的资源和能力，采取适当的措施。因为一个企业一旦在某一方面具有了竞争优势，势必会吸引到竞争对手的注意。一般地说，企业经过一段时期的努力，建立起某种竞争优势，然后就处于维持这种竞争优势的态势。如果竞争对手直接进攻企业的优势所在，或采取其他更为有力的策略，就会使这种优势受到削弱。

对于邮政企业来讲，其优势和劣势都是值得我们关注的。

(1) 邮政企业优势分析

近年来，中国邮政的整体实力明显增强，各方面的优势逐步得到体现。第一，"中国邮政"这个品牌是一笔巨大的无形资产，在社会上享有较高的声誉。第二，虽然邮政在实物流、信息流、资金流单个领域都不是最强，但邮政具有三流合一的行业优势，并且邮政的综合实力不断提高(固定资产、两网建设)。第三，邮政经营领域不断拓宽，业务种类不断增多，抗风险能力和市场竞争力明显增强。

(2) 邮政企业劣势分析

尽管邮政具有很多优势，但面对各种挑战和压力，在市场经济环境下，与现代邮政的要求相比，邮政存在的劣势依然不容忽视。第一，邮政实物网和信息网融合还不够紧密，网络的信息化程度较低；邮政整体的网络优势并未完全发挥，网络运行效率有待提高；业务和技术的相融互动还不够紧密，网络的标准化程度还比较低。第二，邮政经济秩序有待继续整顿和规范，反映出邮政自身的一些劣势：管理机制不健全、规章制度不落实、本位主义严重，营销方式简单等。第三，人才结构性矛盾依然突出，优秀人才不足与结构性冗员的问题仍然存在；科学的人力资源开发管理体制尚未健全，邮政人力资源“三项制度”改革、人才结构调整有待进一步深入。第四，筹资能力比较差，投入不足。

**2. 机会与威胁分析**

随着经济、社会、科技等诸多方面的迅速发展，特别是世界全球化、一体化过程的加快，全球信息网络的建立和消费需求的多样化，企业所处的环境更为开放和动荡。这种变化几乎对所有企业都产生了深刻的影响。正因为如此，环境分析成为一种日益重要的企业职能。

环境发展趋势分为两大类：一类表示环境威胁，另一类表示环境机会。环境威胁指的是环境中一种不利的发展趋势所形成的挑战，如果不采取果断的战略行为，这种不利趋势将导致公司的竞争地位受削弱。环境机会就是对企业行为富有吸引力的领域，在这一领域中，该企业将拥有竞争优势。

（1）市场机会分析

有效地捕捉和利用市场机会，是企业营销成功和发展的前提。分析和评价市场机会主要从两个方面着手：一是考虑市场机会给企业带来的潜在利益的大小，二是考虑机会出现的概率大小。如图 4-5 所示。

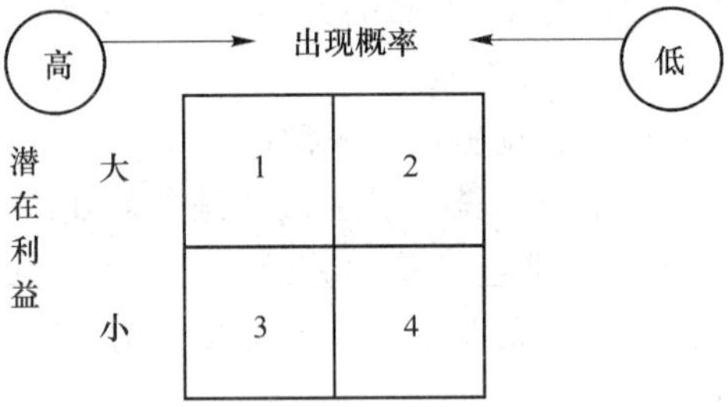


图 4-5　机会分析矩阵

在图 4-6 的 4 个象限中：第 1 象限是企业必须重视的，因为它的潜在利益和出现概率都很大；第 2 象限也是企业不容忽视的，因为第 2 象限虽然出现概率低，但一旦出现会给企业带来很大的潜在利益；第 3 象限虽然潜在利益不大，但出现的概率很大，因此需要企业加以重视，制定相应对策；第 4 象限主要是观察其发展变化，并依据变化情况及时采取措施。

（2）环境威胁分析

分析研究环境的目的在于抓住和利用市场机会（如前所述），避免环境威胁。面对环境威胁，企业若不果断地采取营销措施避免威胁，其不利的环境趋势必然会伤害企业的市场地位，甚至使企业限于困境。对环境威胁的分析主要从两方面考虑：一是分析环境威胁对企业的影响程度，二是分析环境威胁出现的概率大小，并将这两个方面结合在一起。如图 4-6 所示。

在图 4-6 的 4 个象限中，第 1 象限是企业必须高度重视的，因为它的危害程度高，出现概率大。企业必须严密监视和预测其发展变化趋势，及早制定应变策略。第 2 象限和第 3 象限也是企业不能忽视的，因为第 2 象限虽然出现概率低，但一旦出现，给企业营销带来的危害就特别大。第 3 象限虽然对企业的影响不大，但出现的概率却很大，对此企业也应该予以注意，准备应有的对策措施。对第 4 象限主要是注意观察其发展变化，看其是否有向其他象限发展变化的可能。

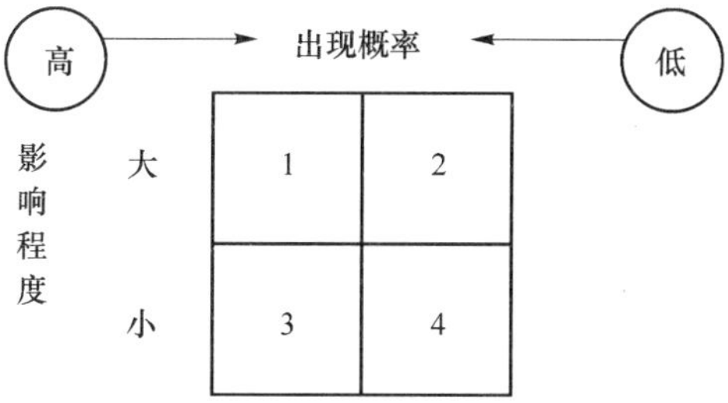


图 4-6　威胁分析矩阵

分析环境威胁的目的在于采取措施，避免不利环境因素带来的危害。企业对环境威胁一般采取三种不同的对策：一是反抗策略，即企业利用各种不同手段，限制不利环境对企业的威胁作用，或者促使不利环境向有利环境方面转化。二是减轻策略，即调整市场策略来适应或改善环境，以减轻环境威胁的影响程度。三是转移策略，即对于长远的、无法对抗和减轻的威胁，采取转移到其他的可以占领并且效益较高的经营领域或停止经营的方式。

(3) 综合环境分析

在企业实际面临的客观环境中，单纯的威胁环境和机会环境是少有的。一般情况下，企业面临的环境都是机会与威胁并存、利益与风险结合在一起的综合环境。根据综合环境中机会水平与威胁水平的不同，形成了如图 4-7 所示的矩阵。

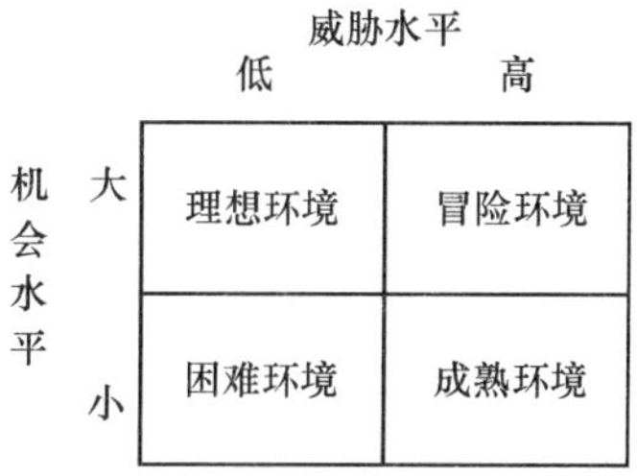


图 4-7　综合环境分析矩阵

① 面临理想环境应采取的策略

理想环境机会水平高、威胁水平低、利益大于风险，是企业难得遇上的好环境。面临这样的环境，企业必须抓住机遇，开拓经营，创造营销佳绩，千万不可错失良机。

② 面临冒险环境应采取的策略

冒险环境机会和威胁同在、利益与风险并存，在有很高利益的同时存在很大的风险。面临这样的环境，企业必须加强调查研究，进行全面分析，发挥专家优势，审慎决策，以降低风险、争取利益。

③ 面临成熟环境应采取的策略

成熟环境的机会和威胁水平都比较低，是一种比较平稳的环境。面对这样的环境，企业一方面要按常规经营，规范管理，以维持正常运转，取得平均利润；另一方面要积蓄力量，为进入理想环境或冒险环境做准备。

④ 面临困难环境应采取的策略

困难环境的风险大于机会，企业在此环境下经营已十分困难。面对困难环境，企业必须想方设法扭转局面；如果大势已去，无法扭转，则必须采取果断决策，退出该环境，另谋发展。

(4) 邮政发展机会和威胁分析

① 邮政发展机会分析

总体来讲，宏观环境对邮政的发展是比较有利的，邮政具有很大的经济活动空间。第一，全面建设小康社会的目标，是一个惠及各行各业的发展机遇。保持宏观经济政策的连续性和稳定性,继续实行积极的财政政策和适度宽松的货币政策全国经济、社会的持续发展,必定会拉动邮政业务持续增长。国家的一些宏观经济政策,如西部开发、加快“三农”发展、大力发展服务业、流通业和物流业等政策措施,将有效拉动邮政市场需求,为邮政的发展开辟了广阔的空间。推进城镇化将带来中小城市和县域邮政发展的机遇。第二,我国加入WTO后对外开放的扩大,为邮政利用国外资本和技术,实施联合发展提供了广阔天地。邮政可以通过与国外金融、保险企业的联合,引进技术、人才和管理经验,培育新的业务增长点。第三,新技术、新材料的广泛应用和交通、信息产业的发展为邮政进一步提高服务水平、不断拓展业务领域奠定了良好的基础。同时人们对信息的传递速度、准确性的要求越来越高,为邮政传递以实物为载体的信息发展提供机会,加速了邮政现代化建设的步伐。

② 邮政发展威胁分析

随着入世后中国经济进一步融入世界经济的大潮,邮政业务市场的竞争会更加激烈,竞争的范围会更广。第一,加入WTO后,各级政府对邮政的政策性优惠将逐渐淡化,对国资、民资将一视同仁,普遍服务的补偿机制一时还难以到位,国家对邮政储蓄转存款利率政策进行调整,并逐步实行利率市场化,将在一定程度上影响邮政的生存和发展。第二,市场进一步开放,来自国际和国内的竞争进一步加剧,传统业务增势减弱,新的业务增长点尚不稳定,缺乏规模。最近几年世界邮政领域发生了重要变化,兼并、并购、全球化、自由化的进程加快,一些邮政已通过兼并私营运递公司进入其他国家的邮政市场。国际邮政领域的竞争要求我国邮政必须作出竞争战略和竞争能力上的准备。第三,随着信息技术的广泛应用,函件、报刊等传统业务对收入增长的拉动力逐渐减缓,并且随着技术进步和群众消费水准的提高,社会对邮政服务的要求越来越高,稍不注意就可能影响业务发展,失去一部分市场。

思考:运用机会和威胁来分析评价邮政在一定环境下的某一业务。

**【阅读资料】**

## 邮政发展航空票务业务的SWOT分析

一、机会分析

(一)电子客票广泛推广给邮政带来发展契机

国际航空运输协会三年前开始启动无纸化“电子机票”计划,目前国际航线电子机票覆盖率达到37.1%。到2008年6月1日,全球航空业将不再使用纸质机票。从2007年11月5日起,国际航空运输协会已停止向中国的机票代理人发放纸质国际机票,这意味着中国开始全面推行电子机票。目前国内航线电子机票的覆盖率已经超过99%,到2007年年底,中国将成为世界上首个全部采用电子机票的国家。这一变革使得代理人市场面临着重新洗牌。由于没有出票地点的限制,可以在全国范围内联网销售,电子客票的广泛推广给邮政带来前所未有的发展契机。

(二)民航业保持快速发展势头给邮政带来更大发展空间

2006年我国民航运输实现了快速增长,全年累计运输旅客1.6亿人,增长15.4%。《2007年民航航业预测报告》预计,2007年旅客运输量达到1.8亿人次,2007—2020年间,客运周转量年均增长率将达13.24%;未来14年中国航空货运周转量将年均增长13.23%,其中2007—2010年为13.50%,2011—2020年为13.12%,并且支线航班的密度将大大增加，发展空间巨大。

二、威胁分析

（一）航空公司在自建销售渠道

在国内电子客票销售如火如荼大规模推广的同时，航空公司也在悄然强化着自己的网络直销能力。例如，国航将大规模地提升现有网站的功能和运营水平，增加现有网站在线Check-in等服务功能，增加常旅客的服务产品，同时还将设置一个200人坐席的客户服务中心，用来开展直销业务。

（二）下调佣金成为行业趋势

航空公司为降低运营成本，纷纷削减代理费支出，机票代理人收益逐步降低。欧洲有4家航空公司联合下调佣金比例。

（三）电子客票推出邮政配送优势逐步弱化

虽然在中国由于信用体系还不很健全，多数机票支付通过线下进行，但随着电子客票的日益普及，在线支付将成为发展趋势。客户无须拿到纸质机票就可以通过电话、网站完成购票，甚至通过网站完成值机操作，行程单可以到机场领取或随后寄达。这样，邮政在配送方面的优势将逐步弱化。

三、优势分析

邮政网点覆盖城乡，贴近消费者；百年邮政，在老百姓心目中品牌信誉较好；拥有庞大的客户群体，客户名址数据库达1.3亿条；拥有一支素质过硬的营销团队；初步积累了发展航空票务业务的经验，与海航、南航建立了合作关系，为进一步做大规模奠定了坚实的基础。

四、劣势分析

（一）专业人员不足、整体素质有待提高

目前各省基本没有专门的票务管理机构，邮政票务业务人力配备薄弱，兼职情况十分普遍。航空票务销售专业性较强，需要懂航空运输知识、能够熟练操作航空售票系统的专业操作人员。尽管集团公司、各省公司组织了一些培训，但目前从业人员整体素质与在航空市场打拼多年的竞争对手相比还有较大差距。人员频繁流动性也在很大程度上影响了专业队伍素质的提高。

（二）没有统一的业务管理平台，业务可控性低

邮政与海航、南航合作，一些省与代理人合作，业务受理人员至少面对3套票务系统。邮政没有开发或引进统一的管理系统，业务发展及销售政策管理难度大，且网点、网站、短信等接入平台还没有有效整合起来。

（三）主动营销不够，制约了业务规模的扩大

在航空票务的推广中，营销队伍的作用没有得到充分的发挥，仍以被动营销为主，客户量少，维护不成体系。

（四）业务宣传不到位、票务代理知名度较低

邮政发展航空票务缺乏统一的、规模性的对外宣传，社会认知度较低，邮政票务服务品牌的建立尚有一个过程。

（五）相关机制不到位，束缚业务发展

一方面，航空票务销售是邮政开办的一项新业务，在业务发展初期，需要制定一些激励

政策来调动营销人员以及营业人员的业务推广积极性；另一方面，航空客票代理市场化程度高，要求建立灵活的、随行就市的客户维护、产品维护等机制。而目前我们这些机制还很不到位，不利于业务的快速发展。

### （二）战略设计与选择

在进行战略分析的基础上，要进行战略设计与选择。战略分析阶段明确了“企业目前处于什么位置”，战略选择阶段所要回答的问题是“企业向何处发展”。这一阶段的任务就是确定两个问题：我们能够做些什么和采取什么措施去完成既定的目标。

首先要选定企业的战略目标，企业的战略目标有成长性目标和竞争性目标，然后选择理想的战略方案。选择战略目标和优选战略方案是一个完整的系统分析过程，由下面四个要素构成。

**1. 确定企业的经营领域**

该经营领域对企业是有吸引力的。诸如市场潜力较大、投资报酬率较高、能够有效发挥企业自身优势等。

**2. 寻找企业在竞争领域里的优势**

根据前面的分析，寻找优势旨在扬长避短、发挥优势。优势与劣势都是与同行竞争对手相比较而言的，任何企业都不可能占据一切优势。优势既是现实存在的，也是可以创造的。

**3. 确定战略方案**

战略方案要从客观环境和创造性出发，达到发挥优势、保持优势和弥补劣势的目的，以保证战略目标得以实现。

在制定战略过程中，可供选择的方案越多越好。根据不同层次管理人员介入战略分析和战略选择工作的程度，可以将战略形成的方法分为 3 种形式：①自上而下的方法。即先由企业总部的高层管理人员制定企业的总体战略，然后由下属各部门根据自身的实际情况将企业的总体战略具体化，形成具体的战略方案。②自下而上的方法。在制定战略时，企业最高管理层对下属部门不做具体规定，而要求各部门积极提交战略方案。企业最高管理层在各部门提交的战略方案基础上，加以协调和平衡，对各部门的战略方案进行必要的修改后加以确认。③上下结合的方法。即企业最高管理层和下属各部门的管理人员共同参与，通过上下级管理人员的沟通和磋商，制定出适宜的战略。3 种方法的主要区别在于战略制定中对集权与分权程度的把握。企业可以从对企业整体目标的保障、对中下层管理人员积极性的发挥以及企业各部门战略方案的协调等多个角度考虑，选择适宜的战略制定方法。

**4. 设立评价战略方案的标准**

评价标准可以是市场占有率、投资报酬率或企业成长率等。通过这些标准去判断各种替代方案的优劣。

例如，中国邮政决定进军物流领域，成立了中邮物流公司，并紧紧围绕中国邮政实现良性循环的战略目标，明确物流业务的经营领域，以“精益物流”为理念，充分发挥邮政“二网三流”的优势，努力开发个性化、高层次的一体化物流服务；提出了邮政发展物流的指导思想、市场定位、基本战略和奋斗目标；提出了要通过发展物流，进一步提高邮政网络的运行效率与效益，提升邮政企业整体素质，带动邮政整体产业的升级；提出了通过发展物流，促进邮政贴近市场、转变观念、改善服务，以满足国民经济和社会发展的需要，最终把中国邮政建成以现代物流为核心竞争能力的现代物流企业。

### （三）战略实施与控制

战略实施是为了贯彻执行已制定的经营战略所采取的一系列措施，同时战略的实施与控制是密不可分的。

#### 1. 战略实施

战略实施包括三个方面的内容。

① 制定政策。经营战略集中于解决企业发展的战略目标、基本方针和综合规划。而战略实施的全部细节要由指导战略实施的具体政策来进一步阐明。政策可视为指导人们实施战略的细则。其作用有三：第一，通过政策的制定来审议战略的各个环节是否具有可操作性。第二，确保战略的意义被正确理解并变成企业各层次、各部门的行动纲领。第三，政策不仅是用来解释战略的，它还要渗透于企业的日常经营活动，以帮助建立正常可控的行为模式。

② 组织调整。组织要适应战略，战略要通过有效的组织结构去实施。战略要随环境条件的变化而变化。随战略变化而变化的组织称为战略组织。有三种战略组织形态可供选择：防御型战略组织、开拓型战略组织、反映型战略组织。伴随组织调整过程还要进行人员配备。要使领导者的素质和能力与所执行的战略相匹配。

③ 编制预算，配置资源。预算是数字化的计划，是控制组织经营活动不可少的有效杠杆。资源配置得当有利于战略的顺利实施，资源配置不当可能形成瓶颈，抑制战略的实施。战略组织的功能就在于充分利用现有资源和挖掘一切资源为战略服务。

#### 2. 战略控制

所谓战略控制就是通过信息反馈系统将战略执行的实际效果与原定战略目标进行比较，发现偏差及纠正偏差，使偏差保持在允许的范围内，最终保证预期目标的顺利实现。如果发生意外变化，则要重新制定战略，进行新一轮的战略管理过程。

有效的战略控制取决于三个条件：第一，根据战略目标制定绩效评价标准。第二，建立有效的信息系统，监控外部环境的变化与内部组织的功能与效率。第三，及时有效地采取纠偏措施。

## 四、邮政经营战略与改革措施

### （一）国际上各国邮政战略及改革的主要趋势

#### 1. 战略及改革的背景

在全球化、自由化、竞争、技术变化、用户结构变化以及范围不大的私有化等因素的强烈冲击下，邮政正在不断发生变化。

全球范围内的邮政结构正在发生变化，目前已分化为三个集团。第一集团包括较大的欧洲邮政集团——德国邮政、荷兰邮政、英国邮政、法国邮政，以及北美全球性私营运递公司UPS、FedEX等。第二集团由“超级邮政”外的其他国有邮政企业组成，大多数服务范围为国内市场，少数企业涉足区域市场。第三集团由以本地市场为服务对象的小型私营公司组成。

(1) 全球化

全球化已经成为世界与邮政持久的发展趋势。邮政采取全球化战略,而不是国内战略或本地战略,是对环境变化的明确响应。从全球范围来讲,企业经营能够从扩展市场中获得机会。全球性企业需要建立全球网络以获得更多的资源,邮政感到应在全球范围内跟踪用户的需求并为其提供应有的服务和支撑。机会和威胁是并存的,如果一国邮政没有进入全球市场,其他邮政就会进入,而且该国邮政还会面临丢失原来占有的市场的威胁。

全球市场竞争激烈,如果要以有竞争力的价格提供优质服务,就意味着要达到全球顶级标准。在这种情况下,通常的办法是与世界级公司结成联盟以集中资源形成竞争力。

全球化刺激了某些市场的竞争。在过去的几年中,"超级邮政"已进行了实质性的并购,欧洲和北美出现了并购与合作以达到相应的规模并获得市场份额,它们自然要向市场中现有的服务提供者挑战,从而加剧了竞争的激烈程度。

(2) 技术

技术因素会持续地影响邮件处理方式和邮政市场,从而成为又一具有强烈影响的环境因素。人们的生活、通信和购物等模式已经发生了变化,并且还将发生更大的变化。

对于邮政来讲,一方面技术有助于降低邮政成本,增强生产能力,促使产生新的产品和新的市场机会;另一方面技术是一个无情的竞争者,持续地威胁邮政业务的发展。比如,电子信息对实物信函的替代,互联网使得电子商务和电子邮政业务能够从根本上改变现在的通信方式,并且同时取代原有技术的邮政产品。当然,邮政如果能抓住机遇,电子商务和电子邮政业务同时会给邮政带来很大的增长机会。

(3) 竞争和自由化

除了来自技术的竞争外,在国际及过境信函市场,来自其他运营者的竞争也非常激烈。由于法定垄断依然普遍实行,国内信函市场的竞争不大。除信函外,其他邮政产品和服务是邮政业务的增长领域,遵循普遍竞争规则。

邮政自由化是许多政府确立的政策目标,这与达到国内与国际的商品和服务自由贸易目标相一致。到目前为止,瑞典、芬兰、阿根廷、巴拉圭和秘鲁已经放弃了信函的垄断,其他一些国家也采取了一些自由化的步骤。根据欧盟决议,欧盟内部邮政市场将实现有步骤的、渐进式的开放。自 2003 年 1 月起,开放所有重量大于 100 g 的信函(或普通信函资费 3 倍的信函)业务。这个关键时刻,除新西兰、瑞典、芬兰等邮政业务全面自由化的少数国家之外,欧盟其他各成员国邮政都经历着前所未有的冲击。他们借此机会加速内部调整或积极向外发展,目的就是抓住市场开放带来的机遇,促进邮政的进一步的发展。

总体来说,在欧洲以外的地区,邮政改革的视野更宽一些,包括公司化,而不仅仅是市场自由化和引入竞争。

(4) 私有化

邮政私有化并未在全球范围内流行,据 UPU2001 年统计资料显示,绝大多数邮政企业是国有企业。所有权转让给私人机构的仅有荷兰、阿根廷、科特迪瓦和德国等几家邮政企业。

面对这些外部压力,一些邮政运营者已经从传统核心业务和传统的市场地理范围之外寻找机会。它们对企业进行了改革、结成了联盟、实施了战略性并购、丰富了商业活动和业务,并使其资产和运营现代化。并且,各国邮政均认识到了联系用户与商业化、竞争与效率的重要性。尽管有许多变化,邮政仍然在世界范围内承担普遍服务义务。

**2. 邮政运营者的对策**

变革的环境下,在经营战略方面,邮政对环境的压力做出了很多反应。

(1) 业务重新定位

一大批欧洲国家的邮政企业已经对其业务进行了战略性的重新定位。它们正在平衡其内在优势,建立新的业务模式,并转化自身及传统业务市场。新战略有两个目的:一是确保应付在未来某个尚不明确的时间由于技术替代造成的函件业务下降;二是要进入具有增长前景和竞争潜力的业务领域。

(2) 扩展核心业务

其出发点是传统邮政产品和服务是重新定位邮政业务的核心,这是采取变革战略的基点。核心扩展战略主要从以下两个主要方向着手。

一方面,企业扩展了实物传递的范围,转向更大批量的托运,突破了目前的限制领域,提供新的投递方式,并进入了不同的市场领域。该战略将目标定位于邮政进入物流市场,包括B2B及B2C市场。这一战略还从市场方面扩展了核心领域:从国内市场到全球市场。

另一方面,建立价值链。转向提供价格较高的业务,包括通过提供高附加值的服务,如快速和个性化服务,获得额外的收益。

(3) 增强核心能力

通过基础设施的建设以降低成本、提高效率,增强核心能力。邮政的另一个重要进展是开办了仓储、配送及相关业务,这既可理解为增强了包裹业务,也可理解为邮政业务多元化,进入了新的业务领域或市场。

(4) 业务与市场多元化

多元化包括引入核心业务之外的产品和服务,如仓储和配送、混合邮件、第三方委托业务、零售与代理业务和电子邮政业务等等。

(5) 战略定位

① 全球战略、地区性战略和国内战略。如前所述,欧洲四大邮政、北美两家私营全球运递集团UPS和FedEX,采取全球战略,此外,还会出现一些其他全球性的商业竞争者。"超级邮政"外的更多运营者目标服务范围大多为国内市场,少数企业涉足区域市场,采取国内战略或地区性战略。

② 并购、联盟和合作。许多企业普遍运用了这些方式。例如,通过几次重大举措,德国邮政(DPWN)控股DHL,荷兰邮政(TPG)控股TNT。美国邮政与FedEX、FedEX与法国邮政、美国邮政与英国邮政也已建立起新的联盟。英国邮政、荷兰邮政和新加坡邮政建立了一家合资企业,在国际商务邮件业务中具有世界性影响力。瑞士邮政是第一个加盟英国包裹公司的普遍服务提供者,英国邮政通过并购建立了欧洲的包裹网络。其他如法国邮政与西班牙、意大利、摩洛哥和科特迪瓦邮政部门建立的联盟。荷兰与葡萄牙、冰岛、挪威、卢森堡和瑞士之间有运营协议。

③ 技术联盟。邮政还加入了技术方面的合作联盟。例如,加拿大邮政公司已与Cybersurf公司(加拿大最早提供Internet接入的公司)建立了协作关系。意大利邮政与国际计算机协会共同开办了一家合资企业。Escher集团(一家专为邮政提供技术和电子商务解决方案的企业)与万国邮联组成了战略联盟,以促进双方的产品与服务共同发展。

随着邮政市场自由化的发展，将会出现进一步建立联盟和合作伙伴关系的机会。

### （二）我国邮政战略与改革思路

21世纪初叶，是我国邮政发展的关键时期。深化邮政改革，加快发展步伐，既是我国社会经济发展的迫切需要，也是我国邮政求生存谋发展的必然要求，对于推进我国现代化邮政事业的持续发展，满足社会需要，具有十分重要的意义。

世界邮政领域的改革，为我国邮政改革提供了经验。信息技术飞速发展，为我国邮政实施创新创造了条件。经济全球化，引发了邮政经营的国际化。政府保护逐渐减少，邮政市场竞争日趋激烈。我国经济体制改革深化，为邮政发展创造了良好的外部环境。国有企业改革力度加大，对邮政发展提出新要求。我国邮政发展挑战与机遇并存，困难与优势同在。在此形势下，邮政应借鉴和吸收国外邮政改革与发展的成功经验，努力改善邮政服务，大力拓展邮政市场，稳妥推进邮政改革，积极进行创新，全力加快邮政发展，保持国家邮政网的完整性、统一性和先进性。

邮政体制改革要在目前政企分开的前提下，逐步建立起规范有效的邮政市场管制体系；组建的中国邮政集团公司作为国有公用企业，要完成战略改组与改制工作，要积极创造条件，依照《中华人民共和国公司法》进行改组和规范，逐步建立完善的公司法人治理结构；全面实施邮区中心局体制，邮政网络运行机制进一步优化；实施投递体制改革，向全社会提供优质的物流服务。逐步推行专业化的经营和管理，构建适应市场经济特点的邮政业务经营运作体制；实施邮政企业管理制度改革，营造富有成效的激励约束机制。

# 第四节　邮政业务的市场定位与经营策略

2007年邮政实现政企分开，中国邮政集团公司成为隶属财政部的国有独资集团公司，主要经营邮务类、速递物流类和邮政金融类三大板块的业务。为了更好地发展各项业务，为了实现邮政企业的可持续发展，就要充分了解各类邮政业务的市场定位，分析其经营策略。

## 一、邮务类业务的市场定位与经营策略

邮务类业务是邮政的主体业务，是邮政赖以生存和发展的基础。邮务类业务主要包括函件业务、包裹业务、报刊发行业务、集邮业务、邮政电子商务业务和机要通信业务。

### （一）邮务类业务发展分析

#### 1. 函件业务发展分析

函件业务是邮政传统的实物信息传递业务，是国家建立邮政部门的主要目的。年人均信函量是衡量一个国家邮政通信发展水平的重要指标，它的大小与国家的经济发展密切相关。美国作为当今世界的超级大国，其信函业务量占据整个世界信函业务量的40%左右，信函的业务量近年还在不断增加。2006年美国邮政总收入728亿美元；利润实现9.7亿美元，其中信函收入641亿美元，占89%；德国邮政2006年总收入628亿元，信函收入133亿欧元，占总收入的21%，信函利润20.5亿欧元，占利润总额的50%。函件业务历来都是各国邮政部门重点发展的业务。

从近期世界邮政信函发展趋势看，呈现出以下两个基本特点。

其一，传统信函业务仍将作为现代社会中人们传递信息的工具之一。进入 21 世纪以来，电信技术和计算机网络技术的发展，替代了邮政大部分单纯信息传递业务。但当今通信技术、计算机网络技术发达的国家，个人之间的信函仍然没有被完全取代。从目前各国年人均函件量来看，发达国家达到 300～700 封。由此看来，信函在人类社会中所起的人与人之间互相沟通情感的作用，是其他任何通信方式所无法取代的。因此，无论是美国、法国，还是近几年邮政改革比较成功的新西兰和澳大利亚的邮政部门，对私人之间的信函业务都给予足够的重视，并视为邮政的品牌业务。

其二，商业信函成为信函业务发展的重点。从当前世界邮政信函业务的发展趋势看，无论是工业发达国家还是发展中国家，商业信函都已成为信函业务的主要构成。发达国家的函件尤其是商业函件，仍呈强劲的发展势头。以美国为首的西方工业发达国家，邮政的业务收入中 70%～80%来自信函业务收入，而在信函业务中，50%～80%来自商函业务收入。这些商业信函主要是商业广告信函、各类账单信函、企业或政府、团体、组织之间以及个人之间的公务往来信函。

中国邮政面临固定电话、移动电话的普及、因特网的广泛使用等新技术带来的挑战，函件业务量一度呈现下滑趋势；但是随着商业函件——数据库商函、账单信函、邮送广告业务、邮资封片卡业务等快速发展，函件业务收入逐步呈现上升趋势。2008 年函件业务收入实现 89 亿元，2002—2008 年函件业务收入年均增长率为 8.64%。我国函件业务收入在邮政业务收入中所占比例较小，一般在 10%左右，而国外邮政发展比较成功的国家，其函件业务收入占邮政业务收入的比重一般高达 50%～80%，因而，我国函件与发达国家相比，市场潜力巨大，而且函件发展与经济发展呈正相关关系，函件业务不仅不会因经济技术发展而萎缩，反而会加快发展。目前中国邮政已经为函件快速发展打下了坚实的基础。

**2. 包裹业务发展分析**

包裹业务是物品传输业中的一个分支，是一项市场竞争日趋激烈的竞争性业务，是邮政长期发展的基础性业务。过去，包裹业务曾一度呈缓慢发展趋势，面对这种情况，各地邮政局经营部门，根据本地实际情况对包裹业务市场进行分析，分析竞争对手的状况，分析用户需求，并针对用户需求进行营销活动，2000 年后，包裹业务逐步开始走上增长的轨道。2008 年包裹业务收入实现 22 亿元，2002—2008 年包裹业务收入年均增长率为 1.23%。

从包裹业务竞争情况看，过去包裹业务的竞争仅仅来自于民航、铁路等包裹运输部门或企业；现在，随着高科技的发展，从事电子商务活动，或者说从事网络经济活动的企业和物流配送企业也已成为邮政部门经营包裹业务的强有力的竞争对手。

随着物品传输市场的繁荣，特别是电子商务的崛起，包裹业务凭借邮政投递网络优势，必将在物品传输的一些子市场中占据较大的份额，成为邮政另一具有市场竞争力的业务。

**3. 报刊发行业务发展分析**

中国邮政自 20 世纪 50 年代起开始承担报刊发行业务，几十年来邮政报刊发行业务取得了长足的进展，据统计，2008 年邮政订销报刊累计达到 180.79 亿份。截至 2008 年年底，全国公开发行出版的报刊有 11 000 多种，其中走邮发渠道的就有 8 000 多种，目前全国共有邮政局所、代办点合计 6.3 万处，其中，设在农村的局所、代办点 4.4 万处；电子化局所 3.3 万处；邮政报刊图书销售点 4.4 万处，全国邮政信报箱群 53.3 万处，邮政信筒信箱 19.7 万个，邮局用户信箱 33.2 万个，邮政妥投点达 4 287 万个。局所、代办点平均服务人口达 2 万人，每百人报刊量为 11 份。以上这些数据充分说明，邮政发行依然是我国报刊发行的主渠道，在全国报刊发行中占有非常重要的地位。当前国内具备全国发行能力的网络组织只有中国邮政一家，中国邮政对于全国范围内的报刊订阅业务具有较高的占有率。一些自办发行公司由于资金渠道的限制和媒体之间存在的“门户”壁垒，在报刊发行市场上基本是各自为营、条块分割，普遍存在发行范围和经营规模过小的问题，从而影响分销服务业的成长壮大。

报刊发行业务属于传统的邮政业务，是一项非邮政垄断的竞争性业务，既具有政治性，还具有商业性，特别是报刊零售是完全的商业化行为。订阅收入占总收入 50%，零售收入占总收入近 25%，订阅与零售是报刊发行专业的核心业务。

我国报刊业务收入在邮政业务收入中所占比例较小，约为 12%，并呈下降趋势。其中报纸收入高于杂志收入，报纸收入是杂志收入的两倍左右。2008 年报刊发行业务收入实现 60 亿元，2002—2008 年报刊发行业务收入年平均增长为 1.93%。

长期以来，我国报刊发行业务是公费订阅为主，而在目前新的经济条件下，读者读报、用报结构将发生较大变化：公费订阅将由多变少，而私费订阅则将由少到多；长期订户由多到少，短期用户由少到多。所以要求邮政企业必须及时调整经营策略，以适应变化的市场形势。

**4. 集邮业务发展分析**

集邮业务是一项从邮政通信派生出来的具有浓郁文化气息的邮政业务，是一项成本低、效益好的业务。随着现代通信技术的进步和人们生活节奏的加快，人们越来越少的通过信件的方式互寄问候，邮票作为邮资凭证的功能逐渐衰减，各地集邮部门业务经营的重点转向开发集邮收藏品市场、集邮艺术品市场、集邮礼品和纪念品市场。

1997 年前集邮业务量一直呈现上升发展趋势，尤其是 1990—1991 年、1996—1997 年更是呈现加速发展趋势，增长速度分别为 73.4%和 48.9%；而 1997 年后集邮业务发展速度趋缓，尤其是 1999—2000 年、2000—2001 年业务量呈现负增长趋势，下降速度为 13.4%和 22.5%。1997 年后集邮业务发展出现的下滑趋势是由于前期业务发展速度过快，邮票发行量过大，集邮业务量的下滑是业务发展的自然调整和市场调节的必然结果。2002 年开始集邮业务发展一直处于负增长的状态，2007—2008 年集邮业务收入增长较快，转为正增长，这主要是第 29 届北京奥运会的举办带动了集邮业务的收入增长。2008 年集邮业务收入实现 66 亿元，从 2002—2008 年集邮业务收入年增长率为－1.03%。

**5. 邮政电子商务业务发展分析**

随着计算机、通信技术和现代交通运输网络的快速发展，世界各国邮政的发展将面临新的机遇和挑战。我国邮政在进入 21 世纪后，随着我国加入 WTO，新技术的应用和市场竞争的日益激烈，给邮政注入了活力，但也对邮政现有业务造成一定的冲击。为了中国邮政的持续发展，急需寻找新的业务增长点，寻求新的经营服务模式，拓展更为广阔的发展空间，中国邮政提出了发展电子邮政的思路，即在邮政实物传递网、邮政综合计算机网和金融联网系统的基础上，采用先进的计算机应用技术和网络技术，向社会提供的新型安全的电子交易服务。

近几年，邮政开办了代理类的业务和信息类的业务。通过密切与运营商的合作，利用邮政资源优势，合作开发新型产品，巩固发展代办电信业务；代收公共事业费业务；着手做大规模，打造邮政“缴费一站通”的品牌；代理航空客票成为2008年全国十大营销项目之一，2008年航空客票实现收入5 000万元；短信业务的开办范围涉及储蓄短信、汇兑短信和速递短信，2002—2005年代理和信息业务收入一直处于负增长状态，从2006年开始业务收入增速较快，实现了正增长，2008年业务收入突破15亿元，2002—2008年代理和信息业务收入年增长率为3.94%，这和邮政企业对这类业务的重视程度、营销工作力度是有很大关系的。

### （二）邮务类业务市场定位

#### 1. 函件业务市场定位

函件业务的市场定位：函件业务是邮政最重要的核心业务。以发展商业函件为主要方向，主要产品有数据库商函、账单、邮资封片（贺卡）等。通过引入媒体理念，促进函件业务规模发展，实现规模效益。

#### 2. 包裹业务市场定位

包裹业务的市场定位：包裹业务是以普遍服务为基础并向商业化服务拓展的业务。服务对象为适用于邮递的人民生活用品和机关、企业、团体交寄的零星或大批物品。凡适于邮递的物品，除属禁寄物品和超过规定限度寄递的物品外，只要符合包裹重量、尺寸限度的，均可以作普通包裹寄递。快递包裹的主要服务对象为工商企业、电子商务公司、邮购公司等，同时也可以满足居民之间扩大的包裹寄递的需求。国际包裹的主要服务对象为向国外亲朋好友寄递物品的个人、产品适合邮寄的国际贸易商业客户及邮购公司、电子商务网站等。

#### 3. 报刊发行业务的市场定位

报刊发行业务的市场定位：报刊发行业务是规模稳定型业务。为了顺应市场需求变化，适应报刊发行渠道多样化的市场竞争环境，在发展机关订阅的基础上，通过各种营销手段，发展私人订阅市场；利用覆盖全国的邮政通信网络，大力发展报刊零售业务，开办音像制品、图书、电子出版物等多种发行业务，提高终端服务能力，形成连锁销售的优势。

#### 4. 集邮业务的市场定位

集邮业务的市场定位：集邮是邮政利用邮票资源发展的特色增值性业务。以全年发行邮票题材为主线，开展全国范围的主题营销活动，紧抓各地政治、经济生活中的宣传、纪念、庆典等需求，积极开拓集邮文化产品市场，提高集邮产品的社会效益和经济效益。

#### 5. 邮政电子商务业务的市场定位

邮政电子商务业务的市场定位：邮政电子商务业务是邮政的高效业务。通过电子商务的手段，为邮政传统业务发展提供支撑并注入新的活力；通过为知名网站提供物流配送、支付服务，提高邮政在电子商务领域的知名度和影响力，同时为邮政全方位介入电子商务积累经验；充分整合内部资源，利用邮政“三流合一”的自然优势，强势介入B2C的电子商务领域，为发展现代邮政闯出一条新的路子；继续做大做好代理和信息类业务。

### （三）邮务类业务发展的经营策略

#### 1. 包裹业务发展的经营策略

从目前经济发展形势看，社会商品流通量越来越大，包裹业务的发展前景广阔，可望成为邮务类业务中不可缺少的一个分支，满足不同时限要求的包裹寄递需求。

（1）要依托服务品质的提升，大力拓展市场

明确时限标准，优化作业组织，加强全程监控，稳定包裹传递时限；在稳定包裹时限的基

础上启用给据邮件查询系统，方便客户查询包裹时限；认真做好包裹投递服务，落实快递包裹投递到户和查验赔偿制度；抓住与国家旅游局签订全面合作协议的契机，大力开发旅游包裹市场；发挥全网资源优势，积极发展电子商务包裹和特色包裹，逐步向商业领域拓展。积极探索与品牌工商企业合作，依托邮政电子商务平台，大力发展电子商务包裹，与邮政速递业务中高端市场实行错位经营，针对低端寄递市场，与社会寄递公司展开竞争，扩大中国邮政在电子商务配送市场的份额；坚持项目拉动策略，精心策划组织家乡包裹、校园包裹、军营包裹、行业礼品包裹主题营销活动，改善产品品质，重点发展快递包裹业务；继续运做好爱心包裹项目，依靠优质服务，进一步扩大社会影响和经济效益；研究适合中国邮政运作的预付费包裹业务模式。

（2）针对不同包裹种类采取不同营销手段

普通包裹以 C2C 为目标客户群，做好窗口服务营销；快递包裹要不断提升产品品质，确保服务水平，加大对商业客户尤其是包裹集散地市场的开发。同时，开展方案营销，提供一揽子解决方案，积极开拓行业礼品包裹客户市场；国际包裹要因地制宜发展，对重点地区、重点行业、重点客户进行重点营销，积极开拓边境包裹、网络邮购包裹、侨乡包裹、亲情包裹、旅游产品包裹、节日礼品包裹、劳务输出人员家乡包裹等。

**2. 报刊发行业务发展的经营策略**

报刊发行是一项市场潜力巨大、政治影响显著、经营效益较好的木本业务。面对文化体制改革的严峻挑战和发展机遇，要进一步解放思想，转变观念，遵循市场规则，坚持重点发展策略，集中全网力量，优先做大做强一批品质高、效益好、受读者欢迎的畅销报刊，促进党报党刊、畅销报刊、行业报刊、地方报刊的协调发展，赢得报刊发行市场的主动权。

（1）突出经营重点

高度重视党报党刊发行工作。党报党刊发行是邮政企业依法承担的邮政特殊服务，是巩固邮政报刊发行主渠道的重要基础。要紧紧依靠各级党委宣传部门，主动配合党报党刊社做好发行计划、宣传发动和收订组织工作。要及时提供党报党刊订阅情况分析报告，重点做好运输、投递服务工作，努力提升服务水平，确保党报党刊发行量稳定增长；积极主动地做好新华社报刊和行业报刊的发行。充分利用他们的媒体影响力和行政优势，加强协作配合，促进订阅量的增长。特别是要做好集订分送工作；整合全网的资源，大力推进畅销报刊的发展，通过统一产品、项目推动、订零协同、多方营销，实现发行量突破性增长，坚定大报大刊交邮发行的信心；大力推进形象期刊业务的规模化经营，积极发展报刊订阅卡业务，大力开发第三方订阅市场；加强与教育主管部门的合作，按照校园市场规律组织报刊专题营销，积极拓展青少幼儿报刊发行市场。

（2）创新发行模式

主动参与文化体制改革，积极探索与各级党报党刊合作的新模式，深化合作层次，巩固邮政报刊发行的市场地位；大力推广“印刷、发行、广告”一体化的经营模式，向报刊产业链的上下游渗透，寻求新的赢利空间；积极探索电子报刊的发行，占领新媒体发展的制高点，开辟新的业务增长点；改变“年度收订管全年”的传统观念，推行“年度收订保存量、日常收订创增量”的经营方式，形成科学、合理、长效的运营机制。

（3）强化营销能力

加强产品研究，策划、设计出更多市场需求大、经济效益高的报刊产品；充实专业营销人员，增强专业营销策划、市场开发能力，各级大客户中心要在报刊第三方订阅项目营销中发挥主力军作用；加强培训，提高各层次人员的经营管理和市场营销能力；大力推进报刊进社区、收投一条龙服务模式。

(4) 推进连锁经营

推进 100 个重点城市报刊零售连锁经营，加强渠道管理，增强凝聚力；建立邮政报刊零售准入制度，突出抓好 100 种重点畅销报刊的销售，树立邮发畅销报刊品牌；创新报刊零售网点形式，利用报刊亭、邮政营业厅、社区服务点、超市、展示架等多种方式，拓宽销售渠道，扩大业务规模，提高经济效益。

(5) 加强业务管理

健全规章制度，加强监督检查，认真解决报刊接办、收投服务、传递时限、资金结算等方面存在的问题，保障报刊发行业务的快速健康发展。

**3. 集邮业务发展的经营策略**

发行邮资票品是国家赋予中国邮政的一项特殊职能，要充分用好所掌握的独特资源，促进集邮业务的持续健康发展。目前邮政集邮业务的发展应以市场为导向，以服务为宗旨，提升品质效益，坚持集邮的文化方向，正确引导、培育集邮市场，为社会主义精神文明建设服务，为邮政发展服务。

(1) 努力提高邮资票品发行工作质量，满足社会需求

坚持“总量调控、适度从紧”的邮票发行政策，坚持“集中统一”的市场开发原则，做好全年邮资票品发行工作。积极推进 100 家集邮专卖店建设，统一品牌形象，增强网点销售能力。

进一步增强集邮总公司和各省公司的邮品开发能力，围绕传统文化和社会热点，研发具有文化内涵、艺术魅力和收藏价值的高雅时尚的集邮品，实施“预订和零售并举”的销售方式，确保邮票发行基本供需平衡。

(2) 积极扩宽集邮业务市场

使用好邮票资源，发展好定向邮品、个性化邮票、形象宣传年册三项增值业务，大力拓展集团消费和文化礼品市场。使集邮业务实现从分散开发向集中开发转变、从粗放式管理向精细化管理的转变。策划组织重大营销项目，以主题活动带动市场营销。如生肖、世博、中国儒家文化、亚运会等全国性和区域性营销项目，有力推进形象年册、新邮预订、定向邮品开发、个性化邮票四项重点业务的市场开发。

(3) 加强集邮协会工作，培育繁荣的集邮市场

广泛宣传，开展丰富多彩的集邮活动。注重普及集邮知识，提高鉴赏水平，培养壮大集邮爱好者队伍，特别是青少年集邮后备队伍。

**4. 邮政电子商务发展的经营策略**

信息和代理业务是能够有效利用网点资源、边际效益高、市场潜力大的业务。要紧抓发展机遇，强化资源整合，加大营销力度，争取在短时间内快速成长，做大规模，提高市场份额，创出品牌。突出抓好邮政短信这项新型高效业务的发展。

(1) 积极开拓航空机票市场

近年来，随着中国经济的快速发展，航空客运将保持高速的增长，据专家预测，到 2020 年，将保持 13%～15%的增长率。市场前景非常广阔，当前要依托网点资源，早日实现网点

100%破零。强化 11185 客服中心的业务受理作用，方便用户订票。依托营销体系，积极开发签约集团客户。推进与中航信和航空公司的合作，丰富产品体系，获取更好的销售政策。完善票务流程，强化后台支撑，促进快速发展。加快航空意外保险、酒店预订等相关商旅业务的发展，逐步打造以航空机票为主的“邮政商旅”服务品牌。

(2) 大力发展代收代缴业务

据统计，代缴费业务市场巨大，效益较好，政府支持，百姓欢迎，邮政有发展经验。借鉴一些省份的经验，通过整合社会资源发展便民服务站，把邮政服务延伸到城市农村的各个角落，做大代收代缴业务，丰富代理缴费种类，塑造“缴费一站通”品牌。

(3) 加快短信业务的发展

依托邮储、汇兑、速递等客户资源，加强有针对性的宣传推介，努力提高短信业务加办率。加强横向对比，看清差距，发掘潜力，着力解决发展不平衡的问题。继续抓好规范管理，认真做好客户服务，有效降低客户投诉。结合系统功能的日益完善，积极发展包裹短信、彩信、手机支付等新型短信业务。

(4) 以市场为导向，不断深化业务创新

在对现有电子邮政的研究与认识的基础上，继续进行深入的市场调查和对先进技术的跟踪，不断开发出既适应社会需要，又能给邮政企业带来经济效益的新型电子邮政业务。

## 二、速递物流类业务的市场定位与经营策略

### (一) 速递物流业务发展分析

#### 1. 速递业务发展分析

中国速递业市场年增长 25%～30%，市场空间大，竞争激烈。四大家族实力雄厚，不仅拥有先进的运输工具、通达广泛的全球性网络，而且在人才和高科技应用方面也比邮政 EMS 明显占优势，目前四大公司在国内均以独资或合资的方式开展业务，其在主营国际特快业务的同时，也兼营部分国内业务；民航、铁路改革力度非常大，民航、铁路依托自己得天独厚的运输网络而开办的速递公司，如中铁快运、航空快递等，其经营的范围主要是铁路、民航所能涉及的所有地区，主要的客户群是一些大的公司、企事业单位，大宗、零散兼顾，对邮政 EMS 极具威胁；一些私营速递公司机动灵活，在经济发达地区以低资费揽收邮件；此外，电子商务的发展，电话以及传真技术的普及，也会给邮政速递业带来一定的冲击。

从特快专递对全国业务收入的贡献看，大部分时间特快专递业务收入占全国业务收入的 10%左右，是邮政的支柱业务之一；自特快专递业务开办以来，业务量一直呈现平稳上升趋势(只有 1997 年呈现负增长)。2008 年年末，速递业务量 5 亿件左右，比 2003 年增长超过 100%。随着我国经济的持续快速发展和消费者对安全可靠、成本效益高的包裹限时投递服务需求的提高，以及邮政对特快专递投入的增加，预计未来几年中国速递市场还将继续扩大。2007 年特快专递业务收入突破 100 亿元，2008 年达到 122 亿元，2002—2008 年特快专递业务收入年均增长率为 16.61%。目前已经形成了以 EMS 为主品牌，以优质服务品牌(次晨达、次日递、e 邮宝、商 e 通等)、个性化服务品牌(思乡月、五节连送、吉时礼等)和强势网络品牌(全夜航)为子品牌的产品体系。

尽管近年来邮政速递业务总体上保持较快发展，但市场占有率逐年下降。据统计，国内速递市场占有率下降到 26.87%左右，国际速递市场占有率下降到不足 15%。邮政速递业

务发展中出现的问题集中表现在国际速递网络薄弱，运递时限慢，跟踪查询难；国内速递专网不完善，同城、区域速递缺乏竞争力；产品价格单一，价格和市场没有接轨；运营机制和市场反应能力较差等。

**2. 物流业务发展分析**

2002 年随着中邮物流有限责任公司的成立，标志着邮政进军物流市场。在近几年的发展过程中，中邮物流有限责任公司连续获得中国物流百强企业 2004 年度、2005 年度第二名、2006 年度第三名。目前，在全国大中城市建有 201 个较大规模的邮件处理中心，覆盖全国 2 800 多个县级以上城市。邮件处理场地 4 300 万平方米，经整合后，约有 300 万平方米的场地可以做物流仓储库或物流集散中心。中邮物流拥有遍布全国城乡、规模强大、品牌统一的营销和投递网。形成了一个由飞机、火车、汽车等不同运输工具组成的庞大的干线运输网。拥有邮路 2.1 万余条，330 多万千米。北京、上海、武汉、广州、成都、西安、沈阳 7 个一级分拨中心间门对门配送时限为 36 小时，7 个一级分拨中心区内地市配送时限为 48 小时，全国范围门到门配送服务时限为 72 小时。

一体化物流业务在 IT 电子、化妆品、医药、汽车配件四大行业初步确立了领先地位，树立了中邮物流品牌的行业地位。在东部经济发达地区重点开发千万元、500 万元级全国一体化项目。以世界 500 强、跨国公司和国内重点行业的领先企业，特别是四大行业前 10 名的客户作为一体开发的目标客户；在西部省份重点开发医药行业品牌客户；在中部省份重点开发化妆品、医药、汽车配件行业品牌客户。

中邮物流还结合北方、华东、南方、西南和西北五大集散网与各省省内物流网的建设，开办了面向中小企业的中邮快货业务。服务对象重点围绕 IT 电子、医药、化妆品、汽车零配件、出版、服装、日用消费品等行业的中小型企业。以批量协议客户为主，同时兼顾单票重量 35 kg 以上的零散客户。

中国邮政积极参与农村流通体系建设，大力发展农资配送业务，2007 年年底已在全国 25 个省(区、市)的广大农村建成了 24 万个农家店，全年分销与邮购业务收入比上年增长 49.5%。目前，各省均开办了此项业务。服务对象服务网点已达 24 万处，行政村网点覆盖率约达到 35%。精品网点 4.3 万处。在“中央一号”文件的鼓舞下，经过了近几年的快速发展，邮政分销配送业务已形成两大类、六个系列、500 多个品种；涉及种子、肥料、农药、饲料(添加剂)、酒水、日化等领域；配送商品总价值超过 100 亿元。截止到 2008 年，物流业务量完成 520.2 万吨，实现业务收入 324 111 万元。

目前中邮物流已经初具规模，以较短的时间创造了邮政的物流品牌。2002 年业务开办之初收入为 15 亿元，2008 年业务收入突破 32 亿元，2002—2008 年年均增长率为12.81%。邮政物流收入构成中，第三方物流占 23%，同城配送等功能性物流占 47%，货运业务占 14%，分销邮购业务占 11%。应该清楚的是目前物流专业还在起步阶段，盈利较难。

## (二) 速递物流业务市场定位

**1. 特快专递业务的市场定位**

特快专递业务的市场定位：速递业务是邮政核心业务，是高投入、高效益的业务。今后应继续保持在中国速递市场上的领先地位，大力发展国内速递业务，尤其是区域性业务和经济快递；以资本合作的方式推进国际速递业务的发展。

**2. 物流业务的市场定位**

在发展现代物流业务时，应认真研究现代物流的规律和特点，整合资源，发挥邮政“三流合一”优势，积极拓展物流业务市场。物流业务的市场定位：以高层次物流市场为主，为社会提供精益化的物流服务（“精益物流”）。

在城市市场：以汽车（电子）零配件、医药用品、通信产品、高档日用消费品、图书出版物等小体积、小重量、多批次、高时效的物品为主；服务行业以电子、医药、电信、化妆品、烟草、出版、汽车配件、服装、电子商务等高附加值行业为主；客户群体以国内外大中型制造企业、高新技术企业、具有良好品牌的流通企业和电子商务企业为主。例如，电信（电子）设备制造商、电信运营商、医药制造（流通）企业、商业连锁企业、生产、经营高档服装及化妆品的知名企业等。

在农村市场：以科技含量高、高附加值的种子、化肥、农药等农资用品和生活日用消费品为主；服务行业为高附加值的农业生产资料、生活资料生产等行业。客户群体主要是国内（外）大、中型生产、经营农资用品的企业和科研院所及生活资料用品的企业。

**（三）速递物流业务的经营策略**

**1. 速递业务的经营策略**

随着社会商品经济的发展与百姓用邮水准的提高，社会对于各类信息、物品快速传递的需求不断增加，速递业务的潜在市场是广阔的。据统计，2010 年中国速递将以 25%的年增长率递增，成为世界第六大速递市场。保持邮政特快专递业务的快速发展仍然是邮政业务发展的重点工作之一。

（1）积极推进各项改革。继续推进专业化经营、整合资源、进行生产流程优化和资费体系的改革。实行专业化经营，建立全网性的总、分公司模式，给予必要的、自主掌握的网络资源；根据不同的产品类别，制定不同的资费标准。根据寄递路程远近设计不同的资费标准，鼓励各级专业公司发展不同层面的区域性业务，并给予一定的定价权限。

（2）加强网络建设。在实物网的建设上，要“快”、“好”，区别于其他邮件，真正做到“特快”和“专递”，实施统一、规范的生产指挥调度。

大力改造投递网和信息网，在竞争激烈的大城市建立速递投递专网，其他城市分层运作，保证速递业务质量和时限。同时综合信息系统的建设投入和资源利用应体现“竞争业务优先、高效业务优先”的原则。

（3）做强国内业务，打造 EMS 品牌。大力发展国内速递业务，搞好宣传，提高服务水平，着力打造邮政 EMS 品牌优势和新形象。建立和完善邮政速递服务质量管理体系，全面开展创“优＋”服务，不断提升现有产品品质，结合邮政实物网点多、线长、面广的优势，紧密围绕速递的核心业务，丰富 EMS 业务的时限层次，拓展区域性业务，并重点拓展高端业务市场，大力发展代收货款等增值业务，提高速递整体抗风险能力。

（4）积极发展多元化、多形式的国际合作。把握合作的主动权，保留选择最佳组合的余地，在与一家公司稳定合作的基础上，不排除与其他公司在部分区域或个别业务上进行局部合作的可能。巩固和发展主要业务往来邮政间的合作关系，在渠道互补的前提下，积极发展与非邮政公司的合作，积极寻求新型的合作方式。

（5）走出国门，主动拓展国际网络。在条件允许时，选择全球业务的关键环节，与当地区域性速递企业合资合作，形成灵活协调畅通的国际渠道。也可以收购当地区域性公司，自主开拓海外业务，建立自主的海外网络。

**2. 物流业务的经营策略**

中国邮政在保持和发展普遍服务的基础上，必须向增值服务领域大面积推进，才能拓展生存、发展空间，有效应对入世后带来的挑战。物流业务就是邮政站在持续发展的战略高度，通过有效整合三网资源而开办的。物流业务的经营策略有以下几点。

（1）树立以客户为中心的理念。邮政要发展现代化的物流服务，必须树立以客户为中心的经营服务理念，树立根据客户个性化需求，提供“量体裁衣”式的优质、灵活的物流服务观念，并建立与客户成为战略联盟利益共同体的意识。把强化客户终端服务网的服务观念、服务水平、支持服务的技术装备放在重要位置。

（2）依托自身优势，找准市场定位，积极参与城市物流市场。作为一个第三方物流提供商，其业务主要功能有：运输、仓储、装卸搬运、包装、物流信息处理等。这类以商业客户为服务主体 B2B 或 B2C 物流配送的市场很大，前景诱人。面对中国巨大的物流市场，没有哪一家企业可以独占。在中国邮政介入物流市场的初期阶段，能否依托自身的优势，找准市场定位与近期的市场切入点，显得非常重要。

坚持客户为先、至诚至信、精益求精的服务理念，通过理念沟通、方案交流、商务投标、运营方案、项目管理的运作方式，继续开展一体化物流项目；通过集散网采取固定班次、夜间运行、集中交换、信息同步、在线清分的运作管理模式，满足中小企业的物流需求，提供包括时限管理、干线运输、末端配送、信息反馈和回单管理等服务的产品物流解决方案，大力发展中邮快货业务。

（3）抓住机遇，大力发展农村邮政物流。随着邮政改革的不断深化和邮政物流专业化经营的加快推进，农村邮政物流已成为农村物流体系的重要组成部分，为促进农村经济发展、农业产业结构调整、增加就业和农民增收作出了重要贡献，农资配送业务得到了国家和社会的认可。

抓住国家关于支持“三农”的利好政策，加快研究制定城乡邮政基础设施建设规划，完善农村邮政物流布局，切实提高农村邮政服务水平。积极争取国家对农村邮政普遍服务基础设施建设项目给予支持，力争在 2012 年之前全部完成邮政基础设施空白乡镇的邮政局所补建工作。继续完善“连锁经营加配送到户加科技服务”的农村物流新体系，创新服务模式，实现农村邮政物流的品牌效应和社会效益。

（4）逐步向第三方物流和供应链推进。能够为物流需求方承担完整的、全程服务的物流服务商，担负着“第三方物流”服务的角色。供应链则指涉及将产品或服务提供给消费者活动的全过程的上、下游企业所构成的网络。第三方物流和供应链都是现代物流的发展趋势，可以预见到，未来的企业竞争，在很大程度上是供应链结构、组织、运行方式和水平的竞争。

中国邮政如果想进入物流的主流领域，就必须进入到供应链之中，向第三方物流和供应链推进，这意味着中国邮政将能够主动地应对未来的趋势，进入更广阔的市场。

在开办物流服务取得阶段性成果和经验后，从方便用户、快速反应、降低成本等角度来拓展服务，使邮政提供的物流服务供应链集成到一起。向上可以延伸到为客户提供市场调查与预测、采购及订单处理等服务；向下可以延伸到配送、物流咨询、物流方案的选择与规划、库存控制决策建议、货款回收与结算、教育与培训、物流系统设计与规划方案的制作等。

## 三、金融类业务的市场定位与经营策略

### （一）邮政金融类业务发展分析

进入20世纪90年代，由于业务的不断拓展与翻新，各国特别是经济较发达国家的邮政金融业务已达到了相当大的经营规模，在国内金融市场占有相当高的份额。它们除在邮政开办的传统邮政储蓄和汇兑业务发展中，利用先进的技术支撑，努力增加品种，满足社会各界需求外，重点在邮政划拨及保险业务的发展上有较大突破。

划拨业务已成为经济较发达国家邮政部门开办的金融业务中的重要组成部分。它们的共同特点是：第一，密切接近用户，根据用户经济生活的需要，开办的服务项目种类多；第二，划拨业务与国际汇兑业务紧密结合，多功能、综合化业务不断衍生；第三，网络技术应用广泛，业务的技术含量高。

邮政部门经营的保险业务在20世纪90年代得到长足的发展。其种类以小额的人寿保险（生命保险），特别是简易人寿保险为主。经营方式主要有两种：一种是自办，如日本成立隶属于邮政省的邮政人寿保险局，独立经营，其参保人数占总人口数的66.5%左右；另一种是代办，如法国邮政局为国家信托局所属的国家保险公司代办简易保险业务，险种主要为人身保险。

2007年3月20日中国邮政储蓄银行成立以来，目前形成了以本外币储蓄存款为主体的负债业务；以国内、国际汇兑、转账业务、银行卡、代理保险及证券、代收代付等多种形式的中间业务；以及银行间债券市场业务、大额协议存款、银团贷款和小额信贷为主渠道的资产业务。邮储银行拥有得天独厚的网络优势，所提供的基础金融服务已经深入人心，享有"绿色银行"的美誉。邮政储蓄自1986年恢复开办以来，目前已发展成为我国一支重要的金融力量。经过20多年的发展，现已建成覆盖全国城乡网点面最广、交易额最多的个人金融服务网络。目前，拥有储蓄营业网点3.6万个，汇兑营业网点4.5万个，国际汇款营业网点2万个，其中有近60%的储蓄网点和近70%的汇兑网点分布在农村地区，成为沟通城乡居民个人结算的主渠道。其绝大部分网点已经实现计算机联网，可以实现全国通存通兑。邮政储蓄银行真正实现了"绿卡在手，走遍神州"。这是目前其他任何一家商业银行都不具备的。

截至2006年年底，全国邮政储蓄存款余额达到1.6万亿元，存款规模列全国第五位。持有邮政储蓄绿卡的客户超过1.4亿户，每年通过邮政储汇办理的个人结算金额超过2.1万亿元。其中，从城市汇往农村的资金达到1.3万亿元。投保的客户接近2 500万户，占整个银行保险市场的1/5，本外币资金自主运用规模已接近1万亿元。2008年金融类业务收入实现966亿元，其中，储蓄收入946亿元，汇票收入20亿元，2002—2008年金融类业务收入年均增长率为14.12%。

### （二）邮政金融业务的市场定位

未来社会对金融业务的需求将向高品质、多品种的方向发展，为顺应社会的需求并满足邮政企业生存发展的需要，邮政金融业务的市场定位是：充分依托和发挥网络优势，完善城乡金融服务功能，以零售业务和中间业务为主，为城市社区和广大农村地区居民提供基础金融服务。

### （三）邮政金融业务的经营策略

**1. 加强风险监控**

历史上由于邮政储蓄长期作为邮政的一个内设机构进行经营管理，内部控制和风险防范机制相对薄弱，人才储备还比较缺乏，这些都将对邮政储蓄银行的发展造成一定制约。邮政储蓄银行成立后，将加强专业化管理。但在相当长一段时间内，这些问题仍将不同程度地存在。

学习现代银行的管理经验，是邮储银行成立初期的首要任务。风险监控是下一步邮储银行的着力点。邮储银行成立后，要以资本充足率为核心，建立、健全以资本为核心的约束机制，在业务深化中，全面提升风险管理能力。因此，从稳健经营出发，邮政储蓄银行的业务范围，将从为城乡居民提供基础金融服务和从事低风险的资产业务起步，通过不断加强银行内部管理和风险控制能力，逐步拓展新的业务。

**2. 面向"三农"开展业务**

邮储银行应专门设立农村金融服务部门，积极完善网络服务功能，面向"三农"开展业务。考虑到邮政储蓄有 2/3 的网点分布在县及县以下农村地区，特别是在一些偏远地区，邮政储蓄是当地居民唯一可获得的金融服务。因此，从满足广大农村群众日益增长的基础金融需求，完善农村金融服务角度出发，未来邮政储蓄银行的农村网点要从服务"三农"的大局出发，农村网点要通过完善功能，充实业务，加强与政策性银行和农村合作金融机构的全面合作，进一步加大邮储资金支农力度，进一步扩大农村基础金融服务的覆盖面和满足度。

**3. 开发多元化金融产品**

邮储银行将继续依托邮政网络，按照公司治理架构和商业银行管理要求，不断丰富业务品种，拓宽经营渠道，提高服务水平，进一步致力于建设沟通城乡覆盖全国的金融服务网络，建设成为资本充足、内控严密、营运安全、竞争力强的现代银行，把开发多样化的金融产品作为今后工作的重点。

## 思考题

1. 从经营管理的角度讲，企业资源包括哪些？
2. 经营管理的含义是什么？
3. 简述经营管理的目标。
4. 什么是滚动计划法？
5. 分析企业经营管理过程。
6. 为什么要进行控制？如何控制？
7. 试分析主要环境因素对邮政企业经营的影响。
8. 经营战略的基本内容有哪些？
9. 分析邮政企业经营战略的层次。
10. 邮政经营单位战略有哪些？
11. 分析邮政企业战略管理过程。
12. 简述函件、包件、特快专递、报刊、物流等邮政业务的市场定位策略。
13. 简述函件、包件、特快专递、报刊、物流等邮政业务的经营策略。

# 第五章 邮政企业经营活动分析

**本章摘要**：本章在介绍企业经营活动分析基本知识与基本方法的基础上，联系邮政企业的实际，重点介绍了邮政业务收入分析、邮政业务成本分析、邮政人力资源分析、邮政企业综合经济效益分析、邮政经营预测与决策等相关内容。

## 第一节　邮政企业经营活动分析基本方法

### 一、经营活动分析的意义

#### （一）经营活动分析的含义

企业经营活动分析，是从经营的角度出发对企业的经营活动全过程及其成果进行分析。

对邮政企业而言，以通信生产经营活动过程及其效果为研究对象，以企业的计划资料、统计资料、核算资料和其他企业内部资料为依据，以经济核算为基础，通过调查研究，利用科学的分析方法，一方面，考核评价通信生产经营活动中劳动占用、劳动消耗、劳动成果、经济效益、劳动生产率等主要指标的到达水平和计划执行情况；另一方面，从经营的角度研究分析这些指标升降变动的客观原因及其主要影响因素，并提出对策和建议，这就是对邮政企业日常经营活动进行分析评价的实质和内涵。

#### （二）经营活动分析的任务

经营活动分析的任务，就是通过研究反映企业经营活动及其成果的各项经济指标，检查各项经营计划的执行情况，评价企业各种资源的利用效果，查明有利因素和不利因素及其对经济指标的影响程度，预测企业经营活动的预期效果和发展前景，促进企业改善经营管理，寻求有效利用现有资源的途径，挖掘企业内部潜力，提高企业经济效益。

#### （三）经营活动分析的意义

（1）通过经营活动分析，能够帮助企业找出生产经营活动中存在的一些带规律性的问题，预测经济发展趋势，为经营决策提供可靠的经济信息，通过预测分析和决策分析，指导企业制定正确的经营目标，选择最优方案。

（2）通过经营活动分析，能够及时地调整经营目标，为正确编制经营计划提供依据。

（3）通过经营活动分析，可以掌握企业生产经营计划的执行情况及方针政策、规章制度的遵守情况，正确评价企业生产经营活动的成果，揭示经济差异，控制经济活动，实现经营目标，全面完成经营计划。

(4) 通过经营活动分析，能够促使企业加强经济核算，完善经济责任制。因为核算反映生产经营的一般情况，只有通过分析，才能揭露矛盾，查明原因，提出措施，改进工作，以达到核算的目的，充分发挥经济核算的作用。通过经济分析，检查企业实行经济责任制的情况，了解各项管理制度是否健全，从而促进经济责任制的完善，促进企业经营管理水平的提高。

(5) 通过经营活动分析，发现企业生产经营中的薄弱环节，及时采取必要的措施，挖掘内部潜力，不断提高经济效益。

## 二、经营活动分析的程序

经营活动分析是一个比较复杂的过程，其具体步骤如以下几点。

**1. 提出分析课题，明确要求**

在进行经营活动分析之前，一般应根据企业经营管理的需要，以及计划执行过程中发现的问题，确定分析的课题和要求，明确分析目标，拟订分析纲要，并且做好适当的安排，以便有计划、有步骤地开展分析工作。分析课题的安排和提出，既要全面综合，又要突出重点。

**2. 收集资料**

企业进行经营活动分析时，必须根据分析目标，收集整理内容真实，数字正确的资料，经营活动分析所需要的资料是多方面的，因此，要注意资料的全面性和完整性，也就是要收集各种日常活动资料、专门调查的专题资料、核算资料及国际同行业先进水平企业的有关资料。

**3. 定量分析**

为了认识生产经营的现状及其发展前景，掌握客观事物发展的规律性，首先要进行定量分析，从数量上来确定各项技术指标的差异大小，寻找差距，然后按照客观经济现象的内在联系，找出影响经济指标的各个因素。通过建立分析模型，测定各因素的变化对经济指标的影响程度，以衡量企业生产经营活动和经济效益的优劣。

**4. 定性分析**

通过定量分析，只能看出数量、现象上的差异，不能说明差异的实质。因此，还必须深入进行综合研究，在定量分析的基础上，进一步对企业的经济效益作合理性和可行性论证。通过定性分析，分析造成差异的多种原因，并从中找出主要原因。在实际分析时，首先，要从总差异上着手，按其发生时间、地点，研究这些结果形成的过程；其次，进行因果分析；再次，将有关因素加以分类，衡量诸因素对计划完成结果的影响程度，在相互联系中找出起决定作用的主要因素；最后，全面地综合分析各方面因素对计划完成的影响程度及其方向，找出问题的关键所在。

**5. 提出措施，写出分析报告**

分析工作的最后阶段，应根据分析的结果，认真总结经验教训，发扬成绩，克服缺点。针对生产经营中的薄弱环节，提出措施，挖掘潜力，改进工作，提高企业的经济效益。同时，对企业的经营活动情况，通过周密的分析以后，要归纳总结，写出文字分析报告。

经营活动分析报告的内容包括：企业经营活动的基本情况描述；找出成绩和存在的不足；提出今后发展的具体措施。

## 三、邮政企业经营活动分析的内容及类型

### （一）邮政企业经营活动分析的内容

邮政企业经营活动分析就是对邮政企业的经营状况做全面地考核与分析，具体包括如下几个方面。

**1. 邮政经营成果分析**

邮政企业的经营成果是指邮政企业从事通信生产和经营活动所创造的邮政产品和销售收入。邮政产品包括邮政产品量、产品种类和产品质量，而邮政销售收入是指邮政业务收入。

通过对邮政企业的经营成果分析，可以全面地了解企业的经营成果水平及其经营成果指标的计划完成情况。本书重点介绍邮政业务收入分析。

**2. 邮政业务成本分析**

通过对邮政业务成本的分析，可以了解成本的计划完成情况和成本的结构是否合理，从而为加强成本计划、控制及管理提供可靠的依据。

**3. 邮政经营资金分析**

通过对邮政企业筹集资金、使用资金等分析，真正了解邮政企业财务管理的相关工作，才能合理配置现有经济资源，提高企业经济效益。

邮政经营资金分析将在第六章中的相关部分做详细地介绍。

**4. 邮政人力资源分析**

通过对邮政人力资源分析，可以了解劳动力需要量的测算、劳动力配备的安全程度和邮政劳动生产率的考核与潜力分析。

**5. 邮政综合经济效益分析**

邮政综合经济效益分析是利用一系列经济效益指标对企业的经营状况进行综合地分析，从而了解企业的综合实力。

**6. 邮政经营预测与管理决策**

通过运用经营预测与决策的方法，对邮政企业的经营管理工作实际进行相关的预测与决策，提高企业的决策能力和管理水平。

### （二）邮政企业经营活动分析的类型

为了全面系统地开展经营活动分析，必须针对不同对象和要求采取不同的分析形式。邮政企业经营活动分析可以从多种不同的角度进行分类。

**1. 按组织分析的主体分类**

可以分为企业以外单位组织的分析和企业自身组织的分析两大类。

企业以外单位（主要指财政、税收、审计、工商行政、金融等单位）对邮政企业的生产经营活动过程进行的分析，一般是涉及其本身的职能和利益的专题分析或专项分析。如财政部门代表国家对邮政企业的会计决算进行审查，它从考察企业在执行财经法规、组织会计核算、支出成本、形成利润、上缴国家税额等方面的情况，来判断企业处理与国家经济关系的合法性；审计部门代表国家对邮政企业进行审计监督；金融部门在为邮政部门办理信贷时，为

了判断企业的还债能力和贷款的安全性，也要对企业的经营状况、盈亏水平支付能力等进行分析评价。这些统称为企业外部分析。

与企业外部分析相对应，为了判断企业经营状况，改善企业经营管理，由邮政企业自己组织企业内部相关人员参加进行的生产经营活动分析，称之为企业内部分析。

**2. 按分析的时间安排分类**

可以分为定期分析、不定期分析和日常分析。

定期分析一般是按月度、季度、年度进行的分析，它用一定时间的数据资料和经营活动情况作为分析的对象，全面了解企业的经营活动，总结经验教训，从中找出规律，以指导工作。

不定期分析是针对某个问题进行的临时分析。

日常分析则是对生产经营活动进行的经常性的分析。企业的各个职能部门、各管理层次，为了掌握生产经营活动情况，指导和解决实际工作中的问题，开展经常性的分析，以便更好地组织日常经营活动。

**3. 按经营活动分析的内容和范围分类**

可以分为综合分析、专业分析和专题分析。

综合分析是对企业经营活动情况进行全面的分析，是对企业各个部门和经营活动的全过程进行的分析。全面地考察与评价企业的经营活动状况，分析经营活动中带有普遍性的问题和关键性的问题，以便为企业的总体发展指明方向和对策。

专业分析是各个专业职能部门(如计划财务、邮政各专业处、科等)分别根据本部门分管的业务进行分析。通过分析评价各专业的经营成果和问题，促进各专业改进工作，解决存在的问题。

专题分析是针对企业当前生产经营中某一突出问题或关联问题进行专门的调查研究和分析。如对某项工作进行的经验总结、对某个问题进行深入地分析以便查明原因和提出解决问题的具体办法。通常年度、季度经营活动分析要求对企业的各项经济技术指标进行全面的综合分析，而月度、旬、周的经营活动分析大多采用"一事一议"的专题分析方法。

**4. 按经营活动分析在经营全过程中的时间序列分类**

可以分为事前分析、事中分析和事后分析。

事前分析是为落实企业经营计划奠定基础的，是对决策、计划或制订措施方案之前进行的分析，主要是分析预期经济效益和可能出现的问题，为企业制定计划和作决策提供依据。

事中分析是对企业经营计划执行情况的分析，如生产活动、计划执行、方案的实施等，为计划的继续顺利执行和根据新情况调整计划提供依据，通过分析了解工作进展情况及出现的各种问题，并采取措施加以解决。

事后分析是生产经营活动终了所进行的分析。总结前期经营过程，考察计划完成情况，取得的成果，取得的经验，发生的问题，为改善以后的工作提供借鉴，为制定新的经营计划奠定基础。

**5. 按参加分析的人员状况分类**

可以分为专业人员分析和群众性分析。

专业人员分析是各职能部门的专职人员对所属部门的工作和成果进行的分析。如市场部门对业务开发进展情况、市场情况、取得的成果等进行分析；财务部门则专门分析资金的筹集、资金的利用状况、产品的成本以及销售收入和盈利水平等。这种分析密切联系本部门的具体业务，对本部门工作起指导和监督的作用。

群众性分析是企业的全体成员都参加的分析活动，它是群众参与管理、开展增产节约、技术革新和合理化建议的一种重要形式，通过开座谈会、讨论会、分析会、调查研究会等形式吸收职工群众参加，吸取大家的意见，集思广益，使分析工作更加深入、广泛，起到动员群众、发动群众、调动群众积极性的作用。

各种形式的分析活动，都有它们的特点和作用，适于不同的问题。在进行经济活动分析时，应当根据实际情况、分析的目的要求及问题的性质和特点，采取适当的分析形式进行分析，对一些综合性和全面的问题，运用多种分析形式，进行分析，以求取得最佳效果。

## 四、经营活动分析的基本方法

经营活动分析中经常会用到一些定性分析和定量分析的方法，运用这些方法对企业的相关数据进行计算和分析，可以了解企业的经营状况，针对存在的问题，制定解决的方案与措施。邮政企业经营活动分析常用的方法是比较分析法、因素分析法和比率分析法。

### (一) 比较分析法

比较分析法是应用较为广泛的一种经济分析方法，它是通过将实际数与基数进行对比，揭示差异，找出问题的一种方法。与实际数对比的基数，取决于分析的目的。一般有计划数、上期实际数、本企业历史最好水平和国内外同行业同类企业的先进水平。实际与计划进行对比，可以分析计划的完成情况；本期与上期对比、本期与企业历史最好水平进行对比，均可以分析其发展趋势；本企业与国内外同行业同类企业的先进水平进行对比，可以分析企业所处的位置，找出与先进水平的差距。采用比较分析法时，应注意进行对比的指标必须是同质的，在经济内容、计算方法、计算期等方面具有可比性。

在运用比较分析法进行经济指标分析时，一般是将企业指标的实际完成情况与计划指标、前期指标(历史指标)和先进水平做比较，方法有如下几个。

#### 1. 实际数与计划数比较

将实际完成指标与计划指标相比较，可以分析计划完成的程度。表达式为：

(1)　$$\text{实际完成指标比计划指标增减数额}=\text{实际完成指标}-\text{计划指标}$$

(2)　$$\text{计划完成百分数}=\frac{\text{实际完成指标}}{\text{计划指标}}\times 100\%$$

(3)　$$\text{实际完成指标比计划指标增减百分数}=\text{计划完成百分数}-100\%$$

#### 2. 实际完成指标与前期指标比较

通过实际完成指标与前期指标的比较，可以了解事物的发展过程和发展趋势。表达式为：

(1)　$$\text{实际完成指标比前期指标增减数额}=\text{实际完成指标}-\text{前期指标}$$

(2)　$$\text{实际完成指标与前期指标百分比}=\frac{\text{实际完成指标}}{\text{前期指标}}\times 100\%$$

(3) 实际完成指标比前期指标增减百分数＝实际完成指标与前期指标百分比－100％

**3. 实际完成指标与先进水平比较**

将企业的实际完成指标与国内外同行业先进水平比较可以分析企业在行业中所处的位置，找出与先进水平的差距。表达式为：

$$实际完成指标比同行业先进水平增减数额＝实际完成指标－同行业先进水平$$

$$实际完成指标与同行业先进水平的百分比＝\frac{实际完成指标}{同行业先进水平}\times 100\%$$

$$实际完成指标比同行业先进水平增减百分数＝实际完成指标与同行业先进水平的百分比－100\%$$

**例 5-1**　假如某市邮政局业务收入完成情况如表 5-1 所示，试用比较分析法分析各指标的完成情况。

**表 5-1　某市邮政局业务收入完成情况**

单位：万元

| 指标 | 实际完成指标 | 计划指标 | 上期完成指标 | 同行业先进水平 |
|---|---|---|---|---|
| 业务收入 | 660 | 610 | 590 | 680 |
| 增减绝对量 | | ＋50 | ＋70 | －20 |
| 增减相对量/％ | | ＋8.20 | ＋11.86 | －2.94 |

计算结果表明，该邮政局报告期实际完成业务收入比计划增长了 8.20％(50 万元)，比上期增长了 11.86％(70 万元)，比同行业先进水平低 2.94％(20 万元)。可见，该邮政局的经营状况较好。

## (二) 比率分析法

比率分析法是利用两个指标的相互关系，通过计算它们的比率来考察、计算和评价经营活动业绩优劣的方法。

根据分析的内容和要求不同，比率分析法主要有相关比率分析、趋势比率分析和结构比率分析三种方法。

**1. 相关比率分析法**

相关比率分析法是计算两个性质不同、却又相关的指标之间的比率，并进行数量分析的方法。即比率的分子与分母是两个完全不同的指标，但又有内在的联系，计算出一个相对值，来分析企业的经营状况或经营成果。例如，主营业务收入与主营业务利润是两个不同的指标，但是通过下列计算：主营业务利润除以主营业务收入乘 100％，就可以计算出主营业务收入利润率，进一步反映企业的经营成果。类似这样的指标还有资产负债率、流动比率、总资产报酬率、成本利润率等。

**2. 趋势比率分析法**

趋势比率分析法是指将不同时期同类指标的数值进行对比，计算趋势比率，借以分析该项指标反映的事物发展方向、增减速度和发展趋势，以判断企业某方面或某项业务的趋势，并从其变化中发现企业在经营方面所取得的成果或不足。

趋势比率分析法包括定比和环比两种方法。定比是以某一时期为基数，其他各期均与该基数进行比较；环比是分别以上一时期为基数，下一时期与上一时期进行比较。如图 5-1 所示。

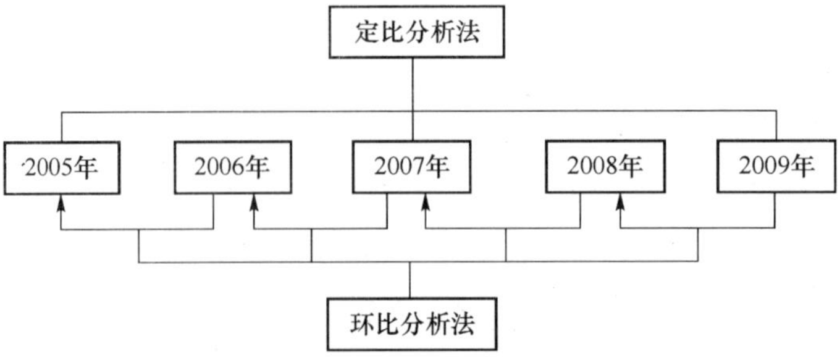


图 5-1　定比分析法和环比分析法示意图

采用趋势比率分析法时，应注意进行比较的指标是同质的具有可比性。在这种分析法中，常用的指标是发展速度和增长速度。

(1) 发展速度

发展速度，就是报告期数值(比较期数值)与基期数值之比。通过发展速度的分析，可以看出某种经济现象发展的快慢程度。计算公式如下：

$$发展速度=\frac{报告期数值(比较期数值)}{基期数值}\times 100\%$$

定比发展速度，是把基期固定在某一个时期，而将各个比较期的数值与这一固定的基期数值相比较，以说明某一经济现象在某一时期的基础上逐期发展的情况，也就是比较期数值与基期数值之比，表明这种现象在较长一段时间内总的发展速度。

环比发展速度，是以比较期的上一期数值为基数，逐期计算求出。它表明某一经济现象在不同基础上逐期发展变化的情况，是比较期数值与上一期数值之比。如分析的单位时间是一年，则这个指标就叫"年速度"。

另外，为了反映经济现象在一定时期内发展速度的规律性，可以采用平均发展速度指标，平均发展速度是环比发展速度的平均值，其表达式为：

$$平均发展速度=n\sqrt{\frac{期末数值}{期初数值}}$$

(2) 增长速度

增长速度，是增长量与基期数值之比，或发展速度减 1。表达式为：

$$增长速度=\frac{增长量}{基期数值}\times 100\%$$

或

$$增长速度=发展速度-100\%$$

与发展速度相对应，增长速度也可以分为定比增长速度、环比增长速度、平均增长速度三种。

**3. 结构比率分析法**

结构比率，是指某项指标的某个组成部分占总体的比重。结构比率分析法就是通过计算经济指标的结构比率，用以观察它的构成内容及其变化，从而掌握该项经济活动的特点和变化的趋势。表达式为：

$$结构比率=\frac{各部分数值}{总体数值}\times 100\%$$

这种方法在对成本和各项费用进行分析时尤为常用，也可以分析邮政业务收入中各专业的业务收入所占的比重。

## （三）因素分析法

因素分析法是根据分析指标与其影响因素的之间的关系，按一定程序和要求，从数值上测定各因素对有关经济指标差异影响的具体方法的总称。通过因素分析，可以衡量各项因素影响程度的大小，有利于分清原因和责任，从而抓住关键性问题，有针对性地提出改进经营管理的措施。

常用的因素分析方法包括差额分析法和连环替代分析法两种。差额分析法是连环替代分析法的一种简化形式，两种方法得出来的结论是一致的。

### 1. 差额分析法

它是利用各个因素的实际数与基数（或计划数）之间的差额，来计算各个因素对经济指标差异的影响程度的一种分析方法。该方法的计算程序是：

（1）确定分析对象。就是根据分析要求，确定分析指标的实际数与基数的差额以及各因素的实际数与基数的差额。

（2）以各因素的差额乘以计算公式中该因素前面的各因素的实际值，以及列在该因素后面的其余因素的基数（或计划数），就可以求得各因素的影响值。

（3）将各个因素的影响值相加，其代数和应同分析指标的实际数与基数之差（分析对象）相同。

应注意的是，确定各项因素的排列顺序一般应遵循下列原则：如果既有数量因素又有质量因素，数量因素排列在前，质量因素排列在后；如果既有实物数量因素又有价值数量因素，实物数量因素排列在前，价值数量因素排列在后；如果都是数量因素，或者都是质量因素，那么应区分主要因素和次要因素，主要因素排列在前，次要因素排列在后。

**例 5-2**　假设某邮政局指标完成情况如表 5-2 所示，试用差额分析法进行分析。

**表 5-2　某邮政局指标完成情况**

| 指标 | 计划值 | 实际值 | 差额 |
|---|---|---|---|
| 业务收入/万元 | 600 | 663 | +63 |
| 业务量/件 | 500 000 | 510 000 | +10 000 |
| 平均单价/元每件 | 12 | 13 | +1 |

分析：　　业务收入＝业务量×平均单价

分析对象：业务收入增加 63 万元。

业务量的增加对收入的影响程度：

$$(510\,000-500\,000)\times 12=120\,000 元（12 万元）$$

平均单价的提高对收入的影响程度：

$$510\,000\times(13-12)=510\,000 元（51 万元）$$

$$总的影响程度=12万元+51万元=63万元$$

思考：如果用业务收入=职工人数×劳动生产率来进行因素分析又如何？

**2. 连环替代法**

连环替代法是将分析指标分解为各个可以计量的因素，并根据各个因素之间的依存关系，顺次用各因素的比较值（通常即实际值）替代基准值（通常为标准值或计划值），据以测定各因素对分析指标的影响。

**例 5-3** 某一个分析指标 $M$ 是由相互联系的 $A$、$B$、$C$ 三个因素相乘得到，报告期（实际）指标和基期（计划）指标为

$$报告期(实际)指标\ M_1=A_1B_1C_1$$
$$基期(计划)指标\ M_0=A_0B_0C_0$$

在测定各因素变动指标对指标 $M$ 影响程度时可按顺序进行：

| | | |
|---|---|---|
| 基期（计划）指标 | $M_0=A_0B_0C_0$ | (1) |
| 第一次替代 | $A_1B_0C_0$ | (2) |
| 第二次替代 | $A_1B_1C_0$ | (3) |
| 第三次替代 | $A_1B_1C_1$ | (4) |

分析如下：

(2) −(1)→$A$ 变动对 $M$ 的影响。

(3) −(2)→$B$ 变动对 $M$ 的影响。

(4) −(3)→$C$ 变动对 $M$ 的影响。

把各因素变动综合起来，总影响：

$$\Delta M=M_1-M_0$$

思考：如果用连环替代法分析前例又如何呢？

# 第二节　邮政业务收入分析

## 一、邮政业务收入的含义及影响因素

### 1. 邮政业务收入的含义

邮政业务收入，是邮政企业为用户提供通信服务，按规定的资费标准向用户收取的资费，包括主营业务收入和其他业务收入。实质上，邮政业务收入就是邮政企业销售其产品所获得的销售收入，这与经济社会中其他各类企业销售自己生产的产品所获得的销售收入在概念上没有什么区别。它反映的是邮政企业所提供的通信服务得到社会的承认，被用户消费而实现的价值量。在邮政企业提供通信服务获得业务收入的过程中，通信服务的使用价值得以实现，其价值也以资费的形式得到了社会的承认。但为什么一般的工业企业都叫销售收入，而邮政企业却叫业务收入呢？其原因在于通信服务的使用价值是对通信需求的效用的满足，其本身不具有实物形态，且邮政通的生产过程与消费过程不可分割，造成邮政企业的产品（服务）无法以一种独立存在的实物形态的商品进入流通领域。所以，通信产品被称为“通信服务”，其价格被称为“资费”，其销售收入被称为“邮政业务收入”。但是，无论名

称如何，都改变不了它的实质。邮政业务收入，是邮政企业最终实现其利润的源泉。

邮政业务收入作为企业提供通信服务获得的收入，是得到社会承认并被消费而实现了的价值量。理论上，它可以作为以货币表示的、以现行价格为基础的邮政总产值指标。在实际中，邮政总产值指标还可以用邮政业务总量表示。邮政业务收入与邮政业务总量在数量上是有差异的，造成这种差异的原因在于：首先，邮政业务收入是以通信服务当年现行的价格为基础计算的，而邮政业务总量是以不变平均单价为基础计算的，一般情况下，不变平均单价每十年确定一次。新中国成立以来，先后制定过 1952 年、1957 年、1970 年、1980 年、1990 年、2000 年六次不变单价；目前采用的是 2000 年不变单价。由此造成在邮政业务资费有调整变动的情况下，相邻年份的产量的大小不能通过业务收入的比较得出，即不可比。而在不变平均单价确定后的年份中，邮政业务总量的大小变化可以直接体现产品量的增减变化。其次，邮政业务收入所体现的只是计费部分，而在邮政企业完成的产品量中除了计费业务之外，还包括一部分按照邮政资费政策规定予以免费的部分，如现行邮政资费政策规定，现役军人用邮免费等。这部分业务虽然由于政策原因没有取得业务收入，但并不是说其不具有使用价值和价值。由于邮政业务总量指标中涵盖了计费业务与免费业务两部分，因此作为体现邮政总产值的指标，用"邮政业务总量"更为合适。

由于以上原因，邮政业务收入与邮政业务总量在数量上一般是不相等的。但是，也应该看到，由于在邮政业务总量中，免费部分所占的比例不大，而且不变平均单价在制定当年依据的主要是当年的实际资费，在资费变化不大的情况下，二者的差异是不大的，特别是业务收入与业务总量中的计费部分应该大致相等。若出现差额过大的情况，则说明不变单价已与现行价格出现较大的差异，已不适应当前业务发展现状，需要适时修订了。

**2. 邮政业务收入的影响因素**

邮政业务收入不仅仅反映邮政企业为社会提供通信服务，满足社会对通信需要的程度，也说明了邮政企业的生产经营规模、创收能力。全面分析影响业务收入增长变化的因素，有利于邮政企业按照市场需求作出正确决策，更合理地确定邮政业务结构和组织通信生产，并不断扩大生产经营规模，以实现邮政业务收入持续稳定增长，实现企业发展的良性循环。

邮政业务收入的大小，与两个因素有关。第一个影响因素是业务量，在资费不变的情况下，业务量越大，业务收入也就越大；第二个影响因素是资费水平，它对业务收入的影响包含两个方面：一是资费水平的高低。理论上，在业务量不变的情况下，调高某类业务资费水平，就会带来业务收入的增加。但现实中，由于价格弹性的存在，某类业务资费的调整会由于该类业务价格弹性的不同而对该类业务的业务收入造成不同的影响，可能增加，也可能减少或者变动不大，情况比较复杂。二是费率结构。费率结构的概念是邮政企业内部研究分析业务收入变化时提出的一个概念。对一项业务来说，可用平均单价来反映其费率结构的变化。费率结构就是一项业务中不同资费水平业务量所占的比重。如果某一业务中资费水平高的业务量所占的比重大，那么该业务的平均单价就高，业务收入相应的也会高一些。以包裹业务为例，现行的包裹资费除按重量计费以外，还要考虑包裹传递的距离，也就是说，重量较重、距离较长包裹的资费要比重量较轻、距离较近包裹的资费要高，因此，对于包裹这一业务来说，如果业务量中资费高的业务所占的比重大的话，那么同样多的业务量所获得的业务收入也就越多。反之，则少。

总之，业务收入的大小与业务量和资费水平有直接的关系，企业可以借助于这一关系，进行业务收入的因素分析。

## 二、邮政业务收入分析

邮政业务收入分析就是对业务收入进行研究，分析收入的计划完成情况，并找出和研究影响收入变化的各个因素，制定增加业务收入的具体措施。

邮政业务收入分析，既可以对企业的业务收入进行分析，也可以对某一专业的业务收入进行分析，分析的重点是业务收入的计划完成情况、业务收入的因素分析、业务收入的结构分析及增加业务收入的措施等内容。

**1. 业务收入计划完成情况分析**

对业务收入的计划完成情况进行分析，通常采用对比分析法，即将本期实际完成数与计划数比较、与上年同期实际完成数比较、与历史最好水平比较。其计算公式为：

$$\text{计划完成相对数}=\frac{\text{本期实际完成数}}{\text{本期计划数}}\times 100\%$$

$$\text{比较相对数}=\frac{\text{本期实际完成数}}{\text{上期实际完成数(或某个历史时期水平)}}\times 100\%$$

邮政业务收入计划完成情况分析，反映收入计划的执行结果，也反映业务发展升降的趋势。业务收入完成的好坏，影响企业的经营成果。因此要搞好经营，必须经常地分析业务收入的计划完成情况，及时采取增产增收措施，以取得最大的经济效益。

**2. 邮政业务收入因素分析**

邮政业务收入因素分析采用因素分析法，业务收入的变化受到以下因素的影响。

(1) 邮政业务量升降因素

在资费标准不变的条件下，业务收入的升降与业务量升降成正比例关系。即业务量增长，业务收入也相应增长；反之，业务量下降，业务收入也相应下降。

(2) 平均单价(资费水平)升降因素

平均单价的升降，受资费高低不同的业务量构成增减的影响。在业务量不变的条件下，平均单价的升降则是影响收入增减的主要因素。

因此，分析业务收入增减的原因，必须从业务量和平均单价的变化入手。通过因素分析，可以反映每个因素对业务收入的影响程度，也可以反映总的影响程度。(计算方法见第一节中的因素分析法)

**3. 邮政业务收入结构分析**

邮政业务收入结构分析，就是分析各专业的业务收入占邮政业务总收入的比重，根据该比重，分析邮政业务结构是否合理，从而为有效地进行业务结构调整提供依据。业务结构分析的基本公式为：

$$\text{邮政某专业业务收入的比重}=\frac{\text{邮政某专业的业务收入}}{\text{邮政业务总收入}}\times 100\%$$

# 第三节　邮政业务成本分析

## 一、邮政业务成本的含义及构成

邮政业务成本，是指邮政企业在生产过程中发生的与通信生产直接有关的各项支出，以及从事其他业务活动发生的各项支出。构成包括以下几个方面。

(1) 工资，是指从事通信业务的生产和辅助生产人员的工资。

(2) 职工福利费，是指按规定提取的职工福利费。

(3) 折旧费，是指各类生产用固定资产按规定的分类折旧率提取的折旧费。

(4) 邮件运输费，是指企业支付的委办和自办的邮件运输费，包括铁路运费、航空运费、自办汽车运费、委办汽车运费、自办或委办水运运费、其他运费及国际邮联运费结算支出等。

(5) 修理费，是指对生产用固定资产(包括租入固定资产)的各种维护费和修理费。

(6) 低值易耗品摊销，新财会制度规定，凡属于通信生产经营的主要设备、工具和器具等，使用年限不足一年的划归低值易耗品；不属于通信生产经营主要设备的工具、器具，必须同时具备两个条件，即单位价值在 2 000 元以下，使用年限不足两年者才划归低值易耗品。低值易耗品的购置和修理摊销计入成本。

(7) 业务费，包括业务材料和用品费、代办手续费、业务宣传费、展览费、保险费、邮袋购置和修理费、外购电力费、燃料和动力费、差旅费、生产用图书资料费等。

需要说明的是，按完全成本法核算产品成本，管理费用应列入成本；而按制造成本法核算产品成本，管理费用不计入产品成本，作为当期损益处理。

## 二、邮政业务成本的特点

由于邮政通信生产的经济特征，决定了其业务成本具有一定的特殊性，邮政业务成本有以下几个特点。

### (一) 在邮政业务成本中没有原材料消耗

从经济实质上来说，成本由 $C+V$ 构成，$C$ 是指物化劳动的价值，包括劳动对象转移的价值，劳动资料磨损的价值，即固定资产折旧；$V$ 是劳动者为自己劳动所创造的价值。由于邮政通信生产中的劳动对象是用户提供的，所以在邮政业务成本中没有原材料一项。至于在生产经营过程中所用的单式、邮袋等不是构成邮政业务成本实体的原材料，而只是辅助材料。当然，从理论上说，辅助材料、燃料、动力等的价值也应列入劳动对象的价值中去，但对邮政企业来说，它们又不是完全意义上的劳动对象的原材料，因为从严格意义上说，邮政通信生产过程中的劳动对象是用户提供的被传递的信息和实物。

### (二) 人工成本所占的比重较大

从技术构成看，邮政属于劳动密集型行业。因此，邮政业务成本的主体部分是人工成本，即工资和职工福利费。世界各国邮政业务成本中，人工成本一般占到业务成本的 60%以上。所以，就邮政行业来说，降低成本的主要途径在于努力降低活劳动消耗，不断提高劳动生产率。

### (三) 质量成本地位不突出

所谓质量成本，就是指因确保质量、提高质量以及因质量不合格而导致的成本开支。具体说来，质量成本包括两方面，一方面是指企业为了确保和提高产品质量，改善服务而支出的费用；另一方面是指企业因产品质量不符合质量要求而发生的报废、降级、调换、赔偿等支出的费用。这两方面的费用就构成了邮政企业的全部质量成本。所有这两方面因质量而导致的开支，都要计入企业的成本。这种成本不同于产品的生产成本。在质量成本中，第一方面的费用高，即预防成本高，说明企业在确保质量上付出了代价；若第二个方面的费用高，如次品损失费用、维修费用、赔偿损失等费用高，则说明企业产品质量低劣。

由于邮政通信具有生产过程与消费过程不可分割的特点，一般来说，不存在废次品损失费用，也没有退货、返修等费用，但赔偿损失费用是存在的。

### (四) 固定成本比重大，变动成本比重小

固定成本是指在一定时期、一定业务量范围内不会随着业务量的增减变化而变化的那部分成本，如固定职工的固定工资、职工福利、折旧费等。变动成本是指随着业务量的增减而变化的那部分生产费用，如原材料费用等。邮政业务成本中的变动成本主要指辅助材料费、邮件运输费等。

对于邮政部门来说，由于生产中不存在作为劳动对象主要内容的原材料消耗，所以变动成本在业务成本中所占的比重很小，只有10%～20%，而固定成本的比重高达80%～90%，这也是邮政业务成本构成上的一个重要特点。

## 三、邮政业务成本分析的内容

成本分析应贯穿于经营管理的全过程。成本分析的内容应包括：成本的预测分析、成本控制分析、成本计划执行情况分析、成本项目构成情况分析和成本的效益分析(见第六章)。

在成本分析的过程中，需要考虑影响成本变动的因素。通常，影响成本升降的因素有很多，概括起来可以分为两大类：一类是宏观因素，即从整个国民经济活动这样一个宏观方面来观察的因素；另一类是微观因素，即从企业本身的经济活动这样一个微观方面来观察的因素。这两类因素，既相互联系，又相互制约。它们共同影响着企业产品成本的高低。

宏观因素，主要包括：宏观经济政策、成本管理制度、市场需求、企业的地理位置和资源条件、企业的规模和技术装备水平、企业专业化和协作化水平等。

微观因素，主要包括：劳动生产率水平、材料、能源、成本利用效果、生产工作质量、企业的成本管理水平、经营管理水平等。

企业进行成本分析，是为了提高成本管理水平，努力降低成本，这就要求我们首先应从分析微观因素着手，从主观方面努力，紧紧抓住企业可以控制的内部因素，挖掘一切降低成本潜力，提高企业经济效益。

### (一) 成本预测分析

成本预测分析，是根据成本与各种技术经济因素的依存关系，结合发展的前景，利用大量有关的数据，采用科学的方法，对未来成本水平及其变化趋势作出科学的推测分析。做好成本预测分析，对于经营决策的科学化，正确制定成本计划，为成本控制提供目标和方向，改

善经营管理，挖掘降低成本的潜力，是十分重要的。

邮政业务成本发展趋势预测是根据业务成本的特性和历史资料，应用数理统计的方法，预测计划期业务成本的发展趋势。

在实际工作中，一般用直线方程 $y=a+bx$ 表示业务成本发展趋势。

式中：$y$ 为业务成本；$x$ 为业务量；$a$ 为固定成本；$b$ 为单位变动成本。

只要求出 $a$、$b$ 的值，就可以从以上直线方程中预测出在任何业务量 $x$ 时的业务成本 $y$ 的水平。通常，用于确定 $a$、$b$ 的方法有两种，一种是高低点法，另一种是回归分析法。若历年成本发展趋势变动不大，可以采用前者，反之，则采用后者。回归分析法将在第六节介绍，这里主要介绍高低点法。

高低点法是以历史成本数据中的最高业务量与最低业务量的成本数据为代表，测算成本中固定成本和变动成本的数额，基本公式为：

$$\text{单位变动成本 } b=\frac{Y_{\text{高}}-Y_{\text{低}}}{X_{\text{高}}-X_{\text{低}}}$$

根据单位变动成本，计算固定成本总额：

$$\text{固定成本 } a=Y_{\text{高}}-bX_{\text{高}} \quad \text{或} \quad a=Y_{\text{低}}-bX_{\text{低}}$$

### （二）成本控制分析

企业在执行计划的过程中，为了确保目标成本或成本计划的完成，还要对成本计划的执行情况进行控制分析。通过成本控制分析，可以减少实际执行中成本与目标成本所产生的差异，保证成本计划的落实，以达到不断降低成本，增加盈利，保证经营目标的实现。

成本控制的分析方法有很多种，常用的方法有盈亏平衡分析法和成本差异分析。

#### 1. 盈亏平衡分析法

盈亏平衡分析又称保本点分析或本量利分析法，是根据产品的业务量(产量或销量)、成本、利润之间的相互制约关系的综合分析，用来预测利润，控制成本，确定盈利目标产品量或盈利目标成本、判断经营状况的一种经济分析的方法。

借助于产品量(或业务量)、成本和利润三者之间的关系，进行盈亏平衡分析，首先要计算盈亏平衡点。所谓盈亏平衡点，是指在产品价格和成本一定的情况下，企业在一定时期内，实现的净收入与总成本相等时，需要达到的产量，此时，企业不亏不赚，即盈亏平衡。对于企业来说，所从事的每一项经营活动都有明确的盈利目标。通过盈亏平衡分析，能够测算出在实现既定的盈利目标的情况下，成本的控制范围。

一般说来，企业收入＝成本＋利润，如果利润为零，则收入＝成本＝固定成本＋变动成本，而收入＝销售量×价格，变动成本＝单位变动成本×销售量，这样由销售量×价格＝固定成本＋单位变动成本×销售量，可以推导出盈亏平衡点的计算公式为：

$$I=S-(C_vQ+F)=PQ-(C_vQ+F)=(P-C_v)Q-F$$

式中，$I$ 为销售利润；$P$ 为产品销售价格；$F$ 为固定成本总额；$C_v$ 为单件变动成本；$Q$ 为销售数量；$S$ 为销售收入。

#### 2. 成本差异分析法

成本差异分析也是成本控制分析中常用的方法之一。所谓“成本差异”，是实际成本与标准成本的差额。实际成本高于标准成本为不利差异，反之，实际成本低于标准成本为有利差异。无论标准成本制订得如何严谨，实际成本与标准成本不可能完全相符，二者的差异有可控差异和非可控差异两种。成本控制分析主要是分析可控制的差异，以便采取控制成本的有效措施。

一般情况下，为了有效地控制成本差异，需要建立一个反馈系统，这个系统属于内部情报系统，具体流程是，由企业生产经营各个环节的有关人员及时填报有关成本执行情况的情报资料，报送管理会计部门，管理会计部门通过分析提出改进工作的措施，这样企业领导及有关部门通过内部情报可以及时掌握情况，整个系统由计算机控制。

对于邮政通信企业，可以控制的支出主要是业务费、维修费和管理费用，通过横向和纵向的对比，找出存在的差距，对可控成本项目加强控制，降低成本，提高企业经济效益。

#### (三) 成本计划执行情况分析

对成本计划执行情况分析，一方面分析成本的计划执行情况，另一方面是分析各种业务成本降低计划完成情况。降低计划包括成本降低额和降低率。分析时，将实际成本与计划成本相比较，将降低指标实际完成数同降低任务加以比较，计算差异，以考核成本降低任务和成本计划完成情况，然后分析影响降低任务完成的因素及影响程度，从中找出主要原因。

成本计划执行情况分析采用比较分析法，基本公式为：

$$成本降低额=实际成本-计划成本$$

$$成本降低率=\frac{成本降低额}{计划成本}\times 100\%$$

$$实际成本=实际单位成本\times 实际业务量$$

$$计划成本=计划单位成本\times 实际业务量$$

#### (四) 成本项目构成情况分析

成本项目构成情况分析，就是应用比率分析的方法，计算各个成本项目占总成本的比重，其计算公式为：

$$某成本项目的比重=\frac{某成本项目金额}{成本总额}\times 100\%$$

通过计算成本项目比重，从而分析成本构成的合理性。

## 第四节 邮政企业人力资源分析

### 一、邮政劳动生产力配备情况分析

邮政企业的劳动力应包括企业的全部职工，分析劳动力的配备情况，既要分析全部职工的配备情况，又要分析劳动力的保证程度。

劳动力配备情况分析，从邮政企业看主要结合劳动力构成分析研究劳动力配备是否合理，全部职工中各类人员的比例关系是否符合规定要求，是否满足生产经营需要，在一般情况下企业职工配备应注意加大生产人员比重，减少非生产人员比重；在生产人员中，应加大基本生产人员比重，减少辅助生产人员比重；在非生产人员中，加大管理人员比重，减少服务及其他人员比重，以便按生产经营需要，合理配备劳动力，挖掘劳动潜力。

劳动力保证程度分析，主要分析劳动力人数的保证程度。分析的方法是将各类人员实际数与计划需要量进行对比，以检查实际人数与计划需要量是否相适应。所谓计划需要量，就是在计划劳动生产率条件下，为完成生产经营任务所需要的劳动力人数，其计算公式是：

$$劳动力需要量=\frac{企业经营目标值(产品量或产值)}{计划劳动生产率}$$

劳动力需要量与实际人数对比可反映劳动力保证程度，其计算公式是：

$$劳动力保证程度=\frac{劳动力实际人数}{劳动力需要量(人数)}\times 100\%$$

该指标大于100%，说明劳动力有余；该指标小于100%，说明劳动力不足；该指标等于100%，说明劳动力保证程度较好，既保证了生产经营需要，又不存在劳动力的浪费。

## 二、邮政劳动生产率分析

邮政劳动生产率，是邮政企业职工从事通信生产的劳动效率，是邮政企业职工的生产成果与相应的劳动消耗量之间的比率。它既反映邮政企业职工在一定劳动时间内完成有效生产成果的能力，也反映邮政部门和邮政企业劳动生产效率和生产力水平的综合经济指标。

邮政劳动生产率有两种计算方法：一是按邮政业务总量计算的劳动生产率；二是按邮政业务收入计算的劳动生产率。

即：

$$邮政劳动生产率=\frac{邮政业务总量}{邮政职工平均人数}$$

或

$$邮政劳动生产率(人均业务收入)=\frac{邮政业务收入}{邮政职工平均人数}$$

以邮政业务收入计算的劳动生产率(人均业务收入)来表示邮政劳动生产率的优点是：数字比较真实可靠，避免了虚假成分的存在，适应市场经济的需要，有利于调动企业的积极性。但是，以人均业务收入来表示邮政劳动生产率实质上是不确切的。因为，第一，它不包括免费业务量；第二，它实质上是采用现行价格计算的出口计费业务量部分，由于邮政通信具有全程全网、联合作业的特征，因此它并不能真正反映邮政企业职工的生产成果与劳动消耗之间的比率。

劳动生产率分析就是分析劳动生产率的计划完成情况和劳动生产率的影响因素分析，前者采用比较分析法，后者采用因素分析法。

## 三、邮政劳动生产率潜力分析

分析劳动生产率的目的，是为了挖掘提高劳动生产率的潜力。因此，在分析劳动生产率的计划完成情况和劳动生产率的因素分析的基础上，还要将本期实际的劳动生产率，和本企业历史上各个时期的劳动生产率对比，和同类型企业劳动生产率先进水平和历史最好水平对比，挖掘劳动生产率的潜力。

通常采用下列方法，分析提高劳动生产率的潜力。

**1. 增加产值(或产量)的潜力**

劳动生产率达到先进水平或历史最高水平可增加的产值=(同类型企业劳动生产率先进水平或历史最高水平－本企业劳动生产率实际水平)×本企业职工平均人数

**2. 节约人力的潜力**

$$劳动生产率达到先进水平或历史最高水平可节约的劳动力人数=本企业职工平均人数-\frac{本企业总产值}{同类型企业劳动生产率先进水平或历史最高水平}$$

**3. 节约固定费用的潜力**

$$劳动生产率达到先进水平或历史最高水平可节约的固定成本=本企业固定费用总额-\frac{本企业固定费用总额\times本企业实际总产值}{按同类型企业劳动生产率先进水平或历史最好水平计算的总产值}$$

运用以上方法,既可以按工人劳动生产率计算,也可以按全员劳动生产率计算;既可以用于事后检查分析,也可以用于事前预测分析。

# 第五节　邮政企业综合经济效益分析

## 一、综合经济效益分析应考虑的因素

对企业综合经济效益进行分析,就是要对企业在经营过程中诸多影响因素进行综合分析,需要考虑的因素可以划分为以下五类。

第一类:社会评价因素。包括国家安全、军事国防要求、社会治安、安全生产、劳动条件、普及教育、文明建设等。

第二类:技术评价因素。包括技术体制、技术标准、通信网布局、通信路由走向以及建设方案的可行性、标准化、系列化、通用化等。

第三类:资源评价因素。包括人力资源、财力资源、自然资源、时间资源以及信息资源的保护、开发、利用、节约等,优化资源结构,合理配置资源。

第四类:环境评价资源。包括改善环境、治理环境、防止污染、减轻劳动强度、防止自然灾害,保护生态平衡。

第五类:经济评价指标。主要包括以下三个方面。

(1) 企业经济效果评价:面向市场、提高产量、提高质量、增加品种、减少消耗、降低成本、增加赢利、提高效益;

(2) 部门(地区)经济效果评价:产品结构与技术结构合理,不断提供新产品、新技术、新业务,提高资金利用率、全员劳动生产率以及全网的投资效益;

(3) 国民经济效果评价:包括投资规模、投资结构、生产力布局、资金使用合理、外汇供求平衡以及提高社会总产值、国民收入、财政收入,提高积累与消费水平。

## 二、综合经济效益分析指标体系

考虑到分析的全面性和综合性,邮政企业综合经济效益考核指标有以下几点。

**1. 业务收入增长率**

业务收入增长率,反映邮政业务收入比上年同期增长变化情况。其计算公式为:

$$业务收入增长率=\frac{报告期邮政业务收入}{基期邮政业务收入}\times100\%-100\%$$

评价：该指标越高越好。

**2. 邮政收支差额增长率**

邮政收支差额增长率，反映邮政企业实现的收支差额比上年同期的增长变化情况。其计算公式为：

$$邮政收支差额增长率=\frac{报告期邮政收支差额}{基期邮政收支差额}\times 100\%-100\%$$

评价：该指标越高越好。

**3. 邮政营业收入利税率**

邮政营业收入利税率，是通信企业利税总额与营业收入的比率，它反映企业营业收入的收益水平。其计算公式为：

$$邮政营业收入利税率=\frac{利润+税金}{营业收入}\times 100\%$$

评价：该指标越高越好。

**4. 资本金利润率**

资本金利润率，是指邮政企业实现的利润总额和资本金的比率，反映投资者投入的资金的获利能力。其计算公式为：

$$资本金利润率=\frac{利润总额}{资本金总额}\times 100\%$$

评价：该指标越高越好。

**5. 成本费用利润率**

成本费用利润率，是指邮政企业利润总额和成本费用总额的比率，其意义既从消耗的角度补充说明企业收益能力，也反映了企业内部管理水平。其计算公式为：

$$成本费用利润率=\frac{利润总额}{通信业务成本+管理费用+财务费用}\times 100\%$$

评价：指标越高，说明企业为取得收益所付出的代价越小，成本费用的控制越好。

**6. 流动比率**

流动比率又称短期负债能力比率，是指流动资产与流动负债的比率，其意义为每百元年内到期的债务有多少流动资产作偿还的保障，反映企业可在短期内转变为现金的流动资产偿还流动负债的能力。其计算公式为：

$$流动比率=\frac{流动资产}{流动负债}\times 100\%$$

评价：一般情况下，流动比率越高，表明企业短期偿债能力越强，债权人的权益就越有保障；但流动比率过高，可能表明流动资产占用过多，会影响资金的使用效率，提高企业的资金成本，影响企业的获利能力。国际公认 200%较好。

**7. 速动比率**

速动比率，是指速动资产与流动负债的比率。其意义是每百元年内到期的债务有多少速动资产作偿还的保障。其计算公式为：

$$速动比率=\frac{速动资产}{流动负债}\times 100\%$$

其中速动资产的计算方法我国与国际算法有区别，我国速动资产的计算是用流动资产减存货；国际的算法是，速动资产等于流动资产减存货、预付账款、待摊费用、待处理流动资产净损失。

评价：一般情况下，该比率越高，表明企业短期偿债能力越强，债权人的权益就越有保障；但速动比率过高，可能表明企业应收账款占用过多，现金回笼速度慢，反而会降低企业短期偿债能力。国际公认 100%较好。

**8. 资产负债率**

资产负债率，是指负债与总资产的比率。它反映企业利润债权人提供资金进行经营活动的能力和企业的偿债能力，也反映企业的经营前景以及债权人贷款的安全程度。可用于衡量企业负债水平。其计算公式为：

$$资产负债率=\frac{负债}{总资产}\times100\%$$

评价：理论参考指标为 50%最好。

**9. 已获利息倍数**

已获利息倍数，反映企业偿还利息能力。其计算公式为：

$$已获利息倍数=\frac{息税前利润}{利息支出}\times100\%$$

评价：该指标越高越好，大于 1，负债经营能取得比资金成本更高的利润，能维持经营；小于 1，债务风险大。

**10. 净资产收益率**

净资产收益率，反映投资者投入资本的获利能力，是评价企业资本经营效益的核心指标，是我国上市公司业绩综合排序中，居于首位的指标。其计算公式为：

$$净资产收益率=\frac{净利润}{平均净资产}\times100\%$$

式中：净资产即所有者权益。

评价：该指标越高越好。说明自有资本获取收益的能力越强。

**11. 总资产报酬率**

总资产报酬率，反映每百元投入资产的获利能力，是评价企业资产运营效益的重要指标，从投入角度反映企业的获利能力。其计算公式为：

$$总资产报酬率=\frac{利息总额+利息支出}{平均资产总额}\times100\%$$

评价：该指标越高越好。说明企业投入产出的水平高，资产运营效益好，如果该指标大于市场利率，企业可以充分利用财务杠杆，进行负债经营。

## 三、综合经济效益分析方法

综合经济效益分析常用的分析方法是加权评分法，综合经济效益指数法是加权评分法的一种，它是以各单项指标为基础，乘以各指标权数所得的加权平均数。其计算公式为：

$$单项指标=(标准值-实际值与标准值差额的绝对值)\div标准值$$

$$单项指标综合经济效益指数=单项指标\times权数$$

$$综合经济效益指数=单项指标综合经济效益指数之和$$

**例 5-4** 假设某企业的基础数据如表 5-3 所示，试计算该企业的综合经济效益指数。

表 5-3　某企业综合经济效益分析指标数据

| 指　　标 | 标准值 | 实际值 | 单项指标 | 权数 | 综合经济效益指数 |
| --- | --- | --- | --- | --- | --- |
| 业务收入增长率 | 33 | 30 | 0.91 | 11 | 10.01 |
| 收支差额增长率 | 35 | 33 | 0.94 | 16 | 15.04 |
| 资本金利润率 | 30 | 25 | 0.83 | 15 | 12.45 |
| 成本费用利润率 | 25 | 26 | 0.96 | 12 | 11.52 |
| 营业收入利税率 | 45 | 40 | 0.89 | 16 | 14.24 |
| 资产负债率 | 50 | 30 | 0.60 | 15 | 9.00 |
| 流动比率 | 200 | 180 | 0.90 | 15 | 13.50 |
| 综合经济效益指数 | | | | 100 | 85.76 |

# 第六节　邮政经营预测与决策

## 一、邮政经营预测

市场经济体制把每个企业都推向市场，产品的供求在很大程度上靠市场调节，产品结构、工艺技术、原材料供应以及市场需求等都相应地发生着变化。面对多变的社会经济活动，如何正确地估计可能出现的前景，以及根据这种估算来研究恰当的对策已显得越来越重要，预测因此也就受到日益重视和发展。

### （一）预测的概念及特点

**1. 预测的概念**

所谓“预测”，是指根据事物过去发展变化的客观过程和某些规律性，参照当前已经出现的各种可能，运用现代管理的、数学的和统计的方法，对事物未来可能出现的趋势和可能达到的水平做科学的推测。预测是探索事物内在联系及其变化趋势的重要手段，是制定政策、做出决策、编制规划的重要依据。特别是经济数学和电子计算机的发展对预测技术的发展起着推动作用，提高了预测技术的准确性和可靠性。但客观事物发展是极其复杂的，因此，预测未来的结果不可能是绝对的，只是相对的。

**2. 预测的特点**

(1) 科学性

预测是应用调查和统计大量资料，通过一定的程序方法，经过分析计算而取得未来事件的信息(各种数据、现象、情况)，这些信息反映了事物诸因素之间的相互关系和制约程度，基本上反映了事物发展的本质。

(2) 局限性

预测对象的许多因素往往受到外部各种因素变化的制约，带有随机性。加上人们对未来事件的认识总有一定的片面性，或者掌握的资料不准确，数据太少，或者观察时间不长，预测的结果只在一定的条件下表示事物发展特征，而在某些条件下不能反映事物的发展，这就是预测的局限性。

(3) 近似性

事物发展的规律不是现实的简单重复,总要受到各方面和各种因素的影响,预测的结果与实际发展的结果难免会存在一定的偏差,仅仅是一个近似值,只要这个近似值的近似程度符合科学管理的要求就可以了。

(4) 艺术性

预测在很大程度上依赖预测者的经验,以及深刻敏锐的洞察力和远见卓识的判断力。在预测的过程中,从提出假设、选择可靠的方法并巧妙的利用资料和自己的学识、经验,一直到判断所得情报,最后做出结论,这一切都是预测者实践经验的艺术体现。预测不仅需要有科学的数学模型,而且还必须有丰富的实践经验。只有将科学的数学模型与丰富的实践经验融为一体,才能得出有价值的结论。

### (二) 预测的类型

预测作为一门科学,它的应用范围很广,其类型可以划分为以下几种。

#### 1. 按预测的内容划分

按内容划分,预测可以划分为科学技术预测和经济预测两种。

(1) 科学技术预测

科学技术预测包括科学预测和技术预测。所谓“科学预测”,是指对科学发展的趋势,发展方向和可能出现的成果进行预测,以便预先确定优先考虑的科学研究范围,发展重点以及将来的推广条件等。而“技术预测”是指对技术发展趋势、技术发明以及应用效果等问题的预测。

(2) 经济预测

经济预测包括宏观经济预测和微观经济预测。所谓“宏观经济预测”,是指整个国民经济范围内的各种预测,如国民生产总值、物价变动等方面的预测。而“微观经济预测”,是指企业范围内的各项经济预测,如预测企业销售额、成本水平、市场情况及赢利水平等。

#### 2. 按预测目标时间的长短划分

按目标时间的长短,预测可以划分为长期预测、中期预测和短期预测。

长期预测,是指十年以上的预测。一般情况下,通信技术发展预测和通信业务量增长情况预测,都属于长期预测。

中期预测,是指时间在三年以上,十年以下的预测。

短期预测,是指时间在三年以内的预测,年度预测是短期预测的一种。

#### 3. 按预测的结果划分

按预测的结果,预测可以划分为定性预测、定量预测和综合预测。

定性预测,是根据经营管理的基本原理,研究事物发展变化趋势的一种预测。在实际工作中,有些经营中的问题很难定量表示其结果,只能做定性分析,虽然定性预测所得的数据不具体,可由于定性分析能把握事物发展的大方向,因而,在经营预测中,它显得十分重要。

定量预测,是指主要依据实验数据和历史统计资料做出数学模型,经过分析计算,从因果关系、逻辑关系推算未来结果的一种预测。定量分析的结果更为具体准确。

综合预测,是指综合各种预测结果进行比较的一种预测。任何一种预测都有一定的适用范围,有一定的局限性,为了克服这些缺点,往往需要多种预测方法进行预测,然后对各种预测结果进行综合分析比较，提高预测结果的可靠性。

### （三）预测的程序

预测是一项十分复杂的工作，与任何事情一样，预测需要遵循一定的程序和步骤，它包括输入、处理和输出三个阶段，具体地讲，预测有以下四个具体步骤。

#### 1. 明确预测目标

预测目标的确定应根据经营管理的需要，服从决策的要求。确定预测目标包括确定预测范围、目标领域和预测的时间要求。通常要经过预测目标分析来确定。

所谓目标分析，是运用系统观点，逐步把握目标和外部环境之间的依存关系。这样有益于辨明预测目标的主要变化特征和影响因素，在基本掌握预测目标变化机理的基础上，搜集资料，选择合适的预测方法。许多预测项目涉及的范围和因素是多方面的，因此，将总体目标逐层分解是必要的。在识别分解过程中，预测者和决策者需反复进行对话，在双方统一认识的基础上，明确预测对象的边界范围和预测目标的主体结构。

通过目标分析，明确了预测目标及研究的相关内容，也就为下面的资料搜集，预测方法选择指明了方向。

#### 2. 搜集资料

预测所需的资料可以分为两类：一类是关于预测对象本身的历史和现实资料；另一类是影响预测对象发展过程的各种因素的历史和现实资料。

在市场预测中一般可以利用各种调查方式获取第一手资料，也可以利用各种渠道获得第二手资料。搜集资料一定要注意广泛性、适用性。资料搜集不全面、不系统，会严重影响预测质量。但也不是说资料越多越好，漫无目的地搜集资料一是会浪费时间、人力和资金；二是会因资料过多，缺乏重点，反而给预测工作带来麻烦，降低预测质量。为此，对于搜集到的资料，一定要进行鉴别和整理加工，判别资料的真实性和可用程度，去掉那些不真实、与预测关系不密切，不能说明问题的资料。

#### 3. 分析判断，建立预测模型

预测的目标和对象确定后，利用收集的各种资料，并根据具体问题的要求，建立合适的数学模型，将定性预测和定量预测结合起来使用。常用的预测模型很多，在实际工作中，应根据具体的问题，选择合适的预测模型。这是进行预测的关键性步骤。

在选择预测方法时，应该从三个方面进行考虑。①应服从于预测目标。即方法的选择应该满足经营管理决策对具体信息的要求。企业的战略决策、战术决策、日常业务决策的信息要求在预测对象范围、预测期长短、预测精度等方面是不同的，选用的预测方法也就不同。②预测对象业务本身的特点。不同业务种类的生命周期不同，适应的预测方法也应不同。③考虑预测时期现有的条件和基础。预测方法的选择必须建立在切实可行的基础上。在达到预测要求的情况下，预测模型越简单越好。因为，预测精度与模型的复杂性并不成正比。再者，简便的模型容易被决策者理解接受，对预测结果就可以放心使用，真正发挥预测的价值。

#### 4. 作出预测

根据选定的预测模型，对收集数据进行处理后，可以得到预测结果。由于数学模型不可能将预测对象的所有影响因素都包括进去，如社会因素、环境因素等是不宜包含在预测模型中的。因此，应对预测结果进行一系列的分析，对预测结果初值进行修正。在对预测目标和对象进行了定性分析和定量分析以后，需要对分析结果作出综合分析，最后，确定出预测结果。

从整个预测过程的四个步骤的介绍，说明预测的质量完全取决于预测者对所预测的对象事物及各种相关条件的熟悉程度，他们的知识面宽度、观察能力、逻辑推理和分析判断能力、估测能力和处理技巧等方面的差别，往往会得到质量相差很大的预测结论。市场预测既是一门科学，又是一门艺术。预测者既要掌握多的预测方法，又要具有灵活运用这些方法的能力。

在预测的组织方式上，可以采取自上而下、自下而上或上下结合的多层次预测方式。此时，就要将各方面的预测结果加以综合、对比、平衡和调整，然后确定预测值。

**（四）预测的基本方法**

预测的基本方法有定性预测和定量预测两种。

**1. 定性预测**

企业经营和管理者在多数情况下不可能很清楚地掌握预测对象的历史或现实资料，且影响预测对象的因素复杂多变以至于对一些重要的影响因素有时难以进行定量分析，也是因为要求在很短时间内迅速做出预测和决策，才迫使人们利用经验和直觉进行预测，以期快速反应，抓住商机。

定性预测是指预测者根据已经掌握的部分历史和直观的资料，运用个人的经验来判断和分析预测未来状况的一种预测方法，该方法又称直观法。在实际运用中，常用的方法有个人经验判断法、集体经验判断法、专家预测法和市场调查。

(1) 个人经验判断法

个人经验判断法是指由个人单独进行的经验判断法，常用的方法有类比法、关联推断预测法、逻辑判断预测法、产品生命周期预测法等。

① 类比法

当预测的变量没有历史数据时，可寻找一个完全掌握历史资料，且把主要性质特点相似的事物作为类比物。由于二者之间存在着概念上的相似性，可以假定该变量将按照另一事物的模式随着时间运动。这一方法的优点在于，它提供了一种成本不高但全面的预测，且对市场营销和经营的人员有较强的实用性。但是在预测时必须至少存在一个可供选择的类比物，并且类比物的有用性会在不同人中产生争议。

② 关联推断预测法

这是根据一些已知事物的关联指标（如现象）的发展变化趋势，来判断预测事物未来发展趋势的一种预测方法，现象或指标与事物在时间上和变动方向上都有一定的关联关系。这种关系表现为二者发生变化时有着三种情况：先行发生、同时发生和滞后发生，人们可根据其发生的先后不同，将这些指标称为先行指标、平行指标和后行指标。

关联推断预测法中常用的一类应用是比例分析法，它是一种特殊的情况。比例分析法是利用关联事物之间存在的比例关系，先获得其中一个事物的数据，再根据这一事物的数据及比例关系来推断另一事物的未来数据。比例关系可以根据某事物同另一事物的历史资料来获得，但是由于事物之间的比例关系，在现实中由于某种因素的变化，对比例系数会带来一些影响，因此有必要做适当的调整。

③ 逻辑判断预测法

经验通常会随着人们实践活动的增加自然而然地增长，但并不是所有的人都能拥有与预测目标相应的经验，即使有这种经验也不一定能很好利用并做出准确判断。人们只有经过科学的逻辑思维之后，才能把以往的经验综合起来做出判断和预测。常用的逻辑思维方法主要是归纳法、演绎法、分析法和综合法。

④ 产品生命周期预测法

产品生命周期是指产品开始投放市场直到被市场淘汰的全过程。可以说没有一种产品是长盛不衰的，只是生命周期的长短不同而已。由于产品在其生命周期的不同阶段有各自的特点，只要了解这些特点，企业就会有针对性地制定相应的市场营销策略。

产品生命周期的不同阶段有以下几个时期。

投入期：产销量少，成本高，利润低，售价高；

成长期：产销量增加，成本降低，利润上升，竞争加剧；

成熟期：产销量大而稳定，成本低，利润高，竞争激烈；

衰退期：产销量下降，成本有所上升，利润明显下降，竞争者不断减少，很多企业退出市场。

(2) 集体经验判断预测法

集体经验判断预测法是在个体经验判断预测法的基础之上发展起来的。人们在判断预测过程中发现一个人的经验和知识往往是不够的，如果把多人的经验和常识综合在一起，预测效果就会比较好。集体经验判断预测法是由经过挑选的多个预测者组成一个预测小组，通过个体间讨论及相互交流，最后对所要预测的对象做出评价，从而得出预测结果的一种方法。在实际运用中，常用的方法有意见集合交换法和意见汇总法。

① 意见集合交换法

意见集合交换法就是集合企业经营管理人员和业务人员的判断意见，并通过座谈会等形式相互讨论，相互交换意见，最终形成共识的预测方法。这种方法的组织形式可以多种多样，预测组织者可根据需要和具体要求来确定。从人员构成上看，一般有三种形式：一种是集合企业经营与管理人员的意见；另一种是集合企业内业务人员的意见；还有一种是集合企业内外业务人员的意见。

采用意见集合交换法进行预测，不论采取哪种组织形式，其实施步骤大致如下。

首先，确定参加预测的人员，并向他们提出预测项目和预测期限的要求。预测组织者要根据预测课题，即预测对象的性质和复杂程度来确定预测人员的结构和数量，并向他们提供尽可能多的有关材料，讲清所要预测的项目和预测的时间范围。

其次，提出各自的预测方案。预测人员根据预测要求及掌握的资料，依靠个人的经验、知识和分析判断能力，提出各自的预测意见。在这一过程中要求预测人员把定性分析和定量分析结合起来，力求在定性分析的基础上，将自己的判断结果做出定量化的描述，形成各自的预测方案。

最后，确定最终的预测方案。在这一步，预测组织者不仅要把预测者各自提出的预测方案进行归纳、整理，同时还要根据当时企业内部和外部出现的新情况，对归纳、整理的结果进行必要的调整，或进一步向有关人员反馈意见，再经酝酿讨论，使预测结果更趋于合理。

② 意见汇总法

意见汇总法是指在对某事物进行预测时，由预测小组的各成员或企业内部所属各个部门分别进行预测，然后把各预测者的意见加以汇总，形成集体意见的一种判断预测法。

在实际工作中,往往将意见汇总法和意见交换法结合起来使用,预测效果更有把握。

(3) 专家预测法

专家预测法是一种集中众人智慧的主观预测法。它是利用有关专家的经验、知识和判断能力进行预测的方法,使用该法的前提是要求主管人员必须具备丰富的实际工作经验和比较广博的知识。专家的经验越丰富,知识越全面,则其预测的结果也就越符合实际,反之,这种预测方法的结果误差较大。在实际运用中,主要有两种类型:专家意见集合法和德尔菲法。

① 专家意见集合法

专家意见集合法属于集体经验判断预测法的范畴,与集体意见交换法的区别仅在于参加预测的人员为与预测问题相关的各类专家。需要注意的是,专家是指那些有相关事务的知识和经验,来自多个不同领域,具有一定代表性的人,且人数不宜多,一般在 15 人以内。常用的方法有专家会议法、座谈讨论法和头脑风暴法。

② 德尔菲法

德尔菲法是通过匿名通信的方式,轮番向专家征询意见并将专家意见进行汇总、整理和分析,从而得出预测结果的一种预测方法。此方法是美国兰德公司在 20 世纪 40 年代首创和使用的,最先用于科技预测,后来在市场预测中也得到广泛应用。这是一种非常实用的方法,具有匿名性、反馈性和收敛性的特点,其实施的步骤主要分为以下几步。

准备阶段。成立预测工作领导小组、确立预测主题和细节、准备背景资料、选定专家、设计和制定调查表。

征询阶段。第一轮:向专家寄发调查表和背景资料,在规定时间内要求专家寄回调查表并发表意见,预测组织者对各个问题进行汇总,作出定量统计归纳,并提出下一轮的预测要求。第二轮:请专家对第一轮的初步意见进行修改,将第一轮经过统计处理的专家意见以及预测组织者的要求和进一步提出的背景资料一同寄给专家,要求他们提出修改意见,对于那些持不同意见且差距较大的要求充分陈述理由。第三轮:参照第二轮的做法再将汇总意见反馈给专家。

确定预测结果阶段。在这一阶段通常采用的统计方法有:中位数法,专家意见分散程度大采用此法;算术平均法,专家意见比较集中时采用此法;加权平均,专家意见重要程度不同时可以给定权数。

(4) 市场调查

市场调查是一种了解用户需求和购买意愿的方法,这种方法常用于预测企业的市场销售情况。市场调查的方法很多,有直接询问、展销和试销、间接调查、抽样调查等。直接询问,是直接找用户询问,了解对未来产品的需求。展销和试销调查,是将产品直接与用户见面,在某些地区进行试销或展销,根据该地区居民户数与销售量的比例来预测今后的需求量。间接调查法,是一种通过分析产品与用户之间内在联系,了解市场需求及发展趋势,进而达到调查目的的方法。抽样调查,是按随机原则,从总体中选取一部分进行调查,用以推算总体的一种调查方法。

**2. 定量预测**

定量预测法又叫数量预测法。它是根据历史数据,运用数学或统计方法进行推算,得到数量预测结果的一种预测方法。常用的分析方法主要有平均数预测法、指数平滑法、季节指数法、趋势延伸法和回归分析法。

(1) 平均数预测法

它适用于市场现象各期变化不大,变动趋势呈水平直线状态,各观察值错落于某一直线上下的情况预测,且预测对象无明显长期趋势变动和季节变动。它主要对未来市场水平量进行估计。根据计算平均数的要求不同,可分为简单算术平均数法、加权平均法、一次移动平均法、加权移动平均法、二次移动平均法。

① 简单算术平均法

设时间序列的各期观察值为 $x_1, x_2, \cdots, x_i$,则观察值时间序列平均数 $\bar{x}$ 计算公式如下:

$$\bar{x} = \frac{\sum_{t=1}^{n} x_i}{n} (t = 1, 2, \cdots, n)$$

**例 5-5**　某邮政企业 2009 年 1—6 月的业务收入分别如表 5-4 所示,需要预测 7 月份的业务收入。

**表 5-4　某邮政企业业务收入统计表**

单位:万元

| 月份 | 1 月 | 2 月 | 3 月 | 4 月 | 5 月 | 6 月 | 合计 |
|---|---|---|---|---|---|---|---|
| 业务收入 | 260 | 270 | 240 | 280 | 260 | 250 | 1 560 |

$$\bar{x} = \frac{\sum_{t=1}^{n} x_i}{n} = \frac{260 + 270 + 240 + 280 + 260 + 250}{6} = 260 \text{ 万元}$$

因此预测值可以用过去历史资料的算术平均值代替,7 月预计业务收入为 260 万元。

② 加权算术平均数

在进行信息资料处理时,一个重要的因素是考虑时间的影响。信息发生越接近预测时的时间,它的影响就越大,其重要性就越强,可靠性就越高,因而赋予不同时期不同的权重,从而体现时间差异而取得的信息的重要性不同。其公式是:

$$\bar{x} = \frac{\sum_{t=1}^{n} w_t x_t}{\sum_{t=1}^{n} w_t}$$

式中,$w_t$ 为各组观察值的权重。

以例 5-5 为例,考虑到信息与现在越接近,影响越大,给每个月加个权数,如表 5-5 所示。

**表 5-5　某邮政企业业务收入统计表**

单位:万元

| 月份 | 1 月 | 2 月 | 3 月 | 4 月 | 5 月 | 6 月 | 合计 |
|---|---|---|---|---|---|---|---|
| 权数 | 1 | 2 | 3 | 4 | 5 | 6 | 21 |
| 业务收入 | 260 | 270 | 240 | 280 | 260 | 250 | 1 560 |

$$\bar{x}=\frac{\sum_{t=1}^{n}w_t x_t}{\sum_{t=1}^{n}w_t}=\frac{260\times1+270\times2+240\times3+280\times4+260\times5+250\times6}{1+2+3+4+5+6}=259\text{ 万元}$$

③ 一次移动平均法

移动平均法是通过逐项推移，依次计算包含一定项数的时间序列平均数，以反映时间序列的长期趋势的方法。由于移动平均法具有较好的修匀历史数据、消除数据因随机波动而出现高点、低点的影响，从而能较好地揭示经济现象发展趋势，因而在市场预测中得到广泛应用。在经营预测中常用到一次移动平均法、加权移动平均法和二次移动平均法。

一次移动平均法通常又被称为简单移动平均法。

设时间序列为 $y_1,y_2,y_3,\cdots,y_t,\cdots$；以 $n$ 为移动时期数，则简单移动平均数 $m_t$ 的计算公式为

$$m_t=\frac{y_t+y_{t-1}+\cdots+y_{t-n+1}}{n}$$

通过整理得出

$$m_t=\frac{(y_{t-1}+\cdots+y_{t-n+1}+y_{t-n})-y_{t-n}+y_t}{n}=m_{t-1}+\frac{y_t-y_{t-n}}{n}$$

利用此递推公式来计算移动平均数，可以减少计算量。

在计算移动平均数时，每向前移动一个时期就增加一期新的观察值，去掉一个远期观察值，得到一个新的平均数。由于它不断地移动，故称为移动平均法。这个平均数可以平滑数据，消除周期变动和不规则变动的影响，使长期趋势显露出来。在调查报告对数据有较高要求时，一般都会用到这种方法，所以移动平均法的应用非常广泛。

**例 5-6**　某邮政企业 2009 年 1—11 月份函件业务收入如表 5-6 所示，用一次移动平均法预测 12 月份的业务收入。

**表 5-6　1—11 月份函件业务收入**

单位：万元

| 月份 $t$ | 函件业务收入 $y_t$ | 移动平均观察值 $\hat{y}_t$ | |
|---|---|---|---|
| | | $n=3$ | $n=5$ |
| 1 | 195 | — | — |
| 2 | 220 | — | — |
| 3 | 200 | — | — |
| 4 | 195 | 205 | — |
| 5 | 185 | 205 | — |
| 6 | 180 | 193.3 | 199 |
| 7 | 185 | 186.7 | 196 |
| 8 | 180 | 183.3 | 189 |
| 9 | 190 | 181.7 | 185 |
| 10 | 230 | 185 | 184 |
| 11 | 210 | 200 | 193 |
| 12 | — | 210 | 199 |

分别取 $n=3$ 和 $n=5$。

当 $n=3$ 时，$m_3=\dfrac{y_3+y_2+y_1}{3}=\dfrac{195+220+200}{3}=205$。

当 $n=5$ 时，$m_5=\dfrac{y_5+y_4+y_3+y_2+y_1}{5}=\dfrac{195+220+200+195+185}{5}=199$。

④ 加权移动平均法

若要考虑各期数据的重要性，对近期数据给予较大的权数，远期数据给予较小的权数，就应采用加权平均法。

设 $w_n$ 为移动步长为 1 的 $n$ 期内由近至远各期观察值的权数，则加权移动平均数的计算公式为

$$m_{tw}=\frac{w_1y_t+w_2y_{t-1}+\cdots+w_ny_{t-n+1}}{w_1+w_2+\cdots+w_n}$$

利用加权移动平均法进行预测，其预测模型为：

$$y_{t+1}=m_{tw}$$

即以第 $t$ 期的加权移动平均数作为 $t+1$ 期的预测值。

⑤ 二次移动平均法

一次移动平均法没有明显趋势变动的时间序列，可直接用于预测。但当实际资料出现明显的线性增长或减少的变动趋势时，用一次移动平均值来预测就会出现滞后偏差。因此要进行修正，修正的方法是，在一次移动平均的基础上，作二次移动平均，利用两次移动平均滞后偏差的规律来建立直线趋势预测模型。

为区别起见，将一次移动平均法记作 $m_t^{(1)}$，将二次移动平均法记作 $m_t^{(2)}$，则二次移动平均法的计算公式为

$$m_t^{(2)}=\frac{m_t^{(1)}+m_{t-1}^{(1)}+\cdots+m_{t-n+1}^{(1)}}{n}$$

式中，$m_t^{(1)}$ 为一次移动平均值；$m_t^{(2)}$ 为二次移动平均值；$n$ 为步长。

由上式可推出

$$m_t^{(2)}=m_{t-1}^{(2)}+\frac{m_t^{(1)}-m_{t-n}^{(1)}}{n}$$

这里需要注意，二次移动平均值不能直接用于预测，而应该建立趋势直线预测模型进行预测。

设时间序列 $\hat{y}_t$ 从某时期 $t$ 开始具有线性增长趋势，且认为未来时期亦按此趋势变化，则可建立如下趋势直线方程：

$$\hat{y}_{t+T}=a_t+b_tT\quad(T=1,2,\cdots,n)$$

式中，$T$ 为第 $t$ 期之后的时期数；$y_{t+T}$ 为第 $t+T$ 期的预测值；$a_t$ 为截距项；$b_t$ 为直线方程的斜率。

先求出 $a_t$ 和 $b_t$ 的值：

$$a_t=2m_t^{(1)}-m_t^{(2)}$$

$$b_t=\frac{2}{n-1}(m_t^{(1)}-m_t^{(2)})$$

根据 $a_t$ 和 $b_t$ 的值确定趋势直线方程进行预测。

(2) 指数平滑法

指数平滑法是由移动平均法改进而来的。这种方法既有移动平均法的好处，又可以减少历史数据的数量。第一，它把过去的数据全部加以利用；第二，它利用平滑系数加以区分，使近期数据比远期数据对预测值影响更大。指数平滑法特别适用于观察值有长期趋势和季节变动，必须经常进行预测的情况。在实际应用中主要有一次指数平滑法和二次指数平滑法。

① 一次指数平滑法

一次指数平滑法就是计算时间序列的一次指数平滑值，以当前观察期的一次指数平滑值为基础，确定下期的预测值。其步骤主要是：

• 确定预测模型

设时间序列为：$y_1, y_2, y_3, \cdots, y_t$，一次指数平滑法的计算公式为

$$S_t^{(1)} = \alpha y_t + (1-\alpha) S_{t-1}^{(1)}$$

式中，$S_t^{(1)}$ 为 $t$ 期时间序列的预测值；$y_t$ 为 $t$ 期时间序列的观察值；$\alpha$ 为平滑常数($0 \leqslant \alpha \leqslant 1$)。

一次平滑系数是以第一次指数平滑值作为第 $t+1$ 期的预测值，即 $\hat{y}_{t+1} = S_t^{(1)}$。

由此我们可以得到预测公式的另一种表达方式：

$$\hat{y}_{t+1} = \alpha y_t + (1-\alpha) \hat{y}_t$$

• 确定平滑系数 $\alpha$

当 $\alpha = 0$ 时，下期预测值等于本期预测值；当 $\alpha = 1$ 时，下期预测值等于本期观察值，平滑系数 $\alpha$ 的取值应根据时间序列的特点和经验来考虑，可取多个不同的 $\alpha$ 值进行预测，一般应从 0.1 开始，0.2，0.3，…逐个计算其预测值，比较它们的平方误差，然后选择误差最小的 $\alpha$。

• 确定初始值 $S_0^{(1)}$

$$S_0^{(1)} = \frac{1}{k} \sum_{t=1}^{k} y_t$$

式中，$k$ 为位于时间序列前列的 $k$ 个数据或时间序列第一个周期所含数据的个数。

② 二次指数平滑法

一次指数平滑法在处理有些线性趋势的时间序列时，也会产生滞后偏差。为了进一步减少偶然因素对预测值的影响，提高指数平滑对时间序列的吻合程度，可在一次平滑的基础上进行第二次平滑，二次指数平滑的计算公式为

$$S_t^{(2)} = \alpha S_t^{(1)} + (1-\alpha) S_{t-1}^{(2)}$$

$$S_0^{(2)} = y_1 \text{ 或 } S_0^{(2)} = \frac{1}{k} \sum_{t=1}^{k} y_t$$

当时间序列趋势具有线性趋势时，二次指数平滑法直线趋势模型为

$$\hat{y}_{t+T} = a_t + b_t T$$

$a_t$ 与 $b_t$ 的计算公式为

$$a_t = 2S_t^{(1)} - S_t^{(2)}$$

$$b_t = \frac{\alpha}{1-\alpha} (S_t^{(1)} - S_t^{(2)})$$

(3) 季节指数法

季节指数法是以市场季节性周期为特征，计算反映在时间序列资料上呈现明显的有规

律的季节变动系数，达到预测目的的方法。利用季节指数法进行预测时，时间序列的时间单位或是季或是月，变动循环周期也就或是 4 季或 12 月。季节指数指预测目标某季或某月受季节影响而引起的周期性变动比例。

此方法的应用过程为，先分离出不含季节周期波动的直线趋势，再计算季节指数，最后建立预测模型：

$$x_{(t+i)j}=T_iF_j(i=1,2,\cdots)(j=1,2,\cdots,s)$$

式中，$T_i$ 为直线趋势方程；$s$ 为季节期数（如以季度为季节，则 $s=4$）；$F_j$ 为季节指数。

在实际应用中，$T_i$ 可用趋势移动平均法或指数平滑法，也可以直接取 $t$ 的线性函数或二次函数。

预测步骤如下。

① 先求出 $T_i=a+b_i$。

② 计算平均季节指数。把历年同季度的平均数，除以该季节的趋势值平均值，就可以消除直线趋势的影响，而得到平均季节指数。

$$F'_j=\frac{1}{n}(x_1+x_2+\cdots+x_{t+(n-1)s})$$

式中，$n$ 为观察年数。

③ 对平均季节指数作处理，使其均值为 1，即

$$\bar{F}=\frac{1}{s}\cdot\sum F'_j$$

$$F_j=F'_j/\bar{F}(j=1,2,\cdots,s)$$

首先，将各平均季节指数求和，除以季节期数，得到平均季节指数的平均值。然后，以各平均季节指数除以平均值得出正规的各季节指数。

(4) 趋势延伸法

事物的发展具有一定的连续性，有些事物的发展在某个相对时间内呈现出一定的规律性，如果我们掌握了这种规律性，就可以遵循这种规律进行推导延伸，以预测事物发展的未来。

运用趋势延伸法进行预测有两个基本假设：一是决定过去预测对象发展的因素，在很大程度上仍将决定其未来的发展；二是预测对象发展过程一般是渐进变化，而不是跳跃式变化。

市场经济中的各类现象在现实中的表现有很多形式，但总体上来说可以近似地把它们归为直线型、曲线型和非线型。从使用方便程度考虑，更多的是直线型和曲线型的广泛应用。根据预测变量变动趋势是否为线型，趋势延伸法分为直线趋势延伸法和非直线趋势延伸法，前者用于拟合和预测的模型主要是线性模型；后者用于拟合和预测的模型主要是曲线模型。

① 直线趋势延伸法

直线趋势延伸法的预测模型为

$$\hat{y}_t=a+bt$$

式中，$a$ 和 $b$ 是参数；$t$ 为时间变量，要求计算过程中等距；$\hat{y}_t$ 为时间序列线型趋势预测值。

用此方法进行预测时，其关键是将主要的问题拟合成一条直线。该线与各期观察值坐

标点的距离最短，该线在何方由 $a$ 和 $b$ 确定，其方法可用最小二乘法求出，当参数 $a$ 和 $b$ 确定后，预测方程即确定。代入预测时期数值 $t$，即可估计市场现象预测 $\hat{y}_t$。

② 曲线趋势法

市场现象受到诸多因素影响，变动趋势往往呈曲线形式。常见的有指数曲线、二次曲线、龚伯兹曲线和延续预测方法多种。可以用最小二乘法、分段求和法确定模型种类后进行估测，此处不作详解。

(5) 回归分析法

回归分析是常用的预测方法。它是以数理统计为理论基础，把相关的变量分为因变量和自变量，因变量代表预测的目标，自变量代表影响目标的关键因素，影响目标的因素可能有一个，也可能有多个，一个自变量的称为一元回归，多个自变量称为多元回归。如果因变量和自变量变化的关系是线性的称为线性回归，否则，称为非线性回归。

① 一元线性回归分析

一元线性回归的数学模型为

$$Y=a+bX$$

式中，$Y$ 为因变量；$X$ 为自变量；$a$、$b$ 均为常数。

通常，$a$、$b$ 的值可以用最小二乘法确定。根据最小二乘法，可以推导出

$$a=Y-bX$$

$$b=\frac{\sum XY-X\sum \bar{Y}}{\sum X^2-X\sum \bar{X}}$$

② 多元线性回归分析

在许多情况下，影响预测对象的因素往往不只一个。如邮政储蓄业务收入与人口总数、人均收入、网点密度、营业时间等因素有关。这类问题的预测就属于多元回归问题，多元回归的基本思路与一元回归基本相同，只是运算较为复杂。

多元线性回归的数学模型为

$$Y=b_0+b_1x_1+b_2x_2+b_sx_s+\cdots+b_nx_n$$

其中：$Y$ 为预测目标；$x_1,x_2,\cdots,x_n$ 为互不相关的各影响因素；$b_0,b_1,b_2,b_s,\cdots,b_n$ 为 $Y$ 对 $x_1,x_2,x_s,\cdots,x_n$ 的回归系数；$b_0,b_1,b_2,b_s,\cdots,b_n$ 的值可以借助于矩阵行列式计算。

## 二、邮政经营决策

经营预测与管理决策是邮政企业在经营管理过程中既相互区别又密切联系的两种活动。市场预测属于认识范畴。它本身并不是目的，它是为管理决策服务的，即为正确确定经济活动目标和选择实现目标的行动方案提供科学依据。管理决策既属于认识范畴，又属于实践范畴。它是为企业生存发展研究对策，即如何最科学、最合理地在时机、代价、效用三者之间进行分析、比较和选择，进而组织实施。

### (一) 决策的概念及特点

#### 1. 决策的概念

决策是在调查研究的基础上，根据需要与可能选定要采取行为的目标，制定行为效果评价的准则，拟订多个行为方案，根据评价准则，选定最佳的行为方案付诸实施。这样的过程

称为决策。也可以说,决策就是决定。

随着社会的发展,技术的复杂程度越来越大,经济的影响因素也越来越多。决策技术在通信企业的生产、管理、经营中的作用越来越重要。决策是否合理,是否及时,直接影响到通信质量及企业的经济效益。

**2. 决策的特点**

(1) 系统性

具体地讲,决策是由决策主体、决策客体、决策手段三个基本要素相互结合构成的有机系统。

① 决策主体包括参与决策过程的决策者、参谋者、实施执行者。决策者是系统的管理者、控制者和领导者,是决策的灵魂。

② 决策客体包括决策对象和决策环境。决策对象,是决策者直接领导和控制的客观领域。如一个部门、一个企业或某项业务经营规划、某项业务研究开发等。决策环境则是指制约决策对象按照一定规律发展变化的条件。决策对象与环境的规模、性质决定着决策活动的内容及其复杂程度。

③ 决策手段包括决策理论、方法、信息及技术支持等。它的功能在于将现代科学技术之成果运用于决策过程,从整体上提高决策活动的科学性,减少和避免决策结果的偏差与失误。

(2) 复杂性

企业在决策过程中既要考虑国家宏观环境,又要结合自身在经营活动中出现的新情况、新变化。决策的范围扩展到诸多业务经营活动和市场领域,非程序化、不确定性决策问题不断增多,科学的决策必须坚持具体情况具体分析的原则,根据决策内容不同的特点、要求,制定合理的具体决策方案。

(3) 多样性

为适应不同的决策对象、决策类型的特点和要求,决策的实践方法从纯粹凭个人经验和能力,变成建立在严格逻辑论证和实验验证基础上的集技术与艺术相结合的方法。这些众多的决策实践方法包括:直觉决策法、系统分析法、模型模拟法、定量决策法、多目标决策法、模拟决策法、综合分析法等,同时辅之以敏感分析、效用分析、电子计算机运算等现代技术手段。这些决策实践方法的运用,为灵活有效地解决各类决策问题,提高决策的准确性提供了保证。

### (二) 决策的类型

企业经营管理活动的复杂性和多样性,决定了经营决策有着不同的类型,从不同的角度作如下划分。

**1. 根据决策主体的构成不同,可以分为个人决策和集体决策**

① 个人决策是由领导者凭借个人的智慧、经验及所掌握的信息进行的决策。决策速度快、效率高是其特点,适用于常规事务及紧迫性问题的决策。对全局性重大问题则不宜采用。

② 集体决策是指由会议机构和上下相结合的决策。会议机构决策是通过董事会、职工代表大会等权利机构集体成员共同作出的决策。上下相结合决策则指领导机构与下属相关机构结合、领导与群众相结合形成的决策。其优点是能充分发挥集体智慧,集思广益,决策

慎重，从而保证决策的正确性、有效性；缺点是决策过程比较复杂，耗费时间较多。它适宜于制定长远规划、全局性的政策。

**2. 根据决策问题的性质和重要程度不同，可以分为战略决策、战术决策和业务决策**

① 战略决策是对涉及经济活动系统全局性、长远性、方向性问题的重大决策。通常由高层领导集体作出，体现企业全局工作长远的指导思想与经营发展规划的总体设想。它具有影响时间长、涉及范围广、作用程度深刻的特点，是战术决策和业务决策的依据和中心目标。它的正确与否，直接决定经济活动系统的发展方向和总体效果。

② 战术决策是根据战略目标的要求，为某一战略阶段的企业经营要素优化组合的重大问题作出的决策，也称策略决策。它是战略决策的重要组成部分，是针对每一战略阶段经济活动内容进行总体部署，是实现战略决策的重大步骤，将战略总目标具体化和细分化，为业务决策的制定提供依据和指明方向。所以，战术决策是连接战略决策与业务决策的桥梁和纽带，它通常由高层管理者和中层管理者密切结合作出。

③ 业务决策是围绕实现阶段战略目标的具体业务问题的决策。例如企业的经营计划编制、人员调配等问题。业务决策为战术决策服务，是战术决策的延续和具体化，具有深、细和量化的特点，并具有局部性和短期性。它属于低层次决策，由经济活动系统的中层管理人员来完成，其正确与否、运行效率如何对战略目标实现的程度和效果有重要影响。

**3. 根据决策过程信息的完备程度不同，可以分为确定型决策、风险型决策和未确定型决策**

① 确定型决策是指决策过程中各备选方案在确知的客观条件下，每个方案只有一种结果，比较其结果优劣作出最优选择的决策。这类决策问题具有经常出现的特点，实际约束条件、决策参量、决策变量和决策目标关系清楚明确，能准确预测确定约束条件及每种方案的结果。因此，方案制定有固定的程式和选择准则，容易做到最优化选择。这类决策一般可用数学模型，借助计算机程序进行模拟决策。

② 风险型决策是指决策过程事先能预知各备选方案在几种可能约束状态下产生的几种不同结果及其出现概率情况下作出的决策。许多决策的影响因素较为复杂，且多变，因而决策的约束条件就带有较大的随机性，备选方案的结果也就存在随机性。当人们在认识这种随机性规律基础上，能估计出不同可能约束条件下方案的结果及其概率，就可使不肯定性程度减少，但仍存在一定的决策风险。

③ 未确定型决策是指决策过程事先仅能预知各备选方案在几种可能的客观状态下产生的几种不同结果，其出现概率不明确情况下作出的决策。这类决策由于人们对几种可能客观状态出现的随机性规律认识不足，就增大了决策的不确定性程度，其风险较大。

**4. 根据经营管理活动的特点不同，可以分为程序化决策和非程序化决策**

① 程序化决策又称例行决策。它指针对经营管理活动中反复出现、有明确稳定解决问题程式的业务活动进行的决策。如日常生产作业安排、网运计划安排、业务销售等经营管理中例行活动的决策。

② 非程序化决策，又称非例行决策。它指针对经营管理中随市场环境和社会经济环境变化，很少重复出现，难以用固定模式解决的经营活动问题所进行的决策。例如，企业的改革、新业务开发等经营管理中非例行活动的决策。

除上述分类之外，决策按决策目标多少的不同，可以分为单目标决策和多目标决策；按决策过程、决策问题划分阶段多少的不同，可以分为单阶段决策（静态决策）和多阶段决策

(动态决策);按决策过程方案选择条件不同,可以分为最优化决策和满意决策。

### (三) 决策的程序

一般而言,科学的决策程序应当包括以下步骤。

**1. 发现问题,确定目标**

(1) 发现问题。问题是决策的起点。经营管理活动问题来自两个方面,一是计划应该做的事(目标)和实际做成的事(成果)之家出现的差距,称为问题;二是环境条件变化出现新情况,给企业带来新机遇和风险,也是问题。企业遇到问题,只有经过逻辑分析和综合判断,说明问题的症状,寻找症结,才算真正发现问题。

例如,企业遇到某产品销售长期不见增长的现象,如果不经分析就会简单将此现象归结为"如何使该产品销售增长"的决策问题。由此想到的解决办法就是以各种促销手段提高市场占有率。这样做是否一定能解决问题呢?就难说了。因为企业产品销售额水平如果不考虑价格,根本上讲决定于该产品的市场容量和企业的市场占有率。显然,只有在市场容量处于增长或基本稳定,而企业市场占有率在下降或也基本稳定这样两种变量组合情况下企业销售不增长,企业以促销手段来提高市场占有率才会有好效果。如果是市场容量处于负增长与企业市场占有率在增长情况下的企业销售不增长,企业以促销手段来解决市场占有率问题,就会适得其反,使企业收益趋向恶化。可见,发现问题在于从现象入手,经过理性的定性分析,陈述原因,定量分析,了解其严重程度,经归纳综合找出症结,提出切中要害的决策问题,才能为以下解决问题的各步骤指明正确方向。

(2) 确定目标。目标是在一定条件下,解决问题要达到目的的归结点。如果没有目标就无所谓决策。目标错了决策就会失误。为使决策目标明确合理,必须注意以下问题。

① 确定目标要实事求是。要以信息为基础,对问题决策目标有关的各种因素进行纵向与横向分析,从而确定决策目标。

② 目标必须明确具体。目标在决策过程中是研究对策备选方案的标准和尺度。目标含糊不清,方案设计与比较选择就会无所适从。所以决策目标必须做到具体化、定量化,在时间、地点、数量上都要加以确定。同时,要明确决策目标是否附加约束条件。例如企业产品市场占有率提高 3 个百分点,同时要求不得提高变动成本率。显然,决策目标有无约束条件,备选方案设计和评价标准就会不同。一般来讲,决策目标应在质的分析基础上以具体衡量指标表达预期达到的要求,最为清晰、明确、具体。

③ 要区分目标的重要程度和主次顺序。现代经营管理决策面临多项目标并存的情况。在某些情况下,由于客观条件的限制,多个决策目标的作用方向可能不尽一致,甚至出现矛盾和对立,这就给方案的制定增加了难度。为解决多目标决策带来的困难,可以采取以下途径解决。

首先,在满足决策要求的前提下,对多个目标按照其相互关系加以取舍,削减重复目标,合并类似目标,综合同变量目标,把决策目标减少到最低限度。取舍决策目标的原则有:两个具有对立关系而无法协调的目标,舍弃其中一个;两个具有主从关系的目标,保留主要目标舍弃从属目标;两个具有并列关系而内容近似的目标,合并为一个综合目标;对整个决策影响不大、可有可无的目标完全舍弃。

其次,保留下来的最低限度目标,根据其重要程度分为必须达到和希望达到的两类。

最后,在对目标取舍和区分两类目标基础上,再按照主次顺序把决策目标分为主要目标和次要目标，将主要目标作为关键的、首先应当达到的目标，其他目标则按顺序依次排序。

**2. 拟定方案**

确定决策目标后，在取得有关信息资料的基础上，就要拟定各种备选方案，提出解决问题的对策。方案可以有多个，每个方案又可能有几个对策。决策能够取得理想成效，在很大程度上取决于备选方案的质量，为此应该认真对待拟定备选方案工作，不能草率行事，应尽可能利用参谋机构与决策者共同完成备选方案的方案构思与精心设计工作。

(1) 方案构思是针对决策目标寻找实现目标的行动方案架构。遇到程序化决策，可以根据经验构思；遇到非程序化决策，可以从以往接触过的有相似或可比之处的决策中得到启迪，进行构思创新。方案构思既要发挥经验和知识的作用，也要充分发挥决策主体的想象力和创造力，对拥有的各种不同信息，按照新观点进行排列组合形成备选方案构架。

(2) 在精心设计的方案构思基础上，对方案的措施、方法、后果的研究与论证，形成有实践意义的行动方案过程。具体工作有：①对多种方案构思的筛选与整理，形成相对合理的几种方案构思，并充实其具体的各种措施细节，如资源条件、组织协调、实施方式方法和可能遇到的不测及应急处置措施等，形成几种备选方案；②对方案执行预期目标结果作出估计。

精心设计提供的备选方案应具备两个基本条件。①每个备选方案的可行性。备选方案应该提供资源保证措施、时间保证措施、组织保证措施、应急措施、决策目标可能达到的水平等详尽信息；②备选方案之间的互斥性。即各备选方案总体设计、主要措施和预期效果上必须有明显的区别，既不能把 A 方案的措施包括在 B 方案中，也不能使 A 方案和 B 方案成为实现 C 方案的途径。只有备选方案间互斥，才能保证各方案的备选、比较的意义。

**3. 评价选择方案**

各备选方案的评价选择的总原则是看哪个方案能更好地满足决策目标的要求。如何掌握评价选择的总原则，往往和决策者的价值取向，备选方案信息的准确性、可靠性有关。

(1) 要评价各方案技术上的先进性、经济上的合理性和实现的可能性。要分析方案各种措施在技术上的科学成分和领先程度；比较方案实施的费用与效果，计算直接经济效益和间接效益，以及社会效益的大小；研究分析资源条件实现方案目标的客观可能性；同时，要估计到各种备选方案的潜在问题，以及可能带来的不良影响，从而作出全面、客观的综合评价。

(2) 在备选方案综合评价基础上，决策者作出权衡和最终抉择，即所谓“拍板定案”。“拍板定案”选定的决策方案，其可行性及优化程度直接影响方案的实施过程与结果，是决定决策成败的关键所在。在许多情况下，各备选方案利弊兼具，各有长短。区分孰优孰劣既有赖于决策者的良好素质，同时也与评价选择过程所采用的方法有关。可供采用的方法有经验判断法、数学分析方法和实验方法。

① 经验判断法是传统的优选方法，一般采取淘汰制根据选择方案的指标(决策目标)对备选方案进行筛选、淘汰，逐步缩小备选方案的选择范围。当余下的备选方案具有同等价值而难以进一步抉择时，则可以采取补充评选标准的办法，以表明某一方案优于其他方案。例如，各方案执行结果所获得的利润差不多，则可以以资金利润率和费用率作为补充标准，选择利润率高和费用率低的方案为较优方案；也可以对数个备选方案采取排队法，经过综合判断，选择较优的方案。假如对一些备选方案经过初步筛选，尚余下七个方案难以抉择，这时就可以对余下的方案两两进行对比，比较两者优劣，优者记 1 分，劣者记 0 分，通过比较排队

选择积分多的方案为优选方案。

经验判断法是一种选择决策方案的重要方法,但它仅适合于有限个备选方案(离散型控制变量)的情况。遇到拥有无限多个备选方案(连续型控制变量)的情况宜于采用数学方法。

② 数学分析方法,是通过建立决策问题的数学模型,按照最优化决策准则进行方案优化选择,选出最优方案的方法,这将在下面作具体介绍。

③ 实验法,是对每个备选方案进行模拟实验,选出效果最好的方案。实验法在管理中经常是遇到没有经验的非例行问题,又无合适的数学方法进行分析问题时,以恰当少数几个典型单位为试点,实施验证方案优劣,然后总结经验作出选择。显然这样要耗费较多资源,因而必须慎重。此外,随着计算机应用软件的发展,利用计算机进行人机模拟实验法选择方案也将被广泛采用。

方案选择十分关键。选择过程应该注意到,理想的选择应该是最优化,但影响企业经营管理的因素很多,难于完全估计到,所以,选择方案一般只能是在目前条件下权衡利弊之后选择比较满意的可行方案,并不是最优。同时,方案选择时要注意各方案的差异,有无不良的后果或潜在问题,以便采取预防措施或制定应变计划。如果得不到令人满意的方案,则必须按照决策程序的基本过程重新审定目标或修正补充方案,达到满意为止。

**4. 方案实施与控制**

选择出满意方案或最优方案只能说是解决决策问题的一半,另一半是如何组织实施决策方案。要使决策方案付诸实际行动,达到预期目标,还须拟定强有力的实施计划并付诸实施。方案实施不是被动、机械地执行决策方案,而是一个能动的自为过程。需要在实施执行方案的同时,根据变化了的情况对决策方案进行修正或调整,灵活地、创造性地加以实施与控制。为此,方案实施与控制离不开信息的收集与反馈,以便随时发现执行过程中出现的新情况、新问题,及时采取调整措施或对新问题作出新的决策。

**5. 信息收集与反馈**

信息是决策的基础,必要的信息是决策的前提条件。决策过程以上四个步骤的主要任务是设法将企业资源在时空上科学合理地组织起来,通过实际行为活动使其充分发挥作用,实现企业的预期目标。任务的提出到实现,都离不开信息的掌握。即进行大量的调查研究,了解企业的外部环境和内部条件、竞争状况,预测经营发展的趋势和动向,通过信息收集、处理、传递与反馈将决策过程上述四个步骤有机地联系起来。所以,信息收集与反馈也成为科学决策程序必不可少的重要步骤之一,且贯穿决策程序的始终。

上述五个步骤有机结合构成的科学决策程序如图 5-2 所示。

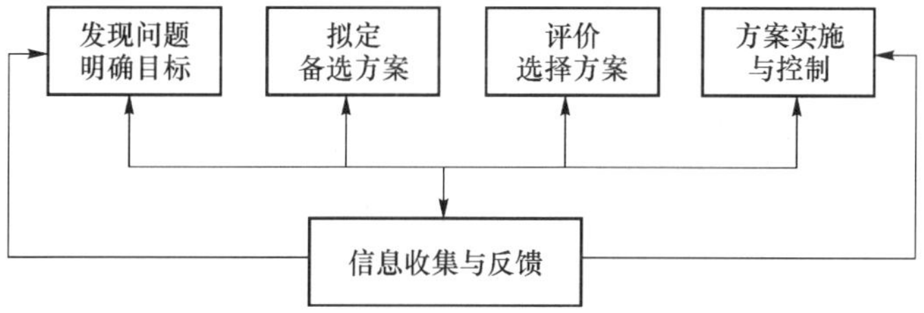


图 5-2 决策程序图

### (四) 决策的基本方法

**1. 确定型决策**

对于一个决策者来说，具有确定性后果的问题是能明确的按照决策变量(行为和自然状态)来确定每个决策后果的收益或支付的。在这种情况下，决策者所面临的问题往往是简单明了的，其决策在于选择最大的收益或最小的支付的方案。

确定型决策问题必须具备四个条件：①存在决策人希望达到的一个明确目标，这个明确目标可能是收益最大或损失最小；②只存在一个确定的自然状态；③存在着可供选择两个或两个以上的行动方案；④不同的行动方案在确定状态下的损益值可以计算出来。

**例 5-7**　某邮政企业有三种方案来开发三种业务，其所得的纯利润如表 5-7 所示。要求该企业在三种业务中挑选一种业务进行开发。

**表 5-7　各种方案在不同自然状态下的纯利润**

单位：万元

| 自然状态 | 行为方案 | | |
|---|---|---|---|
| | 方案一 | 方案二 | 方案三 |
| 业务 A | 22 000 | 25 000 | 28 000 |
| 业务 B | 15 000 | 17 000 | 19 000 |
| 业务 C | 8 000 | 10 000 | 11 000 |

决策者的决策显然是以第三种方案开发 A 业务，因为它获得的利润最大。

确定型决策问题看起来似乎很简单，但在实际工作中并非如此。因为决策者所面临的方案，数量可能很大，从中选出最优方案很不容易。如邮袋调运、网路组织等，虽然都存在着最优方案，但必须运用线性规划数学方法才能得到解决。

**2. 非确定型决策**

由于企业环境的复杂和企业内部条件的限制，有时对某些问题不能进行基本的市场调查和预测，因此也就无法确定它们的哪一种自然状态将会发生以及各种自然状态发生的概率，对这类问题的决策只能在不肯定的情况下做出，不确定型决策方法为解决这类决策问题提供了思路。

需要说明的是，这里所说的不确定型是完全不确定型问题。非确定型决策问题必须具备四个条件：①存在决策人希望达到的目标(收益最大或损失最小)；②存在着两个或两个以上的行动方案可供选择；③存在着两个或两个以上不以决策人的意志为转移的自然状态；④不同行动方案在不同的自然状态下相应的损益值可以计算出来。

常用的不确定型决策方法有如下几种。

(1) 乐观决策法(大中取大决策法)

乐观决策法的基本步骤是：首先从每种方案中选出一个最大的收益值(或收益率)，然后再从中选出一个收益值(或收益率)最大的方案作为决策方案。这种决策法的选择原则是大中取大，因此该方法又称为大中取大决策法。

**例 5-8**　某邮政企业为增强市场竞争能力，准备开发一种新业务，由于缺乏资料，该企业对这种业务的市场需求只能大致估计为较高、一般和较低三种情况，为开发这种业务，企业考虑了三个方案。第一个方案是新建生产场地，第二个方案是改建原有的生产场地，第三个方案是选择合适的合作伙伴共同开发。开发期为五年，根据计算，各个方案在五年内的损益额如表 5-8 所示，试确定决策方案。

**表 5-8　每年的损益表**

单位：万元

| 自然状态 | 行为方案 | | |
|---|---|---|---|
| | 方案一 | 方案二 | 方案三 |
| 市场需求较高 | 600 | 250 | 100 |
| 市场需求一般 | 50 | 200 | 100 |
| 市场需求较低 | －200 | －100 | 100 |
| 每个方案的最大收益值 | 600 | 250 | 100 |
| 决策：取最大收益中的最大值 600，即方案一 | | | |

计算结果表明，应采用第一种方案（新建生产场地）较为合理。

这种决策方法有如下明显的弱点：

① 大中取大，忽略了许多有价值的信息。如例 5-8 中，在市场需求较低的情况下，方案一的收益仅为－200，这一信息很有价值。

② 除了最大的收益外，所有其他的收益都被忽略了。

③ 最低的收益值不影响方案的选择。

④ 大中取大是最乐观的，也是最危险的决策。

（2）悲观决策法（小中取大决策法）

这种方法是由瓦尔德提出的。悲观决策法的基本步骤是：首先从一个方案中选择一个最小收益值（或收益率），然后，再从中选出一个收益值（或收益率）最大的方案作为决策方案。这种方法的选择原则是小中取大，所选的是最小值中的最大值，因此，该方法又称为小中取大决策法。

**例 5-9**　根据下列一组数据，如表 5-9 所示，用悲观决策法确定最优方案。

**表 5-9　各种方案在不同自然状态下的收益率**

| 项目 | 市场需求 | | | 最小收益率 |
|---|---|---|---|---|
| | 高 | 中 | 低 | |
| 方案 A | 20% | 8% | －4% | －4% |
| 方案 B | 18% | 12% | －2% | －2% |
| 方案 C | 13% | 7% | 2% | 2% |

根据小中取大原则，方案 C 为决策方案。

小中取大决策原则是非常保守的，它只考虑每个方案中最坏的收益。这种决策准则是建立在假设最坏的自然状态会出现的基础上的，它是与大中取大准则相对立的一种决策原则。

（3）悔值决策法（又称大中取小决策法）

不确定型决策由于各方案的自然状态概率是未知的，决策者根据自己的判断和估计来选择方案。有时,决策者决策后往往因为后来情况发生变化而后悔当初的选择未能避免本来可能得到的收益,或者未能避免本来可以避免的损失,为使这种后悔降到最低程度,决策者在决策时,可以采用悔值决策法。

悔值决策法的基本思路是:首先将各种自然状态下的最大收益值(或收益率)减去其他方案该状态下的收益值(或收益率),从而求出每个方案的最大的后悔值,然后选择最大后悔值中最小的一个作为决策方案。因为这种方法的选择原则是从最大的后悔值中选最小值,因此,该方法又称为大中取小决策法。

**例 5-10** 根据下列一组数据,如表 5-10 所示,用悔值决策法确定最优方案。

**表 5-10 各种方案在不同自然状态下的损益值**

单位:万元

| 自然状态 | 行为方案 | | |
|---|---|---|---|
| | 方案一 | 方案二 | 方案三 |
| 市场需求较高 | 600 | 250 | 100 |
| 市场需求一般 | 50 | 200 | 100 |
| 市场需求较低 | −200 | −100 | 100 |
| 后悔值 | | | |
| 市场需求较高 | 0 | 350 | 500 |
| 市场需求一般 | 150 | 0 | 100 |
| 市场需求较低 | 300 | 200 | 0 |
| 最大悔值 | 300 | 350 | 500 |

根据大中取小的原则,方案一的最大后悔值是三个最大后悔值中最小的一个,因此,应选择方案一为最佳决策方案。

(4) 等概率决策法

对于不确定型的问题,由于缺少资料,无法了解未来自然状态可能出现的概率,也就是说,没有足够的数据或无法估计哪一种自然状态会有较大可能性出现或者说不出现,在这种情况下,只能认为各种自然状态出现的可能性是相同的,即概率相等。

这种方法的基本思路是:首先按照自然状态的个数,确定每个自然状态出现的概率,然后计算各方案的损益期望值,从中选择收益期望最大或最小损失期望值的方案作为最优方案。

**例 5-11** 根据下列一组数据,如表 5-11 所示,用等概率决策法确定最优方案。

**表 5-11 各种方案在不同自然状态下的收益值**

单位:万元

| 自然状态 | 概率 | 行为方案 | | |
|---|---|---|---|---|
| | | 方案一 | 方案二 | 方案三 |
| 市场需求较高 | 1/3 | 600 | 250 | 100 |
| 市场需求一般 | 1/3 | 50 | 200 | 100 |
| 市场需求较低 | 1/3 | −200 | −100 | 100 |
| 各方案的期望值 | | 150 | 116.67 | 100 |

方案一的期望值最大，因此，方案一为最优方案。

**3. 风险型决策法**

风险型决策是指具有若干个自然状态，决策者知道每种自然状态可能发生的概率。在这种条件下，选择收益期望值最大的方案为最优的决策方案。

风险型决策问题必须具备五个条件：①存在决策人希望达到的目标（收益最大或损失最小）；②存在着两个或两个以上的行动方案可供选择；③存在着两个或两个以上不以决策人的意志为转移的自然状态；④不同行动方案在不同的自然状态下相应的损益值可以计算出来；⑤在几种不同的自然状态中未来将出现哪种自然状态决策人不能肯定，但各种自然状态出现的可能性决策人可以预先估计或计算出来。

**例 5-12**　根据下列一组数据，如表 5-12 所示，确定最优方案。

**表 5-12　各种方案在不同自然状态下的收益值**

单位：万元

| 自然状态 | 概率 | 行为方案 | | |
|---|---|---|---|---|
| | | 方案一 | 方案二 | 方案三 |
| N1 | 0.25 | 40 000 | 50 000 | 60 000 |
| N2 | 0.50 | 60 000 | 40 000 | 20 000 |
| N3 | 0.25 | 10 000 | 15 000 | 12 000 |
| 最大期望值 | | 42 500 | 36 250 | 28 000 |

因为方案一的收益期望值最大，故方案一为最优方案。

风险决策法中最常用的就是树形决策。树形决策法对于较复杂的多级决策问题的选优是非常方便的。因为决策树形网络把方案的一连串因素按它们的相互关系用树型图表示出来，再从树枝到树干方向进行损益期望值计算，根据损益期望值的大小进行决策。决策树的示意图如图 5-3 所示。

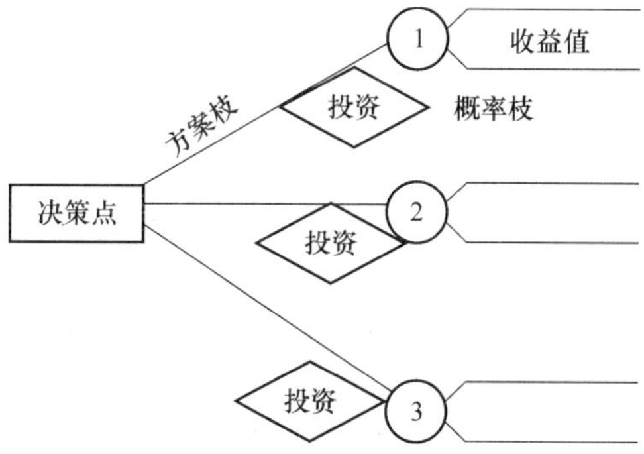


图 5-3　决策树示意图

图 5-3 中方框结点为决策点。从决策点引出的若干分支称为方案枝。1、2、3 为自然状态点，由自然状态点引出的若干分支称为概率枝。决策树的求解顺序是从右到左，逐步推算。

**例 5-13**　某邮政局根据业务预测今后 10 年业务将有很大发展，现有局房和设备不能满足需要，因此，该局对局房和设备提出新建、扩建和维持现状三个方案。新建需要投资 500 万元，扩建需要投资 200 万元，维持现状则不需要投资。预测资料表明，在今后 10 年内业务量大的概率为 60%，业务量一般的概率为 20%，业务量小的概率为 20%。各个方案在不同的业务量情况下每年的损益情况如表 5-13 所示，问应采用哪个方案？

**表 5-13　每年的损益情况**

单位：万元

| 业务量 | 概率 | 新建 | 扩建 | 维持现状 |
|---|---|---|---|---|
| 大 | 0.6 | 200 | 100 | 20 |
| 中 | 0.2 | 10 | 15 | 20 |
| 小 | 0.2 | −100 | −50 | 20 |

首先画出决策树，如图 5-4 所示。

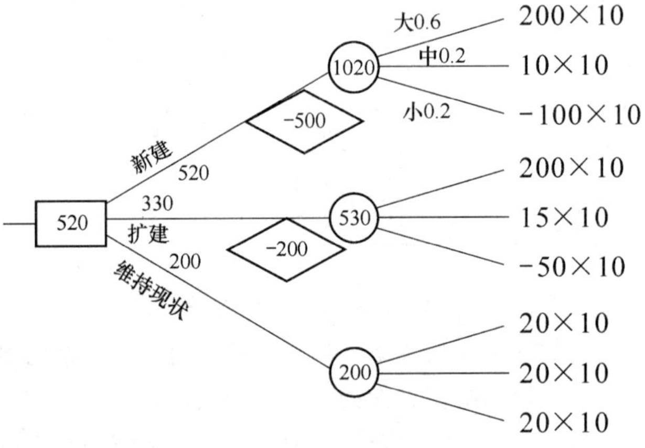


图 5-4　决策树示意图

计算过程如下：

新建方案：

$$十年的收益期望值=200\times10\times0.6+10\times10\times0.2+(-100)\times10\times0.2=1\,020\text{ 万元}$$

$$十年内的纯收入=1\,020-500=520\text{ 万元}$$

扩建方案：

$$十年的收益期望值=100\times10\times0.6+15\times10\times0.2+(-50)\times10\times0.2=530\text{ 万元}$$

$$十年内的纯收入=530-200=330\text{ 万元}$$

维持现状方案：

$$十年的收益期望值=20\times10\times0.6+20\times10\times0.2+20\times10\times0.2=200\text{ 万元}$$

$$十年内的纯收入=200-0=200\text{ 万元}$$

结果表明：

新建方案的纯收入最大，因此，应选择新建方案。

【阅读资料】

## 某邮政局上半年经营活动分析报告

一、收入完成情况

2009 年 1—6 月份全局累计实现收入 409.87 万元，占计划进度 49.44%。

具体各专业上半年收入完成情况如下：函件业务 1—6 月份累计实现收入 31.68 万元，完成年计划进度 45.26%，同比增幅 56.68 %；包件业务 1—6 月份累计实现收入 10.75 万元，完成年计划进度 71.67%，同比增幅 73.39%；汇兑业务 1—6 月份累计实现收入 6.84 万元，完成年计划进度 38.0%，同比负增长 37.13 %；报刊业务 1—6 月份累计实现收入 30.30 万元，完成年计划进度 57.17%，同比增幅 38.74 %；储蓄业务 1—6 月份累计实现收入 232.46万元，完成年计划进度 48.43 %，同比负增长 5.42 %；保险业务 1—6 月份累计实现收入 22.04 万元，完成年计划进度 36.73%，同比增幅 80.21%；电子邮政 1—6 月份累计实现收入 3.23 万元，完成年计划进度 46.14%，同比增幅 26.17%；代办业务 1—6 月份累计实现收入 0.69 万元，完成年计划进度 17.25%，同比增幅 55.89%；集邮业务 1—6 月份累计实现收入 30.8 万元，完成年计划进度 75.12%，与去年同期相比增幅 86.10%；物流业务 1—6 月份累计实现收入 27.32 万元，完成年计划进度 54.64%，同比负增长 50.64%；速递 1—6 月份累计实现收入 12.36 万元，完成年计划进度 44.14%，与去年同期相比增幅 87.59%。

二、经营工作亮点

1. 物流业务实现收入过半

2009 年 1—6 月份完成农资收入 27.3 万元，占年计划任务的 54.6%，全省排位由原来的 36 位上升到目前的 19 位，顺利实现了“时间过半，任务过半”。其中共销售杂交种子7 117.5千克，实现收入 8 万余元，销售保得生物有机肥 196 吨，实现收入 14 万元，销售青稻龙药物肥 16 吨，创收 1.8 万元，酒水配送额 12 万元，创收 5.3 万元。

我局一直将物流业务当作重点来抓。一是加强管理，完善销售网络。2009 年对农资业务的管理模式进行了调整，形成了服务三农部、农村支局、三农服务站三级管理模式：服务三农部负责政策制定、业务督导、农资产品要数及资金管理，农村支局直接管理辖区内的三农服务站，改变了以往服务三农部疲劳奔波于各个三农服务站之间的现象，减轻了管理压力，降低了管理成本，充分发挥了农村支局的骨干作用。以渠道建设和提升网点分销能力为中心，不断完善网络体系，形成了县、乡（镇）、村、用户四级联动分销模式，不断加强分销能力。二是开展了农资业务竞赛，出台了《2009 年农资分销业务竞赛考核方案》，制定了总体工作目标、营销思路、考核细则，对全年农资业务的发展起到了指导作用。三是重点分销，做强优势特色产品。根据实际，我局重点抓好亚华种子、正邦农药、中邦农药、保得、农都乐系列产品的配送。1—6 月份，已销售种子 7.2 吨，销售肥料 281 吨。四是面对激烈的农资市场竞争，积极采取了应对措施，精心培育市场。2009 年以来，农资市场全面开放，炎陵县的种子销售由原来的种子公司、邮政局等两家增加到 11 家，市场竞争极为激烈，所以我们在种子销售方面我们选择了几个品质优，效益高的品种。开展了农资特色村建设工作，对全村有 80%的农户或 80%的耕地面积使用邮政农资的村实行优惠政策，还可以享受免费的科技服务，病虫害通知、送科技下乡、服务上门等服务，目前已建设农资特色村 2 个；同时提高了投递员和三农服务站的计酬比例，调动了他们发展业务的积极性。五是做好宣传工作。我们印制种子邮送广告，分送到千家万户，联合厂家技术人员举办送科技下乡活动 2 次；在巩固去年西线绿色长廊的基础上，2009 年又新建了一条横贯水口、中村两个乡镇、全长 16 千米的南线绿色走廊，邮政服务三农的社会影响力和经济效益将进一步得到提高。为加大农药的销售量，在 2008 年正邦的基础上，2009 年又新增了一家中邦的产品，在厂家之间无形之中形成了竞争，有利于我局农药销售的质量和服务的提升。

2. 保险业务快速发展

2009 年 1—6 月份，我局累计完成新单保费 577 万元，实现保险收入 22.04 万元，比上年同期增长 60.61%。针对保险业务的特点，我局采取了以下措施发展保险业务。一是组织开展了网点业务竞赛，开展了一季度、二季度保险业务竞赛，对各个网点下达了季度保险任务，制定了奖励和考核措施。二是金融业务部积极督导保险业务的发展，做到了每日通报，对完成进度进行排名，对落后的网点进行业务发展上的指导、督促。三是奖罚分明，及时兑现奖励，同时对连续三天未出单的网点进行处罚，起到了较好的激励作用。

3. 包件业务逐步收复失地

包件业务曾是我局的特色亮点业务，后来由于政策、资费等原因导致市场流失严重，我局高度重视该项业务的发展，重新开拓包件业务市场，收复失地。在经营部的牵头组织下，上门揽收成批包裹，积极向上级争取资费优惠政策，对内理顺好工作流程，加快出口速度，提高服务质量。2009 年 1—6 月份，我局已经完成成批包裹 6 554 件，创收 5.2 万元。2009 年 5 月份又在全区率先启动“爱心包裹”项目，到 6 月份为止已经完成 1.81 万元。

4. 函件集邮业务发展态势良好

2009 年 1—6 月份累计完成集邮收入 30.28 万元，完成年计划任务 73.85%，完成函件收入 31.68万元，完成年计划任务的 45.26%。利用“家电下乡”的契机，函件集邮部积极公关，走访家电销售商家，共制作“家电下乡”商函一万封，创收 12 600 元。完成邮送广告收入 27 077.4 元。

三、存在的问题

2009 年上半年，我局经营工作虽取得了一定成效，但也存在许多问题，通过以上 1—6 月份数据可看出，1—6 月份全局累计实现收入 409.87 万元，占计划进度 49.44%，与上年同期完成 406.03 万元相比仅仅增幅 0.95 个百分点，离上半年收入过半差 0.56 个百分点。2009 年收入过半的仅有包件、报刊、集邮、物流 4 个专业，未过半的专业有 7 个，占专业总数比重达 64%。专业之间发展不平衡，欠产严重。主要表现在以下几个方面。

1. 邮政储蓄发展被动，邮政储蓄余额增长缓慢。2009 年我局邮储全年净增计划为 5 000万元，1—6 月份半年时间总共净增 688 万元，其中一季度“开门红”任务 1 920 万元，短程赛 500 万元，合计 2 420 万元，实际还负增长 271 万元，二季度“信心杯”任务 1 530 万元，实际增长了 959 万元，连续两个季度没有达到计划进度，上半年任务数 3 950 万元，只完成上半年计划任务的 17.42%，离任务数相差甚远。没有项目做支撑，仅依靠职工月末冲刺，次月余额下滑的概率很大。储蓄收入与上年同期收入数据相比下降 5.42 个百分点。导致储蓄收入下降的因素来自多方面：一是余额增长过于缓慢；二是活期比重偏低，目前仅为 35.73%，；三是没有项目支撑，现有的个别项目也没有落实到位；四是代收付项目发展没有做起来。

2. 专业管理不够到位

2009 年以来我局各个专业管理不到位，内部的各种相关账册尚未建全。对本专业及各个支局所的计划任务完成进度没有及时地通报，督导力度不够，没有敏锐地把握好市场信息，影响了业务的发展。

3. 业务市场开拓不够

没有建立完善的营销体系，没有启动大客户营销和团队营销工作，各个部门仅限于完成本职工作，没有走出去开拓市场。发展业务，在全局没有形成一种紧张的业务营销工作状态。

4. 业务发展的后劲不强，许多业务没有得到持续性的发展

例如报刊业务自从2009年大收订结束后就止步不前，长年收订工作没有及时跟进，虽然人均订阅报刊量较高，但我们没有更进一步地去挖掘市场，扩大基础客户群，为来年的工作打下基础；函件集邮业务市场开拓不够，函件集邮业务年计划合计为111万元，商函和个性化邮品业务市场开发的深度和广度不够，迫切需要加强业务市场营销开拓能力和潜在客户的挖掘。平常封片卡、邮票上的金色少年、祖国万岁明信片业务等市局项目的联动业务没有的到拓展。自定项目"家电下乡"商函业务除在3月份做了1万份外没有得到进一部的开拓，炎帝陵管理局的形象封业务未能得到及时跟进。

5. 农资业务没有达到预期的经营效果

虽然2009年上半年农资收入实现了过半，但与上年同期相比下降了相比下降达50个百分点。这其中有多方面的原因。一方面是市场的原因，农资市场的全面开放导致竞争激烈，农民种粮积极性普遍不高，邮政农资价格偏高影响了销量；另一方面是自身的原因，内部人员分工和各自职责不明朗。同时，内部的各种相关账册尚未建全。渠道建设的服务和业务指导跟不上，从而丧失部分农资销售的最佳时机。

四、下半年的工作措施

下半年，我局将围绕全年收入计划和收支差计划，寻找差距，突出重点，全面发展，重点做好以下几项工作。

1. 全力以赴发展邮政储蓄业务

由于受种种原因的影响，上半年邮储余额增长缓慢，距离计划进度有较大差距。下半年，我局将制定有效措施，举全局之力打好邮储业务翻身仗，全力冲刺全年邮储目标任务。一是制定三季度、四季度邮储竞赛方案，发动全局干部职工发展业务。二是制定网点营销方案，使全员营销逐步过渡到专业营销，进一步开展代发工作，扩大基础客户群，提高活期比重，实现邮储业务良性发展。三是做好客户维护工作，保证维护频次和维护效果，建立健全大客户档案制度，促进余额稳步、健康、快速发展。四是加大项目开发力度，调整奖励政策，把对全员营销的奖励调低，将这一块资金应用于项目的开发，加大对活期揽收的奖励。五是开展岗位练兵，不断提升营业员业务素质；改善硬件条件，从而提升我局邮政服务水平。

2. 抢抓机遇，打好农资物流业务攻坚战

一是做好中邦、正邦农药的销售，制定营销竞赛方案和激励政策，充分调动投递员和三农服务站人员的积极性，深入田间地头销售农资。二是继续抓好冬种油菜的项目的开发。三是做好渠道建设工作，完善销售网络，加快三农服务站的建设工作，并加强对三农服务站的监管。四是做好酒水、快速消费品的营销工作，利用下半年酒水消费的高峰期，与宾馆、饭店、批发部联系，建立代销点，同时发动农村支局所开展中低档酒水营销工作。五是做好农资业务宣传工作，开展促销活动，做好病虫害防治宣传，做好农资的售后服务工作。

**3. 加快保险业务发展**

一是做好满期兑付保险的管理,提前告之各单位到期名单,争取用户续保或转存。二是与保险公司开展产品说明会,提高客户保险意识。三是发动投递员及三农服务站人员发展保险业务,实现储蓄、保险可持续发展。四是严格考核,奖罚分明:通过实行经济处罚、网点负责人戒勉谈话等措施和加大奖励,调整分配的政策来网点发展保险业务的积极性。

**4. 做好2010年报刊大收订工作**

一是早动员、早准备,尽早召开2010年报刊大收订工作动员大会,制定完善的、具有激励作用的报刊收订工作方案。二是实行买断包销政策,鼓励投递员多劳多得。三是管理人员分片挂点督导考核,做好各方面的协调工作,促进大收订工作的开展。四是加强投递队伍建设,改善投递员工作条件,加强投递员劳动保护,确保大收订工作的顺利进行。

**5. 加快步伐,深入跟进市场,做好函件集邮业务的发展**

一是做好某个性化邮册的印制、配票等工作,保证质量,保证按时交付使用。提高收入增长点。二是加快个性化邮票的开发进度。加快某旅游景区形象封、“家电下乡”数据商函业务的进一步开发、进一步拓展某个性化邮票和形象纪念册业务。

**6. 加大成批包裹的开发力度,全面发动各个农村支局所发展成批包裹业务,增收补欠**

**7. 完善营销体系建设,加强团队营销**

在市局大客户部的指导下,建立营销团队,下达营销任务,对营销团队进行考核,促进各项业务的发展。

**8. 做好各项基础管理工作和安全工作,确保企业安全平稳运行**

2009年下半年,我局将在市局的正确的领导下,一如既往地按照市局的整体工作部署,围绕全年各项生产经营指标,做好各项工作,发展好各项业务。力争全年各项生产任务全面完成,全年各项工作目标全部实现。

问题:

1. 列出本材料用到了哪些经营活动分析的方法?
2. 结合第四章和第五章的内容,试述本材料所作经营分析有没有需要改进的地方?

# 思考题

1. 经营活动分析的含义、类型。
2. 经营活动分析在邮政企业能够解决哪些实际问题?
3. 经营活动分析的依据是什么?
4. 什么是发展速度?有哪几种?什么是增长速度?有哪几种?
5. 什么是结构比率?
6. 熟练掌握比较分析法、因素分析法和比率分析法,并能运用这些方法对邮政业务收入、邮政业务成本、邮政人力资源等方面进行相关内容分析。
7. 掌握经营预测与决策的基本概念和基本方法。

# 第六章 邮政企业财务管理

**本章简要**：本章简要介绍了财务管理的基本知识，重点介绍了邮政企业应从筹集资金、使用资金、增收节支等方面加强财务管理，进行财务分析，合理地配置现有经济资源，提高经济效益。

## 第一节　邮政企业财务管理的基本知识

### 一、邮政企业财务管理的含义

“财务”一词英文称为“Finance”，是指政府、企业和个人对货币这一资源的获取和管理。因此，国家财政、企业财务和个人理财均属 Finance 的范畴。邮政企业财务管理是研究邮政企业货币资源的获得和管理，具体地说就是研究邮政企业对资金的筹集、计划、使用和分配，以及与以上财务活动有关的企业财务关系。

### 二、邮政企业财务管理的目标

财务管理的目标是企业理财活动所希望实现的结果，是评价企业理财活动是否合理的基本标准。财务管理目标制约着财务运行的基本特征和发展方向，是财务运行的一种驱动力。不同的财务管理目标，会产生不同的财务管理运行机制，科学的设置财务管理目标，对优化理财行为，实现财务管理的良性循环，具有重要意义。

#### （一）邮政企业财务管理的整体目标

邮政企业财务管理的整体目标应该和企业的总体目标具有一致性，即以企业价值最大化作为邮政企业财务管理的整体目标。企业价值最大化是指通过企业财务上的合理经营，采用最优的财务政策，充分考虑资金的时间价值和风险与报酬的关系，在保证企业长期稳定发展的基础上使企业价值达到最大。

#### （二）财务管理的分部目标

邮政企业财务管理的分部目标，取决于财务管理的具体内容。一般而言，有哪些财务管理的内容，就会随之有相应的各分部的目标。财务管理的内容可以概括为筹集资金的管理、使用资金的管理和分配资金的管理，据此，财务管理的分部目标包括如下几个方面。

1. 企业筹资管理的目标——在满足生产经营需要的情况下，不断降低资本成本和财务风险为了保证生产的正常进行或扩大再生产的需要，必须具有一定数量的资金。这就要求企业在筹资时不仅需要从数量上满足生产经营的需要，而且要考虑到各种筹资方式给企业带来的资本成本的高低和财务风险的大小，以便选择最佳筹资方式，实现财务管理的整体目标。

2. 企业投资管理的目标——认真进行投资项目的可行性研究，力求提高投资报酬，降低投资风险

企业在投资时必须认真分析影响投资决策的各种因素，科学地进行可行性研究。对于新增的投资项目，一方面要考虑项目建成后给企业带来的投资报酬，另一方面也要考虑投资项目给企业带来的风险，以便在风险与报酬之间进行权衡，不断提高企业价值，实现企业财务管理的整体目标。

3. 企业营运资金管理的目标——合理使用资金，加速资金周转，不断提高资金的利用效果

企业的营运资金，是为满足企业日常营业活动的要求而垫支的资金，在一定时期内资金周转越快，就越是可以利用相同数量的资金，提供更多的产品服务，取得更多的收入，获得更多的报酬。

4. 企业利润管理的目标——采取各种措施，努力提高企业利润水平，合理分配企业利润

企业实现的利润要合理进行分配。在分配时，一定要从全局出发，正确处理国家利益、企业利益和职工利益之间可能发生的矛盾，要统筹兼顾，合理安排。

## 三、邮政企业财务管理的理念

邮政企业各级管理人员应具备市场、竞争、法制、资金时间价值和风险报酬的理念。其中，资金时间价值和风险报酬是财务管理必备的两个价值观念，本书重点介绍。

### （一）资金时间价值

经济学家认为，资金时间价值是指货币经历一定时间的投资和再投资所增加的价值，即时间价值是在生产经营中产生的。资金时间价值主要用于企业的长期投资决策。任何企业的财务活动，都是在特定的时间中进行的，离开了时间价值因素，就无法正确计算不同时期的财务收支，也无法正确评价企业盈亏。时间价值原理，正确地揭示了不同时点上资金之间的换算关系，是财务决策的基本依据。

例如：某企业对是否增添一辆邮运汽车进行预测，购买该汽车支付现金 20 万元，预计使用年限 8 年，每年给企业带来现金净流量（现金流入量－现金流出量）4 万元。如果不考虑资金的时间价值，就会认为购置这辆汽车 8 年时间内会给企业带来 12 万元[（4 万元×8 年）－20 万元]的净现金流。这样简单的计算会使企业投资决策失误。而考虑资金时间价值 8 年间给企业带来的净现金流量为 26.67 万元（4×5.334 9；5.334 9 为年金现值系数），净增加现金流为 6.67 万元。

马克思认为，投资于不同行业的资金会获得大体相当的投资报酬率或社会平均的资金利润率。因此，在确定资金时间价值时，应以社会平均的资金利润率或本企业的平均投资报酬率为基础。

投资报酬率＝资金的时间价值＋风险报酬＋通货膨胀

在不考虑风险报酬和通货膨胀的情况下，通常用企业的平均报酬率来表示资金的时间价值率，也称为资金成本率或贴现率。

### （二）风险报酬

一般而言，投资者都讨厌风险，并力求回避风险。那么，为什么还有人进行风险投资呢？这是因为风险投资可得到额外报酬——风险报酬。风险报酬有两种表示方法：风险报酬额和风险报酬率。所谓风险报酬额，是指投资者因冒风险进行投资而获得的超过时间价值的那部分额外报酬；所谓风险报酬率，是指投资者因冒风险进行投资而获得的超过时间价值率的那部分额外报酬率，即风险报酬与原始投资额的比率。在财务管理中，风险报酬通常用相对数——风险报酬率来加以计量。如果把通货膨胀因素抽掉，投资报酬率就是时间价值率和风险报酬率之和。因此，时间价值和风险报酬便成为企业财务管理中两个非常重要的价值观念。

为了有效地做好财务管理工作，就必须弄清楚不同风险条件下的投资报酬率之间的关系，掌握风险报酬的计算方法。风险报酬的计算是一个比较复杂的问题，下面结合实例加以说明。

**1. 确定概率分布**

一个事件的概率是指这一事件可能发生的机会。概率分布必须符合以下两个要求。

（1）所有的概率即 $P_i$ 都在 0 和 1 之间，即 $0 \leqslant P_i \leqslant 1$。

（2）所有结果的概率之和应等于 1，即 $\sum_{i=1}^{n} P_i = 1$，这里，$n$ 为可能出现结果的个数。

**2. 计算期望报酬率**

期望报酬率是各种可能的报酬率按其概率进行加权平均得到的报酬率，它是反映集中趋势的一种量度。期望报酬率可按下列公式计算：

$$\bar{K} = \sum_{i=1}^{n} K_i P_i$$

式中：$\bar{K}$ 为期望报酬率；$K_i$ 为第 $i$ 种可能结果的报酬率；$P_i$ 为第 $i$ 种可能结果的概率；$n$ 为可能结果的个数。

**例 6-1**　某邮政局对甲、乙两个新项目的风险报酬进行预测，以确定哪个投资项目可行。两个项目的报酬率及其概率分布情况如表 6-1 所示。

**表 6-1　甲、乙两项目报酬率的概率分布**

| 经济情况 | 该种经济情况发生的概率($P_i$) | 报酬率 $K_i$(%) | |
|---|---|---|---|
| | | 甲项目 | 乙项目 |
| 繁荣 | 0.20 | 40% | 70% |
| 一般 | 0.60 | 20% | 20% |
| 衰退 | 0.20 | 0% | −30% |

甲项目的期望报酬率 $\bar{K} = K_1P_1 + K_2P_2 + K_3P_3$

$= 40\% \times 0.20 + 20\% \times 0.60 + 0\% \times 0.20 = 20\%$

乙项目的期望报酬率 $\bar{K} = K_1P_1 + K_2P_2 + K_3P_3$

$= 70\% \times 0.20 + 20\% \times 0.60 + (-30\%) \times 0.20 = 20\%$

两个项目的期望报酬率都是 20%，但甲项目各种情况下的报酬率比较集中，而乙项目却比较分散，所以甲项目风险小。如图 6-1 所示。

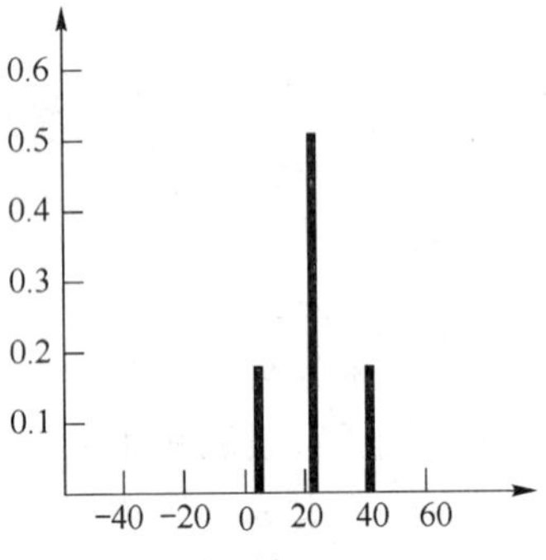

(a) 甲期望报酬率

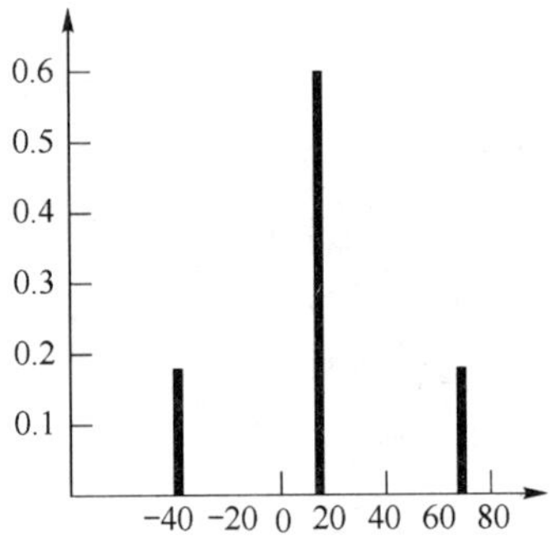

(b) 乙期望报酬率

图 6-1 甲、乙项目报酬率的概率分布图

以上只是假定存在繁荣、一般和衰退三种情况。实践中，经济状况可以在极度衰退和极度繁荣之间发生无数种可能的结果。如果对每一可能的经济情况都给予相应的概率，并对每一种情况都给予一个报酬率，把它们绘制在直角坐标系中，便可得到连续的概率分布。

**3. 计算标准离差**

标准离差是各种可能的报酬率偏离期望报酬率的综合差异，是反映离散程度的一种量度。其计算公式如下：

$$\delta=\sqrt{\sum_{i=1}^{n}(K_i-\bar{K})^2P_i}$$

式中，$\delta$ 为期望报酬率的标准离差；$\bar{K}$ 为期望报酬率；$K_i$ 为第 $i$ 种可能的结果；$P_i$ 为第 $i$ 中结果的概率；$n$ 为可能结果的个数。

将甲、乙项目的资料代入上述公式，得出两个项目的标准离差。

甲项目的标准离差为

$$\delta=\sqrt{(40\%-20\%)^2\times0.20+(20\%-20\%)^2\times0.60+(0\%-20\%)^2\times0.20}=12.65\%$$

乙项目的标准离差为

$$\delta=\sqrt{(70\%-20\%)^2\times0.20+(20\%-20\%)^2\times0.60+(-30\%-20\%)^2\times0.20}=31.62\%$$

标准离差越小，说明离散程度越小，风险也就越小。根据这种测量方法，乙项目的风险要大于甲项目。

**4. 计算标准离差率**

标准离差是反映随机变量离散程度的一个指标。但它是一个绝对值，而不是一个相对量，只能用来比较期望报酬率相同的各项投资的风险程度。要对比期望报酬率不同的各项投资的风险程度，应该用标准离差同期望报酬率的比值，即标准离差率。标准离差率的计算公式为：

$$V=\frac{\delta}{\bar{K}}\times100\%$$

式中，$V$ 为标准离差率；$\delta$ 为标准离差；$\bar{K}$ 为期望报酬率。

在例 6-1 中，甲项目的标准离差率为

$$V=\frac{12.65\%}{20\%}\times 100\%=63.25\%$$

乙项目的标准离差率为

$$V=\frac{31.62\%}{20\%}\times 100\%=158.1\%$$

可见，乙项目的标准离差率大于甲项目的标准离差率，乙项目的风险大。当然，在例6-1中，两个项目的期望报酬率相等，可直接根据标准离差来比较风险程度，但如果两个项目的期望报酬率不等，则必须计算标准离差率才能对比风险程度。

**5. 计算风险报酬率**

标准离差率虽然能正确评价投资风险程度的大小，但这还不是风险报酬率。要计算风险报酬率，还必须借助一个系数——风险报酬系数。风险报酬率、风险报酬系数和标准离差率之间的关系可用公式表示如下：

$$R_R=bV$$

式中，$R_R$ 为风险报酬率；$b$ 为风险报酬系数；$V$——标准离差率。

那么，投资的总报酬率可表示为

$$K=R_F+R_R=R_F+bV$$

式中，$K$ 为投资的报酬率；$R_F$ 为无风险报酬率。

无风险报酬率就是加上通货膨胀以后的货币时间价值，一般把投资于国债的报酬率视为无风险报酬率。

风险报酬系数是将标准离差率转化为风险报酬的一种系数，假设甲项目的风险报酬系数为 5%，乙项目的风险报酬系数为 8%，则两个项目的风险报酬率分别为

甲项目：
$$R_R=bV$$
$$=5\%\times 63.25\%=3.16\%_0$$

乙项目：
$$R_R=bV=8\%\times 158.1\%=12.65\%$$

如果无风险报酬率为 10%，则两个项目的投资报酬率应分别为

甲项目：
$$K=R_F+bV$$
$$=10\%+5\%\times 63.25\%=13.16\%$$

乙项目：
$$K=R_F+bV$$
$$=10\%+8\%\times 158.1\%=22.65\%$$

由计算结果可以看出，乙项目风险大于甲项目，所以，乙项目的风险报酬率大于甲项目的风险报酬率。

至于风险报酬系数的确定，有如下几种方法。

(1) 根据以往的同类项目加以确定。风险报酬系数 $b$，可以参照以往同类投资项目的历史资料，运用前述有关公式来确定。例如，某局准备进行一项投资，此类项目含风险报酬率的投资报酬率一般为 20%左右，其报酬率的标准离差率为 100%，无风险报酬率为 10%，则由公式 $K=R_F+bV$ 得

$$b=\frac{K-R_F}{V}=\frac{20\%-10\%}{100\%}=10\%$$

(2) 由邮政企业领导或企业组织有关专家确定。以上第一种方法必须在历史资料比较

充分的情况下才能采用，如果缺乏历史资料，则可由邮政企业领导，如局长、财务主管等根据经验加以确定，也可由企业组织有关专家确定。实际上，风险报酬系数的确定，在很大程度上取决于各企业对风险的态度。比较敢于承担风险的企业，往往把 $b$ 值定得低些；反之，比较稳健的公司，则常常把 $b$ 值定得高些。

(3) 由国家有关部门组织专家确定。国家有关部门如财政部、国家银行等组织专家，根据各行业的条件和有关因素，确定各行业的风险报酬系数，由国家定期公布，作为国家参数供投资者参考。

## 四、邮政企业财务管理的方法

财务管理的方法是为了实现财务管理目标，完成财务管理任务，在进行理财活动时所采用的各种技术和手段。财务管理方法有很多，具体说明如下几点。

### (一) 财务预测

财务预测是财务人员根据历史资料，依据现实条件，运用特定的方法对企业未来的财务活动和财务成果所作出的科学预计和测算。财务预测的作用表现在以下几个方面：(1)财务预测是财务决策的基础；(2)财务预测是编制财务计划的前提；(3)财务预测是组织日常财务活动的必要条件。

### (二) 财务决策

财务决策是指财务人员在财务目标的总体要求下，从若干个可以选择的财务活动方案中选择最优方案的过程。当然，在财务活动的预期方案只有一个时，决定是否采用这个方案也属于决策问题。在商品经济条件下，财务管理的核心是财务决策，财务预测是为财务决策服务的，财务计划是财务决策的具体化。现代管理理论认为，企业管理的重心在经营，经营的重心在决策，因为决策关系到企业的兴衰成败。

### (三) 财务计划

财务计划是在一定的计划期内以货币形式反映生产经营活动所需要的资金及其来源、财务收入和支出、财务成果及其分配的计划。财务计划是以财务决策确立的方案和财务预测提供的信息为基础来编制的，是财务预测和财务决策的具体化，是控制财务活动的依据。

### (四) 财务控制

财务控制是指在财务管理过程中，利用有关信息和特定手段，对企业的财务活动施加影响或调节，以便实现计划所规定的财务目标。简单地说，财务控制，就是依据财务计划，发现计划实际执行中的偏差，并加以纠正。

### (五) 财务分析

财务分析是根据有关信息资料，运用特定方法，对企业财务活动过程及其结果进行分析和评价的一项工作。通过财务分析，可以掌握各项财务计划指标的完成情况，评价财务状况，研究和掌握企业财务活动的规律性，改善财务预测、决策、计划和控制，提高企业经济效益，改善企业管理水平。

# 第二节　邮政企业筹集资金的管理

所谓筹资，就是为了满足生产经营活动的需要，运用一定的方式，从有关渠道取得一定数量的资金。

在社会需求和市场环境经常变化的情况下，邮政企业的生产经营活动总是有起伏的，资金的需要量总是在变动的，这就必然出现有时占用资金多、有时占用资金少的现象。就必须根据资金需求的时间和数量，灵活的向企业外部筹集资金，需要的时候借，不需用的时候还，以减少资金占用的时间和费用，从而提高资金的使用效率。

## 一、筹集资金的方式

随着我国市场经济体制的确立，资金市场的开放，企业的资金来源渠道形式多样化，企业筹集资金的方式也多种多样，包括：筹集投入资本、发行股票、发行债券、银行借款、租赁、商业信用等。这些筹集资金的方式中，筹集投入资本和发行股票属于权益筹资，即这种筹集来的资金可以长时期使用，不需要偿还或投资期到才偿还，企业代之以支付利润（股利）的方式作为使用资金的代价。因此，这种资本成本一般较高；发行债券、银行借款、租赁、商业信用属于债务筹资，需要到期还本付息，这种资本成本较低，但是若借入资金过多，会给企业带来一定的财务风险。因此，企业在筹措资金时，一定要在资本成本和财务风险之间衡量，采用最佳的筹资方式，形成企业最佳的资本结构。

## 二、筹集资金应考虑的因素

### （一）资本成本

**1. 资本成本的概念及意义**

资本成本是指企业为筹措和使用资本而付出的代价，有时也称为资金成本，包括资金使用费和资金筹集费两部分，是企业筹集资本必须考虑的因素之一。

**2. 个别资本成本的计算**

由于在不同条件下筹集资本的数额和支付代价的数额不同，就不便于对各种筹资方式进行比较评价。为了便于比较评价，通常采用资本成本率这一相对数指标。资本成本率，是指企业为筹集资金支付的占用费和实际使用资金的比率。基本公式如下：

$$\text{资本成本率}=\frac{\text{资金占用费用}}{\text{筹集资本总额}-\text{资金筹集费用}}\times 100\%$$

邮政企业可以通过计算长期借款资本成本率、商业信用资本成本率等债务资本成本和筹集投入资本成本率、留用利润成本率等权益资本成本，进行比较，选择资本成本低的方式筹集资本，达到企业理财的目的。

**3. 综合资本成本的计算**

当企业有几种筹资方案时，通常计算每种方案的综合资本成本，综合资本成本最低的方案，即是最佳的筹资方式。

综合资本成本是指企业使用全部资本的总成本。通常以各种资本占全部资本的比重为权数,对个别资本成本进行加权平均确定的,亦称加权平均资本成本。综合资本成本是由个别资本成本和加权平均权数两个因素决定的。其计算公式如下:

$$K_w = \sum_{j=1}^{n} K_j W_j$$

式中,$K_w$ 为综合资本成本,即加权平均资本成本;$K_j$ 为第 $j$ 种个别资本成本;$W_j$ 为第 $j$ 种个别资本占全部资本的比重,即权数。

### (二) 财务杠杆

企业可以筹集权益资本,也可以筹集债务资本。一般地,因为筹集债务资本的资本成本可以作税前扣除,因此,债务资本的资本成本低于权益资本。但使用债务资本,企业可以获得一定的财务杠杆利益的同时也承受相应的财务风险。因此,财务杠杆是企业筹集资本要考虑的又一个因素。

#### 1. 财务杠杆

财务杠杆的基本原理是:在长期的债务总额不变的条件下,企业从营业利润中支付的债务成本是固定的,当营业利润增多或减少时,每一元营业利润所负担的债务成本就会相应地减少或增大,从而给每股普通股带来额外的收益或损失。

财务风险的大小通常用财务杠杆系数来衡量,一般来说,财务杠杆系数越大,财务风险也越大。财务杠杆系数是每股收益的变动率相当于息税前利润变动率的倍数。其计算公式如下:

$$\text{DFL}=\frac{\Delta\text{EPS}/\text{EPS}}{\Delta\text{EBIT}/\text{EBIT}}=\frac{\text{EBIT}}{\text{EBIT}-I}$$

式中,DFL 为财务杠杆系数;ΔEPS 为每股收益变动额;EPS 为每股收益;ΔEBIT 为息税前利润变动额;EBIT 为息税前利润;$I$ 为利息。

例如,某企业全部资本为 1 000 万元,负债比率为 50%,负债利率 10%,当销售额为 1 000万元,息税前利润为 250 万元,则财务杠杆系数:DFL＝250/(250－1 000×50%×10%)＝1.25,此情况表明,当该企业的息税前利润增加 1 倍时,每股收益将增加 1.25 倍;相反,如果该企业的息税前利润减少 1 倍,则其每股收益将减少 1.25 倍。特别地,如果企业负债筹资为零,财务杠杆系数为 1。综上所述,在总资本利润率高于借款资本利息率时,加大借入资本的比重,则自有资本利润率将会提高,同时财务风险也会增大,即只有在企业经济效益良好时,负债经营才是有利的。同时,在提高借入资本对自有资本的比例时,要充分考虑财务风险的大小。

#### 2. 财务风险

财务风险是指由于使用借入资金,如果出现某些不利因素的影响,对未来能否按期还本付息和财务成果带来的不确定性。影响财务风险的因素除了经营方面的风险使利润具有不确定性外,还有资金供应状况、资本成本、金融政策等方面的因素。

通过上面财务杠杆的计算可以看出,财务杠杆系数越大,自有资金利润率变动的幅度越大,如果相关因素向不利的方面变化,企业的财务风险(还本付息、筹资难度)就越大。一般来说,借入资金所占比重越大,财务杠杆系数越大,筹资者将负担的债务成本较多,财务风险也就越大。

**3. 最佳资本结构**

资本结构是指企业各种资本的构成及其比例关系。广义的资本结构是指全部资本的来源构成，即负债和所有者权益各占的比重；狭义的资本结构是指长期资本的构成及其比例关系，即长期负债和所有者权益各占的比重。本节只涉及狭义的资本结构。

资本结构是企业筹资的核心。若全部资本都是自有资本，那么未必效益是最佳的；若全部资本都是借入资本，那么所有者自己一点风险也没有，把全部风险都转移给债权人。这两种资本结构都是不完美的。最佳的资本结构是指企业在一定时期内，使加权平均资本成本最低，企业价值最大时的资本结构。其判断标准有三个：①有利于最大限度的增加所有者财富，使企业价值最大化；②企业加权平均资本成本最低；③资本结构保持适度的弹性。

**例 6-2**　某企业拟筹资 1 000 万元，有三个备选方案，其资本结构如表 6-2 所示。

**表 6-2　某企业资本结构**

单位：万元

| 筹资方式 | 方案 A | | 方案 B | | 方案 C | |
|---|---|---|---|---|---|---|
| | 筹资额 | 资本成本 | 筹资额 | 资本成本 | 筹资额 | 资本成本 |
| 长期借款 | 100 | 7% | 200 | 8% | 300 | 8% |
| 债券 | 200 | 9% | 300 | 10% | 200 | 10% |
| 投资人投资 | 700 | 15% | 500 | 15% | 500 | 15% |
| 合计 | 1 000 | | 1 000 | | 1 000 | |

计算各方案的加权平均资本成本：

$$K_{WA}=100\div1\,000\times7\%+200\div1\,000\times9\%+700\div1\,000\times15\%=13\%$$

$$K_{WB}=200\div1\,000\times8\%+300\div1\,000\times10\%+500\div1\,000\times15\%=12.1\%$$

$$K_{WC}=300\div1\,000\times8\%+200\div1\,000\times10\%+500\div1\,000\times15\%=11.9\%$$

经比较，方案 C 的资本成本最低，因此选择 C 方案作为最佳资本结构。

## 第三节　邮政企业营运资金管理

营运资金又称营运资本，是指企业在经营过程中的周转使用资金的简称。营运资金有广义和狭义之分。广义的营运资金又称毛(总)营运资金，是指一个企业流动资产的总额；狭义的营运资金又称净营运资金，是流动资产减流动负债后的余额。而企业理财更关注经营性营运资本，即经营性流动资产减去经营性流动负债的差额。通常，净营运资本等于现金、应收账款、存货减去应付账款和利息。

营运资金管理的内容有：①使用多少营运资金；②用长期与短期筹资支持营运资金的程度；③短期筹资的性质和来源；④如何管理营运资金的各个要素。涉及公司两个营运资金政策：(1)对一个公司，流动资产的数量多少合适，包括总量和每个具体项目；(2)流动资产如何融资。

### 一、现金管理

“现金”的概念有狭义和广义之分。狭义的“现金”单指库存现金；而广义的“现金”是指可以立即投入市场流通的货币资金,包括库存现金、银行存款和其他货币资金等。这里讲的“现金”是广义的现金。

现金是流动性最强的资产,拥有足够的现金对降低邮政企业财务风险、增强企业资金的流动性具有十分重要的意义。

### (一) 现金管理的目的与内容

#### 1. 企业持有现金的动机

企业持有现金的动机主要有以下三方面。

(1) 交易动机。交易动机是指持有现金以便满足日常开支的需要,如购买材料、支付工资、缴纳税款等。企业每天的现金收入和现金支出很少同时等额发生,保留一定的现金余额可使企业在现金支出大于现金收入时,不致中断交易。

(2) 预防动机。预防动机是指持有现金,以应付意外事件对现金的需求。如主要顾客没能及时付款等。

(3) 投机动机。投机动机是指企业持有现金是为了抓住各种瞬息即逝的市场机会,用于不寻常的购买机会以获得较大收益的需要。如预期证券市价大幅度跌落时购入,以期价格反弹时获取资本得利等。

#### 2. 企业持有现金的成本

企业持有现金必然要为其付出代价,企业持有现金的成本通常有以下三部分组成。

(1) 持有成本。是指企业因保留一定现金余额而增加的管理费用及损失的再投资收益。包括机会成本和管理成本。

(2) 转换成本。是指企业用现金购入有价证券以及转让有价证券换取现金时付出的固定性交易费用,即现金同有价证券之间相互转换的成本,如经纪人费用、税金等,这种成本与交易次数成正比,与持有现金的金额无关。

(3) 短缺成本。是指在现金持有量不足而又无法及时通过有价证券变现加以补充而给企业造成的损失,如丧失购买能力成本、信用损失成本等。

#### 3. 现金管理的目标

企业保持足够的现金余额,对于降低或避免经营风险和财务风险具有十分重要的意义。同时,现金又是一种非盈利性资产,持有量过多,势必给企业造成较大的机会损失,降低资产的获利能力。因此,如何在现金的流动性和收益性之间作出合理的选择,即在保证企业正常经营和偿还债务和上缴税款需要的同时,降低现金的占有量,并从暂时闲置的现金中获得最大的投资收益便成为企业现金管理的基本目标。简言之,现金管理的基本目标为:如何使企业持有的现金在满足现金需求的条件下成本最低。此时的持有量称为最佳现金持有量。

#### 4. 现金管理的内容

为了实现现金管理目标,要求企业的各职能部门密切配合、协调行动、合理有效地规划和控制企业未来现金的收支活动,提高现金使用的效率。通常需要做好以下几方面的工作:一是编制现金预算;二是确定最佳现金余额;三是做好日常现金收支管理工作。

### (二) 最佳现金持有量的确定

确定最佳现金持有量的模型很多,考虑到实用性和可操作性,这里重点介绍现金周转模型。

现金周转模型是通过现金周转天数确定最佳现金持有量的模型。所谓现金周转天数是指从现金投入生产经营开始，到产品出售收回现金的时间。

现金周转天数＝存货周转天数＋应收账款周转天数－应付账款周转天数

最佳现金持有量＝日现金需求量×现金周转天数

日现金需求量＝年现金需求量÷360 天

### (三) 现金的日常控制

现金日常管理的目的在于加速现金周转速度，提高现金的使用效率。

**1. 加速收款**

为提高现金的使用效率，加速现金周转，企业应尽量加速收款。如果现金折扣在经济上可行，应尽量采用，以加速账款的收回。企业加速收款的任务不仅是要尽量使顾客早付款，而且要尽快使这些付款转化为可用现金。

**2. 控制支出**

企业在收款时，应尽量加快收款的速度，而在管理支出时，应尽量延缓现金支出的时间。如企业在采购材料时，如果付款条件是"2/10，$n$/60"，应安排在发票开出日期后的第 10 天付款，这样，企业可以最大限度地利用现金而又不丧失现金折扣。

## 二、应收账款管理

应收账款是邮政企业流动资产的一个重要项目。随着市场经济的发展，商业信用的推行，企业应收账款数额明显增多，已成为流动资产管理中一个日益重要的问题。

### (一) 应收账款的功能与成本

企业提供商业信用，采取赊销、分期付款等销售方式，可以扩大销售，增加利润。但应收账款的增加，也会造成资金成本、坏账损失等费用的增加。应收账款管理的基本目标，就是在充分发挥应收账款功能的基础上，降低应收账款投资的成本，使提供商业信用、扩大销售所增加的收益大于有关的各项费用。

**1. 应收账款的功能**

应收账款的功能是指它在企业生产经营中所具有的作用，主要有以下两方面的作用。

(1) 促进销售

在竞争激烈的市场经济条件下，赊销是企业使用的一种重要的促销手段。赊销向对方企业提供了相当于货款金额的信用资金，这对买方而言具有极大的吸引力；而对赊销一方也可以强化市场竞争的地位和实力，扩大销售，增加收益，节约资金占用，降低存货管理成本，对于企业增加销售具有十分重要的意义。

(2) 减少库存

企业持有产成品存货不仅占用资金，而且还会发生仓储保管费、保险费等支出，同时还可能承担毁损、变质等损失。企业持有应收账款虽然也会占用资金，却无须支付上述费用和损失，因此，当库存商品较多时，企业采用较为优惠的信用条件进行赊销，尽快地实现存货向销售收入的转化，变持有存货为持有应收账款，以节约各项存货管理支出。

**2. 应收账款的成本**

持有应收账款，也要付出一定的代价。应收账款的成本有以下三个。

(1) 机会成本

企业资金如果不投放于应收账款,便可用于其他投资并获得收益,这种因投放于应收账款而放弃的其他收入,即为应收账款的机会成本。

应收账款机会成本=维持赊销业务所需资金×资金成本率(企业平均报酬率)

维持赊销业务所需资金=应收账款平均余额×变动成本/销售收入

=应收账款平均余额×变动成本率

应收账款平均余额=赊销收入净额/应收账款周转率

应收账款周转率=360/应收账款周转期

**例 6-3** 某企业年赊销收入净额为 996 万元,应收账款收账期为 60 天,变动成本率为 70%,资金成本率为 15%,计算应收账款的机会成本。

应收账款周转率=360/60=6 次

应收账款平均余额=996/6=166 万元

维持赊销业务所需资金=166×70%=116.2 万元

应收账款机会成本=116.2×15%=17.43 万元

(2) 管理成本

管理成本是指为管理应收账款所支付的一切费用。包括:收账费用、收集整理各种信息费用等。

(3) 坏账成本

坏账成本是指应收账款因故不能收回而发生的坏账损失,该项成本一般与应收账款余额成正比。

### (二) 信用政策

信用政策,是企业财务政策的一个重要组成部分。企业要管好用好应收账款,必须事先制定合理的信用政策。主要包括信用标准、信用期间和现金折扣三部分内容。

**1. 信用标准**

所谓信用标准,是指顾客获得企业的交易信用所应具备的条件。如果顾客达不到信用标准,就不能享受企业的信用或只能享受较低的信用优惠。

企业在设定某一顾客信用标准时,往往先要评估其赖账的可能性,即信用分析。通常通过"5C"系统或"5P"系统来进行。如表 6-3 所示。

**表 6-3 顾客信用分析表**

| 五 C 系统 | 五 P 系统 |
|---|---|
| 品德(Character) | 个人(People) |
| 能力(Capacity) | 偿付(Payment) |
| 资本(Capital) | 目的(Purpose) |
| 担保(Collateral) | 保障(Protection) |
| 环境(Conditions) | 前景(Prospects) |
| "个人"或"品德"是指顾客的信誉,即履行偿债义务的可能性 | |
| "能力"或"偿付"是指顾客的偿债能力 | |
| "目的"或"资本"是指顾客的财务实力和财务状况,表明顾客可能偿还债务的背景 | |
| "保障"和"担保"是指顾客拒付或无力支付款项时能被用作抵押的资产 | |
| "前景"或"环境"是指可能影响顾客付款能力的经济环境 | |

**2. 信用期间**

信用期间是企业为顾客规定的最长付款期限。信用期间过短，不足以吸引顾客，会导致竞争中销售额下降；信用期间过长，对销售固然有利，但只顾及销售增长而盲目放宽信用期间，所得利益有时会被增长的费用抵消，甚至造成利润的减少。因此，企业应当慎重研究，规定出恰当的信用期间。

**例 6-4**　某邮政企业销售小商品，预计如果信用期间为 1 个月，销售收入 10 万元；如果信用期间延长至两个月，销售收入增加到 13 万元。有关资料如表 6-4 所示。

**表 6-4　信用条件情况表**

| 项目＼信用期 | 1 个月 | 2 个月 |
| --- | --- | --- |
| 销售收入 | 100 000 元 | 130 000 元 |
| 成本总额 | 90 000 元 | 114 000 元 |
| 毛利 | 10 000 元 | 16 000 元 |
| 可能发生的坏账损失 | 1 000 元 | 2 000 元 |
| 可能发生的收账费用 | 600 | 800 |
| 利润 | 8 400 元 | 13 200 元 |

注：企业要求的报酬率为 20%。

信用期间的制定，通常可以分以下三步进行。

(1) 计算不同信用期间的有关收入、成本和利润。由表 6-4 可以看出，2 个月的信用期间比 1 个月的信用期间利润多出 4 800 元(13 200－8 400)。

(2) 计算多投放资金带来的损失。所谓多投放资金的损失，是指不同信用期间机会成本之间的比较差异。机会成本的计算公式如下：

机会成本＝应收账款占用资金×资金成本率×报酬率
＝应收账款平均余额×资金成本率×报酬率
＝日营业额×平均收现期×资金成本率×报酬率

则：

1 个月信用期间应收账款的机会成本＝100 000÷360×30×(90 000÷100 000)×20%
＝1 500 元

2 个月信用期间应收账款的机会成本＝130 000÷360×60×(114 000÷130 000)×20%
＝3 813 元

通过计算可知，信用期间延长到 60 天，会使企业损失 2 313 元(3 813－1 500)，这就是应收账款多于投放资金的损失。

(3) 比较确定有利的信用期间。通过上述两个步骤的计算可知，实行 60 天的信用期间可多创造利润 4 800 元，但同时会带来 3 813 元的损失，两者相抵的结果为

4 800－3 813＝987 元

所以，应确定实行 60 天的信用期间，这样对该企业有利。

**3. 现金折扣**

现金折扣是企业对顾客在商品价格上所作的扣减。向顾客提供这种价格上的优惠，其

主要目的是吸引顾客为享受优惠而提前付款，缩短企业的平均收款期。另外，现金折扣在促销方面也有着积极的作用。

尽管现金折扣会给企业带来好处，但它同样也会使企业增加成本，即价格折扣上的损失。因此，当邮政企业给予顾客某种现金折扣时，应当考虑现金折扣所能带来的收益与成本的高低，权衡利弊，择优选择。

## 三、存货的管理

存货是指邮政企业在生产经营过程中为生产或销售而储备的物资。随着邮政企业存货占用资金日益增多，加强存货的规划与控制，使其保持在最优水平上，是企业财务管理的一项重要内容。

### (一) 存货的功能与成本

**1. 存货的功能**

存货的功能是指存货在企业生产经营过程中所起的作用，主要有以下几个方面。

(1) 保持生产或销售的连续进行

由于企业的采购受市场等客观因素的影响，并不能保证只要生产或销售需要，材料或商品就能及时入库。所以，为了生产或销售不被中断，企业必须储备必要的材料或商品。

(2) 降低进货成本

大批量进货可以降低进货成本和其他费用(比如享受价格折扣等)。

**2. 存货的成本**

要实现存货的功能，就必须持有一定数量的存货，也必然要为此而发生一定的支出，这就是存货的成本。

(1) 进货成本

进货成本主要由存货的采购成本和订货成本构成，其中采购成本又叫进价成本，是采购数量与单价的乘积，与企业采购的次数无关，在存货决策中属于无关成本。订货成本又叫进货费用，是企业采购过程中发生的差旅费、办公费、运杂费等，这类费用与采购次数有直接关系，在存货决策中属于相关成本。

(2) 储存成本

储存成本是指在存货储存过程中发生的存货占用资金应支付的利息(存货借入资金购入)或存货占用资金的机会成本(以自有资金购入存货)，存货的仓储费用，保险费以及存货毁损变质损失。储存成本按与储存数额的关系分为变动性储存成本和固定性储存成本。相关范围内，固定性储存成本与存货储存数量的多少无关，如仓库折旧费、仓库保管员的固定工资等，这类成本在存货决策中属无关成本；变动性储存成本与存货储存数量成正比例变动，如存货占用资金应支付的利息、保险费、毁损变质损失等，这类成本在存货决策中属相关成本。

(3) 缺货成本

缺货成本是指由于存货储备不足给企业造成的损失。缺货成本一般不宜计量，它与存货储存量反向相关。

### (二) 存货的规划

存货规划是指为了保证适当的存货量，一年应分几次订货，每次订货批量多大最经济，再定货点选在何时比较合适。常用的是存货经济批量法。

存货经济批量是指在一定时期之内能够使存货总成本最低的订货数量。与存货经济批量相关的存货总成本包括订货成本、储存成本和缺货成本。

存货总成本＝订货成本＋储存成本＋缺货成本

以此为依据，建立经济批量的基本模型。

**1. 存货经济批量基本模型的前提条件**

①企业全年存货的需要量已知；②集中到货、均衡耗用（销售）；③存货的价格稳定且不存在价格折扣；④不存在市场短缺，且存货能够即时取得；⑤企业现金充足，不会因其短缺而影响进货，即不允许出现缺货。

**2. 存货经济批量基本模型的原理**

由于不允许缺货，所以不存在缺货成本。因此，基本经济批量相关的存货成本只有订货成本和储存成本，并且两者与订货批量呈现方向相反的变动关系。一般地，当一次采购量较大时，订货成本会相应降低，而储存成本会相应提高；而当一次采购量较小时，储存成本会相应降低，订货成本会相应提高，经济批量控制即要找寻最佳的采购量，使得存货总成本达到最低。

影响企业经济批量的因素有：$A$ 为全年存货需要量；$Q$ 为每批订货量；$F$ 为每批订货成本；$C$ 为每件年储存成本。则有：

订货次数＝$A/Q$

平均库存量＝$Q/2$

全年订货成本＝$F \cdot A/Q$

全年平均储存总成本＝$C \cdot Q/2$

全年存货总成本($T$)＝$Q/2 \cdot C + A/Q \cdot F$

在上述假设条件下，$T$ 的大小取决于 $Q$。为了求 $T$ 的极小值，需对 $Q$ 进行求导演算，可得出 $Q$ 的最佳计算公式：

$$Q=\sqrt{\frac{2AF}{C}}$$

**例 6-5** 某企业全年预计出售小商品 3 600 件，该小商品的单位成本为 10 元/ 件，单位储存成本为 2 元/ 件，一次订货成本为 25 元。则

$$经济批量=\sqrt{\frac{2\times 3\,600\times 25}{2}}=300\ 件$$

$$全年最佳订货次数=A/Q=3\,600\div 300=12\ 次$$

$$最佳存货总成本=\sqrt{2FAC}=\sqrt{2\times 3\,600\times 25\times 2}=600\ 元$$

$$最佳订货周期=12\div 最佳订货次数=12\ 个月\div 12\ 次=1\ 个月$$

$$经济批量占用资金=\frac{Q}{2}\times 单价=\frac{300}{2}\times 10=1\,500\ 元$$

### （三）ABC 控制

ABC 控制方法由 19 世纪意大利经济学家巴雷特首创，后经不断发展和完善，现已被广泛运用于存货管理、成本管理和生产管理的许多方面。

ABC 控制的具体方法是：价值较高的存货分为 A 类，应进行严格控制；价值相对低的存货分为 C 类，进行比较简单的控制；B 类介于这两类之间。

# 第四节　长期投资管理

投资是投资主体将财力投放于一定的对象，期望在未来获取收益的经济行为。企业投资主要取决于三个动机，即获取投资收益，降低投资风险，承担社会义务。企业长期投资分为对内和对外投资，本节单指企业对内进行的长期投资及资本性支出。

## 一、长期投资应考虑的因素

### （一）项目计算期

项目计算期是指投资项目从投资建设开始到最终清理结束整个过程的全部时间，实际上就是该项目的有效持续时间，包括建设期和生产经营期。

### （二）现金流量

长期投资决策中所说的现金流量是指与长期投资决策有关的现金流入和流出的数量。它是评价投资方案是否可行时必须事先计算的一个基础性指标。

**1. 长期投资决策中使用现金流量的原因**

长期投资决策是按收付实现制计算的现金流量作为评价项目经济效益的基础。原因是：①采用现金流量有利于科学的考虑时间价值因素；②采用现金流量才能使投资决策更符合客观实际情况。因为收支差额的计算，在一定程度上要受费用摊配和折旧计提等的不同方法的影响。同时，收支差额反映的是某一会计期间"应计"的现金流量，而不是实际的现金流量。若以未实际收到的现金的收入作为收益，具有较大的风险，容易高估投资项目的经济效益，存在不科学、不合理的成分。

**2. 现金流量的构成**

长期投资决策中的现金流量，一般由以下三个部分构成。

(1) 初始现金流量。初始现金流量是指开始投资时发生的现金流量，一般包括如下几个部分。

① 固定资产上的投资。包括固定资产的购入或建造成本、运输成本和安装成本等。

② 流动资产上的投资。包括对材料、现金等流动资产的投资。

③ 其他投资费用。指与长期投资有关的职工培训费、谈判注册费用等。

④ 原有固定资产的变价收入。这主要是指固定资产更新时原有固定资产的变卖所得的现金收入。

(2) 营业现金流量。营业现金流量是指投资项目投入使用后，寿命周期内由于生产经营所带来的现金流入和流出的数量。现金流量一般按年度进行计算。这里现金流入一般是指营业现金收入，现金流出是指营业现金支出和交纳的税金。如果一个投资项目的每年营业收入等于营业现金收入，付现成本（指不包括折旧的成本）等于营业现金支出，那么，年营业现金净流量可用下列公式计算：

$$每年净现金流量(NCF)=营业收入-付现成本-所得税$$

或

$$每年净现金流量(NCF)=净利润+折旧$$

(3) 终结现金流量

终结现金流量是指投资项目完结时所发生的现金流量。主要包括:①固定资产的残值收入或变价收入;②原来垫支在各种流动资产上的资金的收回;③停止使用的土地的变价收入等。

**例 6-6** 某企业准备购入一设备以扩充生产能力。现有甲、乙两个方案可供选择,甲方案需投资 10 000 元,使用寿命为 5 年,采用直线法计提折旧,5 年后设备无残值。5 年中每年营业收入为 6 000 元,每年的付现成本为 2 000 元。乙方案需投资 12 000 元,采用直线法计提折旧,使用寿命也为 5 年,5 年后有残值收入 2 000 元。5 年中每年的营业收入为 8 000 元,付现成本第一年为 3 000 元,以后随着设备陈旧,逐年将增加修理费 400 元,另需垫支营运资金 3 000 元,假设所得税率为 40%,试计算两个方案的现金流量。

为计算现金流量,必须先计算两个方案每年的折旧额:

$$\text{甲方案每年折旧额}=10\ 000\div 5=2\ 000\ \text{元}$$

$$\text{乙方案每年折旧额}=\frac{12\ 000-2\ 000}{5}=2\ 000\ \text{元}$$

下面先用表 6-7 计算两个方案的营业现金流量,再结合初始现金流量和终结现金流量编制两个方案的全部现金流量。如表 6-5、表 6-6 所示。

**表 6-5 项目的营业现金流量计算表**

单位:元

| $t$ | 1 | 2 | 3 | 4 | 5 |
|---|---|---|---|---|---|
| 甲方案 | | 6 000 | 6 000 | 6 000 | 6 000 |
| 营业收入(1) | 6 000 | 2 000 | 2 000 | 2 000 | 2 000 |
| 付现成本(2) | 2 000 | 2 000 | 2 000 | 2 000 | 2 000 |
| 折　旧(3) | 2 000 | 2 000 | 2 000 | 2 000 | 2 000 |
| 税前利润(4) | 2 000 | | | | |
| (4)=(1)－(2)－(3) | | 800 | 800 | 800 | 800 |
| 所得税(5)=(4)×40% | 800 | 1 200 | 1 200 | 1 200 | 1 200 |
| 税后净利润(6)=(4)－(5) | 1 200 | | | | |
| 现金流量(7) | | 3 200 | 3 200 | 3 200 | 3 200 |
| (7)=(1)－(2)－(5) | 3 200 | | | | |
| =(3)+(6) | | | | | |
| 乙方案 | | | | | |
| 营业收入(1) | 8 000 | 8 000 | 8 000 | 8 000 | 8 000 |
| 付现成本(2) | 3 000 | 3 400 | 3 800 | 4 200 | 4 600 |
| 折　旧(3) | 2 000 | 2 000 | 2 000 | 2 000 | 2 000 |
| 税前净利(4) | 3 000 | 2 600 | 2 200 | 1 800 | 1 400 |
| (4)=(1)－(2)－(3) | | | | | |
| 所得税(5)=(4)×40% | 1 200 | 1 040 | 880 | 720 | 560 |
| 税后净利润(6)=(4)－(5) | 1 800 | 1 560 | 1 320 | 1 080 | 840 |
| 现金流量(7) | | | | | |
| (7)=(1)－(2)－(5) | 3 800 | 3 560 | 3 320 | 3 080 | 2 840 |
| =(3)+(6) | | | | | |

**表 6-6　投资项目现金流量计算表**

单位:元

| $t$ | 0 | 1 | 2 | 3 | 4 | 5 |
|---|---|---|---|---|---|---|
| 甲方案 | | | | | | |
| 固定资产投资 | −10 000 | | | | | |
| 营业现金流量 | | 3 200 | 3 200 | 3 200 | 3 200 | 3 200 |
| 现金流量合计 | −10 000 | 3 200 | 3 200 | 3 200 | 3 200 | 3 200 |
| 乙方案 | | | | | | |
| 固定资产投资 | −12 000 | | | | | |
| 营运资金垫支 | −3 000 | | | | | |
| 营业现金流量 | | 3 800 | 3 560 | 3 320 | 3 080 | 2 840 |
| 固定资产残值 | | | | | | 2 000 |
| 营运资金回收 | | | | | | 3 000 |
| 现金流量合计 | −15 000 | 3 800 | 3 560 | 3 320 | 3 080 | 7 840 |

在表 6-5 和表 6-6 中,$t=0$ 代表第一年年初;$t=1$ 代表第一年年末;$t=2$ 代表第二年年末……,在现金流量的计算中,为了简化计算,一般都假定各年投资在年初一次进行,各年营业现金流量看作是各年年末一次发生,把终结现金流量看作是最后一年末发生。

## 二、长期投资评估决策的一般方法

为了提高长期投资效益,尽可能地降低投资风险,企业在进行投资前应进行可行性研究分析,确定该项投资是否可行。长期投资项目分析评估的一般方法主要有两大类:一类是考虑了资金时间价值的贴现法,主要包括净现值法、现值指数法和内含报酬率法;另一类是不考虑资金时间价值的非贴现法,主要包括投资回收期法和平均报酬率法。

### (一) 贴现法

采用贴现法评估企业投资方案,主要的特征是所使用的经济指标要考虑资金的时间价值。主要包括净现值、现值指数和内含报酬率三种方法。

**1. 净现值法**

投资项目投入使用后的净现金流量,按资本成本或企业要求达到的报酬率折算为现值,减去初始投资的现值以后的余额,叫净现值(Net Present Value,NPV)。其计算公式为:

$$\mathrm{NPV}=\sum_{t=1}^{n}\frac{\mathrm{NCF}_t}{(1+k)^t}-C$$

式中,NPV 为净现值;$\mathrm{NCF}_t$ 为第 $t$ 年的净现金流量;$k$ 为贴现率(资本成本或企业要求的报酬率);$n$ 为项目预计使用年限;$C$ 为初始投资额的现值。

净现值的计算过程如下:

**例 6-7**　根据前例所举某局的资料(详见表 6-5、表 6-6),假设资本成本为 10%,计算净现值如下。

甲方案的现金净流量相等,可用公式计算:

$$\begin{aligned}\text{甲方案净现值}&=\text{未来报酬的总现值}-\text{初始投资额现值}\\&=3\,200\times \mathrm{PVIFA}_{10\%,5}-10\,000\\&=3\,200\times 3.791-10\,000\\&=2\,131\text{ 元}\end{aligned}$$

乙方案的现金净流量不等,列表进行计算,如表 6-7 所示。

**表 6-7 乙方案现金流量计算表**

单位:元

| 年度 | 各年的现金净流量 (1) | 现值系数 $PVIF_{10\%,n}$ (2) | 现值(3)=(1)×(2) |
|---|---|---|---|
| 1 | 3 800 | 0.909 | 3 454 |
| 2 | 3 560 | 0.826 | 2 941 |
| 3 | 3 320 | 0.751 | 2 493 |
| 4 | 3 080 | 0.683 | 2 104 |
| 5 | 7 840 | 0.621 | 4 869 |
| 未来报酬的总现值 | | | 15 861 |
| 减:初始投资 | | | 15 000 |
| 净现值(NPV) | | | 861 |

从上面计算可以看出,两个方案的净现值均大于零,都是可取的。但甲方案的净现值大于乙方案,故应选甲方案。

净现值法考虑了资金的时间价值,能够反映各种投资方案的净收益,因而是企业决策较好的方法。但该方案不能揭示各个投资方案本身可能达到的实际报酬率是多少。

**2. 现值指数法**

现值指数是投资项目未来报酬的总现值与初始投资额的现值之比。其计算公式为

$$PI=\frac{\text{未来报酬的总现值}}{\text{初始投资额的现值}}$$

**例 6-8** 根据前面所举例 6-6 的资料,计算甲、乙方案的现值指数。

$$\text{甲方案的现值指数}=\frac{12\ 131}{10\ 000}=1.21$$

$$\text{乙方案的现值指数}=\frac{15\ 861}{15\ 000}=1.06$$

甲、乙两个方案的现值指数都大于 1,说明两个方案都可进行投资,但甲方案的现值指数更大,故应采用甲方案。

现值指数考虑了资金的时间价值,能够真实地反映投资项目的盈亏程度,有利于在初始投资额不同的投资方案之间进行对比。

**3. 内含报酬率法**

内含报酬率(Internal Rate of Return,IRR),是使投资项目的净现值等于零的贴现率。

内含报酬率反映了投资项目的真实报酬率,目前越来越多的企业使用该项指标对投资项目进行评价。其计算公式为:

$$\sum_{t=1}^{n}\frac{NCF_t}{(1+r)^t}-C=0$$

式中:$NCF_t$ 为第 $t$ 年的现金净流量;$r$ 为内含报酬率;$n$ 为项目使用年限;$C$ 为初始投资额。

内含报酬率的计算过程。

① 如果每年的现金净流量相等,则计算步骤如下所述。

第一步,计算年金现值系数。

$$\text{年金现值系数}=\frac{\text{初始投资额}}{\text{每年的现金净流量}}$$

第二步,查年金现值系数表,在相同的期数内,找出与上述年金现值系数相邻近的较大和较小的两个贴现率。

第三步，根据上述两个邻近的贴现率和已求得的年金现值系数，采用插值法计算出该投资方案的内部报酬率。

② 如果每年的现金净流量不相等，则需要按下列步骤计算。

第一步，现预估一个贴现率，并按此贴现率计算净现值。如果计算出的净现值为正数，则表示预估的贴现率小于该项目的实际内部报酬率，应提高贴现率，再进行预测；如果计算出的净现值为负数，则表明预估的贴现率大于该方案的实际内部报酬率，应降低贴现率，再进行测算。经过如此反复测算，找到净现值由正到负并且比较接近于零的两个贴现率。

第二步，根据上述两个近邻的贴现率再来用插值法，计算出方案的实际内部报酬率。

**例 6-9** 仍如前例资料，（详见表 6-5、表 6-6），计算内部报酬率。

由于甲方案的每年现金净流量相等，因而，可采用如下方法计算内部报酬率。

$$\text{年金现值系数}=\frac{\text{初始投资额}}{\text{每年的现金净流量}}$$

$$=\frac{10\,000}{3\,200}=3.125$$

查年金现值系数表，第五期与 3.125 相邻近的年金现值系数在 18%～19%之间，现用插值法计算如下：

**贴现率** **年金现值系数**

$$\left.\begin{array}{l}\left.\begin{array}{r}18\%\\?\%\end{array}\right\}X\%\\19\%\end{array}\right\}1\% \qquad \left.\begin{array}{l}\left.\begin{array}{r}3.127\\3.125\end{array}\right\}0.002\\3.058\end{array}\right\}0.069$$

$$\frac{x}{1}=\frac{0.002}{0.069} \qquad x=0.03$$

甲方案的内部报酬率＝18%＋0.03%＝18.03%

乙方案的年现金净流量不相等，因而，必须逐次进行测算，测算过程如表 6-8 所示。

**表 6-8 乙方案内含报酬率测试表**

单位：元

| 年度 | $NCF_t$ | 测试 10% | | 测试 11% | | 测试 12% | |
|---|---|---|---|---|---|---|---|
| | | 复利现值系数 $PVIF_{10\%,t}$ | 现值 | 复利现值系数 $PVIF_{10\%,t}$ | 现值 | 复利现值系数 $PVIF_{10\%,t}$ | 现值 |
| 0 | −15 000 | 1.000 | −15 000 | 1.000 | −15 000 | 1.000 | −15 000 |
| 1 | 3 800 | 0.909 | 3 454 | 0.901 | 3 424 | 0.893 | 3 393 |
| 2 | 3 560 | 0.826 | 2 940 | 0.812 | 2 891 | 0.797 | 2 837 |
| 3 | 3 320 | 0.751 | 2 493 | 0.731 | 2 427 | 0.712 | 2 364 |
| 4 | 3 080 | 0.863 | 2 104 | 0.659 | 2 030 | 0.636 | 1 959 |
| 5 | 7 840 | 0.621 | 4 869 | 0.593 | 4 649 | 0.567 | 4 445 |
| NPV | | | 860 | | 421 | | −2 |

由表 6-8 看出，该项目的内部报酬率一定在 11%～12%之间.

现用插值法进行计算：

**贴现率** **年金现值系数**

$$\left.\begin{array}{l}\left.\begin{array}{r}11\%\\?\%\end{array}\right\}X\%\\12\%\end{array}\right\}1\% \qquad \left.\begin{array}{l}\left.\begin{array}{r}421\\0\end{array}\right\}421\\-2\end{array}\right\}423$$

$$\frac{x}{1}=\frac{421}{423}$$

$x=0.995$

$$乙方案的内部报酬率=11\%+0.995\%=11.995\%$$

从以上计算可以看出，两个方案的内部报酬率相比较，甲方案的较高，故甲方案效益比乙方案好。

内部报酬率考虑了资金的时间价值，反映了投资项目的真实报酬率，概念也易理解。但这种方法的计算过程比较复杂。

### （二）非贴现法

用非贴现法评估企业投资方案，所使用的经济指标均不考虑资金时间价值。常用的有投资回收期和平均报酬率两种方法。

#### 1. 投资回收期法

投资回收期是指回收初始投资所需要的时间，一般以年为单位。投资回收期的计算，因每年的营业净现金流量是否相等而有所不同。

如果每年的营业净现金流量（NCF）相等，则投资回收期可按下式计算：

$$投资回收期=\frac{原始投资额}{每年\ NCF}$$

如果每年 NCF 不相等，那么，计算回收期的计算公式为：

$$投资回收期=(累积现金净流量出现正值年份-1)+\frac{上年累积现金净流量绝对值}{该年现金净流量}$$

**例 6-10**　某企业的有关资料见表 6-8，分别计算甲、乙两个方案的回收期。

甲方案每年 NCF 相等，故：

$$甲方案回收期=\frac{10\ 000}{3\ 200}=3.125\ 年$$

乙方案每年现金流量不等，所以按其计算公式可以编表 6-9 如下：

**表 6-9　乙方案投资回收期情况表**

单位：元

| 年度 | 各年净现金流量 | 累积现金净流量 | 年度 | 各年净现金流量 | 累积现金净流量 |
|---|---|---|---|---|---|
| 0 | −15 000 | −15 000 | 3 | 3 320 | −4 320 |
| 1 | 3 800 | −11 200 | 4 | 3 080 | −1 240 |
| 2 | 3 560 | −7 640 | 5 | 7 840 | 6 600 |

$$乙方案投资回收期=(5-1)+\frac{1\ 240}{7\ 840}=4.16(年)$$

投资回收期法的概念容易理解，计算也较简便，但这种方法没有考虑资金的时间价值，没有考虑回收期满后的现金流量状况，因而不能充分说明问题。

#### 2. 平均报酬率法

平均报酬率（ARR）是投资项目寿命期内平均的年投资报酬率。其计算公式为

$$平均报酬率=\frac{年平均利润}{投资总额}\times 100\%$$

**例 6-11**　根据前例资料，详见表 6-5，计算平均报酬率。

$$甲方案\ ARR=\frac{2\ 000}{10\ 000}\times 100\%=20\%$$

$$乙方案\ ARR=\frac{(3\ 000+2\ 600+2\ 200+1\ 800+1\ 400)\div 5}{12\ 000}=18.33\%$$

采用平均报酬率这一指标时,应事先确定一个企业要求达到的平均报酬率,或称必要平均报酬率。在进行决策时,只有高于必要平均报酬率的方案才能入选。而在有多个方案的互斥选择中,则选用平均报酬率最高的方案。

平均报酬率法的计算简明、易算、易懂。但其主要缺点是没有考虑资金时间价值,单纯的使用这种方法,会做出错误的决策。

综上所述,企业进行长期投资决策的指标共有五种,这五种方法可以起到互补的作用,分别从不同的角度对企业的投资方案进行比较分析,因此,企业进行长期投资决策时,可以同时使用这五种方法,准确的测算长期投资是否可行。

## 三、长期投资项目的风险分析

固定资产投资决策涉及的时间较长,对未来收益和成本很难准确预测,即有不同程度的不确定性或风险性。前面几节的论述避开了风险问题,本节将专门讨论风险投资决策问题。其中长期投资风险价值的计算已在第一节中讲解,现主要介绍有风险情况下的投资决策的分析方法,主要有调整贴现率和调整现金流量两种方法。

### (一) 按风险调整贴现率法

将与特定投资项目有关的风险报酬,加入到资本成本或企业要求达到的报酬率中,构成按风险调整的贴现率,并据以进行投资决策分析的方法,叫按风险调整的贴现率法。

按风险调整贴现率有如下几种方法。

**1. 按投资项目的风险等级来调整贴现率**

这种方法是对影响投资项目风险的各因素进行评分,根据评分来确定风险等级,并根据风险等级来调整贴现率的一种方法,可通过表 6-10 来加以说明。

**表 6-10 按风险等级调整的贴现率**

| 项目<br>相关因素 | 投资项目的风险状况及得分 | | | | | | | | | |
|---|---|---|---|---|---|---|---|---|---|---|
| | A | | B | | C | | D | | E | |
| | 状况 | 得分 | 状况 | 得分 | 状况 | 得分 | 状况 | 得分 | 状况 | 得分 |
| 市场竞争 | 无 | 1 | 较弱 | 3 | 一般 | 5 | 较强 | 8 | 很强 | 12 |
| 战略上的协调 | 很好 | 1 | 较好 | 3 | 一般 | 5 | 较差 | 8 | 很差 | 12 |
| 投资回收期 | 1.5 年 | 4 | 1 年 | 1 | 2.5 年 | 7 | 3 年 | 10 | 4 年 | 15 |
| 资源供应 | 一般 | 8 | 很好 | 1 | 较好 | 5 | 很差 | 12 | 较差 | 10 |
| | | 14 | | 8 | | 22 | | 38 | | 49 |

| 总分 | 风险等级 | 调整后的贴现率 |
|---|---|---|
| 0～8 分 | 很低 | 7% |
| 8～16 分 | 较低 | 9% |
| 16～24 分 | 一般 | 12% |
| 24～32 分 | 较高 | 15% |
| 32～40 分 | 很高 | 17% |
| 40 分以上 | 最高 | 25%以上 |

表 6-10 中的分数、分数等级、贴现率的确定都由企业的管理人员根据以往的经验来设定，具体的评分工作则应由销售、生产、技术、财务等部门组成专家小组来进行。所列的影响有风险的因素可能会更多，风险状况也可能会列出更多的情况。

**2. 用风险报酬率模型来调整贴现率**

前面已指出，一项投资的总报酬可分为无风险报酬率和风险报酬率两部分，如公式所示：

$$K=R_F+bV$$

因此，特定项目按风险调整的贴现率可按下式计算：

$$K_i= R_F+b_iV_i$$

式中，$K_i$ 为按风险调整的贴现率；$R_F$ 为无风险报酬率；$B_i$ 为风险报酬系数；$V_i$ 为预期标准离差率。

按风险调整贴现率后，具体的评价方案与无风险的基本相同。这种方法，对风险大的项目采用较高的贴现率，对风险小的项目采用较低的贴现率，简单明了，便于理解，因此，被广泛采用。但这种方法把时间价值和风险价值混在一起，人为地假定风险一年比一年大，不太合理，实际操作中可作适当的调整。

## (二) 按风险调整现金流量法

风险的存在使得各年的现金流量变得不确定。因此，就需要按风险情况对各年的现金流量进行调整。这种先按风险调整现金流量，然后进行长期投资决策的评价方法，叫做按风险调整现金流量法。具体调整办法很多，这里介绍最常用的确定当量法。

在风险投资决策中，由于各年的现金流量具有不确定性，这就必须进行调整。所谓确定当量法就是把不确定的各年现金流量，按照一定的系数(通常称为约当系数)折算为大约相当于确定的现金流量的数量，然后，利用无风险贴现率来评价风险投资项目的决策分析方法。

约当系数是肯定的现金流量对与之相当的、不肯定的现金流量的比值，通常用 d 来表示。在进行评价时可根据各年现金流量风险的大小，选用不同的约当系数。当现金流量为确定时，可取 d=1.00；当现金流量的风险很小时，可取 1.00>d≥0.80；当风险一般时，可取 0.80>d≥0.40；当现金流量风险很大时，可取 0.40>d>0。

约当系数的选用可能会因人而异，敢于冒险的分析者会选用较高的约当系数，而不愿冒险的投资者可能选用较低的约当系数。为了防止因决策者的偏好不同而造成决策失误，有些企业根据标准离差率来确定约当系数。因为标准离差率是衡量风险大小的一个很好指标，因而，用它来确定约当系数是合理的。标准离差率与约当系数的经验对照关系如表 6-11所示。当约当系数确定后，决策分析就比较容易了。

**表 6-11　标准离差率与约当系数的经验对照关系表**

| 标准离差率 | 约当系数 | 标准离差率 | 约当系数 |
|---|---|---|---|
| 0.00～0.07 | 1 | 0.33～0.42 | 0.6 |
| 008～0.15 | 0.9 | 0.43～0.54 | 0.5 |
| 0.16～0.23 | 0.8 | 0.55～0.70 | 0.4 |
| 0.24～0.32 | 0.7 | … | … |

**例 6-12**　某企业准备进行一项投资，其各年的净现金流量和分析人员确定的约当系数列表 6-12 中，无风险贴现率为 10%，试判断此项目是否可行。

**表 6-12　净现金流与对应的约当系数表**

| 项目 | 第 0 年 | 第 1 年 | 第 2 年 | 第 3 年 | 第 4 年 |
|---|---|---|---|---|---|
| $NCF_t$ | −20 000 | 8 000 | 8 000 | 8 000 | 8 000 |
| $d_t$ | 1.0 | 0.95 | 0.90 | 0.80 | 0.80 |

根据以上资料，可利用净现值法进行评价。

$$\begin{aligned}NPV=&\ 0.95\times 8\,000\times PVIF_{10\%,1}+0.9\times 8\,000\times PVIF_{10\%,2}+\\&\ 0.8\times 8\,000\times PVIF_{10\%,3}+0.8\times 8\,000\times PVIF_{10\%,4}+1.0\times(-20\,000)\\=&\ 7\,600\times 0.909+7\,200\times 0.826+6\,400\times 0.751+6\,400\times 0.683-20\,000\\=&\ 2\,033\ 元\end{aligned}$$

从以上分析可以看出，按风险程度对现金流量进行调整后，计算出的净现值为正数，故可以进行投资。

# 第五节　成本管理

## 一、邮政企业成本费用的内容和分类

### (一) 成本费用的概念

费用是企业在一定期间内为生产和经营管理所发生的人力、物力和财力的耗费。成本是指企业在一定时期内所发生的生产费用，按生产产品对象归集，即构成该对象的成本，也称对象化了的生产费用。

### (二) 成本费用的分类

1. 成本费用按照其与生产产品有无直接联系，可划分为计入成本的生产费用和不计入成本的期间费用。

生产费用是指邮政企业为主营业务和其他业务而消耗的工资费、福利费、折旧费、低值易耗品摊销费、邮件运输费、设备维修费和业务费，构成主营业务成本和其他业务成本。

期间费用是邮政企业为组织和管理生产的耗费，包括管理费用和财务费用。

2. 成本费用按性态分类，可划分为固定成本、变动成本和混合成本三大类。

固定成本是指在一定条件下(一定时期和一定业务量范围内)，其总额不随业务量的变化而变化的那部分成本，工资费用、福利费、折旧费等都属于邮政企业的固定成本。固定成本具有两个特性：固定成本总额的不变性和单位固定成本与业务量的反比例变动性。如图 6-2、图 6-3 所示。

变动成本是指在一定条件下，其总额会随着业务量的变动成正比例变动的那部分成本，低值易耗品摊消费、邮件运输费、设备维修费和业务费等都属于邮政企业的变动成本。变动成本具有两个特性：变动成本总额的正比例变动性和单位变动成本的不变性。如图 6-4、图 6-5 所示。

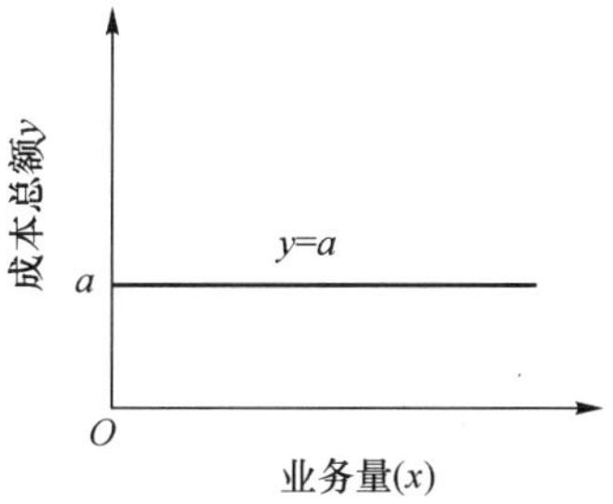


图 6-2　固定成本总额性态模型

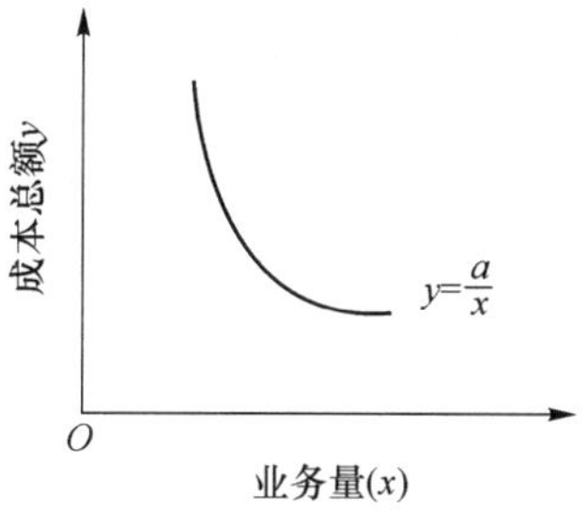


图 6-3　单位固定成本性态模型

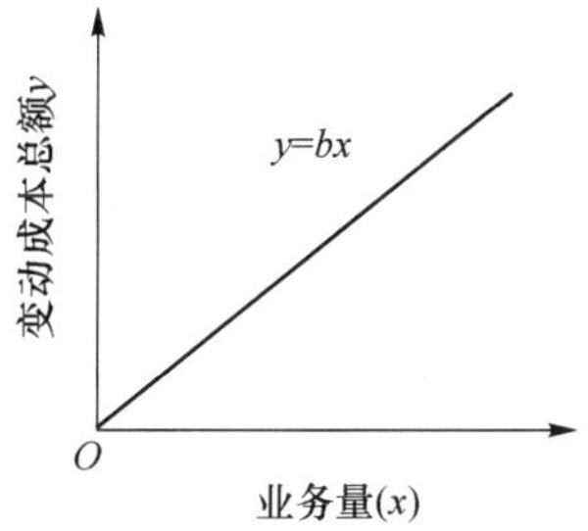


图 6-4　变动成本总额性态模型

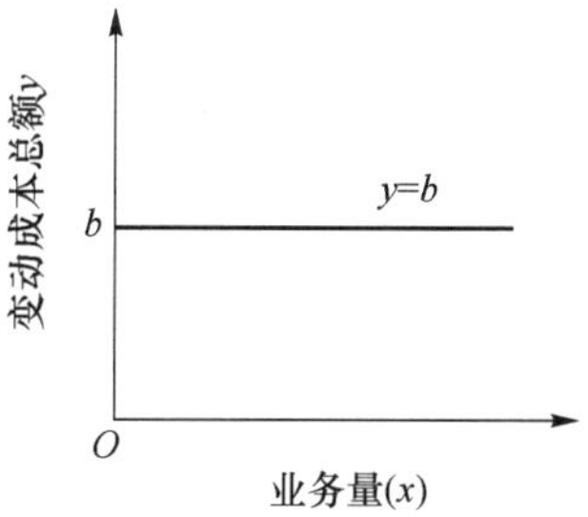


图 6-5　单位变动成本性态模型

混合成本是指介于固定成本和变动成本之间，既随着业务量变动而变动，但又不成正比例变动的那部分成本，如水电费、电话费等。通常企业应把混合成本划分为固定成本和变动成本，对固定成本和变动成本按其特性进行管理。

## 二、量本利分析

量本利分析是指在对成本按性态划分的基础上，就成本、业务量、利润三者之间的依存关系所进行的分析。

### （一）量本利分析的基本方程

目标利润＝营业收入－营业成本

＝营业收入－（变动成本总额＋固定成本总额）

＝售价×销售量－（单位变动成本×销售量＋固定成本总额）

### （二）边际贡献的计算

边际贡献，又称贡献毛益、边际利润等。是指产品营业收入扣除变动成本后的差额。其计算公式如下：

边际贡献＝营业收入总额－变动成本总额

单位边际贡献＝单位售价－单位变动成本

将边际贡献的计算和目标利润的计算相联系，可以看出，企业实现的边际贡献首先需要补偿固定成本。当边际贡献总额大于固定成本总额时，企业就会形成利润；相反，则会发生亏损。同理，若边际贡献总额等于固定成本总额，则企业将进入不盈不亏的临界状态。

### (三) 保本点和保利点分析

保本点又称盈亏临界点、盈亏平衡点等，是指企业处于不盈不亏、利润为零(或边际贡献总额等于固定成本总额)的业务量点。保本点可以由保本销售量表示，也可以由保本销售额表示盈亏平衡点分析图，如图 6-6 所示。由目标利润的计算公式可以推导出保本销售量的计算公式：

$$目标利润=售价\times 销售量-(单位变动成本\times 销售量+固定成本总额)$$

则：

$$销售量=\frac{固定成本总额}{售价-单位变动成本}=\frac{固定成本总额}{单位边际贡献}$$

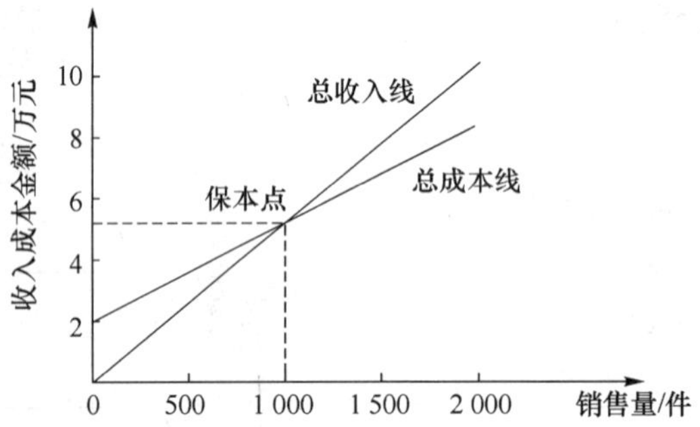


图 6-6　盈亏平衡点分析图

由图 6-6 和公式可以看出，影响企业目标利润实现的因素有：售价、业务量、单位变动成本和固定成本四个因素，企业在规划好目标利润的基础上，可以分别测定这几个要素的数额，并在实施中加以控制，才能完成目标利润。

## 三、费用成本管理的基本要求

费用成本管理的要求决定于费用成本的经济内容和企业管理的要求，主要有以下几项。

### (一) 严格遵守成本开支范围和费用开支标准

(1) 划清生产性支出与非生产性支出的界限。

(2) 划清收益性支出与资本性支出的界限。

(3) 划清生产成本与期间费用的界限。

(4) 划清各个会计期间成本、费用的界限和各个专业的界限。

### (二) 以提高经济效益为中心，正确处理降低费用成本与增加产量、提高质量之间的关系

(1) 正确处理降低费用成本与增加产量的关系。在一定条件下增加产量，可以降低单位产品成本中的固定费用，从而降低单位生产成本。

$$单位生产成本=单位变动成本+\frac{固定成本}{产量}$$

(2) 正确处理降低成本与提高产品质量之间的关系。既不能为提高质量而不管成本的高低，也不能为降低费用成本而忽视消费者的利益。

#### (三) 实行全面费用成本管理,建立健全费用成本管理责任制

#### (四) 认真编制费用成本计划

(1) 必须以定额为基础。

(2) 必须与其他生产经营计划相协调。

(3) 必须有相应的技术经济措施做保证。

(4) 按归口分级管理原则组织费用成本计划的编制。

#### (五) 健全、完善费用成本管理的基础工作

(1) 实行定额管理。

(2) 严格计量、验收及物资收发领退制度。

(3) 健全各项原始记录。

## 第六节　财务控制

### 一、财务控制的概念与作用

#### (一) 财务控制的概念

**1. 财务控制概念**

财务控制是指对企业财务活动的控制，是按照一定的程序和方式确保企业及其内部机构和人员全面落实、实现对企业资金的取得、投放、使用和分配过程的控制。

**2. 财务控制的特征**

(1) 财务控制是一种价值控制。

(2) 财务控制是一种全面控制。

(3) 财务控制以现金流量为控制目的。

#### (二) 财务控制的作用

财务控制与财务预测、决策、预算和分析等环节共同构成财务管理的循环。其中，财务控制是财务管理循环的关键环节，它对实现财务管理目标具有保证作用。

### 二、财务控制的基础

财务控制的基础是指进行财务控制所必须具备的基本条件,包括以下几个方面。

**1. 组织基础**

财务控制的首要基础是围绕控制目标所建立有效的组织机构，以保证控制的有效性。

**2. 制度基础**

内部控制制度是指企业为了顺利实施控制过程所进行的组织机构的设计、控制手段的采取及各种措施的制定。

**3. 预算目标**

健全的财务预算目标是进行财务控制的依据。

**4. 会计信息**

准确、及时、真实的信息是财务控制实施过程中的基本保障。

**5. 信息反馈系统**

财务控制是一个动态的控制过程，要确保财务预算目标的贯彻实施，必须对各责任中心执行预算的情况进行跟踪监控，不断调整执行偏差。

**6. 奖励制度**

奖励制度是保证控制系统长期有效运行的重要因素。

## 三、财务控制的种类

### (一) 按控制的主体分类

财务控制按控制主体分为出资者财务控制、经营者财务控制和财务部门的财务控制。

出资者财务控制是资本所有者为了实现其资本保全和增值目的而对经营者的财务收支活动进行的控制，如对成本开支范围和标准的规定等。

经营者财务控制是管理者为了实现财务预算目标而对企业的财务收支活动所进行的控制，这种控制是通过管理者制定财务决策目标，并促使这些目标被贯彻执行而实现的。

财务部门的财务控制是财务部门为了有效地保证现金供给，通过编制现金预算，对企业日常财务活动所进行的控制。

### (二) 按控制的时间分类

财务控制按控制的时间分为事前财务控制、事中财务控制和事后财务控制。

事前财务控制是指财务收支活动尚未发生之前所进行的控制。

事中财务控制是指财务收支活动发生过程中所进行的控制。

事后财务控制是指对财务收支活动的结果所进行的考核及相应的奖罚。

### (三) 按控制的依据分类

财务控制按控制的依据分为预算控制和制度控制。

预算控制是指以财务预算为依据，对预算执行主体的财务收支活动进行监督、调整的一种控制形式。

制度控制是指通过制定企业内部规章制度，并以此为依据约束企业和各责任中心财务收支活动的一种控制形式。

### (四) 按控制的对象分类

财务控制按控制的对象分为收支控制和现金控制。

收支控制是对企业和各责任中心的财务收入活动和财务支出活动所进行的控制。

现金控制是对企业和各责任中心的现金流入和现金流出活动所进行的控制。

### (五) 按控制的手段分类

财务控制按控制的手段分为绝对控制和相对控制。

绝对控制是指对企业和责任中心的财务指标采用绝对额进行控制。

相对控制是指对企业和责任中心的财务指标采用相对比率进行控制。

## 四、责任控制

### (一) 责任中心

**1. 责任中心的概念**

责任中心就是指具有一定的管理权限，并承担相应的经济责任的企业内部单位。换句话说，责任中心就是各个责任单位能够对其经济活动进行严格控制的区域。

**2. 责任中心的特征**

(1) 责任中心是一个责权利相统一的实体。

(2) 责任中心具有承担经济责任的条件。它有两方面的含义：一是责任中心具有履行经济责任中各条款的行为能力；二是责任中心一旦不能履行经济责任，能对其后果承担责任。

(3) 责任中心所承担的责任和行使的权力都应是可控的。

(4) 责任中心具有相对独立的经营业务和财务收支活动。

(5) 责任中心具有独立核算、业绩评价的能力。

**3. 责任中心的类别**

根据企业内部责任单位的权责范围及业务活动的特点不同，责任中心一般分为成本中心、利润中心和投资中心三大类。

### (二) 成本中心

**1. 成本中心的概念**

成本中心是指对成本或费用承担责任的责任中心。由于成本中心无收入来源，故这类中心只对成本费用负责，不对收入、利润或投资负责。成本中心一般包括企业产品的生产部门、劳务提供部门以及给予一定费用指标的管理部门。

**2. 成本中心的类型**

成本中心的类型有两种：标准成本中心和费用中心。

标准成本中心是指这类中心有稳定而明确的产品，且单位产品的投入量（成本）可以通过技术分析测算出来。标准成本中心是以实际产出量为基础，并按标准成本进行成本控制的成本中心。

费用中心是指这类中心费用发生的多少由管理人员的决策行为所决定，费用的投入与产出之间无密切关系。它一般包括各种管理费用和某些间接成本项目，如广告宣传费、职工培训费等。费用中心是以直接控制经营管理费用总量为主的成本中心。

**3. 成本中心的特点**

成本中心相对于利润中心和投资中心有其自身的特点，主要表现为以下三点。

(1) 成本中心只考核成本费用而不考核收益。

(2) 成本中心只对可控成本负责。

凡是责任中心能够控制的各种耗费，称为可控成本；凡是责任中心不能控制的各种耗费，称为不可控成本。可控成本应同时具备以下四个条件：①可以预计；②可以计量；③可以施加影响；④可以落实责任。

(3) 成本中心只对责任成本进行考核和控制。

责任中心所发生的各项可控成本之和即是该中心的责任成本。

**4. 成本中心的考核指标**

责任中心考核的主要内容是责任成本，即将成本中心发生的实际责任成本同预算责任成本进行比较，从而评判成本中心工作业绩的好坏。

成本中心的考核指标主要采用相对指标和比较指标，包括成本（费用）变动额和变动率，其计算公式如下：

成本（费用）变动额＝实际责任成本（费用）－预算责任成本（费用）

成本（费用）变动率＝成本（费用）变动额÷预算责任成本（费用）×100%

**例 6-13** 某成本中心生产甲产品，预算产量为 1 000 件，单位成本为 50 元，实际产量 1 200 件，实际单位成本（费用）45 元，计算该中心成本变动额与变动率。

成本变动额 ＝1 200×45－1 200×50＝－6 000 元

成本变动率＝－6 000÷(1 200×50)×100%＝－10%

计算结果表明，该成本中心的成本降低额为 6 000 元，降低率为 10%。

## （三）利润中心

**1. 利润中心的概念**

利润中心是指对利润负责的责任中心。由于利润是收入扣除费用后的余额，所以利润中心实际上既要对收入负责，也要对成本费用负责，这类责任中心一般是指企业内部有产品经销权或提供劳务服务的部门。

与成本中心相比，利润中心的权力和责任要大一些。

**2. 利润中心的类型**

利润中心分为自然利润中心与人为利润中心两种。

自然利润中心是指以对外销售产品而取得实际收入为特征的利润中心。这类中心本身直接面向市场，一般具有产品销售权、价格制定权、材料采购权和生产决策权。

人为利润中心是以产品在企业内部流转而取得“内部销售收入”为特征的利润中心。这种利润中心一般不直接对外销售产品，只对本企业内部各责任中心按内部结算价格提供产品或劳务。

**3. 利润中心的考核指标**

利润中心边际贡献总额＝该利润中心销售收入总额－该利润中心变动成本总额

利润中心负责人可控利润总额＝该利润中心边际贡献总额－该利润中心负责人可控固定成本

利润中心可控利润总额＝该利润中心负责人可控利润总额－该利润中心负责人不可控固定成本

公司利润总额＝各利润中心可控利润总额之和－公司不可分摊的各种管理费用、财务费用等

## （四）投资中心

**1. 投资中心的概念**

投资中心是对投资负责的责任中心，该中心既要对成本和利润负责，又要对投资效果负责。

由于投资的目的是获得利润，因而投资中心同时也是利润中心。它与利润中心的区别主要在于：①利润中心没有投资决策权，而投资中心拥有投资决策权；②投资中心处于责任中心的最高层次，它具有最大决策权，同时也承担最大的责任；③投资中心的管理特征是较高程度的分权管理；④在组织形式上，成本中心一般不是独立法人，利润中心可以是也可以不是独立的法人，而投资中心一般都是独立的法人。

**2. 投资中心的考核指标**

投资中心的考核指标主要是投资利润率和剩余收益。

(1) 投资利润率

投资利润率也称投资报酬率，是指投资中心所获得的利润与投资额之间的比率。其计算公式为：

投资利润率＝利润÷投资额×100％

＝(销售收入÷投资额)×(成本费用÷销售收入)×(利润÷成本费用)

＝资本周转率×销售成本率×成本费用利润率

投资利润率是评价投资中心业绩的常用指标，该指标的优点是：①能反映投资中心的综合盈利能力；②能比较不同投资额的投资中心的业绩大小，具有横向可比性，应用范围广；③通过投资利润率进行投资中心业绩评价，可以正确引导投资中心的经营管理行为，促使其行为长期化。

投资利润率作为评价指标的不足之处在于：①利润在计算时受人为因素的影响，导致利润数据内容失真，使计算出来的投资利润率指标无法反映投资中心的实际盈利能力；②投资利润率指标会造成各投资中心只顾本中心利益而放弃对整个企业有利的投资行为，缺乏全局观念；③投资利润率的计算与资本支出预算所用的现金流量分析方法不一致，不便于投资项目建成投产后与原定目标的比较，为了克服投资利润率的某些缺陷，采用剩余收益作为评价指标。

(2) 剩余收益

剩余收益是一个绝对数指标，是指投资中心获得的利润扣减其最低投资收益后的余额。其计算公式为：

剩余收益＝利润－(投资额×预期最低投资报酬率)

以剩余收益作为投资中心经营业绩评价指标的基本要求是：只要投资利润率大于预期的最低报酬率，该项投资便是可行的，从而可避免投资中心单纯追求利润而放弃一些有利可图的投资项目，有利于提高资金使用效率。

**例 6-14**　某公司下设 A、B 两个投资中心，该公司加权平均最低投资利润率为 9％。A 投资中心的投资额为 500 万元，利润为 25 万元；B 投资中心的投资额为 800 万元，利润为 120 万元。现两个中心追加投资，如果 A 投资中心追加投资 200 万元，年利润增加了 17 万元；B 投资中心追加投资 400 万元，年利润增加了 57 万元。有关的投资利润率、剩余收益计算如表 6-13 所示。

**表 6-13　投资中心指标计算表**

单位：万元

| 项 目 | | 投资额 | 利润 | 投资利润率 | 剩余收益 |
|---|---|---|---|---|---|
| 追加投资前 | A | 500 | 25 | 5％ | 25－500×9％＝－20 |
| | B | 800 | 120 | 15％ | 120－800×9％＝48 |
| | Σ | 1 300 | 145 | 11.15％ | 145－1 300×9％＝28 |
| A 投资中心追加投资 200 万元 | A | 700 | 42 | 6％ | 42－700×9％＝－21 |
| | B | 800 | 120 | 15％ | 120－800×9％＝48 |
| | Σ | 1 500 | 162 | 10.8％ | 162－1 500×9％＝27 |
| B 投资中心追加投资 400 万元 | A | 500 | 25 | 5％ | 25－500×9％＝－20 |
| | B | 1 200 | 177 | 14.75％ | 177－1 200×9％＝69 |
| | Σ | 1 700 | 202 | 11.88％ | 202－1 700×9％＝49 |

## 五、责任预算、责任报告与业绩考核

### (一) 责任预算

**1. 责任预算的含义**

责任预算既是指以责任中心为主体，以其可控的成本、收入、利润和投资等为对象编制的预算。责任预算既是责任中心努力的目标，也是考核责任中心工作业绩的标准。

**2. 责任预算的编制**

责任预算编制的目的在于将责任中心的经济责任数量化、具体化。编制程序有以下两种。

(1)采取自上而下的方式，以责任中心为主体，将企业总预算在各责任中心之间层层分解，从而形成各责任中心的具体预算。

(2)采取自下而上的方式，即各个责任中心首先根据自身情况编制预算指标，然后层层汇总，最后由企业的专门管理机构进行汇总与调整，从而建立企业总预算。

### (二) 责任报告

责任报告又称业绩报告，它是根据责任会计记录编制的反映责任预算实际执行情况的会计报告。责任报告的形式主要有报表、数据分析和文字说明等。将责任预算的实际履行情况及产生的差异用报表予以列示，是责任报告的基本方式。在揭示差异时，还必须对重大差异予以定量分析和定性分析。通过定量分析了解差异产生的程度，通过定性分析找出差异产生的原因并提出改进意见。

由于责任中心是逐级设置的，责任报告也应自下而上逐级编制。

### (三) 业绩考核

业绩考核是以责任报告为依据，分析、评价各责任中心预算的实际执行情况，找出差距，查明原因，借以考核各责任中心的工作成果，实施奖惩，促使各责任中心积极纠正行为偏差，完成责任预算的过程。

责任中心的业绩考核有狭义和广义之分，狭义的业绩考核仅指对各责任中心的价值指标，如成本、收入、利润等完成情况进行考核。广义的业绩考核，除了上述内容外，还包括对各责任中心的非价值指标的完成情况进行考核。责任中心的业绩考核可分为年终考核与日常考核。年终考核通常是指一个年度终了(或预算期结束)时对责任预算执行结果的考核，目的在于进行奖惩和为下一年度(或下一个预算期)编制预算提供依据。日常考核是指在年度内(或预算期内)对责任预算执行过程的考核，目的在于通过信息反馈，控制和调节责任预算的执行偏差，确保责任预算的落实。

**1. 成本中心的业绩考核**

成本中心是企业最基础的责任中心，在进行业绩考核时，只应对其可控成本负责。成本责任中心业绩考核的内容是将实际可控成本与责任成本进行比较，从而确定两者差异的性质、数额以及形成的原因，并根据差异分析的结果，对成本中心进行奖惩，以督促成本中心努力降低成本。

**2. 利润中心的业绩考核**

利润中心的业绩考核应以销售收入、边际贡献及息税前利润为重点进行分析、评价。特别是应通过一定期间的实际利润与预算利润目标进行对比，分析差异及其形成原因，对经营上存在的问题和取得的成绩进行全面公正的评价。此外，在自然利润中心，若不属于该中心的收入或成本，即使发生实际收付行为，均应在考核时予以剔除。

**3. 投资中心的业绩考核**

投资中心是企业最高一级的责任中心，其业绩考核的内容包括投资中心的成本、收入、利润及资金占用指标的完成情况，特别要注意考核投资利润率和剩余收益两项指标，将投资中心的实际数与预算数进行比较，分析差异，查明原因，进行奖惩。由于投资中心层次高，管理范围广，内容复杂，考核时应更加仔细深入、依据确凿，责任落实具体，这样才能起到应有的作用。

## 六、责任结算与核算

### （一）内部转移价格

**1. 内部转移价格的含义**

内部转移价格是指企业内部各责任中心之间转移中间产品或相互提供劳务而发生内部结算和进行内部责任结转所使用的计价标准。

采用内部转移价格进行内部结算，使两个责任中心之间的关系类似于市场交易的买卖关系。内部转移价格与外部市场价格有很大的不同之处。内部转移价格这一手段使得内部责任单位处于模拟市场竞争关系之中，并不是真正意义上的市场竞争双方。

**2. 内部转移价格的类型**

(1) 市场价格

市场价格简称“市价”，是指责任中心在确定内部转移价格时，以产品或劳务的市场供应价格作为计价标准。能采用市场价格作为内部转移价格的责任中心一般具有独立法人地位，能自主决定产品生产的数量、产品出售或购买的数量及相应价格。

(2) 协商价格

协商价格也称为议价 ，是企业内部责任中心的买卖双方以正常的市场价格为基础，通过共同协商所确定的双方能够接受的价格。协商价格的上限是市价，下降是单位变动成本，具体价格应由各相关责任中心在这一范围内协商议定。

(3) 双重价格

双重价格就是责任中心买卖双方采用不同的内部转移价格作为本中心的计价标准，如对产品(半成品)的供应方，可按协商的市场价格计价;对使用方则按供应方的产品(半成品)的单位变动成本计价，其差额由会计最终调整。双重价格有两种形式：一是双重市场价格，就是当某种产品或劳务在市场上出现几种不同价格时，卖方采用最高市价，买方采用最低市价。二是双重转移价格，就是卖方按市场价格或议价作为计价基础，而买方按供应方的单位变动成本作为计价基础。

(4) 成本转移价格

成本转移价格是指以产品或劳务的成本为基础而制定的内部转移价格。由于成本的概念不同，成本转移价格也有多种不同形式，其中用途较为广泛的成本转移价格有三种：①标准成本,即以产品(半成品)或劳务标准成本作为内部转移价格。②标准成本加成。即按产品(半成品)或劳务的标准成本加计一定的合理利润作为计价的基础。③标准变动成本,它是以产品(半成品)或劳务的标准变动成本作为内部转移价格。

从杜邦分析图可以看出,企业的获利能力涉及生产经营活动的方方面面。权益净利率与企业的筹资结构、销售规模、成本水平、资产管理等因素密切相关,这些因素构成一个完整的系统,系统内部各因素之间相互作用。只有协调好系统内部各个因素之间的关系,才能使权益报酬率得到提高,从而实现企业价值最大化的理财目标。

### (二)帕利普财务分析体系

帕利普财务分析体系是在杜邦财务分析体系基础上进行的加工、补充和发展,它以可持续增长率为核心,将反映企业盈利能力、营运能力及偿债能力的指标联系在一起,使财务综合分析的方法体系更加完善。因为该体系是由美国哈佛大学帕利普教授创造的,所以称为帕利普财务分析体系。其指标构成如下:

可持续增长率=净资产收益率×(1－股利支付率)

可持续增长率=营业净利率×总资产周转率×权益乘数(1－股利支付率)

相关指标包括以下几个。

反映盈利能力的指标:营业收入成本率、营业毛利率、营业收入期间费用率、营业收入净利率、营业息税前利润率等。

反映营运能力的指标:流动资产周转率、流动资产垫支周转率、固定资产周转率、存货周转率、应收账款周转率等。

反映偿债能力的指标:流动比率、速动比率、资产负债率、利息保障倍数等。

帕利普财务综合分析体系的内容如图 6-8 所示。

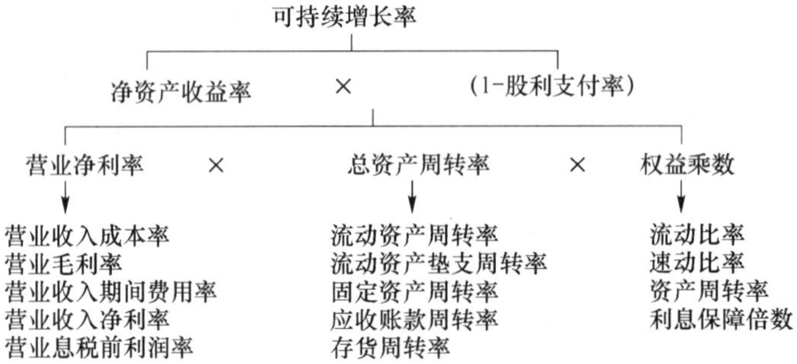


图 6-8 帕利普财务综合分析体系

### (三)效绩评价分析

绩效评价的内容是根据评价对象和评价目的的不同而有所不同。分析者既可以从经济活动的过程,也可以从财务分析的角度进行绩效评价。

进行企业绩效综合评价分析的一般程序包括:选择业绩评价指标;明确各项业绩评价指标的标准值;确定各项业绩评价指标的权数;计算各类业绩评价指标得分;计算各类综合评价分数;经营业绩综合评价分级。表 6-14 是 2002 年财政部、国家经贸委、中央企业工委、劳动与社会保障部和国家计委联合发布的企业绩效评价指标体系。

**表 6-14　竞争性工商业企业评价指标体系**

<table>
<tr><th>评价指标类别(100 分)</th><th>基本指标(100 分)</th><th>修正指标(100 分)</th><th>评议指标(100 分)</th></tr>
<tr><td>一、财务效益状况<br>(38 分)</td><td>净资产收益率(25 分)<br>总资产报酬率(13 分)</td><td>资本保值增值率(12 分)<br>营业利润率(8 分)<br>成本费用利润率(10 分)<br>盈余现金保障倍数(8 分)</td><td rowspan="4">1.经营者基本素质(18 分)<br>2.产品市场占有能力(服务满意度)(16 分)<br>3.基础管理水平(12 分)<br>4.发展创新能力(14 分)<br>5.经营发展战略(12 分)<br>6.在岗员工素质状况(10 分)<br>7.技术装备更新水平(服务硬环境)(10 分)<br>8.综合社会贡献(8 分)</td></tr>
<tr><td>二、资产运营状况<br>(18 分)</td><td>总资产周转率(9 分)<br>流动资产周转率(9 分)</td><td>存货周转率(5 分)<br>应收账款周转率(5 分)<br>不良资产比率(8 分)</td></tr>
<tr><td>三、偿债能力状况<br>(20 分)</td><td>资产负债率(12 分)<br>已获利息倍数(8 分)</td><td>速动比率(10 分)<br>现金流动负债比率(10 分)</td></tr>
<tr><td>四、发展能力状况<br>(24 分)</td><td>营业增长率(12 分)<br>资本积累率(12 分)</td><td>三年营业平均增长率(8 分)<br>三年资本平均增长率(9 分)<br>技术投入比率(7 分)</td></tr>
</table>

# 思考题

1. 为什么有的企业利润表上利润很大，但在现金流量表上全部现金净流量却为负数？

2. 简述企业最佳资本结构的特征及意义。

3. 浅析现金流对企业生存和发展的意义。

4. 什么是营运资金？应从哪几个方面加强企业营运资金的管理？

5. 简述财务分析的意义和财务分析的方法与内容。

6. 某企业一投资项目需要原始投资 220 000 元，其中生产设备投资 180 000 元，垫支的材料等流动资产 40 000 元。预计生产设备可使用 5 年，按直线法计提折旧，净残值预计为 15 000 元。自投产年度起，第一年可获利润 20 000 元，以后每年递增 10 000 元。如果决策者希望每年平均报酬率能够达到 20%，此项目是否该上马？

# 第七章 新《邮政法》及邮政经营中遇到的法律问题

**本章摘要**：本章介绍了新《邮政法》基本内容、妨害邮政通信管理犯罪和涉及邮政企业相关金融犯罪以及邮政企业在邮件寄递业务、邮政金融业务、报刊发行业务、种子邮购业务、商函等业务中常见的法律纠纷，同时提出了防范措施和应对策略，从而提高了邮政企业管理人员的法律风险防范意识，做到依法经营，依法管理，维护邮政企业的合法权益，提高生产、经营管理水平和服务水平。

## 第一节 新《邮政法》基本知识概述

《中华人民共和国邮政法》于 1986 年 12 月 2 日第六届全国人大常委会第 18 次会议通过，1987 年 1 月 1 日起施行（以下简称 1986 年《邮政法》）。为保证邮政法的贯彻实施，国务院于 1990 年 11 月 12 日颁布实施《中华人民共和国邮政法实施细则》。修订后的《中华人民共和国邮政法》（以下简称新《邮政法》）历经 10 年修订，已于 2009 年 4 月 24 日经十一届全国人大常委会第八次会议审议通过，胡锦涛主席签署第十二号主席令予以公布，自 2009 年 10 月 1 日起施行。新《邮政法》的修订颁布丰富和完善了我国邮政法制体系，完善充实了我国基本公共服务体系建设，《邮政法》为促进邮政行业科学发展提供了法律保障。《邮政法》明确了邮政业的范围，确认了快递业务的法律地位，建立了快递市场准入制度。这些重要的制度设计，为建立统一规范、竞争有序的邮政市场秩序，推动我国邮政业可持续发展奠定了基础。

### 一、新《邮政法》修订的背景和意义

#### （一）新《邮政法》修订的立法背景分析

1986 年的《邮政法》的立法主要目标是对于保护通信自由和通信秘密，保障邮政工作的正常进行。但是随着我国改革开放的不断深入，随着我国社会主义市场经济的发展，特别是我国 2001 年加入世界贸易组织以来，我国快递市场迅速发展，已具有相当规模，竞争格局基本形成，邮政市场竞争日益加剧。当前邮政业发展和政府监管面临新的形势，传统的政企合一的邮政管理体制已不能适应我国社会主义市场经济的需要。

**1. 中国加入世界贸易组织对邮政市场准入的承诺需要建立和完善新的邮政法律体系**

绝大多数国家，包括美国和欧盟国家，对承诺邮政服务开放均持谨慎态度。在《服务贸易总协定》的 12 类服务中承诺通信服务放开，通信服务包括邮政服务、速递服务、电信服务、

视听服务四大类。目前，世贸组织一百多个成员中，只有冈比亚、以色列、吉布提、塞内加尔、土耳其、蒙古、阿尔巴尼亚、吉尔吉斯坦、摩尔多瓦 9 个国家对邮政服务开放做出了部分承诺。我国在加入 WTO 承诺速递服务放开的范围"不包括中国法律规定的现由中国邮政部门专营的服务。加入将允许外国投资者设立中外合资企业，外资比例不超过 49%；加入 1 年内将允许外资拥有多数股权；加入 4 年内将允许外国服务提供者设立外资独资子公司。"目前，在邮政管理部门登记备案的快递企业有 5 000 多家，从业人员在 30 万人以上，年产值在 400 亿元以上，年增长速度在 20%以上，为促进经济社会发展和方便人民群众生活做出了重要贡献。但是，快递市场发展的同时，也存在一些突出的问题，服务质量不高、缺乏准入门槛、安全隐患较多。一些犯罪分子利用快递渠道从事违法犯罪活动，危害国家安全和公共安全。因此规范邮政行业的立法工作，邮政行政执法监督工作显得尤为重要。

**2. 立法欠缺导致邮政快递市场监管困难**

1986 年的《邮政法》对邮政专营的规定在实践中很难把握，国际货物运输代理业务冲击邮政专营业务。1986 年的《邮政法》关于邮政市场监管的处罚力度不够，造成国内寄递市场混乱，给国家信息安全和通信秘密造成极大的威胁。邮政市场的准入制度涉及我国加入 WTO 的承诺，但 1986 年的《邮政法》没有对邮政市场监管主体的法律地位、监管程序和监管措施做出明确规定。新中国成立以来，中国邮政一直代表政府履行邮政普遍服务义务，但 1986 年的《邮政法》没有对邮政普遍服务做出规定。特别是 1998 年邮电分营后开始逐步取消以电补邮的内部交叉补贴，邮政企业承担普遍服务义务更加繁重，邮政普遍服务亏损补偿缺乏法律保证，必须通过修改法律加以解决。

**（二）新《邮政法》修订的意义**

20 多年来，我国邮政业得到了前所未有的发展，邮政市场竞争日益加剧，邮政体制改革也取得了一定进展。

**1. 修订后的《中华人民共和国邮政法》是我国邮政业发展历程中的重要里程碑**

在一个行业的制度框架下建立了邮政普遍服务和快递业务两类不同性质的制度体系。将传统的邮政服务和现代的快递业务统一在《邮政法》里进行规范，是世界邮政立法的一个创新。

**2. 保障邮政普遍服务是《邮政法》的核心内容，保障了公民通信权利**

根据《邮政法》规定，国务院邮政管理部门应当及时建立健全相关配套制度。主要有：一是会同有关部门制定邮政普遍服务标准；二是制定邮政普遍服务监督管理办法；三是规定邮政企业在交通不便的边远地区和乡、镇人民政府所在地地区每周的营业时间以及投递邮件的频次；四是制定邮政编码的编制规则。

**3. 确立了快递业务经营许可制度，严格快递业务市场准入**

《邮政法》明确了邮政业的范围，确认了快递业务的法律地位，建立了快递市场准入制度。这些重要的制度设计，建立了统一规范、竞争有序的邮政市场秩序。

**4. 补充、完善了寄递渠道安全监管的制度和措施**

《邮政法》明确规定了邮政管理部门的监督管理职责并建立了相关制度，体现了国家对基本公共服务的保障，体现行政权力对市场行为的规范。健全政府依法监管、企业依法经营、强化邮政管理部门的社会管理和公共服务职能，完善对用户合法权益的保护措施，以便营造良好的法制环境。

## 二、新《邮政法》主要内容

新修订的《邮政法》共分总则、邮政设施、邮政服务、邮政资费、损失赔偿、快递业务、监督检查、法律责任和附则九章八十七条。主要内容有如下几个方面。

### (一)规定了邮政企业的性质

新《邮政法》第八十四条规定,邮政企业是指中国邮政集团公司及其提供邮政服务的全资企业、控股企业。1986 年的《邮政法》第三条规定,邮政企业是经营邮政业务的国有公用企业,代表国家履行普遍服务的义务,实现通政、通民、通商的责任,邮政体制是政企合一模式。根据国务院 2005 年对我国邮政体制改革的思路,第一个前提就是要实现政企分开,加强政府监管,完善市场机制,加强普遍服务,强化特殊服务,保障邮政信息安全,促进邮政业健康发展。所以国务院对邮政体制改革的精神通过新《邮政法》的形式固定下来。

### (二)规定了邮政行业管理职能

新修订的《邮政法》第四条规定,国务院邮政管理部门负责全国的邮政普遍服务监督管理工作。省(自治区、直辖市)邮政管理机构在国务院邮政管理部门的领导下,负责本行政区域的邮政普遍服务监督管理工作。按照《关于印发国家邮政局主要职责内设机构和人员编制规定的通知》(国办发[2009]21 号文)和《关于印发国家邮政局司局主要职责内设机构和人员编制规定的通知》(国邮发[2009]104 号文)的有关规定,国家邮政局主要职责体现在:起草邮政行业法律法规和部门规章草案,拟订邮政行业的发展战略、规划、政策和标准,提出深化邮政体制改革和促进邮政与交通运输统筹发展的政策建议。承担邮政监管责任,推动建立覆盖城乡的邮政普遍服务体系,推进建立和完善普遍服务和特殊服务保障机制,提出邮政行业服务价格政策和基本邮政业务价格建议,并监督执行负责快递等邮政业务的市场准入,维护信件寄递业务专营权,依法监管邮政市场,保障机要通信安全,负责邮政行业安全生产监管,负责邮政行业运行安全的监测、预警和应急管理,保障邮政通信与信息安全的职能。

### (三)规定了邮政企业的专营权

新《邮政法》第五条规定:“国务院规定范围内的信件寄递业务,由邮政企业专营。”第五十五条规定:“快递企业不得经营由邮政企业专营的信件寄递业务,不得寄递国家机关公文”。外商不得投资经营信件的国内快递业务。这一规定符合我国的相关入世承诺。依据我国 1986 年《邮政法》关于“信件和其他具有信件性质的物品的寄递业务由邮政企业专营,但是国务院另有规定的除外”的规定,以及国务院 1995 年 6 月批准发布的《中华人民共和国国际货物运输代理业管理规定》中关于经批准成立的国际货物运输代理企业可以从事国际快递业务,但私人信函除外的规定,我国信件的国内快递业务不对外资开放。《邮政法》的上述规定与我国入世承诺是一致的。这是借鉴绝大部分国家保留了邮政企业对一定范围内信件寄递业务专营的制度。但是随着世界邮政改革的不断深化,邮政专营的范围也在不断调整,总体的趋势是逐步缩小。

### (四)规定了邮政企业的权利和义务

#### 1. 邮政企业履行普遍服务的义务

我国有 13 亿人口大国邮政普遍服务的任务十分重要、非常繁重。邮政普遍服务关系到公民通信权利这一基本人权的实现。从九个方面规定了邮政普遍服务制度的主要内容和保障措施。

(1) 新《邮政法》第二条第四款规定了邮政普遍服务的概念。邮政普遍服务是指按照国家规定的业务范围、服务标准和资费标准,为中华人民共和国境内所有用户持续提供的邮政服务。

(2) 新《邮政法》第二条第二款规定了邮政普遍服务的承担主体是邮政企业。

(3) 规定了邮政普遍服务的业务范围和特殊业务范围。

新《邮政法》第十五条第一款对邮政普遍服务的业务范围做出了规定。主要包括:信件、单件重量不超过 5 kg 的印刷品、单件重量不超过 10 kg 的包裹的寄递以及邮政汇兑。《邮政法》第十五条第二款、第三款规定,邮政企业按照国家规定办理机要通信、国家规定报刊的发行,以及义务兵平常信函、盲人读物和革命烈士遗物的免费寄递等特殊服务业务;未经邮政管理部门批准,邮政企业不得停止办理或者限制办理上述两类业务。

(4) 新《邮政法》第十六条、第十七条规定,国家对邮政企业提供邮政普遍服务、特殊服务给予补贴;国家设立邮政普遍服务基金。

(5) 新《邮政法》第二十条规定了在寄递时限和服务规范方面应遵守的规定。邮政企业寄递邮件,应当符合国务院邮政管理部门规定的寄递时限和服务规范。

(6) 新《邮政法》第十五条第四款在邮政普遍服务标准方面做了更为详细的规定。《邮政法》规定,国务院邮政管理部门会同国务院有关部门制定邮政普遍服务标准。邮政企业提供邮政普遍服务不符合邮政普遍服务标准的,由邮政管理部门责令改正,可以处一万元以下的罚款;情节严重的,处一万元以上五万元以下的罚款;对直接负责的主管人员和其他直接责任人员给予处分。

(7) 新《邮政法》规定了邮政普遍服务的投递频次和营业时间。

新《邮政法》第十九条规定,邮政企业在城市每周的营业时间应当不少于六天,投递邮件每天至少一次;在乡、镇人民政府所在地每周的营业时间应当不少于五天,投递邮件每周至少五次;邮政企业在交通不便的边远地区和乡、镇其他地区每周的营业时间以及投递邮件的频次,国务院邮政管理部门可以另行规定。

(8) 新《邮政法》第二十七条、第二十八条第一款、第二十八条第二款规定,对提供邮政普遍服务的邮政企业交运的邮件,铁路、公路、水路、航空等运输企业应当优先安排运输,车站、港口、机场应当安排装卸场所和出入通道;带有邮政专用标志的车船进出港口、通过渡口时,应当优先放行;带有邮政专用标志的车辆运递邮件,确需通过公安机关交通管理部门划定的禁行路段或者确需在禁止停车的地点停车的,经公安机关交通管理部门同意,在确保安全的前提下,可以通行或者停车。

(9) 在邮政设施方面,《邮政法》提供了支持邮政普遍服务的法律保障。

为完善邮政普遍服务网络,提高普遍服务能力和水平,依照《中华人民共和国邮政法》规定,要推动将邮政设施布局和建设纳入城乡规划,对提供邮政普遍服务的邮政设施给予支持,重点扶持农村边远地区邮政设施的建设;要贯彻落实国务院有关要求,全力支持邮政企业做好乡镇邮政局所补建工作;积极推进"村邮户箱工程"建设;要依法对撤销提供邮政普遍服务营业场所以及停止或限制办理邮政普遍服务业务和特殊服务业务进行严格审批。具体包括如下几个方面。

第一,强调了农村邮件投递服务保障和解决城镇居民接收邮件难问题。

《邮政法》第八条第二款、第四款规定，地方各级人民政府应当将邮政设施的布局和建设纳入城乡规划，对提供邮政普遍服务的邮政设施的建设给予支持，重点扶持农村边远地区邮政设施的建设。

《邮政法》第十条第一款规定，农村地区应当逐步设置村邮站或者其他接收邮件的场所。《邮政法》第十条第二款规定，建设城镇居民楼应当设置接收邮件的信报箱，并按照国家规定的标准验收；建设单位未按照国家规定的标准设置信报箱的，由邮政管理部门责令限期改正；逾期未改正的，由邮政管理部门指定其他单位设置信报箱，所需费用由该居民楼的建设单位承担。

第二，规定邮政设施的布局和建设应当满足保障邮政普遍服务的需要，邮政设施应当按照国家规定的标准设置。较大的车站、机场、港口、高等院校和宾馆应当设置提供邮政普遍服务的邮政营业场所。建设城市新区、独立工矿区、开发区、住宅区或者对旧城区进行改建，应当同时建设配套的提供邮政普遍服务的邮政设施。

第三，保障和支持了邮政营业场所征收或拆除后重新设置的问题。

《邮政法》规定，征收邮政营业场所或者邮件处理场所的，城乡规划主管部门应当根据保障邮政普遍服务的要求，对邮政营业场所或者邮件处理场所的重新设置做出妥善安排；未做出妥善安排前，不得征收。邮政营业场所或者邮件处理场所重新设置前，邮政企业应当采取措施，保证邮政普遍服务的正常进行。

第四，规定邮政企业应当对其设置的邮政设施进行经常性维护，保证邮政设施的正常使用，任何单位和个人不得损毁邮政设施或者影响邮政设施的正常使用。

**2. 依法保护邮政用户的通信自由和通信秘密**

我国的《宪法》第四十条明确规定了通信自由和通信秘密是公民的基本人身权利。新《邮政法》对保护通信自由和通信秘密作了更加具体的规定。

《邮政法》第三条明确规定，公民的通信自由和通信秘密受法律保护。除因国家安全或者追查刑事犯罪的需要，由公安机关、国家安全机关或者检察机关依照法律规定的程序对通信进行检查外，任何组织或者个人不得以任何理由侵犯公民的通信自由和通信秘密。除法律另有规定外，任何组织或者个人不得检查、扣留邮件、汇款。

(1) 新《邮政法》明确规定了公民的通信自由和通信秘密受法律的绝对保护。

(2)《邮政法》明确规定了特定国家机关在行使公权力时对公民的通信自由和通信秘密的法律保护。

《邮政法》第三十六条、第五十九条因国家安全或者追查刑事犯罪的需要，公安机关、国家安全机关或者检察机关可以依法检查、扣留有关邮件、快件，并可以要求邮政企业、快递企业提供相关用户使用邮政服务、快递服务的信息，邮政企业、快递企业和有关单位应当配合，并对有关情况予以保密。

(3) 新《邮政法》强调了违反公民的通信自由和通信秘密的法律保护相关法律责任。

第一，《邮政法》第七十一条规定，冒领、私自开拆、隐匿、毁弃或者非法检查他人邮件、快件，尚不构成犯罪的，依法给予治安管理处罚。

第二，邮政企业、快递企业违法提供用户使用邮政服务或者快递服务的信息，尚不构成犯罪的，由邮政管理部门责令改正，没收违法所得，并处一万元以上五万元以下的罚款；对邮政企业直接负责的主管人员和其他直接责任人员给予处分；对快递企业，邮政管理部门还可以责令停业整顿直至吊销其快递业务经营许可证。邮政企业、快递企业从业人员有上述违法行为，尚不构成犯罪的，由邮政管理部门责令改正，没收违法所得，并处五千元以上一万元以下的罚款。

**3. 邮政企业应当加强服务质量管理，完善安全保障措施，为用户提供迅速、准确、安全、方便的服务**

新《邮政法》规定了邮政企业寄递邮件，应当符合国务院邮政管理部门规定的寄递时限和服务规范。对于危害邮件安全和时限，《刑法》第253条的私自开拆、隐匿、毁弃、邮件电报罪，第304条的故意延误投递邮件罪做出了刑事法律规定。邮政企业应当确保邮件的安全和时限，邮件的安全，是指邮件在邮政企业的传递过程中没有发生丢失、损毁、短少或者失密等情形；邮件的时限，是指邮件在邮政企业的传递过程中的时间。

## 【案例一】

### 邮戳日期争议纠纷案

1999年1月27日16时，于某在某县邮政局办理了"自控饮水锅炉"专利权的第五年年费750元的汇款，缴纳汇费7.5元。因邮局已经按照业务惯例交接完毕，邮戳的日期更换为1月28日，而1月27日是于某缴纳专利年费的最后一日。在于某的反复要求下，邮局为其出具了1月27日汇款的证明，但于某并没有采取补救措施。4月15日国家知识产权局认为于延迟缴费，终止了其专利权。于某在法定期限内又没有申请复议。于某和另一专利权人李某向法院提起诉讼，要求追究邮局邮汇日发生错误拒不改正，侵害公民合法权益的法律责任，赔偿因专利权终止造成的经济损失和精神损失162万元。经过人民法院2000年1月做出一审判决，被告某县邮政局赔偿原告于某、李某邮寄费七元五角整，驳回原告的其他诉讼请求。

提示：邮政企业的营业员应当准确的将邮戳日期加盖在邮件上，邮戳日期往往是用户行使权利的重要凭证。如在交寄法律文书、缴纳专利年费等时，有关部门都是以邮戳日期来判断是否在法定期限内行使权利。

**4. 严格履行交寄邮件的验视权**

新《邮政法》第二十五条规定了邮政企业应当依法建立并执行邮件收寄验视制度。验视邮件既是邮政企业的权利，也是一种法定责任，如果邮政企业不依法履行验视职责，则引发承担不可预见的法律后果，很多邮包爆炸案法院判决邮局向收件人承担连带赔偿责任，均以邮局没有履行验视职责为由就是例证。邮政企业工作人员收寄邮件必须做到，逐件当面验视，准确称重、复重；用户封装邮件时，要现场监督，眼同封装，防止其将禁限寄物品混入邮件之中。

《邮政法》规定了对用户交寄的信件，必要时邮政企业可以要求用户开拆，进行验视，但不得检查信件内容。用户拒绝开拆的，邮政企业不予收寄。对信件以外的邮件，邮政企业收寄时应当当场验视内件。用户拒绝验视的，邮政企业不予收寄。用户交寄除信件以外的其他邮件，应当交邮政企业或者其分支机构当面验视内件。拒绝验视的，不予收寄。用户交寄的信件必需符和准寄内容的规定，必要时邮政企业及其分支机构有权要求用户取出进行验视。

**5. 邮政企业应当依照法律规定的方式投交邮件**

新《邮政法》第三十二条第一款规定，邮政企业采取按址投递、用户领取或者与用户协商的其他方式投递邮件。

**6. 邮政企业应当向用户提供给据邮件的查询服务**

新《邮政法》第四十九条第一款、第二款规定，用户交寄给据邮件后，对国内邮件可以自交寄之日起一年内持收据向邮政企业查询，对国际邮件可以自交寄之日起一百八十日内持收据向邮政企业查询；查询国际邮件或者查询国务院邮政管理部门规定的边远地区的邮件的，邮政企业应当自用户查询之日起六十日内将查询结果告知用户，查询其他邮件的，邮政企业应当自用户查询之日起三十日内将查询结果告知用户。

新《邮政法》第五十条规定，邮政汇款的汇款人自汇款之日起一年内，可以持收据向邮政企业查询。邮政企业应当自用户查询之日起二十日内将查询结果告知汇款人。查复期满未查到汇款的，邮政企业应当向汇款人退还汇款和汇款费用。

**7. 邮政企业应当免费提供邮政编码的查询服务**

邮政编码，是采用数字或者字母，按照一定结构组成代表邮区、投递区域的专用代码。邮政编码由邮政企业根据国务院邮政管理部门制定的编制规则编制，邮政企业应当在营业场所免费提供邮政编码查询服务。

**8. 邮政企业应当按照规定或承诺的时限寄递邮件、投交快件**

邮政企业寄递邮件，应当符合国务院邮政管理部门规定的寄递时限。邮政企业从业人员故意延误投递邮件的，由邮政企业给予处分。

**9. 邮政企业、快递企业应当依法履行公示义务**

邮政企业、快递企业应当在其营业场所公示或者以其他方式公布其服务种类，营业时间，资费标准，邮件、快件和汇款的查询及损失赔偿办法以及用户对其服务质量的投诉办法。

**10. 邮政企业、快递企业应当认真处理用户申诉、投诉**

邮政企业和快递企业应当及时、妥善处理用户对服务质量提出的异议。

**11. 邮政企业、快递企业应当规范使用格式条款**

《邮政法》第二十二条、第五十九条规定邮政企业、快递企业采用其提供的格式条款确定与用户的权利义务的，该条款适用《合同法》关于合同格式条款的规定。《合同法》规定，采用格式条款订立合同的，提供格式条款的一方应当遵循公平原则确定当事人之间的权利和义务，并采取合理的方式提请对方注意免除或者限制其责任的条款，按照对方的要求，对该条款予以说明。

### （五）规定了用户的权利和义务

新《邮政法》第一条将“保护用户合法权益”作为本次立法贯彻宗旨之一，并将此法律精神贯彻始终。修订的《邮政法》加大维护消费者权益力度。

**1. 依法使用邮政业务权**

用户有权选择用邮的种类和方式，并且不得非法干涉。另外用户在使用邮政业务过程中，邮政企业在规定的营业时间办理法定业务，不得无故拒绝用户。同时，用户有权对邮政企业的通信质量和服务质量提出投诉、意见和建议。

**2. 依法保护用户信息不受侵害的权利**

人人享有通信的权利为国际公约和我国宪法所确认。根据《宪法》、《民法通则》和最高人民法院相关司法解释，个人的信息资料属个人隐私，在无法律特别规定的情况下，任何组织和个人都无权向社会公开和传播。《宪法》第四十条规定，中华人民共和国公民的通信自由和通信秘密受法律的保护。除因国家安全或者追查刑事犯罪的需要，由公安机关或者检察机关依照法律规定的程序对通信进行检查外，任何组织或者个人不得以任何理由侵犯公民的通信自由和通信秘密。《邮政法》更加对用户的个人信息保护作了非常详细的规定。同时，法律还规定了相关的民事责任、刑事责任和行政责任。

**3. 用户的查询权和求偿权**

新《邮政法》规定了用户对交寄的给据邮件和交汇的汇款，交寄或者交汇的汇款可以在法定期限内进行查询，对于非法定免责事由的邮件、汇款的丢失损毁可以申请邮政企业赔偿。邮政企业及其分支机构应当在国务院邮政主管部门规定的期限内将查询结果通知查询人。查复期满无结果的，邮政企业应当先予赔偿或者采取补救措施。《邮政法》第三十四条规定，邮政汇款的收款人应当自收到汇款通知之日起六十日内，凭有效身份证件到邮政企业兑领汇款。收款人逾期未兑领的汇款，由邮政企业退回汇款人。自兑领汇款期限届满之日起一年内无法退回汇款人，或者汇款人自收到退汇通知之日起一年内未领取的汇款，由邮政企业上缴国库。

**4. 遵守禁递和限递物品的规定**

新《邮政法》规定了用户交寄邮件，必须遵守国务院有关主管部门关于禁止寄递物品和限制寄递物品的规定。禁止寄递或者在邮件内夹带下列物品：法律规定禁止流通或者寄递的物品；反动报刊书籍、宣传品或者淫秽物品；爆炸性、易燃性、腐蚀性、放射性、毒性等危险物品；妨害公共卫生的物品；容易腐烂的物品；各种活的动物；各种货币；不适合邮寄的物品；包装不妥，可能危害人身安全、污染或者损毁其他邮件、设备的物品。

新《邮政法》第三十七条规定，任何单位和个人不得利用邮件寄递含有下列内容的物品。

(1) 煽动颠覆国家政权、推翻社会主义制度或者分裂国家、破坏国家统一，危害国家安全的。

(2) 泄露国家秘密的。

(3) 散布谣言扰乱社会秩序，破坏社会稳定的。

(4) 煽动民族仇恨、民族歧视，破坏民族团结的。

(5) 宣扬邪教或者迷信的。

(6) 散布淫秽、赌博、恐怖信息或者教唆犯罪的。

(7) 法律、行政法规禁止的其他内容。

**5. 用户交寄的邮件符合法律规定**

新《邮政法》第四十四条规定，经国务院邮政管理部门批准停止使用的；盖销或者划销的；污损、残缺或者褪色、变色，难以辨认的。从邮资信封、邮资明信片、邮资邮简、邮资信卡上剪下的邮资图案，不得作为邮资凭证使用。邮资凭证包括邮票、邮资符志、邮资信封、邮资明信片、邮资邮简、邮资信卡等。任何单位和个人不得伪造邮资凭证或者倒卖伪造的邮资凭证，不得擅自仿印邮票和邮资图案。

另外，新《邮政法》规定，邮件资费的交付，以邮资凭证、证明邮资已付的戳记以及有关业务单据等表示。邮资凭证售出后，邮资凭证持有人不得要求邮政企业兑换现金。停止使用邮资凭证，应当经国务院邮政管理部门批准，并在停止使用九十日前予以公告，停止销售。邮资凭证持有人可以自公告之日起一年内，向邮政企业换取等值的邮资凭证。

**（六）规定了邮政业务种类和邮政业务资费的制定机制**

新《邮政法》第十四条规定了邮政企业经营业务有：邮件寄递；邮政汇兑、邮政储蓄；邮票发行以及集邮票品制作、销售；国内报刊、图书等出版物发行；国家规定的其他业务。普通邮票发行数量由邮政企业按照市场需要确定，报国务院邮政管理部门备案；纪念邮票和特种邮票发行计划由邮政企业根据市场需要提出，报国务院邮政管理部门审定。国务院邮政管理部门负责纪念邮票的选题和图案审查。邮政管理部门依法对邮票的印制、销售实施监督。

《邮政法实施细则》规定，邮政储蓄、邮政汇兑业务是邮政企业为国家积聚资金、沟通经济往来所经办的金融业务，由国家主管部门管理，并按照国家有关规定，在金融业务上接受中国人民银行的指导。各相关银行应当为邮政企业办理的储蓄、汇兑业务提供便利。

（1）邮政储蓄机构应为储户在办理储蓄业务时，提供协助的义务

如果存单记载错误的，储户有权要求储蓄机构更正，但任何一方在没有取得对方同意的情况下不得对存单进行修改或者涂改。《最高人民法院关于审理存单纠纷案件的若干规定》第五条："……人民法院在审理一般存单纠纷案件中，除应审查存单、进账单、对账单、存款合同等凭证的真实性外，还应审查持有人与金融机构间存款关系的真实性，并以存单、进账单、对账单、存款合同等凭证的真实性以及存款关系的真实性为依据，做出处理；持有人以上述真实凭证为证据提起诉讼的，金融机构应当对持有人与金融机构间是否存在存款关系负举证责任。如金融机构有充分证据证明持有人未向金融机构交付上述凭证所记载的款项的，人民法院应当认定持有人与金融机构间不存在存款关系，并判决驳回原告的诉讼请求"。

一起因储户误将取款单当作存款单的案例，是由于邮政储蓄营业员没有认真审核，即为其办理了存款业务的而引发的存单纠纷，日前审结。法院判令邮局偿付储户安某 13 000 元存款。因此，在储蓄业务中必须严格遵守金融法规和业务规定，不可稍有任何疏忽懈怠。如在业务处理过程中万一出现差错，必须及时采取补救措施，不仅更正自身底账；更重要的是更正储户持有的存单（折）。及时采取补救措施因有监控录像等作为证据，难度还不算十分大；如果事过境迁，证据湮没了，再欲更正那就绝非易事了。另外，应提示储户预留详细地址，以便发生问题能及时联系。

（2）邮政企业的工作人员从事汇兑业务应遵守相关法律法规

## 【案例二】

### 邮政汇兑限制竞争受处罚

某地邮政局，因滥用行业优势，在经营邮政汇兑业务时，强行要求取款用户按一定比例购买其经营的报刊及其他邮购商品，销售收入均转入地区邮局财务。工商行政执法人员调查查明，某地区邮政局对各邮政支局（邮电所）采取工效挂钩方式定有邮购销售任务。这种强行要求他人购买商品、限制市场竞争的行为，被该省工商行政管理局责令停止限制竞争的

违法行为，并被处以5万元罚款。

问：某地邮政局在经营邮政汇兑业务时的做法是否违法？

提示：邮政企业的营业人员如果强迫用户汇转储或强迫用户搭售商品，则违反《反不正当竞争法》第六条“公用企业或者其他依法具有独占地位的经营者，不得限定他人购买其指定的经营者的商品，以排挤其他经营者的公平竞争”。

**2. 修改了邮政业务资费的法律规制**

（1）邮政业务资费分为政府定价和市场定价两种情况

一是实行政府定价。政府定价中包括的业务种类有：邮政普遍服务业务资费、邮政企业专营业务资费、机要通信资费以及国家规定报刊的发行，资费标准由国务院价格主管部门会同国务院财政部门、国务院邮政管理部门制定。

二是邮政企业的其他业务资费实行市场调节价，资费标准由邮政企业自主确定。

（2）邮政业务资费制定实行公平、公正及公开原则

《邮政法》关于邮政业务资费制定应该遵守《价格法》。制定邮政普遍服务业务资费标准和邮政企业专营业务资费标准，应当听取邮政企业、用户和其他有关方面的意见。邮政企业应当根据国务院价格主管部门、国务院财政部门和国务院邮政管理部门的要求，提供准确、完备的业务成本数据和其他有关资料。

### （七）规定了邮件的投递方式

新《邮政法》第三十二条第一款规定，邮政企业采取按址投递、用户领取或者与用户协商的其他方式投递邮件。依照《邮政法》和《邮政法实施细则》的有关规定，邮件的投递方式，按下列方式投递。

**1. 按址投递**

城镇居民的邮件，按收件人地址投递到平房院落门口或者楼房地面层的信报箱或者收发室。单位、单位内附设的机构和个人以及单位院内宿舍用户的邮件，投递到单位收发室。收发室应当设在楼房的地面层，两个以上单位同在一处的，应当商定统一接收邮件的地点。

农村、牧区的邮件，根据交通条件和邮件量的具体情况，一般投递到乡或者行政村的固定地点；乡或者行政村以下的邮件，由乡人民政府或者村民委员会与邮政企业或者分支机构协商妥交收件人的方式。寄交船舶的邮件，投递到船舶隶属单位的收发室。

**2. 用户领取**

必须凭通知单到邮政企业或者分支机构办理手续才能领取的邮件，以邮政信箱（用户专用信箱）号码为收件人地址的邮件，存局候领的邮件，超出按址投递规定重量的邮件以及大宗邮件，采用用户领取的方式。

《国内邮件处理规则》（国家邮政局2000年12月公布）关于邮件的投递深度的规定：县以上城市城区范围内包裹实行投递到户；特快专递收件人是个人姓名的，投交本人；收交人是单位名称或收件人是个人姓名，地址是单位名称，并无具体房间号，投到收件人单位收发室或总服务台，如有收件人联系电话，须电话联系后，投交收件人。对于特快专递邮件要根据业务规章投交于最小地址。另外高额汇款通知的投递按照原中国邮电部邮政总局邮政业[1996]117号文规定投交于最小地址，即依照该规定，对于高额汇款应当直接投交给收款人，严禁捎转；做不到的，可填发通知便条（按给据邮件办理）通知收款人到邮政企业领取汇

款通知。在窗口营业投交，邮政企业必须依照法律和邮政业务规章规定的程序规范投交邮件或兑付汇款。

**3. 用户协商的其他方式投递邮件**

对有特殊需求的用户，邮政企业可与用户协商，采取多种方法投递邮件。

### （八）规定了邮件损失赔偿制度

**1. 邮件损失赔偿的概念**

邮件损失是指邮件丢失、损毁或者内件短少。

**2. 邮件损失赔偿的标准**

1986年《邮政法》的损失赔偿责任采取的是法定限额赔偿。新《邮政法》明确了损失赔偿的区别适用标准规则：邮政普遍服务业务范围内的邮件和汇款的损失赔偿，适用《邮政法》规定；邮政普遍服务业务范围以外的邮件以及快件的损失赔偿，适用有关民事法律的规定。（见《邮政法》第四十五条第一款、第四十五条第二款、第五十九条）

**3. 邮件损失赔偿的法律适用**

（1）修订后的新《邮政法》规定了不承担赔偿责任的两种情形。

一是《邮政法》第四十六条规定，在邮政企业没有故意或者重大过失造成平常邮件损失的，邮政企业对平常邮件的损失不承担赔偿责任。平常邮件损失不赔偿，是由邮政企业在收寄平常邮件时不出具收据、投递时不要求收件人签收的特点决定的。

二是《邮政法》第四十八条规定，“因下列原因之一造成的给据邮件损失，邮政企业不承担赔偿责任：不可抗力，但因不可抗力造成的保价的给据邮件的损失除外；所寄物品本身的自然性质或者合理损耗；寄件人、收件人的过错。”

（2）《邮政法》第四十七条规定了法定限额赔偿。

邮政普遍服务业务范围内的邮件和汇款的损失赔偿制度采取法定限额赔偿。邮政企业应当在营业场所的告示中和提供给用户的给据邮件单据上，以足以引起用户注意的方式载明前款规定。

第一，保价的给据邮件丢失或者全部损毁的，按照保价额赔偿；部分损毁或者内件短少的，按照保价额与邮件全部价值的比例对邮件的实际损失予以赔偿。

第二，未保价的给据邮件丢失、损毁或者内件短少的，按照实际损失赔偿，但最高赔偿额不超过所收取资费的三倍；挂号信件丢失、损毁的，按照所收取资费的三倍予以赔偿。

第三，邮政企业因故意或者重大过失造成给据邮件损失，或者未履行前款规定义务的，不得采取法定限额赔偿。

最高人民法院2000年10月30日发布的《民事案件案由规定》（法发[2000]26号）已确立了邮政合同的法律地位。在邮政合同项下邮件寄递法律关系中，邮政企业接受了用户的委托就应承担准确、及时、安全的将邮件送达到用户的责任，如果用户的邮件的所有权受到损害，这种损失赔偿也就是邮政企业违反邮政合同的约定对用户承担违约责任。关于邮件的丢失、延误、毁损，到底适用《邮政法》，还是《民法通则》，学者争议颇多。我国法律分根本法、基本法和单行法三类，其中《宪法》是根本法，效力最高；《民法通则》是基本法，效力其次；《邮政法》是民法的特别法。按照《立法法》的规定，依照特别法优于普通法的法律适用准则，应当优先适用作为特别法的《邮政法》。邮政法应是解决邮件损失赔偿的准据法。即在邮政合同项下的邮件损失赔偿纠纷，无论原告以何种理由提出请求，其赔偿范围、责任限额都得遵循《邮政法》的规定。最高人民法院的有关司法解释和判例对处理邮件损失赔偿纠纷适用《邮政法》,也是持肯定的态度。前者如最高人民法院《关于长春文化教育书刊经销中心与长春市邮政局赔偿案如何适用法律的复函》[(1993)民他字第 10 号],后者如《人民法院案例选》总第 4 期刊载的,新疆生产建设兵团农八师 149 团造纸厂诉东阜城镇邮电支局误投邮件造成损失赔偿纠纷案。

【案例三】

## 保价包裹破损赔偿案

某制药厂派人到邮局交寄一批 20 箱内装冲剂型药品的保价包裹。每箱保价金额 2 800 元。因该药厂是大用户,有某市邮政局同意免视内件的备案材料,且包裹已包装好,邮局收寄时检验了 20 箱与包裹单填写内容一致。

客户收到该包裹后,有一件外包装完好的包裹,打开后发现药剂已经全部破损,于是客户拒收,该件被退回药厂,收到退件的制药厂,认为破损的责任在邮局,要求邮局按保价额赔偿。邮局认为包裹外包装完好无损,没有破损的痕迹,破损的原因是制药厂包装问题,责任在制药厂。双方协商不成,制药厂向法院提起诉讼。

法院审理认为责任在邮局,判决邮局赔偿 2 800 元。

问:法院判决邮局赔偿制药厂 2 800 元,对吗? 为什么? 如何防止此类风险责任的发生和承担?

提示:法院判决邮局赔偿 2 800 元是对的。依据《邮政法》第四十七条规定,邮政企业对给据的保价邮件全部损毁的按保价额赔偿,邮政企业没有故意或者重大过失造成给据邮件损失。对大用户出具了不违反禁寄、限寄规定的保证书,可以免验的,要与其签订协议书,明确只要包裹外包装完好无损、无破损的痕迹,则该包裹发生的内件破损、短少,或与包裹单物品名称不一致的,由寄件人承担责任,邮局不负赔偿责任。

(3) 新《邮政法》第四十五条规定了邮政普遍服务业务范围以外的邮件的损失赔偿,适用民事法律的赔偿标准。

### (九) 规范快递业务市场,确定了快递业务经营许可制度

快递业是邮政行业的重要组成部分,目前已经成为发展最快的业务之一。近年来,我国快递市场迅速发展,已具有相当规模,竞争格局基本形成。新《邮政法》增加了第六章快递业务,从快递许可行为、规范快递行为和违规违章处罚等三个方面来规制。对快递业务作了专章规定,对经营快递业务实行许可证制度,加紧完善《快递市场准入管理办法》,建立快递市场准入及退出机制达到依法经营、依法管理的目的。

**1. 确立了快递业务经营许可制度**

(1)从资金规模、服务能力、安全保障等制度措施等方面规定了申请快递业务经营许可应当具备的条件。

新《邮政法》第五十二条规定,申请快递业务经营许可,应当具备下列条件:一是符合企业法人条件;二是在省(自治区、直辖市)范围内经营的,注册资本不低于人民币五十万元,跨省(自治区、直辖市)经营的,注册资本不低于人民币一百万元,经营国际快递业务的,注册资

本不低于人民币二百万元；三是有与申请经营的地域范围相适应的服务能力；四是有严格的服务质量管理制度和完备的业务操作规范；五是有健全的安全保障制度和措施；六是法律、行政法规规定的其他条件。

(2)规定了行政许可审批程序

申请快递业务经营许可，在省(自治区、直辖市)范围内经营的，应当向所在地的省(自治区、直辖市)邮政管理机构提出申请，跨省(自治区、直辖市)经营或者经营国际快递业务的，应当向国务院邮政管理部门提出申请；申请时应当提交申请书和有关申请材料。

受理申请的邮政管理部门应当自受理申请之日起四十五日内进行审查，做出批准或者不予批准的决定。予以批准的，颁发快递业务经营许可证；不予批准的，书面通知申请人并说明理由。邮政管理部门审查快递业务经营许可的申请，应当考虑国家安全等因素，并征求有关部门的意见。申请人凭快递业务经营许可证向工商行政管理部门依法办理登记后，方可经营快递业务。

**2. 规范快递行业行为**

(1) 邮政企业以外的经营快递业务的企业设立分支机构或者合并、分立的，应当向邮政管理部门备案。

(2) 经营国际快递业务应当接受邮政管理部门和有关部门依法实施的监管。邮政管理部门和有关部门可以要求经营国际快递业务的企业提供报关数据。

(3) 快递企业经营邮政企业专营业务范围以外的信件快递业务，应当在信件封套的显著位置标注信件字样，不得将信件打包后作为包裹寄递。

(4) 快递企业停止经营快递业务的，应当书面告知邮政管理部门，交回快递业务经营许可证，并对尚未投递的快件按照国务院邮政管理部门的规定妥善处理。

(5) 经营快递业务的企业依法成立的行业协会，依照法律、行政法规及其章程规定，制定快递行业规范，加强行业自律，为企业提供信息、培训等方面的服务，促进快递行业的健康发展。

(6) 对有关国际货代企业做了衔接性规定。

新《邮政法》第八十五条规定，本法公布前按照国家有关规定，经国务院对外贸易主管部门批准或者备案，并向工商行政管理部门依法办理登记后经营国际快递业务的国际货物运输代理企业，凭批准或者备案文件以及营业执照，到国务院邮政管理部门领取快递业务经营许可证。国务院邮政管理部门应当将企业领取快递业务经营许可证的情况向其原办理登记的工商行政管理部门通报。

(7) 对其他经营快递业务的企业做了过渡性规定。

新《邮政法》第八十五条第二款规定："除前款规定的企业外，本法公布前依法向工商行政管理部门办理登记后经营快递业务的企业，不具备本法规定的经营快递业务的条件的，应当在国务院邮政管理部门规定的期限内达到本法规定的条件，逾期达不到本法规定的条件的，不得继续经营快递业务。"

**3. 违规违章处罚**

(1) 快递企业有下列行为之一的，由邮政管理部门责令改正，可以处一万元以下的罚款；情节严重的，处一万元以上五万元以下的罚款，并可以责令停业整顿：

一是设立分支机构、合并、分立，未向邮政管理部门备案的；

二是未在信件封套的显著位置标注信件字样的；

三是将信件打包后作为包裹寄递的；

四是停止经营快递业务，未书面告知邮政管理部门并交回快递业务经营许可证，或者未按照国务院邮政管理部门的规定妥善处理尚未投递的快件的。

(2) 未取得快递业务经营许可经营快递业务，或者邮政企业以外的单位或者个人经营由邮政企业专营的信件寄递业务或者寄递国家机关公文的，由邮政管理部门或者工商行政管理部门责令改正，没收违法所得，并处五万元以上十万元以下的罚款；情节严重的，并处十万元以上二十万元以下的罚款；对快递企业，还可以责令停业整顿直至吊销其快递业务经营许可证。

(3) 快递企业违法提供用户使用邮政服务或者快递服务的信息，尚不构成犯罪的，由邮政管理部门责令改正，没收违法所得，并处一万元以上五万元以下的罚款；对邮政企业直接负责的主管人员和其他直接责任人员给予处分；对快递企业，邮政管理部门还可以责令停业整顿直至吊销其快递业务经营许可证。邮政企业、快递企业从业人员有前款规定的违法行为，尚不构成犯罪的，由邮政管理部门责令改正，没收违法所得，并处五千元以上一万元以下的罚款。

(4) 邮政企业、快递企业拒绝、阻碍依法实施的监督检查，尚不构成犯罪的，依法给予治安管理处罚；对快递企业，邮政管理部门还可以责令停业整顿直至吊销其快递业务经营许可证。

(5) 邮政企业及其从业人员、快递企业及其从业人员在经营活动中有危害国家安全行为的，依法追究法律责任；对快递企业，并由邮政管理部门吊销其快递业务经营许可证。

(6) 冒用邮政企业名义或者邮政专用标志，或者伪造邮政专用品或者倒卖伪造的邮政专用品的，由邮政管理部门责令改正，没收伪造的邮政专用品以及违法所得，并处一万元以上五万元以下的罚款。

(7) 有下列行为之一，尚不构成犯罪的，依法给予治安管理处罚：

一是盗窃、损毁邮政设施或者影响邮政设施正常使用的；

二是伪造邮资凭证或者倒卖伪造的邮资凭证的；

三是扰乱邮政营业场所、快递企业营业场所正常秩序的；

四是非法拦截、强登、扒乘运送邮件、快件的车辆的。

(8) 违反本法规定被吊销快递业务经营许可证的，自快递业务经营许可证被吊销之日起三年内，不得申请经营快递业务。快递企业被吊销快递业务经营许可证的，应当依法向工商行政管理部门办理变更登记或者注销登记。

### (十) 规定了寄递、快递、邮件、快件等法律术语解释

(1) 寄递，是指将信件、包裹、印刷品等物品按照封装上的名址递送给特定个人或者单位的活动，包括收寄、分拣、运输、投递等环节。

(2) 快递，是指在承诺的时限内快速完成的寄递活动。

(3) 邮件，是指邮政企业寄递的信件、包裹、汇款通知、报刊和其他印刷品等。

(4) 快件，是指快递企业递送的信件、包裹、印刷品等。

(5) 信件，是指信函、明信片。信函是指以套封形式按照名址递送给特定个人或者单位的缄封的信息载体，不包括书籍、报纸、期刊等。

(6) 包裹,是指按照封装上的名址递送给特定个人或者单位的独立封装的物品,其重量不超过 50 kg,任何一边的尺寸不超过 150 cm,长、宽、高合计不超过 300 cm。

(7) 平常邮件,是指邮政企业在收寄时不出具收据,投递时不要求收件人签收的邮件。

(8) 给据邮件,是指邮政企业在收寄时向寄件人出具收据,投递时由收件人签收的邮件。

(9) 邮政设施,是指用于提供邮政服务的邮政营业场所、邮件处理场所、邮筒(箱)、邮政报刊亭、信报箱等。

(10) 邮件处理场所,是指邮政企业专门用于邮件分拣、封发、储存、交换、转运、投递等活动的场所。

(11) 国际邮递物品,是指中华人民共和国境内的用户与其他国家或者地区的用户相互寄递的包裹和印刷品等。

(12) 邮政专用品,是指邮政日戳、邮资机、邮政业务单据、邮政夹钳、邮袋和其他邮件专用容器。

## 第二节　违反与邮政相关法律法规的法律责任

《宪法》明确规定了保障公民的通信自由和通信秘密维护国家主权和安全,邮政企业涉及的法律责任有民事责任、行政责任和刑事责任。本节只探讨与邮政相关的刑事法律责任,《刑法》中涉及邮政领域的犯罪共有九条。其中妨害邮政通信管理的犯罪共有 7 条,分别是第 125 条的邮寄枪支、弹药爆炸物罪,第 156 条的为走私提供邮寄方便的犯罪,第 225 条的侵犯邮政专营权犯罪的非法经营罪,第 227 条的伪造、倒卖伪造的有价票证罪,第 252 条的侵犯通信自由罪,第 253 条的私自开拆、隐匿、毁弃、邮件电报罪,第 304 条的故意延误投递邮件罪。涉及邮政企业相关金融犯罪的,分别是第 194 条的金融凭证诈骗罪,第 196 条的信用卡诈骗罪等①。

### 一、邮政企业工作人员违反与邮政相关法律法规的法律责任

#### (一) 私自开拆、隐匿、毁弃、邮件电报罪

私自开拆、隐匿、毁弃、邮件电报罪是指邮政企业工作人员利用职务上的便利私自开拆、隐匿、毁弃、邮件电报的行为,本罪侵犯的主体仅指邮政企业工作人员,而非邮政企业的工作人员或者邮政企业中不直接从事邮件寄递的人员实施私自开拆、隐匿、毁弃、邮件电报不构成本罪(其行为触犯刑法侵犯通信自由罪)。邮政企业工作人员是指从事邮件寄递业务的营业员、分拣员、投递员以及转押运人员和其他管理人员。犯本罪而窃取财务的,《刑法》第 264 条(盗窃罪)定罪从重处罚。

本罪的主观方面出于故意,行为人希望或者放任危害结果的发生。

本罪侵犯的客体是自然人、法人或者其他组织的通信自由或通信秘密,侵害了邮政管理

① 涉及邮政企业机关金融犯罪的还有金融人员购买假币罪、以假币换取真币罪、伪造、变造金融凭证罪、非法出具金融凭证罪、洗钱罪等。

秩序。

本罪的客观方面是指利用营业、分拣、押运、接发、投递等职务上的便利私自开拆、隐匿、毁弃、邮件电报。

依照《刑法》第 253 条规定触犯本罪的处两年以下有期徒刑或拘役。

## 【案例四】

某邮政局四名投递员贪图省时省力，竟将自己分管投递的邮件私自开拆、隐匿和毁弃，经法院审理，被一审分别判处有期徒刑或拘役。

## 【案例五】

陈某受聘于某市邮政局发行投递科，从事邮件投递工作。其利用从事投递工作之便，将负责投递的三张汇款单截留，伙同他人冒名将 22 250 元汇款兑付后私分。经法院经审理认为，陈某利用工作便利隐匿邮件窃取他人巨额汇款的行为已构成盗窃罪，判处有期徒刑 6 年，并处罚金 5 000 元。

## 【案例六】

21 岁的投递员赵某，将一捆捆信件扔进水塘中，四年中共扔信件达两千多封，被人民法院以毁弃邮件罪判处赵某有期徒刑 10 个月。

### （二）故意延误投递邮件罪

故意延误投递邮件罪，是指邮政工作人员严重不负责任，故意延误投递邮件，致使公共财产、国家和人民利益遭受重大损失的行为。

本罪的主体是邮政企业工作人员，与邮件寄递相关的营业员、投递员等。

本罪的主观方面为故意延误，过失延误投递邮件不构成本罪。

本罪侵犯的客体是指邮政企业的规章制度。

本罪的客观方面表现为严重的不负责任，明知应当按时投递而故意延误投递邮件。

依照《刑法》第 304 条规定触犯本罪的处两年以下有期徒刑或拘役。

### （三）为走私提供邮寄方便的犯罪

《刑法》第 156 条规定，与走私罪犯同谋，为其提供邮寄方便的，以走私共犯论处。其中“与走私罪犯同谋”是指行为上有主观犯罪表现；“为走私提供邮寄方便”是指邮政企业工作人员与走私犯罪分子共谋明知邮寄的物品是国家禁止进出口的，或者超过国家禁出境限额的，而准予邮寄的行为。

### （四）非法获取公民个人信息罪

《刑法修正案（七）》规定，在《刑法》第 253 条后增加一条，作为第 253 条之一，国家机关或者金融、电信、交通、教育、医疗等单位的工作人员，违反国家规定，将本单位在履行职责或者提供服务过程中获得的公民个人信息，出售或者非法提供给他人，情节严重的，处三年以下有期徒刑或者拘役，并处或者单处罚金。对单位犯罪的，判处罚金，并对其直接负责的主管人员和其他直接责任人员，依照该款的规定处罚。这就是说，国家机关或金融、电信、交通、教育、医疗等单位及其工作人员是侵犯个人信息罪的主体。这些单位或其工作人员，在履行工作职责和提供服务时合法知悉他人个人信息内容，但他们无权以此进行非法活动或商业活动。

## 二、非邮政企业工作人员违反与邮政相关法律法规的法律责任

### (一) 伪造、倒卖伪造的有价票证罪

伪造、倒卖伪造的有价票证罪是指伪造或者是倒卖的车票、船票、邮票或者其他有价票证数额较大的行为。

依照《刑法》第 227 条规定数额较大的处两年以下有期徒刑、拘役或者管制，并处或单处票证价额一倍以上五倍以下的罚金；数额巨大的处两年以上七年以下有期徒刑，并处票证价额一倍以上五倍以下的罚金。《刑法》第 231 条规定单位犯第 227 条之罪的对单位判处罚金，并对其直接负责的主管人员和其他直接责任人员，依照该条的规定处罚。另外最高人民法院在法释[2000]41 号司法解释明确指出，对变造或者倒卖变造邮票数额较大的，依照《刑法》第 227 条第一款的规定处罚。

### (二) 邮寄枪支、弹药爆炸物罪

邮寄枪支、弹药爆炸物罪是指将枪支、弹药爆炸物通过邮政渠道寄往目的地。《中华人民共和国民用爆炸物品管理条例》第 26 条规定严禁在邮寄的邮件中夹带爆炸器材。《中华人民共和国枪支管理法》第 32 条规定严禁邮寄枪支或者在邮寄的物品中夹寄枪支。

《刑法》第 125 条规定邮寄枪支、弹药爆炸物的处三年以上十年以下有期徒刑；情节严重的处十年以上有期徒刑、无期徒刑或者死刑。单位犯前款罪的，对判处罚金，并对其直接负责的主管人员和其他直接责任人员，依照该条的规定处罚。

### (三) 非法经营罪

非法经营罪是指违反国家有关规定，故意从事非法经营活动，扰乱市场秩序情节严重的行为。

本罪的客观方面表现为违反国家规定，进行非法经营，扰乱市场秩序，情节严重的行为。

本罪的主体是一般主体。

本罪的主观方面是故意。

《刑法》第 225 条规定犯本罪，情节严重的，处五年以下有期徒刑、拘役，并处或者单处违法所得一倍以上五倍以下的罚金；情节特别严重的，处五年以上有期徒刑，并处违法所得一倍以上五倍以下的罚金或者没收财产。《刑法》第 231 条规定，单位犯前罪的，对单位判处罚金，并对其直接负责的主管人员和其他直接责任人员，依照该条的规定处罚。

### (四) 侵犯通信自由罪

侵犯通信自由罪是指私自隐匿、毁弃或者非法开拆他人信件，侵犯公民通信自由权的行为。

依照《刑法》第 252 条规定，犯本罪情节严重的，处一年以下有期徒刑或拘役。

### (五) 金融凭证诈骗罪

金融凭证诈骗罪是指以非法占有为目的，使用伪造、变造的委托收款凭证、汇款凭证、邮

局存单等其他邮局结算凭证，进行金融诈骗的行为。

本罪的主体是一般主体，可以是自然人也可以是单位。

本罪的主观方面为故意，以非法占有为目的。

本罪侵犯的客体是国家金融管理秩序。

本罪的客观表现为明知是伪造、变造的委托收款凭证、汇款凭证、邮局存单等其他邮局结算凭证，而使用进行金融诈骗。

《刑法》第 194 条规定，进行金融凭证诈骗活动数额较大的处 5 年以下有期徒刑或拘役，并处 2 万元以上 20 万元以下罚金；数额巨大或有其他严重情节的处 5 年以上 10 年以下有期徒刑，并处 5 万元以上 50 万元以下罚金；数额特别巨大或有其他特别严重情节，处 10 年以上有期徒刑或无期徒刑，并处 5 万元以上 50 万元以下罚金或者没收财产。《刑法》第 199 条还规定数额特别巨大并且给国家和人民利益造成特别重大损失的，处无期徒刑或死刑并处没收财产。

#### （六）信用卡诈骗罪

信用卡诈骗罪是指以非法占有为目的，使用伪造、作废的信用卡，或者冒用他人信用卡骗取他人财务，数额较大的行为。

本罪的主体是一般主体，是自然人，单位不能成为本罪的主体。

本罪的主观方面为故意，以非法占有为目的。

本罪的客观方面表现为使用伪造、作废的信用卡，或者冒用他人信用卡骗取他人财务。

本罪侵犯的客体是国家金融管理秩序。

《刑法》第 196 条规定，进行信用卡诈骗活动数额较大的处 5 年以下有期徒刑或拘役，并处 2 万元以上 20 万元以下罚金；数额巨大或有其他严重情节的，处 5 年以上 10 年以下有期徒刑，并处 5 万元以上 50 万元以下罚金；数额特别巨大或有其他特别严重情节，处 10 年以上有期徒刑或无期徒刑，并处 5 万元以上 50 万元以下罚金或者没收财产。

## 第三节　邮政经营中遇到的法律纠纷

### 一、邮政合同遇到的法律纠纷

#### （一）邮政合同的定义

邮政合同的概念有以下表述：(1)我国著名民法专家王家福主编的《中国民法学·民法债权》认为，“邮政合同，是指双方当事人约定一方为他方寄递邮件，另一方支付邮费的服务合同。在邮政合同中，一方为专门从事邮政服务的邮政企业，另一方为用户”。(2)全国人大法工委民法室编著的《〈中华人民共和国合同法〉立法资料选》认为，“邮政合同，是邮政企业通过邮政通信网络，将寄件人交寄的邮件投交收件人，由寄件人交付邮费的合同。依照合同规定或者双方约定的地点或者设施投交的，视为投交收件人”。(3)最高人民法院 2000 年 10 月 30 日印发的《民事案件案由规定(试行)》第 132 类即为邮政合同纠纷。最高人民法院在《民事案件案由规定(试行)理解与适用》中指出,邮政合同是指明确邮政企业与用户之间相互权利义务关系的协议,是有关邮政企业提供各种服务的各种合同的总称。

### (二) 邮政合同的性质

邮政合同的性质是民事合同。邮政合同的性质表现为以下几个方面。

(1) 邮政企业与用户签订邮政合同,是为了向用户提供邮政服务,而不是进行通信行政管理。在邮政合同中,中国邮政集团公司以国有公用企业的代表的身份与其他民事主体之间从事交易行为,体现了双方均应遵循平等、自愿、等价有偿的原则。

(2) 邮政合同是两方以上当事人的意思表示一致的民事法律行为。合同成立必须有两方(邮政企业和用户),他们相互做出意思表示,并且取得一致。

(3) 邮政合同是以设立、变更、终止民事权利义务关系为目的民事法律行为。邮政合同订立后,邮政企业负有安全、准确、及时把邮件投递到收件人的义务;用户则有按照邮政企业的规定,履行邮资和包装、规格尺寸的义务。

(4) 邮政合同是当事人在平等、自愿的基础上产生的民事法律关系。双方当事人的法律地位完全平等,邮政企业不享有任何超越用户的合法权利,邮政企业要保护用户的通信自由和通信秘密。任何组织或者个人不得以任何理由侵犯他人的通信自由和通信秘密,除因国家安全或追查刑事犯罪的需要,由公安机关、国家安全机关或检察机关依照法律规定的程序对通信进行检查的除外。

(5) 邮政合同是具有法律约束力的民事法律行为。依法成立的合同,对当事人具有法律约束力。当事人应当按照约定履行自己的义务,不得擅自变更或者解除合同;依法成立的合同,受法律保护。除不可抗力等法律情形外,当事人一方,比如邮政企业不履行合同或者履行合同义务不符合约定,邮政企业要承担违约责任,给予用户一定的经济补偿。因此,邮政合同的法律属性应当是民事合同,而非行政合同。

### (三) 邮政合同的特征

(1) 邮政合同的标的具有特殊性。邮政合同的标的是提供服务(或称劳务),而不是物的交付。

(2) 邮政合同是涉及第三人的合同。邮政合同涉及第三人表现在两个方面:①由于邮政全程全网的业务特点,寄件人与邮政企业的收寄局订立邮政合同,但合同履行往往要依赖于邮政企业的投递局,这就是邮政合同须由第三人履行的特征;②寄件人订立的邮政合同往往是由收件人享有权利,邮政合同又显现出为第三人利益订立合同(涉他合同)的特征。

(3) 邮政合同是格式合同。格式条款是当事人为了重复使用而预先拟定,并在订合同时未与对方协商的条款。邮政合同内容必须经过国家邮政主管部门的审核方可使用,用户不得讨价还价。按《合同法》第 41 条规定,对格式条款的理解发生争议的,应当按照通常的理解予以解释。对格式条款有两种以上解释的,应当做出不利于提供格式条款一方的解释。格式条款和非格式条款不一致的,应当采用非格式条款。因此,在业务宣传中应尽到合理的提示义务。

(4) 邮政合同既有偿合同,也有无偿合同。当事人之间互为对价给付的,为有偿合同。只不过邮政合同的邮费低廉,对文化公益邮件(如盲人读物、义务兵信件不收费)属于无偿合同。邮政服务网点普及所需费用都由邮政企业承担，由此造成的低于成本给付的损失由国家每年向邮政企业补贴。

(5) 邮政合同既是实践合同，也是诺成合同。诺成合同与实践合同的区分，其意义在决定合同的成立，邮政合同的订立形式可分为窗口交寄和投交邮筒。

### （四）邮件寄递过程中遇到的法律风险对策

(1) 邮政企业应履行如实告知义务。

《合同法》第 39 条规定采用格式条款订立合同的，提供格式条款的一方应当根据公平原则确定当事人的权利和义务，采取合理的方式告知当事人免除或者限制责任的条款，并按照对方的要求对该条款予以说明。记载免责或限责内容的格式条款往往含有行业术语，对方当事人囿于知识、经验等，可能不能理解该格式条款的内容与意义，这就要求邮政企业尽到提醒义务和说明义务。一般来说，目前部分邮政损失赔偿争议产生的原因，是用户在交寄邮件时对损失赔偿规定不甚了解。这一原则就要求邮政企业应当将赔偿的范围和免责条件以合理的形式告知用户，如有的在业务单上载明（包裹、电报、特快专递等），而有的规定没有置于营业场所（如平常邮政不赔偿、限额赔偿等问题）。因此邮政企业在邮政业务宣传中注意格式条款的运用。

(2) 邮政企业的工作人员，要严格按照邮件投递的处理规定进行投递，避免因邮政合同中履约地点的差错引起法律纠纷。

正确的投递地点是邮政合同中邮政企业法律义务完成的终结点。因此，邮政企业的投递人员要严格按照《邮政法》和《邮政法实施细则》的规定深度方式投递，即完成了邮政合同中的义务。

(3) 一旦发生邮件丢失、因邮政合同的法律适用引发的法律纠纷。

邮政合同引发的法律纠纷是适用《合同法》还是《邮政法》?

根据《合同法》第 124 条规定："本法分则或者其他法律没有明文规定的合同，适用本法总则的规定，并可以参照本法分则或者其他法律最相类似的规定"。依照特别法优于普通法的法律适用准则，《邮政法》应是解决邮件损失赔偿的准据法。

依据《邮政法》第 46 条、第 47 条和第 48 条的规定，邮政普遍服务业务范围内的邮件和汇款的损失赔偿制度实行法定限额赔偿。邮政普遍服务业务范围以外的邮件以及快件的损失赔偿制度其损失赔偿适用有关民事法律的规定，按照平等、自愿、公平和等价有偿的原则处理。民事法律的相关规定包括：《民法通则》、《中华人民共和国侵权责任法》（2009 年 12 月 26 日第十一届全国人民代表大会常务委员会第十二次会议通过）相关法律规定赔偿。

## 二、邮政金融业务遇到的法律纠纷及防范措施

当前主要的金融纠纷案件表现为存单纠纷（包括一般存单纠纷、以存单为表现形式的借贷纠纷、委托贷款或信托贷款关系中的存单纠纷、以伪造变造虚开的存单质押形成的存单纠纷四类）；借款合同纠纷；担保纠纷；抵押质押纠纷；票据纠纷；证券纠纷；期货纠纷。邮政企业主要经营的金融业务是储蓄业务、汇兑业务、中间业务等，由此引发的纠纷主要表现为邮

政储蓄存款冒领,存单纠纷(一般存单纠纷和存单质押纠纷)。

### (一) 邮政金融业务的法律实务

#### 1. 邮政储蓄存款冒领纠纷

(1) 邮政储蓄存款冒领纠纷的主要情形:一般储蓄存款冒领纠纷。

一般储蓄存款冒领纠纷包括因定期存单提前支取、存单挂失、遗忘撤销密码以及违反大额款项取款规定而发生的冒领纠纷。如以下的几个案例。

某邮局在办理一提前支取定期存款业务时,在取款人没有出示本人和储户身份证件,而只凭派出所的"储户身份证件正在办理"的证明,就支付了该储户的存款。储户将邮局告到法院,法院判令邮局赔偿储户本金和利息 2 万多元。

某邮局在办理挂失时违反业务规定,在储户本人没有亲自办理的情况下,支付了所挂失存单的款项,被法院判令承担补充赔偿责任。一男子声称为储户的丈夫,持其存单和身份证件取款,但不知道密码,因邮局当即办理遗忘撤销密码并支付了款项,与储户本人发生了讼争。

(2) 邮政储蓄存款冒领纠纷的主要情形:金融电子化存款冒领纠纷。

邮政储蓄在向电子化服务转变过程中,出现了一些异地冒领纠纷案件。主要表现为:

第一,储蓄机构以储户凭其设定的密码和伪造、变造的存折,在异地以通兑的方式将存款取走而拒付存折持有人以真实的存折取款而发生的纠纷。

第二,通存通兑异地取款纠纷中,异地取款没有及时在存折上登记,存折记载的存款数额和实际存款情况不符,储户要求按照存折上记载的金额进行兑付而发生的纠纷。

第三,储户以绿卡中款项被他人支取主张邮政企业赔偿等。这类纠纷在各地已发生多起,成为困扰邮政企业的突出问题。

**【案例七】**

### 异地存取款审查不严导致赔偿案

刘某在某邮政局存款 12 万元,将存折账号、密码告诉同做生意的外地人,后发现存款被取走 8 万元,要求邮局兑付未果诉之法院。法院审理后认为,原告听信被告异地取款应同时凭存折、密码、身份证方可领取的回答,将钱存入邮政局,并将自己的存折账号与密码告诉了给与他发业务信的外地人,供其查询。被告邮政局在办理异地存取款业务时,存在着存折没有防伪标志、存取款没有核对身份证、异地存取款存折真伪审验容易蒙混等不安全漏洞。同时,被告邮政局在合同完成订立前没有合理提请注意之免责条款,在合同履行过程中又存在着严重过失,故判决其承担原告存款被冒领的责任。

为了解决金融电子化存款冒领纠纷的出发点是,储蓄机构要证明自身没有过失,而储户存在过错。储蓄机构举证自身没有过失主要是:第一,储户输入的密码经过特定程序处理,营业人员不可能知晓;第二,在兑付存款时依照合理谨慎的注意义务审查存折及身份证件是真实有效的。而储户的过错主要是,由于自身的原因泄露了存折账号、密码以及自己的身份证信息。储蓄机构证明自身没有过错,证明密码不可能为营业人员知晓相对容易,由程序开发商提供证明或者现场勘验即可。应当向法庭出示储户泄露了存折账号、密码以及自己的身份证信息的相关证据，说明过错在于储户。对于证明在兑付存款时审查存折及身份证件是真实有效的，应当向法庭阐述储蓄机构兑付存款时已经按照业务准则和“合理谨慎”标准履行了审查义务，以化解储蓄机构的责任。

**2. 邮政储蓄存单纠纷**

(1) 存单的概念，存单是指存款人将一定的货币存入金融机构，受理存款的金融机构向存款人出具的存款凭证。

(2) 邮政储蓄存单纠纷的主要类型：一般存单纠纷；存单质押纠纷；以存单为表现形式的融资纠纷。

① 一般存单纠纷。在一般存单纠纷中，主要表现为：第一，邮政企业的工作人员向存款人出具假存单而携款潜逃或者向存款人出具真实存单到客户处揽储而私吞，由此引发的存款人与邮政企业的存单纠纷；第二，邮政企业的底单与存款人所持有的真实存单不符引发的存单纠纷；第三，储户凭伪造、变造的存单起诉邮政企业兑付的存单纠纷等。

最高人民法院关于审理存单纠纷案件的有关规定：人民法院在审理一般存单纠纷案件中，除应审查存单、进账单、对账单、存款合同等凭证的真实性外，还应审查持有人与金融机构间存款关系的真实性，并以存单、进账单、对账单、存款合同等凭证的真实性以及存款关系的真实性为依据，做出正确处理；持有人以上述真实凭证为证据提起诉讼的，金融机构应当对持有人与金融机构间是否存在存款关系负举证责任。如金融机构有充分证据证明持有人未向金融机构交付上述凭证所记载的款项的，人民法院应当认定持有人与金融机构间不存在存款关系，并判决驳回原告的诉讼请求。

② 存单质押纠纷。在存单质押纠纷案件中，主要表现为：第一，邮政企业工作人员为他人虚开存单或者提供假存单质押贷款，质权人要求兑付存单记载款项的纠纷；第二，一些犯罪分子企图利用邮政企业的作废存单或者伪造的存单质押给他人，由此引发的质权人与邮政企业的纠纷等。

③ 以存单为表现形式的融资纠纷。主要发生在邮政储蓄资金违规拆借中，包括以存单为表现形式的借贷纠纷和与存单相关的委托贷款与信托贷款纠纷。

**3. 违规经营储蓄业务**

邮政企业在开展储蓄业务活动中，违反了金融监管部门的有关规定，如私设储蓄网点、滥用代办人员、高息揽储、超范围吸收储蓄资金、挪用邮储资金进行账外经营等。依照《商业银行法》、《储蓄管理条例》、《金融违法行为处罚办法》予以警告、罚款、责令停业整顿。吊销经营金融业务许可证等行政处罚。

**4. 查询、冻结和扣划储蓄存款的法律纠纷**

(1) 查询、冻结和扣划储蓄存款的有权机关。

《商业银行法》有关查询、冻结和扣划储蓄存款的第二十九条规定，“对个人储蓄存款，商业银行有权拒绝任何单位和个人查询、冻结和扣划，但法律另有规定的除外”。作为金融规章，中国人民银行发布的[银发(2002)1 号]对金融机构协助查询、冻结和扣划储蓄存款做出详细的规定，比如，确定了查询、冻结和扣划的有权机关。如表 7-1 所示。

**表 7-1　有权查询、冻结、扣划单位、个人存款的执法机关一览表**

| 单位名称 | 查询 | | 冻结 | | 扣划 | |
|---|---|---|---|---|---|---|
| | 单位 | 个人 | 单位 | 个人 | 单位 | 个人 |
| 人民法院 | 有权 | 有权 | 有权 | 有权 | 有权 | 有权 |
| 税务机关 | 有权 | 有权 | 有权 | 有权 | 有权 | 有权 |
| 海关 | 有权 | 有权 | 有权 | 有权 | 有权 | 有权 |
| 人民检察院 | 有权 | 有权 | 有权 | 有权 | 无权 | 无权 |
| 公安机关 | 有权 | 有权 | 有权 | 有权 | 无权 | 无权 |
| 国家安全机关 | 有权 | 有权 | 有权 | 有权 | 无权 | 无权 |
| 军队保卫部队 | 有权 | 有权 | 有权 | 有权 | 无权 | 无权 |
| 监狱 | 有权 | 有权 | 有权 | 有权 | 无权 | 无权 |
| 走私犯罪侦察机关 | 有权 | 有权 | 有权 | 有权 | 无权 | 无权 |
| 监察机关（包括军队监察机关） | 有权 | 有权 | 无权 | 无权 | 无权 | 无权 |
| 审计机关 | 有权 | 无权 | 无权 | 无权 | 无权 | 无权 |
| 工商行政管理机关 | 有权 | 无权 | 暂停结算 | 暂停结算 | 无权 | 无权 |
| 证券监督机关 | 有权 | 无权 | 无权 | 无权 | 无权 | 无权 |

注：表中所称机关是《金融机构查询、冻结、扣划工作管理规定》发布之日前有关法律、行政法规明确规定具有查询、冻结或者扣划存款权利的机关。规定发布实施之后，法律、行政法规有新规定的，从其规定。

（2）办理协助查询、冻结和扣划储蓄存款应当核定的法律文件。

① 办理协助查询业务时，经办人员应当核实执法人员的工作证件，以及有权机关县团级以上（含，下同）机构签发的协助查询存款通知书。

② 办理协助冻结业务时，金融机构经办人员应当核实以下证件和法律文书：有权机关执法人员的工作证件；有权机关县团级以上机构签发的协助冻结存款通知书，法律、法规规定应当由有权机关主要负责人签字的，应当由主要负责人签字；人民法院出具的冻结存款裁定书、其他有权机关出具的冻结存款决定书。

③ 办理协助扣划业务时，金融机构经办人员应当核实以下证件和法律文书：有权机关执法人员的工作证件；有权机关县团级以上签发的协助扣划存款通知书，法律、行政法规规定应当由有关机关主要负责人签字的，应当由主要负责人签字；有关生效法律文书或行政机关的有关决定书。

（3）金融机构在协助冻结、扣划单位或个人存款时，应当审查以下内容。

① “协助冻结、扣划存款通知书”填写的需被冻结或扣划存款的单位或个人开户金融机构名称、户名和账号、大小写金额。

② 协助冻结或扣划存款通知书上的义务人应与所依据的法律文书的义务人相同。

③ 协助冻结或扣划存款通知书上的冻结和扣划金额应当是确定的。如发现缺少应附的法律文书，以及法律文书有关内容与“协助冻结、扣划存款通知书”的内容不符，应说明原因，退回“协助冻结、扣划存款通知书”或所附的法律文书。

有权机关对个人存款户不能提供账号的，金融机构应当要求有权机关提供该个人的居民身份证号码或其他足以确定该个人存款账户的情况。

（4）办理协助查询、冻结和扣划储蓄存款人的注意事项

① 根据银办函(2001)421 号文规定如有权机关只提供存款人姓名而未提供其他任何能够确认存款人身份线索的个人存款，金融机构不应协助办理查询。有权机关应当提供存款人姓名、居民身份证号码、单位、地址、电话等。

金融机构在协助有权机关办理查询、冻结和扣划手续时，应对下列情况进行登记：有权机关名称、执法人员姓名和证件号码，金融机构经办人员姓名，被查询、冻结、扣划单位或个人的名称或姓名，协助查询、冻结、扣划的时间和金额，相关法律文书名称及文号，协助结果等。

② 金融机构协助有权机关查询的资料应限于存款资料，包括被查询单位或个人开户、存款情况以及与存款有关的会计凭证、账簿、对账单等资料。对上述资料，金融机构应当如实提供，有权机关根据需要可以抄录、复制、照相，但不得带走原件。

③ 冻结单位或个人存款的期限最长为六个月，期满后可以续冻。有权机关应在冻结期满前办理续冻手续，逾期未办理续冻手续的，视为自动解除冻结措施；有权机关要求对已被冻结的存款再行冻结的，金融机构不予办理并应当说明情况。

④ 金融机构协助扣划时，应当将扣划的存款直接划入有权机关指定的账户。有权机关要求提取现金的，金融机构不予协助。

## （二）邮政金融法律风险防范及措施

### 1. 严格落实规章制度，防范邮政储蓄存款的冒领

在业务处理中，对于提前支取、挂失、遗忘变更（包括撤销）密码、大额存款等必须严格遵循有关业务制度。

（1）提前支取存款和大额存取款的法律规定。

国家邮政局 2001 年 82 号文规定，储户一日内存款、取款、转账金额（不包括利息）分别累计在十万元（含十万元）至五十万元之间的，须经班组长授权方可办理，累计金额在五十万元（含五十万元）以上的要经支局长授权方可办理。

（2）存单存折挂失的法律规定。

银函(1997)520 号文规定：储户遗失存单，委托他人代为办理挂失手续只限于申请手续，挂失申请手续完毕后，储户必须在挂失 7 天后亲自到储蓄机构办理并领取存单存折或支取存款手续，其中对于不能办理正式书面挂失的可以口头或函电形式挂失，储户必须在 5 日内办理书面挂失手续。

（3）遗忘、变更存单、存折密码的规定。

国家邮政局 1999 年 550 号文规定：储户遗忘存单、存折、绿卡密码，一律持本人有效身份证件和存单、存折、绿卡在原开户局办理；存单、存折还可以撤销密码手续，但通存通取账户不得办理遗忘撤销密码手续；在申请手续办妥 7 日后，方可正式办理更改、撤销密码手续。

（4）银行卡业务的有关规定。

① 个人申领银行卡应当向发卡银行提供本人的有效身份证件，只限本人使用，不得出租或转借；②发卡银行依据密码等电子信息为持卡人办理存取款、转账结算等各类交易所产生的电子信息记录或清单作为记账凭证。

为了防止邮政储蓄存款冒领，应从制度上严格控制，严格落实内控制度，如设立顺序递进的三道坚固防线、岗位轮换制度、重要空白凭证管理制度、重大问题上报制度等，加强技术

含量抵御犯罪分子利用计算机侵害邮政储蓄安全的制度。同时加强对储蓄存取款凭单的审核，如账号、姓名是否与存单(存折)的记载完全相符，金额书写是否正确。

**2. 履行法定提示和说明义务**

说明义务就是应用户的要求对邮政业务中的格式条款给予明白无误的解释，以使了解储户邮政业务中权利义务关系的具体内容。如储蓄机构在储户办理存款时，应当说明密码的重要性及丢失的法律后果，不得转借绿卡等。此种提示应当能引起客户的注意，且事后可以证明，可以采取在业务申请单式、绿卡背面以特殊字体说明，并请客户签字认可。

**3. 邮政企业在开展邮政金融业务的宣传中为了提高服务质量，树立形象服务工程应避免承诺所带来的法律纠纷**

承诺是指受要约人同意，要约的意思表示。承诺具有法律效力。一旦邮政企业所作的承诺侵犯了用户的利益或没有达到承诺中所表述的服务质量，则邮政企业可能由此承担败诉的危险。

## 三、种子邮购业务中遇到的法律纠纷及风险防范

### (一) 种子邮购业务中的法律纠纷

目前邮局在开办种子邮购业务中存在主要三个问题。

(1) 依据中华人民共和国第九届全国人民代表大会常务委员会第十六次会议于2000年7月8日通过，2000年12月1日起施行的《种子法》，邮政企业在没有办理经营许可证的情况下，是否可以经营种子业务？

(2) 邮局邮购种子出现质量问题如假冒伪劣或者以次充好的种子，谁是赔偿的主体？

(3) 邮局在投递种子过程中，发现服务问题，对用户承担怎样的责任？

### (二)《种子法》的有关规定

**1. 邮局能否经营种子业务**

《种子法》29条规定“种子经营者专门经营不再分装的包装种子的，或者受具有种子经营许可证的种子经营者以书面委托代销其种子的，可以不办理种子经营许可证”。如果邮局在满足上述任意一个条件时，即只要邮局专门经营种子公司包装好的种子或者具有经营许可证的种子公司签订代购代销协议的，那么，邮局在没有办理经营许可证的前提下，可以经营种子业务。由此看来，2000年颁布的《种子法》从法律角度上来说经营种子的主体资格扩大了，邮政企业可以经营种子业务。

**2. 按照《种子法》规定获得种子经营许可证应具备的条件**

(1) 具有与经营种子种类和数量相适应的资金及独立承担民事责任的能力。

(2) 具有能够正确识别所经营的种子、检验种子质量、掌握种子贮藏、保管技术的人员。

(3) 具有与经营种子的种类、数量相适应的营业场所及加工、包装、贮藏保管设施和检验种子质量的仪器设备。

(4) 法律、法规规定的其他条件。

**3. 邮购的种子出现质量问题，谁负责任**

按照《种子法》规定，用户因种子质量问题遭受损失的，出售种子的经营者应当予以赔偿，赔偿额包括购种价款、有关费用和可得利益损失。经营者赔偿后，属于种子生产者或者其他经营者责任的，经营者有权向生产者或者其他经营者追偿。按照此条法律规定，如果种

子出现质量问题，即可以向出售种子的经营者要求赔偿，也可以向邮购种子的邮局赔偿。如果邮局赔偿完用户后，可以向种子公司索要赔偿款。

### （三）种子邮购业务的法律风险防范

**1. 办理种子邮购业务，为了与种子公司分清法律责任，防范合同风险，应当通过种子邮购协议，明确双方的责任和义务，协议内容如下。**

（1）邮局与种子公司签订协议中明确：种子公司提供给邮局的种子为外包装完好无损，并且约定种子外包装的尺寸大小。因为，邮局在运递种子的过程中是按照种子公司所提供的外包装完好无损的种子运递给农民的。那么邮局不承担责任，由种子公司承担此责任。

（2）种子的发票不能由邮局开具，发票由种子公司开具，邮局可以在协议中约定发票由邮局代为开，约定每月或每季度为核账日。

（3）邮局应规范内部管理，运送给农民的种子不得加价，因为一旦加价则视为经营者。因此，在邮局与种子公司签订的协议中，邮局的收益在于种子邮购的手续费，这样邮局在不损害自己的利益前提下，可以规避种子邮购的风险。

（4）约定种子公司营销方案广告的真实性，并提供相关种子资料（如提供种子的简要性状、主要栽培措施、使用条件的说明与有关咨询服务）约定种子出现质量问题由种子公司负责。另外在协议中写明如果出现假广告或广告中承诺不当时，则由种子公司承担。

（5）邮局与种子公司约定违约责任：邮局在规定时间内及时、准确、安全地把种子运递给农民，种子公司负责种子的质量，并按照规定提供种子的简要性状和使用说明等如实告之义务。

**2. 邮局在投递种子中发生服务问题，双方承担的法律责任**

邮局在投递种子时发生延误、毁损、丢失要由邮局承担赔偿责任。邮局在服务过程中如果准确、及时、安全、包装完好无损的情况下投递给用户，即使出现用户签收的种子有质量问题，依照协议应由种子公司承担法律责任。用户的义务是检查包装是否完好无损、种子资料是否齐全等义务。为了体现邮局与种子公司的协议中义务和责任的分担，邮局要与农民签订投递清单。为此，邮局应设计投递清单批条，在此约定以下几项。

（1）原包装完好无损。

（2）提供种子的简要性状、主要栽培措施、使用条件的说明。

（3）提供种子公司有关种子的栽培技术及质量咨询服务电话。在格式设定上用括号是否签收，并且投递清单上由收件人亲笔签名。考虑到农民与邮局的合同关系，在运递证据上一定要有农民本人的签名，一旦出现种子的质量或者毁损等情况，如果证实不是邮局在投递环节出现的问题，则由种子公司承担。

## 四、邮政商函业务中遇到的法律纠纷及风险防范

### （一）邮政商函业务的法律实务

邮政商业函件（简称商函），是指区别于具有个人通信性质等零散交寄的信件，面向社会各类用户的邮政大宗商务性信息服务的函件。商业函件按载体类型主要分三大类：商业信函（含邮简）、企业明信片、邮送广告。其中商业信函包括各类有名址与无名址广告信函、账单及其他商务信函；企业明信片包括各类带邮资与不带邮资的企业广告、回函卡、纪念卡等

形式的明信片。

**1. 在制作商函过程中引发的知识产权纠纷**

知识产权,也称智力成果权,无形财产权,是主体对智力劳动所创造的精神财富(知识产权)所享有的权利,一般包括专利权、商标权、著作权。目前,邮政涉及的知识产权主要是邮政著作权和邮政商标专用权。著作权又称为版权,《中华人民共和国著作权法》规定著作权包括人身权和财产权,其中人身权包括发表权、署名权、修改权和保护作品完整权;财产权包括复制权、发行权、出租权、展览权、表演权、放映权、广播权、信息网络传播权、摄制权、改编权,翻译权、汇编权。

邮政企业如果用的是他人的作品(风光摄影照片、山水画、剪纸)等,那么要与它们的真正作者签订版权许可合同,最好约定版权由邮政企业所有,并支付一定的版权费。比如,如果使用他人的美术作品,则要求著作权人提供美术著作权版权登记证书。

另外,邮政著作权还表现在邮票、集邮品业务开发中容易引起版权纠纷。

第一,邮票设计家所创作的邮票图案属于职务作品,著作权由国家邮政局所有,作者享有署名权。根据《著作权法》规定,国家邮政局有权在其业务范围内使用。作品完成两年内,未经国家版权局同意,作者不得许可第三人以与单位使用的相同方式使用该作品。

第二,委托他人绘制美术作品或采用摄影作品用于集邮品业务的开发,而忽视集邮票品图稿委托创作合同的签订引发的著作权版权归属纠纷。《著作权法》规定,"受委托创作的作品,著作权的归属由委托人和受托人通过合同约定。合同为未明确约定或没有订立合同的,著作权属于受托人。"因此,邮政企业必须与受托人签订委托合同,明确著作权归邮政企业所有。否则,邮政企业无论以何种方式使用该作品,都必须事先取得受托人的同意。

第三,修改、复制他人的美术作品和摄影作品用于集邮品业务的开发,因未事先取得原作者的许可而引发的版权纠纷。这种形式的图稿属于演绎作品。演绎作品不得对原有作品进行歪曲、篡改,不得侵犯原作者的署名权、保护作品完整权和获得报酬权。

**【案例八】**

## 获赠名画著作权许可使用纠纷案

邮政商函广告公司王经理的朋友李画家送给王经理一副其独立创作完成的"千山山水画",并在画上印有李画家的名戳。王经理认为该画突出表现了该省的风光,为此,经过申报批准用"千山山水画"印发了一枚风光明信片,发行并出售。李画家收到朋友寄给他一张该风光明信片,认为王经理没经过他许可,用"千山山水画"印风光明信片发行出售应给他版权使用费五万元,王经理则认为"千山山水画"是李画家送给他的,所有权属于他的,可以不经李画家许可,自己决定如何使用。双方发生纠纷诉到法院。

问:李画家向王经理要版权使用费对吗?为什么?

提示:李画家向王经理要版权使用费是对的。根据《著作权法》第十八条的规定,美术等作品原件所有权的转移,不视为作品著作权的转移。因此,虽然"千山山水画"送给王经理了,但著作权还是李画家的。王经理如果与李画家签订著作权许可使用合同后再印风光明信片,是可以避免纠纷的。

**2. 商函名址库侵犯公民隐私权而引发的法律纠纷**

为了提高商函投递的准确性，商函名址库的建立起到重要作用，但引发了侵犯公民隐私权的法律纠纷。隐私就是与公共活动无关的个人私生活秘密，包括私人信息、私人活动和私人空间。家庭通信地址、住宅号码等就属于私人信息。隐私权也就是非经本人同意，他人无权知悉或者使用其隐私。

在我国，个人信息资料一直被作为隐私权保护的范畴，从民事责任角度上对侵害个人信息资料进行救济，最高人民法院在有关司法解释明确，以书面、口头形式宣扬他人隐私的应当承担侵权责任；但也受到行政法的保护，如原国家工商行政管理局就曾发出专门通知要求，邮寄印刷品广告给消费者个人的，应事先征得消费者个人同意；未经同意，不得邮寄。根据《民法通则》的有关规定，侵害隐私权等人身权利的，应当承担停止侵害、消除影响、赔礼道歉以及赔偿损失的民事责任。全国人大常委会通过的《中华人民共和国刑法修正案（七）》（简称《刑法修正案（七）》）强化了对公民个人信息安全保护，国家机关或者金融、电信、交通、教育、医疗等单位的工作人员，违反国家规定，将本单位在履行职责或者提供服务过程中获得的公民个人信息，出售或者非法提供给他人，情节严重的，处三年以下有期徒刑或者拘役，并处或者单处罚金。对单位犯罪的，判处罚金，并对其直接负责的主管人员和其他直接责任人员，依照该款的规定处罚。

为此，邮政企业发展商业信函，合理利用个人信息是其业务发展不可缺少的重要支撑。世界各国大都规定，收集利用个人信息资料应当事先征得当事人的同意或者让当事人知晓被收集的个人信息资料被用于什么特定目的。为防止当事人事后反悔或者纠纷发生时难以举证，事先同意应当理解为事先“书面”同意。由于消费者或用户人数众多，逐一取得他们书面允诺显然不够现实。在实践中可采取的方式有以下两种：第一，通过法律的授权允许邮政企业收集利用个人信息资料。第二，在一些特定的业务单式上设置选项，征求用户的意见。如在用户办理报刊订阅时，可专门在报刊订阅清单上增加一栏，征求其是否愿意接受邮政的寄递商函服务，将用户承诺同意的名址汇总起来建立个人名址库。在“用户征求函”上，明确征询用户是否同意接受商函或者账单等服务，保证用户的知情权。

**3. 在商函业务上做广告引发的肖像权纠纷**

(1) 要注意是否符合《广告法》规定的内容，防止侵害肖像权。

按照《广告法》的规定，“广告主或者广告经营者在广告中使用他人名义、形象的，必须事先取得他人的面同意；使用无行为能力、限制行为能力的名义、形象的，应当取得其监护人的同意。”未经同意而擅自使用的，构成侵权。现在流行用名人做广告。对于已故人的肖像权，也是受法律保护的，不能随便使用。

(2) 邮政广告侵犯著作权主要表现为未经许可擅自使用他人作品，未经许可擅自修改他人作品和剽窃他人作品。

### （二）邮政商函业务法律风险防范

1. 邮政企业在开展商函广告业务中不能提供广告主的真实姓名和地址的，应当承担全部民事责任。

《广告法》第 38 条规定：“违反本法规定，发布虚假广告，欺骗和误导消费者，使购买商品或者接受服务的消费者的合法权益受到损害的，由广告主依法承担民事责任；广告经营者、广告发布者明知或者应知广告虚假仍设计、制作和发布的，应当依法承担连带责任。广告经营者和发布者不能提供广告主的真实姓名和地址的，应当承担全部民事责任。”也就是说邮政企业在普通邮资(广告)明信片、企业拜年卡、普通邮资封、户外广告、中邮专送广告上做广告，如果对于某一商品不能提供广告主的真实姓名和地址的，应当承担全部民事责任。

2. 邮政企业在委托他人从事商函广告业务的制作应签订图稿委托设计合同，并规定版权归属。

根据《著作权法》规定，委托作品没有规定版权归属，则归设计一方所有。邮政企业委托他人设计作品，应规定版权归邮政企业所有，并指出受托方所设计的作品如果侵犯第三人的版权则由受托方承担责任，受托人对创作图稿涉及第三人知识产权、肖像权，应取得权利人同意，并签署许可使用的法律文件，以防止邮政企业承担侵权责任。另外，在合同中还要约定创作设计要求，酬金与创作费用及其支付方式，双方的权利与义务、著作权归属等。

【案例九】

## 联合开发邮资明信片协议

甲方：某邮政局

乙方：某县宣传部

双方权利和义务：乙方提供根雕艺术，江水照片有关资料并提供成熟软盘(素材)，甲方负责申报、设计、制作。甲方只能制作明信片，不可作其他产品，未经乙方许可视为侵权。付款方式：甲方付给乙方订金50元。履行期限：协议签订之日起一周以内乙方提供资料、素材。若逾期提供则给予甲方0.5%的罚金。

法律分析：

第一，甲方负责设计，若一旦乙方提供的资料侵犯他人的版权，则甲方是侵权方，而不是乙方。

第二，该协议中没有规定版权归属的问题，则归设计一方所有。

第三，《担保法》中的定金是具有惩罚性违约金的作用。《担保法》规定，给付定金的一方不履行约定的债务的，无权要求返还定金；收受一方不履行约定的债务的，应当双倍返还定金。

此案例对邮政企业的启示是：注意邮资票品的版权必须是通过合法的途径使用他人的作品，签订版权使用许可合同，避免版权纠纷的隐患；又要提高维权意识，依法维护自身的版权。

3. 邮政企业在从事药品广告、农药、兽药、房地产广告以及化妆品广告等应遵循的相关法律规定。

(1) 药品广告有关管理规定。

① 药品广告审查须按照《国家工商行政管理局令第27号》文件执行。除一般广告须提供的证明文件，还应提供省级药品监督管理局核发的《药品广告审查表》，京外制药企业须提供在北京市药品监督管理局备案的《药品广告审查表》原件，广告内容中须标明省级广告批准文号、国药准字文号和忠告语以及使用禁忌等，广告内容须与广告批准文件中的广告脚本

描述须完全一致。麻醉药品、精神药品、毒性药品、放射性药品等特殊药品不得在大众传播媒介发布广告。药品广告不得出现的内容：含有不科学的表示功效的断言或者保证的；说明治愈率或者有效率的；使用医生、专家、医疗机构的名义或形象作证明的；使用患者的名义或形象作证明的；不得与其他药品进行功效或安全性比较。

② 医疗机构广告审查须按照《国家工商行政管理局、卫生部令第 16 号》文件执行。除一般广告须提供的证明文件等，还应提供省级卫生行政部门出具的《医疗广告证明》批准文件，广告内容须与批准文件完全一致，并在广告片中标明批准文号。

③ 医疗器械广告审查须按照《国家工商行政管理局、国家医药管理局令 24 号》文件执行。除一般广告须提供的证明文件等，还须提供国家医药管理部门审批的《医疗器械广告证明》原件，广告内容中须标明批准文号。

(2) 农药广告有关管理规定。

农药广告审查须按照《国家工商行政管理局、农业部令第 30 号》文件执行。除一般广告须提供的证明文件等，还须提供农业行政主管部门审查批准的《农药广告证明》文件，广告内容中应标明农药登记证号、广告批准文号。

(3) 兽药广告有关管理规定。

兽药广告审查须按照《国家工商行政管理局、农业部令第 29 号》文件执行。除一般广告须提供的证明文件等，还须提供农牧行政管理机审查批准的《兽药广告证明》文件，广告内容中须标明广告批准文号。

(4) 有关房地产广告的有关规定。

① 严格审查手续：土地主管部门颁发的项目；土地使用权证明；房屋销售许可证（房屋预售许可证）；经销商的营业执照等。

② 注意方面：房地产广告不得含有风水、占卜等封建迷信内容；对价格有表示的，应当清楚表示为实际的销售价格，明示价格的有效期限；房地产中表示项目位置，应以从该项目到达某一具体参照物的现有交通干道的实际距离表示，不得以所需时间来表示距离。

(5) 有关化妆品广告的有关规定。

① 依据《化妆品卫生监督条例》化妆品的经营者不得销售下列化妆品：未取得《化妆品生产企业卫生许可证》的企业生产的化妆品；无质量合格标记的化妆品；标签、小包装或者说明书不符合法律规定的化妆品；未取得批准文号的特殊用途化妆品；超过使用期限的化妆品。

② 化妆品广告不得出现的内容：化妆品名称的制法、效用或性质有虚假夸大；使用他人名义保证或以暗示方法使人误解；宣传医疗作用。

## 【案例十】

### 邮政绿卡广告宣传纠纷案

王某看了某市邮局发布的“绿卡在手，走遍神州”的邮政储蓄广告后，到某储蓄所办理了绿卡一张，并存入人民币 8 000 元。在营业柜台前，王某特意询问营业员某一海上岛屿是否与内地邮政绿卡网联网，营业员明知此岛屿未联网，只是为了完成储蓄任务，在没有说明情况下做出虚假承诺。同年，王某持绿卡到此岛屿旅游景点旅游。因该景点所在地的自动取款机(ATM 机)未与邮政绿卡网联网，王某取款未果，只能向导游借款消费，待到 A 市联上网的自动取款机取款时，因故障 ATM 停机。王某未能及时还上所借款项，遭人奚落和辱骂。王某认为这一切结果之发生都是因被告未履行如实告知义务造成的。为此，请求依法判决被告赔偿王某损失 6 200 元，精神损害赔偿 2 000 元，共计 8 200 元。

问：某储蓄所工作人员对“绿卡在手，走遍神州”的邮政储蓄广告是否做出了虚假承诺？

答：是。《广告法》规定广告宣传应当真实、合法，并不得欺骗消费者。某储蓄所工作人员应履行如实告知义务。

## 思考题

1. 简述《邮政法》的主要内容。
2. 简述有关遗忘、变更存单、存折密码的规定。
3. 简述邮政合同的特征。
4. 阐述与邮政相关的刑事法律责任有哪些？
5. 邮政商函广告业务的侵权行为有哪些？